中文社会科学引文索引(CSSCI)来源集刊

RENMIN

# 人大法律评论

UNIVERSITY

《人大法律评论》编辑委员会·组编

LAW

2020年第2辑·总第32辑

REVIEW

法律出版社
LAW PRESS·CHINA
北京

图书在版编目(CIP)数据

人大法律评论. 2020年. 第2辑 : 总第32辑 /《人大法律评论》编辑委员会组编. -- 北京 : 法律出版社, 2021

ISBN 978-7-5197-5326-9

Ⅰ. ①人… Ⅱ. ①人… Ⅲ. ①法律-文集 Ⅳ. ①D9-53

中国版本图书馆CIP数据核字(2021)第183032号

人大法律评论(2020年第2辑·总第32辑)
RENDA FALÜ PINGLUN
(2020 NIAN DI-2 JI · ZONG DI-32 JI)

《人大法律评论》编辑委员会 组编

策划编辑 沈小英
责任编辑 沈小英 毛镜澄
装帧设计 李 瞻

出版发行 法律出版社
编辑统筹 法治与经济出版分社
责任校对 王 丰 李景美
责任印制 吕亚莉
经 销 新华书店

开本 710毫米×1000毫米 1/16
印张 23.25 字数 400千
版本 2021年6月第1版
印次 2021年6月第1次印刷
印刷 北京虎彩文化传播有限公司

地址:北京市丰台区莲花池西里7号(100073)
网址:www.lawpress.com.cn
投稿邮箱:info@lawpress.com.cn
举报盗版邮箱:jbwq@lawpress.com.cn
销售电话:010-83938349
客服电话:010-83938350
咨询电话:010-63939796



书号:ISBN 978-7-5197-5326-9
定价:128.00元
凡购买本社图书,如有印装错误,我社负责退换。电话:010-83938349

卷首语

# 20 年,《人大法律评论》在记录

《人大法律评论》创办于 20 世纪末、21 世纪初。2020 年,时值中国人民大学法学院 70 周年院庆,《人大法律评论》也迎来创办 20 周年。如果《人大法律评论》是有生命的人,那么 20 年韶华亦短,正如东升之旭;不过她确乎仍是书本,20 年已然累累有 32 卷之厚。32 卷里,《人大法律评论》一直忠实记录着中国法学研究的发展,记录着中国法律人的世纪之问与 21 世纪以来中国法律人的自省自答。

第一步是向"成熟"学习。《人大法律评论》以及其他中国法学院学生自办出版物之"法律评论"或多或少都借鉴一类完全由法学院学生自主运行,用以发表法学院教授、法官或其他法律职业人员论文的学术文集。《人大法律评论》正是得到了曾宪义教授、王利明教授等前辈支持,在吴兆祥、王新、程啸等编辑借鉴《哈佛法律评论》等后诞生。世纪之交的 1999 年 12 月,曾宪义教授为本书第 1 辑亲自撰写序言,嘱托要把《人大法律评论》办成能够真实反映我国法学研究水平的高层次的优秀理论出版物……为把中国人民大学法学院建设成为世界一流的法学院贡献绵薄力量。《人大法律评论》的创办始末记录了中国法律人坦然接受"幼稚"而不又甘于现状、努力迈向"成熟"的历程。

不可否认,对国外的借鉴,确实丰富和滋养了中国的法律体系和法学研究。从朱景文教授的《欧盟法性质的法理学思考——欧盟法与成员国法之间关系的理论与实践及对法律全球化的意义》到 2020 年第 1 辑唐林垚老师的《自甘风险规则的世界观与方法论》,《人大法律评论》记录了中国法学对外借鉴的累累硕果。

当然,一切对外的借鉴都要归化为本土的知识。多年后,中国法律人也交出了"中国法学向何处去"的答卷。这份答卷上浓墨重彩的一笔是中国《民法典》。

《人大法律评论》也记录了中国《民法典》的研究和发展历程。《人大法律评论》第1辑就收录了王利明教授的论文《关于民法典制定的若干问题》。除王利明教授多次惠赐大作外,谢怀栻、梁慧星、王泽鉴、苏永钦、郑成思、谢在全、杨立新教授等民法大家都曾在本书发表民法研究的高论。《人大法律评论》还曾专门设置“中国民法典体系研究”专题对于《民法典》相关问题进行研究。

以独具特色的中国《民法典》为代表,中国法学研究从多年前的向外学习为主,到今天更多的论文正“写在中国大地”。一如既往,本辑《人大法律评论》也欣然且积极地反映这种趋势。本辑的“未来法学专题”4篇论文,从宏观上的网络空间、人类主体性再到数字货币、自动驾驶责任,思考了已至或者将至的数字时代中国的法学命题。中国数字经济蓬勃发展,成果世所瞩目,但其中涌现的大型互联网企业垄断问题日益受到关注,本辑“反垄断法争鸣”收录了一位权威教授的论文和一位年轻博士研究生的论文,我们期待如此的碰撞能够诞生真知。“论文”栏目的6篇论文,分别探讨了中国多个法学领域,特别是新生法学领域的问题。同时,《人大法律评论》向来以能够收录学者第一篇代表作为荣,本辑“青年法评”收录了两位年轻博士研究生的论文,一篇以实证见长,另一篇以教义学为要,都反映了中国法学研究最新的研究工具与旨趣。

创办20年来,《人大法律评论》取得了一些微小的成绩,这离不开作者们垂爱赐稿,离不开人大法学院前辈师长的鼓励和指导,离不开各界师友的大力帮助,离不开历任编辑的共同努力,尤其是离不开2009年之后法律出版社历任领导和责任编辑的特别支持。本辑正在紧张定稿校稿期间的2020年12月12日,《人大法律评论》举办了创办20周年学术讨论会。《人大法律评论》首任指导老师、中国人民大学一级教授王利明,法律出版社党委书记、社长伍彪,法律出版社法治与经济分社分社长沈小英、分社长助理陈妮、责任编辑单洁,中国人民大学法学院副院长、教授张翼,中国人民大学教授朱大旗,《人大法律评论》现任指导老师、中国人民大学教授侯猛,来自《中国法学》《法学研究》《东方法学》《人民论坛》《中国法律评论》《国际法研究》等知名刊物的资深编辑,以及《人大法律评论》前任编辑王雷、黄忠顺、高通、于浩、雷震文、李帅、王美舒、谭观福及全体在任编辑通过现场和在线的方式参与会议。“童子何知,躬逢胜饯。”寸草难报春晖,人大法律评论人一直努力践行前辈学者“为人大法学院、中国法学研究贡献绵薄之力”的殷切嘱托。今后,《人大法律评论》也将继续满怀感恩,朝着成为培养青年作者和编辑的丰壤、源远流长的学术长河而努力。

《人大法律评论》的过去,已经被承载的 20 年历史所塑造;《人大法律评论》的未来,在答案之前,我们更加期待更好的问题。无论如何,《人大法律评论》都将继续记录。除零星的修改外,编辑其实几乎无法在文中书写一字。但是,诸位编辑反而成为时局中中国法学研究一面或数面最忠实的记录者:我们一言不发,却亦说尽万千。

黄尹旭*

庚子年末于仁义之城

* 《人大法律评论》主编,中国人民大学经济法学博士研究生。

# 目　录

# 未来法学专题

# “3Q 大战”的遗产*

## ——空间、干扰与用户自主权

胡　凌**

**内容摘要：**

本文主要希望借助“3Q 大战”案件回到网络法的元问题：谁创设、控制赛博空间，赛博空间如何扩展，进而反映了何种生产关系、要求何种法律关系。本文也试图借助空间这一概念，沟通中外研究脉络，尝试提炼（特别是中国）互联网演进以及网络法变迁的理论框架。这一框架希望展示数字封建经济体形成的过程，特别是平台企业如何通过技术变迁和商业模式最大限度地从事赛博空间的生产和再生产，在智能终端挤压私人隐私和公共领域；同时，又和其他竞争对手展开争夺，最终塑造赛博空间。在面对商业力量不断扩张的时候，我们有必要反思如何确保一个合理平衡的赛博空间秩序，重新审视数字社会的权力结构和社会关系，关注商业力量以外兴起的社会组织和社会生态，围绕诸如账户和基础身份认证这样的“制度—技术”机制展开，在机理上重建空间观念，探讨赛博空间中真正的主体性及其法律和技术支撑。

**关键词：**

“3Q 大战”　垄断　空间　干扰　自主权

---

* 本文系国家社科基金一般项目“中国网络法的演进模式研究”（17BFX027）的阶段性研究成果。

** 北京大学法学院副教授。

## 一、引　　子

2010年年底发生的“3Q大战”[1]是中国互联网史上最重要的司法案件之一。遗憾的是,对这一案件的研究总体较少,且局限于反垄断法在新经济中的教义学应用,[2]较少关注其对互联网在生产方式意义上的重要影响,更不用说为网络法理论带来的诸多启示。[3]“3Q大战”对后续通过《反不正当竞争法》和《反垄断法》规制平台企业的行为都产生了较大影响:就不正当竞争而言,干扰行为被明确写入《反不正当竞争法》第12条,[4]且大量侵权行为被提起不正当竞争诉讼,使第2条原则性条款成为某种意义上的“帝王条款”,法院在适用中扮演了十分积极主动的角色(activism);而对垄断认定来说,相较行政部门不断推进线下反垄断执法,[5]法院则较克制(restraint),不仅垄断诉讼较少(主要

---

[1] 主要涉及腾讯和奇虎360因“干扰”和“二选一”而引发的反垄断与不正当竞争两个纠纷,分别经历了两审判决。

[2] 参见张江莉:《互联网平台竞争与反垄断规制:以3Q反垄断诉讼为视角》,载《中外法学》2015年第1期;侯猛:《不确定状况下的法官决策——从“3Q”案切入》,载《法学》2015年第12期;胡凌:《网络安全、隐私与互联网的未来》,载《中外法学》2012年第2期;胡凌:《从“治理软件”到“通过软件的治理”》,载强世功主编:《政治与法律评论》第2辑,法律出版社2013年版。相比而言,诸多互联网不正当竞争案件成为研究的热点。

[3] 正是在这个意义上,笔者认为,“3Q大战”开启了非法兴起的第二阶段,即法律转向保守,不再继续支持侵权,而是开始划定财产权利边界,因此为既得利益平台提供了更多保护。

[4] 工信部先出台了《规范互联网信息服务市场秩序若干规定》,重点强调了恶意干扰、诋毁和恶意不兼容行为,2017年全国人民代表大会修订了《反不正当竞争法》,吸纳了这些具体行为。

[5] 尽管行政机关不断开展旨在保护竞争的反垄断执法,密集出台规章文件,但也主要针对线下企业与行业,对平台企业的大量兼并仍然没有任何干预,最典型的是滴滴和优步中国合并的反垄断调查自2016年8月起至今没有结果。国务院反垄断委员会专家咨询组召集人张穹认为,平台经济独特的竞争格局,决定了大型平台企业即使占有较高的市场份额,仍然会承受种种巨大的竞争压力,超级平台抑制竞争的说法是伪命题。参见张穹:《平台竞争的几个重要问题》,载吴敬琏主编:《比较》2018年第4辑,中信出版社2018年版,第193~212页。

针对微信平台[6]),其推理思路和逻辑也基本上遵循了最高人民法院在"3Q 大战"中的二审判决逻辑,即不认为涉诉平台企业具有市场支配地位,从而在根本上保护了平台企业(无论大小)不受反垄断法诉讼的威胁和影响。[7]

"3Q 大战"反垄断判决实际上以一种不可知论的立场保护了互联网作为一种新型生产方式不受影响,其要害在于相关市场的界定,这实际上涉及创造双边市场的平台企业的真正价值源泉。由于市场之间的边界十分复杂,变动也十分迅速,这种司法哲学不能简单地说成是新经济游说或国家政策的直接后果,而毋宁是法院面对不确定性作出的最好判断。[8] 从当下看来,最高人民法院当时的选择在平台经济时代推动数字红利进一步增加,其正确性得到了证明,即平台基础设施本身和运行于其上的多变市场之间存在交互而复杂的关联,基础设施无疑是加强连接性、催生网络效应的坚强后盾,动摇不得;从而,将其拆分作为工业经济时代的反垄断重要举措始终未能成为决策者的选项。"3Q 大战"即使不是发生在 PC 互联网时代,也会发生在智能终端,故该反垄断判决的历史意义在于及早为中国互联网垄断设定了方向,体现出了制度优势。

"3Q 大战"未得到充分重视的原因之一是,它发生在 PC 终端,集中体现了平台企业在走向垂直整合过程中对用户桌面控制的追求,本质上是不安全(却具有创生能力)的网络促成的必然结果。随着互联网发展转向移动智能终端,甚至物联网,PC 操作系统上的控制权争夺就变得没那么突出了。但其理论意蕴远不止如此,更主要的是折射出从赛博空间(cyberspace)产生以来不断出现的核心问题,而"3Q 大战"恰好在中国语境下将其具体化。

笔者认为,其最大的历史与理论遗产就在于将事件背后互联网内在的不安

---

[6] "深圳微源码软件开发有限公司与腾讯科技(深圳)有限公司等滥用市场支配地位纠纷案",广东省深圳市中级人民法院(2017)粤 03 民初 250 号民事判决书;"徐某青与深圳市腾讯计算机系统有限公司等再审案",最高人民法院(2017)最高法民申 4955 号。

[7] 因此,拆分在中国从来都没有成为打击平台企业的选项,特别是平台企业强烈依赖数字基础设施,一旦拆分,竞争力将受到极大影响,而这在美国和欧盟则时常被提起和建议。

[8] 参见侯猛:《不确定状况下的法官决策——从"3Q"案切入》,载《法学》2015 年第 12 期。

全与不稳定性反映出来,解释了安全问题如何使赛博空间的架构转变得以发生,进而将不同利益群体关于空间争夺的立场和诉求加以充分展示,最终的答案在后续反不正当竞争和垄断判决中都得到了直接或间接的回应。具体而言,首先,“空间”作为一个拟制概念在互联网上的体现和法律意义值得探究,有必要重启网络法中“空间”概念,使我们更好地理解赛博空间如何形成、背后的权力关系如何扩展;其次,应用软件和服务如何从一个不受约束的丛林状态转向常态竞争的秩序,这背后实际上反映了虚拟财产权利通过侵权、谈判和技术措施重新划定边界的过程,也契合了数字经济繁荣发展的需求;最后,用户在赛博空间中真正主体性的缺失值得重视,其原因在于互联网的演进逐渐将从云端到终端的全部系统都纳入其“架构”(architecture)中,用户作为“租客”实际上没有可以自主控制的空间。以至于只有弱化的“知情同意”或者大量侵权者打着用户代理人的旗号才能彰显其存在,也为法院判断侵权行为的性质带来了新挑战。

本文将简要讨论上述问题,实际上也是通过“3Q大战”重新讨论网络法的核心问题,即架构企业之间、架构和用户之间的法律关系以及背后的权力关系。第二部分展示这一案例真正需要面对的问题是平台企业如何扩张、围绕“空间”展开争夺的过程,这一过程本身是新经济发展的必然结果,有必要展示“空间”作为一个基本概念如何在网络法中凸显意义,即通过桌面、操作系统、登录账户等行为具象化,为我们重新思考用户和互联网的关系、打通线上和线下提供思路。第三部分认为“干扰”行为的实质是平台企业争夺空间、重新界定虚拟财产权利的过程,大量不正当竞争纠纷及判决事实上和反垄断判决保持一致,对基础设施以及集合性财产权利提供了保护。第四部分讨论了在空间不断吸纳压缩的情况下,用户如何逐渐失去对虚拟空间的控制权,丧失虚拟身份,无法真正有效行使信息自决、知情同意等基本权利。最后对本文的发现进行总结。

## 二、空间与数字圈地运动

### (一)网络化空间的生成

赛博空间不是自然出现的与物理空间相对应的“空间”,而是被创设出来的,是一个语词上的隐喻。即使抛开这一术语和“控制论”(cybernetics)在词源学上的关联,在无政府组织者看来,这一空间应当独立于物理世界中的政府管辖;〔9〕而对于在其中投入了大量资本的互联网公司来说,这一无国界空间仍应独立于政府,但不应没有秩序,只是这些秩序要服从于资本主义生产的需要,且私人平台与行业主导的自治权力更关键(如管理、征税、发币);即使需要政府介入,也要确保其保护和反映新经济的特殊性,且不受传统物理世界中各项法律的约束,否则会阻碍先进生产力的发展。这就是所谓"赛博空间例外论"(exceptionalism),从这个角度来看,赛博空间似乎是一种高度理论化的意识形态修辞和想象。

理论修辞的成功依赖对"架构"的发现、设计和扩展,伴随不断创造、投入、劳动,扩展的同时产生了新的权利需求和经济利益诉求,由此需要作为上层建筑的法律加以承认和保护。从抽象角度来看,赛博空间的发现是一个生产和再生产过程,空间开拓者在扩展过程中希望划界封地,最终成为"唯一的"赛博空间(the internet)。这一过程需要对财产权利的确认和保护,也需要一整套有效率的生产方式不断将物理空间吸纳驯服,从而最终重新定义公共和私人领域。

从根本上说,赛博空间的权利基础既可以是公共的,也可以是企业主导或个人的。从目前而言,赛博空间的主要性质正迅速向企业主导的私人产权转变,即平台企业推动互联网商品化,打造自身可控的生态系统,以企业形态拥有资产所有权,用户和其他生产者按照协议获得有限使用权,集体为平台生产价值(美其名曰"同侪生产")。

后两部分将从企业和用户两个角度说明这一过程如何发生,在此之前为更好地理解这一过程,有必要在理论上反思作为网络法核心概念的"空间"。如果说"赛博空间"较抽象,那么空间则是稍微具象、塑造出来的可感知操作的形态,并可以在法律论证中适用。〔10〕例如,当我们浏览网页或使用 App 时,在物理上我们通过点击按钮访问了特定服务器,并通过物理管道进行了数据传输和信号交换,但在拟制意义上可以想象成为我们在不同的"空间"中以使用者的虚拟身

〔9〕 参见[美]约翰·P. 巴洛:《"网络独立宣言"》,李旭、李小武译,载高鸿钧主编:《清华法治论衡》第 4 辑,清华大学出版社 2004 年版。

〔10〕 类似法律中"场所"的概念。例如,在赛博空间中仍然可以比拟公共场所,认定为寻衅滋事。

份开展活动,这一空间可以产生在任何网络节点、服务功能和应用中。正因空间的开拓带来了权利关系的变化,产生了各类冲突的权利需求,因此在使用这一普遍性概念时,有必要理解背后使用这一概念的主体及其诉求,特别是其如何试图将自身的特殊性诉求上升为普遍性,才能更好地理解网络法的诞生与实质。[11]

传统法律必然反映物理空间的现实:空间大致分为私人和公共两类,私人空间更贴近财产、隐私、家庭等需要保护的价值,而公共空间则涉及公共活动的场所和秩序。两者的区分不仅是法律概念上的,也是物理架构上的。在陌生人社会中,住宅、楼宇的封闭性确保了隐私保护不受低成本打扰的需求和想象。[12] 而在赛博空间中,当架构变化时,传统法律关系不断瓦解,产生了新的法律问题。例如,对这一空间性隐私的需求没能顺利延展至互联网上,人们更愿意接受互联网无非就是一种商业服务的观念,愿意将隐私与服务商分享,哪怕有隐私泄露的风险。在个人信息保护呼声和需求开始增长的今天,也有必要重启空间这一概念,从根本上反思鼓励信息自由流动的赛博空间如何能够真正确保我们在私人领域不受打扰,同时又能平衡商业创新,充分参与在线公共活动与沟通。

互联网的形态从早期初级的简单链接转向平台推动塑造的连接—生产模式,而且越来越自动化。当赛博空间不断通过平台创设的连接将各类生产性资源连在一起的时候,就形成了某种网络化的空间。[13] 这种空间在形态上和物理空间截然不同,是整合性与碎片化的统一,是中心化与分布式的统一,也是生产性与消费性的统一。如果说,早期互联网更多地体现碎片化、分布式和消费性,那么平台主导的互联网则日益转向整合性、中心化与生产性。

---

〔11〕 参见吴伟光:《构建网络经济中的民事新权利:代码空间权》,载《政治与法律》2018年第4期。该文强调了空间概念,但未能看到空间背后的权力机制和利益诉求。

〔12〕 参见岳林:《论隐私的社会生成机制——以习俗和法律关系为视角》,载《学术月刊》2019年第6期。

〔13〕 See *generally* Julie E. Cohen, *Configuring the Networked Self: Law, Code, and the Play of Everyday Practice*, Yale University Press, 2012.

(二)空间扩展中的开放/封闭

如前所述,空间有赖架构设计,笔者已经在其他地方对架构进行详细讨论,[14]这里仅稍作总结,架构和空间的扩展至少有 4 种方式:(1)捆绑更多新的功能;(2)因公司合并而产生账户打通合并;(3)通过账户进行第三方登录,扩展活动边界;(4)直接打通产业链上下游。其本质都是在互联网不同层面上增加相互支撑的入口与资源,从而扩大双边市场的规模,把各种生产要素都聚拢到一起。更关键的是,不同层面的相对权力重心发生了转移,早期互联网强调 PC 终端和分布式计算的重要性,但现在的平台和云服务已经将终端彻底边缘化,权力朝向看不见的云端汇集,能够更好地提供大规模自动化低成本服务。[15] 有意思的是,权力的触手却在不断从终端扩展到物理空间中的物件,将后者彻底赛博空间化,权力关系就从终端设备之上转移到设备之外,例外论也成了普适论。本文将此类空间的扩展称为数字圈地运动,类似于工业资本主义诞生之初的圈地运动,数字圈地运动的实质也在于通过空间扩张蓄养生产资料,但其过程更加宁静而迅速,伴随每一次新产品的发布,都意味着新的开拓者在宣称它们疆域的边界。

从表面上看,赛博空间是无限的,似乎并不需要争夺,人人机会平等。例如,电子商务网站的网页比实体店铺货架上的空间多出无数倍,提供的信息可成几何级数增长,但却无须付出低效的维护成本,竞争力必然优于实体店铺,人们只需要通过一个搜索引擎就能够找到想要的信息;但从另一个角度看,这种无限又存在边界和限制,信息拥有者可能拒绝"爬虫"爬取、提供信息,同时为了确保高质量信息,电子商务网站势必要求排他控制这些信息,防止竞争对手以低成本获取。对低成本生产资料的渴求导致所有平台企业都想扩展自身,吞并竞争者。这些相互冲突的需求以一种戏剧化的方式在"3Q 大战"案件中淋漓尽致地展现出来。

"3Q 大战"发生在 PC 终端上并非偶然,其发生的主要原因在于:(1)10 余年来创生性的互联网产生了持续的安全隐患;(2)创生性的操作系统(主要是 windows 系统)不受其生产商微软公司控制;(3)用户和服务提供者都产生了对

---

〔14〕 参见胡凌:《论赛博空间的架构及其法律意蕴》,载《东方法学》2018 年第 3 期。

〔15〕 See *generally* Vincent Mosco, *To the Cloud: Big Data in a Turbulent World*, Routledge, 2014.

保护桌面安全的需求。[16] 因此,问题转变为谁有权利排他地为用户提供防护服务,进而管理整个智能终端;或者说,谁有能力更好地在桌面扩展其空间和权威,并为所有其他软件和用户安排生产秩序。只有适时改变早期互联网的生产方式,才能真正解决"3Q大战"的问题,使此类问题不再发生,这个答案就是平台化生产和转型。看上去存在悖论的是,赛博空间的开放性恰好是导致其走向封闭的主要原因之一,除此外因,平台化转型作为内因同样值得重视,这为我们摆脱教条式理解互联网演进提供了绝佳案例。

## 三、干扰、不兼容与竞争秩序

### (一)空间争夺与数字财产权边界的重构

本部分将进一步讨论"3Q大战"中的不正当竞争面向,它与空间生产密不可分。用户桌面作为一种空间拟制和想象,实际上为作为一个整体的数字经济提供了扩展的机遇。而一旦深入数字经济内部,就不得不回答究竟谁有权利和能力扩充生产性的空间,扩大自身的规模效应。"3Q大战"充分展示了其中的冲突:由于微软公司并不对Windows操作系统行使任何后续控制力,用户桌面就成为平台企业的竞争领域,为的是获得排他控制用户电脑的权力。奇虎360对QQ软件干扰行为的动力即源于此,同时现实中也出现了同类软件相互不兼容的行为,这些都被写入了《反不正当竞争法》第12条,这一立法上的修订有力地限制了平台企业争夺桌面的行为。

如果我们将一个软件或应用看作一个开放空间中的封闭领地,为了与其开展竞争、抢夺用户,除干扰不兼容在同一个空间中争夺外,竞争者至少可以从以下要点出发开辟新空间、免费利用他人资源、"劫持"流量,空间再造其实是互联网竞争的实质:

外挂:通过外挂更改相关软件的功能,变相吸引用户;

叠加:开发输入法,在用户打字输入时,在他人搜索框之上叠加新的搜索框空间;

转移:通过"爬虫"爬取竞争对手的价格信息,在比价网站上显示,赚取

---

〔16〕 See *generally* Jonathan Zittrain, *The Future of the Internet-And How to Stop It*, Yale University Press, 2008.

流量；

加框：通过深度链接技术在他人网站的视频上加框，放置广告；

屏蔽广告：通过上游路由器设置，更改访问请求，从而屏蔽、干扰他人广告播放；

屏蔽链接：关闭 API 接口，阻止竞争对手的内容或链接在本平台传播或自动跳转。

对于这些新型"搭便车"行为，法院不得不依靠《反不正当竞争法》第 2 条原则性条款加以解决。〔17〕原则性条款在解释过程中具有较强的灵活性，在没有明确立法规定的情况下，适用这种条款可以帮助快速解决纠纷，较少引起争议，但也会给人无所适从的感觉，不符合竞争法谦抑的精神。〔18〕最需要突破的争议点是竞争关系的认定：在物理世界的经济行为中，往往是经营范围相近的企业才存在此类竞争关系，市场边界也相对固定；但在赛博空间中，具有不同业务和功能的平台企业也存在争夺用户和流量的竞争，法院的理念由此从狭义竞争关系转向广义，并被广泛接受。这一解释实际上是对平台企业争夺桌面空间现状的真实反映，也是对平台双边市场模式的一种确认，如果法院仍然坚守传统的狭义解释，将无法处理诸多新型的侵权行为。

法院如此适用法律的本意在于维护市场竞争秩序，这凸显了秩序形成的一个主要来源。市场实际上也能部分地解决问题，如果我们把干扰侵权看作一种为获取竞争性资源的"非法兴起"过程，那么按照科斯定理，只要交易成本足够低（或收益足够大），理性的双方就会达成交易并开展合作，从而使该资源得到有效利用，将蛋糕做大。从这个意义上说，干扰侵权是赛博空间中财产权利重新配置划界的重要途径。有趣的是，无论是《反不正当竞争法》第 12 条还是法院在各类不正当竞争判决中，都认可保护受到侵权的在先权益，即权益的初试配置仍然赋予投入合法劳动的一方，无论侵权可能带来何种创新或消费者福利。

---

〔17〕批评者认为《反不正当竞争法》引入的网络条款旨在评价网络竞争行为的正当性，但该条款在解释论上面临诸多困境，根源在于方法论研究之欠缺，即立法者未曾反省类型化原理就盲目选择了案例群类型化的修法进路。参见蒋舸：《〈反不正当竞争法〉网络条款的反思与解释：以类型化原理为中心》，载《中外法学》2019 年第 1 期。

〔18〕参见张占江：《论反不正当竞争法的谦抑性》，载《法学》2019 年第 3 期。

这一思路在互联网早期阶段还不曾发生,其时法院更倾向对代表先进生产力的互联网进行保护。[19] 但在平台和移动互联网阶段,保护数字产权开始成为法院的共识,其结果是通过不正当竞争法确认竞争性权益,间接地保护在先企业的数字内容及其架构,实际上承认了通过劳动投入进行的架构设计和信息系统本身具有可保护性(这一点尤其体现在刑法规定的一些入侵、破坏计算机系统犯罪中)。

(二)通过封闭统合防止碎裂化

法律和司法赋予在先权益的正当性,客观上符合数字经济发展在这一阶段的需求。首先,从宏观上看,如果说在PC互联网时代,数字经济主要依靠针对物理空间资源的数字化进程释放红利(从而体现为大规模侵权以转换生产方式),那么在移动互联网时代,数字经济更多地依靠平台基础设施以增强网络效应,突出其双边市场特征,排他地从平台可以调动的资源中获利,因此,需要法律保护这种排他使用权。在这一逻辑下,平台企业一方面不断将更多资源纳入其平台,扩张空间;另一方面则通过技术和法律手段保护其架构不受侵犯,架构逐渐走向封闭。整体上,数字经济也需要较成熟的产业组织稳定、协调地生产。

其次,从微观层面看,赛博空间中需要有主导力量来组织众人进行有序生产(无论是操作系统、应用商店还是搜索引擎),否则高效的竞争秩序不会主动实现。在缺乏有效组织的平台上,任何层面的应用程序都可以去干涉竞争者,防不胜防,最终导致该种平台陷入混乱无序状态,被用户和开发者抛弃。个体开发者需要付出的成本包括:(1)识别用户是否可能在使用插件屏蔽广告;(2)识别用户是否可能安装外挂干扰服务;(3)识别安装其他类似软件的用户;(4)部署反数据抓取技术;(5)搭建基础设施服务;等等。法律的统一保护事实上默认了需要巨头平台管理生产秩序,提供基础设施服务,这在一定程度上可以弥补大量私人技术投入的成本,从而在整体上降低社会投入。只要私人技术投入的成本低于它们向平台管理者缴纳的管理费用("苹果税"),这一模式就是有效率的。当然,法律并非完美的,竞争者之间仍然可以通过签署协议、自力救济、谈判等方式加以补充。这些手段都反映出,干扰侵权无非是希望重新划定空间和虚拟财产边界的一种方式而已,法律和司法作出的回应使

[19] 参见胡凌:《"非法兴起":理解中国互联网演进的一个视角》,载《文化纵横》2016年第5期。

这些边界更加清晰,也使法律权利边界和技术架构边界趋同。

再次,推动平台企业对内统合生产性资源、对外扩展空间也有助于防止产权的碎裂化。在缺乏统一控制的平台上,无论是横向平行层面(如 360 和 QQ)还是纵向垂直层面(如路由器和视频网站)都试图重新划定各自边界,在法律救济较弱、谈判成本较高的情形下,容易发生破坏秩序、难以合作的权利碎裂化问题。这个问题在集合性的数据财产权利情形下通过强制性用户协议授权而解决,[20]但对于更大范围的新经济来说仍然不够,新经济作为一个流动性强的复杂生态系统需要更加有效率地生产,因此需要某种机制将分散的资源统合在一起,并产生集体性价值。像 windows 那样不受控制的操作系统无法完成这样的工作,这就是为什么只有苹果公司的应用商店模式才能像企业一样提供基础设施服务,为开发者设定规则,防止应用之间发生冲突、产生秩序混乱,这一模式已经逐渐成为平台企业的标准模式。

最后,仍需要注意的是,平台整合背后的安全性需求不容忽视。抽象的问题是,赛博空间的安全秩序谁来维护?"3Q 大战"的双方实际上重新定义了安全,外部威胁可能来自赛博空间的每一个角落,以致需要私人公司帮助维护自身的资产,客观上也保护了用户的终端。然而,一旦安全防护本身和其他通行商业模式结合在一起的时候,任何安全公司都可能掌握着动员民众、影响市场秩序的权力,成为底层基础设施。[21] 一旦成真,就有必要重新思考这类企业的法律性质,即从一个纯粹私人企业变为受到约束监管的某种准公共服务企业。[22]

由此,本部分解释了"3Q 大战"如何折射出软件背后产业组织形态的变化以及在 PC 终端进行圈地运动的实质。这一圈地运动是必然的,法律形式

---

〔20〕 参见胡凌:《商业模式视角下的"信息/数据"产权》,载《上海大学学报(社会科学版)》2017 年第 6 期。

〔21〕 "百度在线网络技术(北京)有限公司等与北京奇虎科技有限公司等不正当竞争纠纷上诉案",北京市高级人民法院(2013)高民终字第 2352 号民事判决书。

〔22〕 周鸿祎称奇虎 360 为"国家企业",界定了"国家企业"的 3 个"一致":企业发展方向和国家战略方向一致;企业的主业和国家急迫的需求一致;企业利益和国家利益一致。参见韩大鹏:《直击|周鸿祎:让国家企业为新经济保驾护航》,载新浪网,https://tech.sina.com.cn/i/2018-06-30/doc-ihespqrx6403749.shtml。

上的平等无法阻止商业模式和技术的变化与扩张;和反垄断教义学一起,诸多反不正当竞争诉讼判决客观上也帮助生成了一种集合性财产权利的合法性,无论立法上是否认可虚拟财产和数据财产,平台已经得到了它们希望获得的法律保障。

## 四、用户主体性的削弱与重建

### (一)自主控制力的迷思

用户在赛博空间中的自主控制是一个老问题,这个问题起源于用户能否像拥有一台收音机或电视机一样拥有一台电脑或一个软件,从而可以自由地改造与合理使用,豁免于知识产权保护的指控,这在20年前PC互联网时代的公共讨论中被称为“终端用户许可”。[23] 但并非法律为用户的此类权利提供了保障,那时人们对互联网模式的力量一无所知,宁愿相信互联网只是将自己拥有的电脑用网线连起来而已,一切计算和数据处理都在终端完成,因此也相信其仍然能够对终端上的软件和数据拥有最终控制力。随着带宽成本降低和计算能力提升,云计算开始将PC以及移动终端变成真正的“哑终端”,只是用来接受流媒体服务的界面和工具。架构中权力重心的变化必然使终端成为附属品,从而直接影响用户的使用行为。换言之,互联网发展早期认为,用户对上网行为有完全控制的迷思现在已经基本破除,这不仅意味着用户地位从单纯的使用者转为产消者,也意味着PC终端带来的自主空间的想象已不复存在。“3Q大战”正体现出这一空间是如何被巨头平台企业争夺,从而不断通过封闭资源模式割裂赛博空间的。用户丧失自主控制力体现在多个方面,都与互联网的生产方式密切相关:

“3Q大战”中任由巨头争夺自己的桌面,被迫接受“二选一”;

不得对智能终端进行“越狱”破解;

不得对特定软件进行改造,开发外挂;

被动接受用户条款,丧失知情同意的意义;

无法拒绝作为商业模式的商业广告推送;

---

[23] 寿步等编:《我呼吁:入世后中国首次立法论战》,吉林人民出版社2002年版,第75~131页。

因存储空间有限不得不上传至云端,失去对自己虚拟物品的控制;

仅能通过流媒体方式接受服务,下载的电子书或歌曲是一种有时限的租赁物而非购买物;

手机通信录和手机相关的存储空间不被认为是隐私,从而可以被服务商访问挖掘;〔24〕

无法控制自身生产的内容和数据,一切隐私都将和服务商分享;

经由数据分析形成的推荐和预测,进一步加强了对用户自身的监控。

不难看出,在新经济生产方式扩张过程中,一方面,用户的电脑使用行为失去传统意义上"空间"和私人财产规则的庇护,私人空间因此转化为生产劳动和接受控制的空间;另一方面,甚至用户所处的物理空间也同样经历着类似的转换,哪怕在一个封闭的房间内,物联网的存在也使空间隐私和不受打扰荡然无存,用户的数据随时传输至他们无法控制的云端。

从空间性的财产和隐私转向信息性和网络化的财产和隐私的直接后果是,用户置身于十分不平等的权力结构中。传统法律注重对通信隐私和入户搜查等"空间"理念的保护,"私人空间"成为各类权力难以突破的默认设置和法律底线,但经由相互连通的网络,平台企业的架构得以顺利渗透这一私人空间,并通过关系隐私理论获得合法性,在赛博空间中,很难再次回归到不受随意打扰的空间隐私理念。〔25〕 此外,一直以来社会和法学研究缺乏关于空间隐私的讨论,而大量集中于信息隐私,最终回到更加中性的个人信息保护,〔26〕在某种程度上就失去了和原有空间理论及其权益相连接的可能性。例如,支持者们可以声称,赛博空间中的隐私预期因架构不同很难比拟物理空间中的预期,而用户愿意放弃隐私选择服务便利也会鼓励新型架构的出现,这种循环论证再次为"赛博空间例外论"打开了后门。

---

〔24〕 在一场诉讼中,"今日头条"代理律师认为,虽然通信录中包含个人姓名、电话等信息,但是这些信息并非原告本人的信息,而是其社会网络成员的信息,因此通信录不属于原告的隐私信息。

〔25〕 例如,"朱某与北京百度网讯科技公司隐私权纠纷上诉案",江苏省南京市中级人民法院(2014)宁民终字第 5028 号民事判决书。

〔26〕 参见张新宝:《从隐私到个人信息:利益再衡量的理论与制度安排》,载《中国法学》2015 年第 3 期。

"账户"可能成为解决这一问题的契机,但仍然不乐观:按照现有商业账户的性质,它仅仅是用户得到平台授权使用的通行证而已,用户无法行使对其账户的绝对控制力,例如,不得拒绝分析账户行为数据,无法拒绝向账户推送定向广告或推荐信息,并面临可能违反平台规范注销账户的风险(数据并不彻底删除)。账户并非类似传统的不受打扰的默认设置空间,平台的商业属性决定了用户账户注定成为吸纳用户和传统物理空间的连结点,可以直接影响用户行为却在法律上与用户身份相分离(从而降低运营风险)。结果便是,原本与物理世界平行的赛博空间愈加扩张,用户却没有相应的屏障以抵抗这一趋势。

(二)虚假代理与政府监管

尽管用户在赛博空间中实际上的自主权利受到影响,法律在形式上仍然倾向体现平等民事主体的自由选择,这导致无视了法律形式背后的生产关系变革,及其反映出的不平等权力关系。例如,尽管知情同意通常被认为是无用的,而且有一些替代性方式表达授权,但仍然成为《网络安全法》收集和处理个人信息的核心原则;再如,尽管在事实上平台企业对灵活的劳动者施加了较多控制,体现出较强的人身从属性,但法院在很多情况下仍倾向不在事后确认劳动关系。[27] 在"3Q 大战"中,用户貌似拥有充分的选择权,只是必须接受巨头平台给予的两种选择之一。

在用户无法充分行使自主权时,往往会出现两种相伴随的现象:首先,从商业角度看,一些平台企业会打着用户的旗号干扰其竞争对手,或定向抓取另一些平台上用户生产的数据内容,帮助其一键"搬家",声称自己仅仅是用户的代理人,已经获得用户授权同意,实质上仍然是将这些内容看作可以免费获取的生产资料,并非真正看重用户的自主性;同时,鉴于《反不正当竞争法》在修订时在原则性条款中增加了消费者权益保护内容,也可能带来价值之间的冲突,即一种不正当竞争侵权行为(或创新)可能在客观上暂时有利于消费者,但却可能破坏了竞争秩序和公认商业道德。[28] 其次,由于用户在面对平台企业时难以有效地进行讨价还价,行使信息自决权,因此,公共监管部门就扮演了重要角

〔27〕 在确认劳动关系时这一点尤为明显,参见胡凌:《分享经济中的数字劳动:从生产到分配》,载《经贸法律评论》2019 年第 3 期。

〔28〕 参见张占江:《不正当竞争行为认定范式的嬗变:从"保护竞争者"到"保护竞争"》,载《中外法学》2019 年第 1 期。

色,需要不断从外部介入行业实践,采纳自上而下的专项执法整治方式。[29] 这可能在短时间内起到威慑作用,但难以形成长期稳定有效的内生治理机制,其威慑力也取决于国家投入的资源和能力。在笔者看来,上述现象同样是用户主体性被削弱的表现,其根源也在于用户/消费者真正的信息自决权无法实际操作和行使,无法在空间上拥有自主选择的能力。[30]

随着架构的不断延伸,创设出更多的新空间,转移权力关系争夺的阵地,用户在未来仍有机会争取和重建自主地位。这首先需要用户真正拥有不受商业契约影响的更加普遍稳定的虚拟身份,而这种身份只能由国家提供,并作为一种基础设施嵌入赛博空间的日常活动中,且不同于目前常见的身份认证过程。在此基础上,可以围绕基础身份重建一系列关于虚拟财产、隐私、空间、人格等基本制度,不受平台商业力量的任意影响。赋予用户更大的自主性未必会削弱数字经济的整体发展,反而可能会进一步释放数字红利,促进生产性资源的流动,赋予用户在自主可控的空间内创造与交流的机遇。此外,还需要在现有法律制度基础上,不断跟踪、理解平台企业的形态变化,抓住多变技术和噱头背后不变的法律关系,才能更好地理解不同利益相关方想要什么。[31]

## 五、结　　语

"3Q 大战"本质上反映了在一个开放性的、内在不稳定的网络上,平台企业针对作为连结点的、不断增加扩展的智能终端的争夺,最终争夺的是赛博空间的塑造和控制权力。在笔者看来,最高人民法院持有的不可知论立场巧妙地帮助了平台企业不受反垄断指控的诘难,守护了整个新经济模式,在理论研究尚

〔29〕 例如,中央网信办、工业和信息化部、公安部、市场监管总局于 2019 年 1 月起开展了为期一年的 App 违法违规收集使用个人信息专项治理。

〔30〕 参见丁晓东:《论个人信息法律保护的思想渊源与基本原理——基于"公平信息实践"的分析》,载《现代法学》2019 年第 3 期。类似地,职业打假人可能利用了消费者保护机制对某些商家进行冲击,但却不可能在整体上提升消费者群体的议价能力。

〔31〕 一个例子,参见胡凌:《平台视角中的人工智能法律责任》,载《交大法学》2019 年第 3 期。其他可能的争取空间/架构控制权的讨论,参见胡凌:《超越代码:从赛博空间到物理世界的控制/生产机制》,载《华东政法大学学报》2018 年第 1 期。

未对互联网垄断达成共识的时候,确保了中国互联网在移动时代享受基础设施带来的网络效应红利。法院并未真正介入这场争夺,而是默认平台企业作为市场力量任意扩张。尽管PC终端日益变得不重要,但移动终端延续了平台扩张的逻辑,依靠垂直整合、兼并和封闭实践,最终使赛博空间由一个个平台主导的封闭生态系统勾连起来,用户的桌面正是这张大网的底层基础。赛博空间的"封建化"(反映在国家之间则称为"巴尔干化"[32])是对无边界互联网安全威胁的自然回应,也是政治逻辑和商业逻辑演进的必然结果。从产业组织角度看,封闭的生态契合了数字经济发展的需求,通过数字基础服务避免财产权利进一步碎裂化,同时又是有效率的。因此,如何平衡封闭、开放、创新、效率和自主性,就成了未来互联网治理中的关键问题。

本文限于篇幅无法深入讨论,主要希望借助"3Q大战"案件回到网络法的元问题:谁创设、控制赛博空间,赛博空间如何扩展,进而反映了何种生产关系、要求何种法律关系。本文也试图借助空间这一概念,沟通中外研究脉络,尝试提炼(特别是中国)互联网演进以及网络法变迁的理论框架。这一框架不同于传统自由主义的赛博空间观,即主张国家公共权力不能介入赛博空间,后者需要不断摆脱前者的约束;它能够解释"暗网"和比特币的实践,同样也可以适用于平台企业主导的跨国公司,即它们持续奉行创造性口号,不断将更多新型资源数字化和商品化,从而通过架构扩展其主导的赛博空间——若干不受主权国家监管的数字封建经济体。[33]

由此,笔者希望从政治经济学角度展示数字封建经济体形成的过程,特别是平台企业如何通过技术变迁和商业模式最大限度地从事赛博空间的生产和再生产,在智能终端挤压私人隐私和公共领域;同时,又和其他竞争对手展开争夺,最终塑造赛博空间。在面对商业力量不断扩张的时候,我们有必要反思如何确保一个合理平衡的赛博空间秩序,特别是当用户缺乏真正的数字身份和控制力,而依靠不稳定的商业契约关系维持的时候,赛博空间不会持久地繁荣。因此,无论是从个人数字身份和尊严的宪法角度看,还是从数字经济长期发展

---

[32] Milton Mueller, *Will the Internet Fragment?: Sovereignty, Globalization and Cyberspace*, Polity, 2017.

[33] See Anupam Chander, *The Electronic Silk Road: How the Web Binds the World Together in Commerce*, Yale University Press, 2013.

看,都需要对既有权力边界进行重新配置和协商。作为一个起点,有必要重新审视数字社会的权力结构和社会关系,关注商业力量以外兴起的社会组织和社会生态,围绕诸如基础身份认证这样的"制度—技术"机制,或以账户为基础的真正 AI 代理人展开,在机理上重建空间观念,探讨赛博空间中主体性及其法律和技术支撑。

The Legacy of The "3Q Wars"
—Space, Interference and User Autonomy

Hu Ling

**Abstract**: This article mainly aims to use the "3Q War" case to return to the meta-question of cyber law: who creates and controls cyberspace, how cyberspace expands, and what kind of production relations it reflects and what kind of legal relations it requires. This article also attempts to use the concept of space to bridge the research lines between China and the West and to extract a theoretical framework of the evolution of the Internet and the transformation in cyber law (especially in China). This framework hopes to show the process of the formation of digital feudal economies, in particular how platform companies maximize the production and reproduction of cyberspace through technological changes and business models, squeezing private privacy and the public sphere at smart terminals; while at the same time competing with other competitors to ultimately shape cyberspace. In the face of expanding commercial power, it is necessary to rethink how to ensure a reasonably balanced cyberspace order, to re-examine power structures and social relations in digital society, and to focus on the emerging social organization and social ecology apart from commercial power, revolving around "system-technology" mechanisms such as accounts and basic identity authentication, reconstructing the notion of space mechanistically and exploring real subjectivity in Cyberspace and its legal and technical support.

**Key words**: "3Q War" monopoly cyberworld interference autono my

# 自动化决策与人的主体性*

张凌寒**

**内容摘要：**

波音737飞机事件和美国卢米斯案件显示，自动化决策不断凭借大数据和高效率攻城略地，接管和挤压人的决策权力。在诸多场景下，自动化决策被默认优先于人为决策，导致相对人被困于决策闭环（loop）中，一旦受到错误决策影响，需付出巨大代价予以修正。不受自动化决策的自由，不仅能够保障受到错误自动化决策的个体得到权利救济，更具有保护人类自主性的法理意蕴：自动化决策对人的数据化、计算过程的去人性化，造成了人类主体性危机；自动化决策以轻推与操纵的方式构建人的自主决策，使人丧失自由意志，引发了人的自治性困境。在欧洲1995年的《数据保护指令》和2018年欧盟生效的《一般数据保护条例》中赋予数据主体"不受自动化决策"和获得人为决策的自由，作为核查和纠正自动化决策的工具，为数据主体提供对抗自动化决策的私权路径。但其以人机对立假设为指导思想，不利于数据流动并有悖于未来发展趋势。保障人不受自动化决策的自由，应以保障人类的主体性和自治为原则。除私权路径外，仍应包含3个层次：首先从外部保障人类伦理嵌入自动化决策过程；其次确保人有拒绝自动化决策和"断网"的自由；最后应明确实质人为决策的标准，以保障人的自主决策与主体性地位。

**关键词：**

不受自动化决策　人为决策　人的主体性　机器伦理

---

* 本文为国家社科基金一般项目"网络平台监管的算法问责制构建研究"（项目编号：20BFX151）的阶段性成果。

** 北京科技大学文法学院副教授。

## 一、问题的提出:人可否不受自动化决策?

2019年3月10日,埃塞俄比亚航空一架波音737 MAX 8航班从亚的斯亚贝巴起飞6分钟后坠毁,157条生命消逝,举世哗然。[1] 飞行数据显示,事故由波音公司安装的自动驾驶操作系统(MCAS)造成。简单来说,这个系统可以绕过飞行员的人工驾驶,自动让飞机进入俯冲加速状态。事故中,这个系统与飞行员反复争夺飞机的驾驶权。[2] 由于默认设置是自动化决策优先于人的控制,导致飞行员反复关闭该系统仍难逃机毁人亡的厄运。

残酷的事故又一次拷问:机器接管决策权力的边界究竟在哪里?一直以来,机器(算法)决策因其人类难以企及的准确性和高效率攻城略地,不断接管和挤压人的决策空间:日常生活的新闻阅读、购物选择、相亲匹配,由算法进行推送决策;交通监控系统代替警察开出罚单,法庭用算法决定犯罪嫌疑人是否获得假释……然而,从已有的经验来看,现行法律制度对人是否可以不受自动化决策并不明确。第一,并无有效制度保证个体不受已经作出的自动化决策限制,如"威斯康星州诉卢米斯案"中,卢米斯认为,美国威斯康星州法院的"风险评估工具"[3]智能量刑系统作出的"高风险"预测是错误的,[4]不难猜想,其根本诉求是要更改自己受到的自动化决策。一旦自动化决策出错,弱势的个体并无推翻自动化决策的有效法律路径,会被困于自动化决策的闭环(loop)之中。第二,并无明确界限划定哪些决策不应由机器作出。例如,亚马逊使用AI摄像

---

[1] 2018年10月29日,一架载有189名乘客和机组人员的印尼狮航波音737 MAX 8客机,在起飞13分钟后失联,随后被确认在西爪哇附近海域坠毁,机上人员全部遇难。截至目前,事故调查工作仍在进行中。

[2] See Jack Nicas, Natalie Kitroeff, David Gelles and James Glanz, *Boeing Built Deadly Assumptions Into* 737 *Max*, *Blind to a Late Design Change*, Accessed March 20, 2020. https://www.nytimes.com/2019/06/01/business/boeing-737-max-crash.html.

[3] 英文为"Correctional Offender Management Profiling for Alternative Sanctions",简称为COMPAS。

[4] Freeman K. Algorithmic Injustice, *How the Wisconsin Supreme Court Failed to Protect Due Process Rights in State v. Loomis*, 18 North Carolina Journal of Law & Technology 75 (2016).

头识别工作效率低下的员工,计算工人消极懈怠的时间(time off task,TOT),直接生成解雇指令,绕过主管开除工人。[5] 再如,我国一高校使用人脸识别技术,在课堂上监控学生不注意听讲、玩手机的行为,生成报告供老师参考。[6] 这些自动化决策应用是否符合伦理,个体是否有权利拒绝,引起了社会的广泛讨论。

本文以人的不受自动化决策的自由为研究对象,首先,探讨不受自动化决策自由作为人工智能时代的权利,具有保障人自主性与自治性的法理意蕴;其次,从具体法律制度切入,以欧盟《通用数据保护条例》(以下简称 GDPR)为基础样本,深入分析不受自动化决策自由的私权框架、制度理念以及其得失利弊。通过对法理意蕴和具体制度的探讨,结合我国人工智能自动化决策的治理现状,为构建保障不受自动化决策自由的法律制度提供建议。

## 二、不受自动化决策的法理意蕴:保障人的主体性与自治性

不受自动化决策的自由不仅具有权利救济的工具性价值,更重要的是,具有保障人类主体性与自治性的法哲学意义。不受自动化决策的自由首要价值在于打破自动化决策的闭环,赋予个体权利以修正机器自动化决策。更关键的是,人工智能时代,技术首次超越了受人支配的客体范畴,产生了人与技术工具主客体颠倒的异化现象。

### (一)不受自动化决策的自由免于人的主体性受损

在人工智能时代,万物皆可计算。自动化决策将人作为纯粹的数据,进行纯粹的计算。主体性哲学作为现代法权意识形态和制度体系的观念基础,历史性地推动了人类生存状态的现代性转型,最终落实为普遍的法权关系结构。[7] 但在人工智能时代,人遭遇了严重的"主体性危机"。

---

[5] Colin Lecher, "How Amazon Automatically Tracks and Fires Warehouse Workers for 'Productivity'", Accessed March 18, 2020, https://www.theverge.com/2019/4/25/18516004/amazon-warehouse-fulfillment-centers-productivity-firing-terminations.

[6] 参见《高校试水人脸识别:翘课玩手机全能识别》,载网易新闻,https://news.163.com/19/0902/08/EO2C10PI0001899N.html。

[7] 参见陈璞:《论网络法权构建中的主体性原则》,载《中国法学》2018 年第 3 期。

1. 人的数据化和自动化决策的去人性化

人的数据化消解了人的主体性,将个体的人作为冰冷的数据,将群体的人当作可以被控制、分解、改变、交易、消费的数据库,成为人工智能时代的“物化”(reification)方式。人也在此过程中从决策的主体,沦为被决策的客体。

自动化决策的前提是人被数据化以方便机器计算。可识别的个人信息与行为数据中包含人格性的利益,对人格利益的处分只应属于人(数据主体)自己。因此,必须以用户知情同意为原则,人的数字化需要人自愿交出自己的数据。也是出于这个原因,个人信息应该比单纯的数据得到更周延的保护。个人数据进一步被商品化,数据在不同的企业、平台、政府之间被出售流通,在这个过程中,包含个人信息的数据成为具有流通性的商品,〔8〕数字化表达的人被简单地视作在市场上买卖分享的数据资源。〔9〕人工智能时代数据商品化程度令人触目惊心。2018 年 11 月 30 日,万豪国际集团旗下喜达屋集团发生客户预订数据库信息泄露事件,高达 5 亿人的个人信息被披露流传于网络。〔10〕甚至政府也加入了数据交易网络,2017 年,荷兰情报和安全部门被披露从非法来源购买了大量的个人信息数据库。这些数据库包含超过 1 亿人的姓名、电子邮件和密码,它们或是被盗,或是源于黑客,并在网络黑市上被出售。〔11〕在一切皆可数

〔8〕 See Martin Gunnarson and Fredrik Svenaeus (eds), *The Body as Gift, Resource, and Commodity: Exchanging Organs, Tissues, and Cells in the 21st Century*, Stockholm, Södertörns högskola, 2012, p. 9 – 30.

〔9〕 See e. g. Fanny Coudert, “The Europol Regulation and Purpose Limitation: From the ‘Silo-based Approach’ to... What Exactly?”, 3 *European Data Protection Law Review* 313 (2017); N. Purtova, “Between the GDPR and the Police Directive: Navigating through the Maze of Information Sharing in Public-private Partnerships”, 8 *IDPL* 1 (2018).

〔10〕 参见《喜达屋连锁酒店顾客信息泄露,受害者可能达到五亿》,载地产周刊网,http://www.rcinet.ca/zh/2018/11/30/157305/。

〔11〕 See CTIVD, “Toezichtsrapport nr 55, Over Het Verwerven Van Door Derden Op Internet Aangeboden Bulkdatasets Door de AIVD en de MIVD”, 2017, https://www.ctivd.nl/documenten/rapporten/2018/02/13/index, cited from Brinkhoff S, “Big Data Data Mining by the Dutch Police: Criteria for A Future Method of Investigation”, *European Journal for Security Research* 2, 2017, p. 57 – 69.

据化的世界中,人已经变成一个个跳动的代码,数据成为通用的大众商品,交易网络中商业、政府和犯罪等数据需要交织在一起。[12]

自动化决策的过程也是一个使个人和社会“去人性化”(dehumanisation)的决策过程。[13] 机器是从数学的角度进行计算,在一套人为定义的自洽系统内部进行符号推演,[14] 而该系统无须考虑人类的偏见、情感等。自动化决策(算法)的设计者和使用者一直依附“技术中立”的保护伞下,声称无涉于价值判断。直到自动驾驶、差异化定价、操纵选举等违背人类道德和伦理的事件出现,自动化决策去人性化的一面才引起了政府和公众的担忧。

判断一个决策是否符合伦理道德对人类来说是个简单的命题,对于机器来说则十分困难。例如,“德国前总统武尔夫夫人案”,在谷歌搜索上搜索她的名字时会自动联想“妓女”或“应招”之类的词汇。这些由机器基于搜索量、新鲜度等因素计算,并由算法发布的信息对其造成了巨大困扰。一个决策结果的诞生可以分为能力层面(解决经验问题)与道德问题(回答应不应该):在能力层面,自动化决策远胜于人类;但在应不应该这样的判断上,机器尚不能给出满意的回答,或者我们是否允许机器进行道德决策还是一个需要斟酌的问题。

2. 不受自动化决策的自由可避免人的主体性消解

自动化决策对人的数据化和计算减损了人的尊严与人格,严重消解了人的主体性。进入人工智能时代,大数据和算法并没有成为加强人的主体地位的积极力量,人的物化和异化反而随着科技的发展而更加普遍和深化。一方面,人本身被客体化,被抽象为数字并嵌入整合到人工智能时代数据体系中,沦为生产过程的被动客体;[15] 另一方面,人的活动同人本身分裂和疏离,越来越不属

---

〔12〕 See Luciano Floridi, *The Fourth Revolution: How the Infosphere is Reshaping Human Reality*, Oxford, OUP Oxford, 2014.

〔13〕 Bygrave calls this dehumanisation of social processes. See Lee A. Bygrave, *Data Privacy Law, An International Perspective*, Oxford, Oxford University Press, 2014. See also Meg Leta Jones, “The Right to A Human in the Loop: Political Constructions of Computer Automation and Personhood”, *Social Studies of Science* 47, 2017, p. 216 – 239.

〔14〕 参见蒋舸:《作为算法的法律》,载《清华法学》2019 年第 1 期。

〔15〕 参见张西平:《工业文明中人的困境——卢卡奇浪漫主义哲学述评》,载《中国社会科学》1998 年第 1 期。

于自己。除个人信息被数字化表达外,人的喜好、穿着、活动轨迹、饮食偏好等行为均被数字化、收集和分析。

人的主体性丧失(物化)并不是一个新鲜的概念,一直以来受到人文主义的批判。文艺复兴运动以人的理性描述人为万物之灵。人不再是客体(奴隶作为财产),而是成为法律(权利)的主体,人也成为具有一定法律技术和伦理内涵的法律术语。[16] 法国大革命之后,人的主体性地位确立,成为现代法学体系的基石。进入现代社会,对女性的物化一直是女性主义者批判的对象。消费女性身体、用父权审美物化女性以及性交易、色情电影等物化女性的商业行为,均将女性作为父权性的和商业消费的客体,造成对女性人格尊严的消解。

正如康德所言,人不应该"仅仅作为手段"(*nicht bloss als Mittel*)而实存,更应作为目的而实存。[17] 从某种意义上说,人类进步的历史是避免将人异化为财产、客体、物等的历史。[18] 最简单的例子,许多国家的法律和国际法都秉持人体不应该成为商品的原则。[19] 禁止人将自己的器官作为商品销售作为典型的例子,说明了将人或人的一部分作为商品是与人类尊严不相容的,人不是商品或是无法用价格衡量的。

自动化决策对人主体性威胁的极端表现是"无人武器",[20] 机器对平民、房

---

〔16〕 参见齐延平:《"人的尊严"是〈世界人权宣言〉的基础规范》,载《现代法学》2018年第5期。

〔17〕 参见俞吾金:《如何理解康德关于"人是目的"的观念》,载《哲学动态》2011年第5期。

〔18〕 参见齐延平:《人的主体性、德性与法的现代性》,载《学习与探索》2006年第6期。

〔19〕 See Convention on Human Rights and Biomedicine of the Council of Europe, Article 1, April 4, 1997, E. T. S. 164; Universal Declaration on the Human Genome and Human Rights, Artcile 1, 2(a); International Declaration on Human Genetic Data, Article 1; Universal Declaration on Bioethics and Human Rights, Article 2(c), 3(1).

〔20〕 并非指有人类参与的导弹和无人机,而是指位于世界上几乎任何地方的计算机都可以从监视无人机接收信息,并利用该信息在另一个地点发起和指挥来自导弹武器系统的罢工,所有这些都没有人为干预或监督,从而构成一个自治武器系统。也就是说,自主武器系统包括传感器,自主瞄准和决策以及武器,而这些并不需要直接相互连接或共同定位,而只需要通过通信链路连接。参见 https://www.cambridge.org/core/terms, https://doi.org/10.1017/S1816383112000768。

屋、财产进行计算评估而发动攻击,将平民伤亡作为战争附带损失计入成本。无人武器能够在没有人类直接参与的情况下选择目标,授权对目标使用致命武力发起致命攻击。而面对这种彻底去人性化的自动化决策,美国军方的政策是在发动致命袭击时,要保证人为干预决策(human in loop),即人必须作为决策系统的一个组成部分。致命袭击的决策周期系统被称为"杀伤链",包括寻找、确定、追踪、锁定、执行和评估(find, fix, track, target, engage and assess)。〔21〕

由此可见,自动化决策的前提——人的数据化使人被物化(客体化),自动化决策的去人性化又进一步消解了人的主体性地位。人工智能时代,如何挽救和保留人的主体性地位,实质上成为法律制度设计的理论基点。

(二)不受自动化决策的自由保障人的自治性

自动化决策裹挟大数据通过对人的自主决策的建构,使人丧失真正的自由意志,消解了人的自治性。个体不受自动化决策的自由,能够保证人暂时离开机器对意思自治的操控,实现真正的自主决策。

1. 自动化决策对人自由意志的建构

机器对人自主决策的操纵以"润物细无声"的方式进行。首先,虽然看似数据生态系统的建立完全取决于互联网用户的意愿,即没有知情同意,用户就不会分享和交出自己的个人数据。然而,这样的学说完全建立于一种假设上:消费者有充分的信息并且有自主决策的认知能力。在现实中,用户既不了解数据收集的范围和深度,也无法吸收和内化所涉及的大量信息,〔22〕并且可能遭受认知偏差进而妨碍其对问题的系统思考。

---

〔21〕 See Julian C. Cheater, "Accelerating the Kill Chain via Future Unmanned Aircraft", *Blue Horizons Paper*, Center for Strategy and Technology, Air War College, April 2007, p. 5, http://www.au.af.mil/au/awc/awcgate/cst/bh_cheater.pdf.

〔22〕 一份报告研究 GDPR 如何影响 10 家网络公司(谷歌、脸书、亚马逊、推特、易贝、照片墙和网飞等)起草的数据政策。根据这项研究,在 GDPR 之后,这些政策的长度平均增加了近 26%,其复杂性也增加了。所研究的 10 项政策的总阅读时间总计超过 3 小时,有些政策超过 25 分钟。阅读需要的水平"范围从 11 年级到 19 年级"。参见 https://www.bbc.com/news/business-44599968。

其次，自动化决策通过“轻推”[23]影响用户的自主决策。“轻推”，是指通过微小的选择架构的改变，利用人们的偏见、爱好、日常习惯等认知来引导行为人决策。[24] 例如，新闻软件和视频播放软件通过自动填充消息与自动播放下一条视频，使人们无须主动点击而在网站上花费更多时间，这是利用了“无底碗”认知理论。[25] “轻推”被广泛应用于商业平台的个性化推荐算法，诱导用户按照平台设计进行决策。[26] 在“轻推”的基础上形成了“注意力经济”。[27] 用户沉迷于自动化决策带来的快感无法摆脱，甚至只能依靠公权力出手保护用户的意志自由。例如，我国网信办要求抖音推出“反沉迷系统”，以避免用户使用成瘾。

最后，“轻推”可升级为对用户思想和行为的操纵。用户的个人数据，以及

---

〔23〕 2008 年，理查德·泰勒（Richard Thaler）与卡斯·桑斯坦（Cass Sunstein）的著作《轻推：改进关于健康、福利和幸福的决策》（*Nudge: Improving Decisions about Health, Wealth, and Happiness*）中介绍了“轻推”的概念，即“是以提供决策架构的方法使人的行为以预测的方式进行，而这个过程中并不禁止也没有明显的经济刺激的改变。轻推中的干预必须是人可以轻易并低廉地避免的。例如，命令不是轻推，但是把水果放在货架眼睛的高度是轻推”（A nudge, as we will use the term, is any aspect of the choice architecture that alters people’s behavior in a predictable way without forbidding any options or significantly changing their economic incentives. To count as a mere nudge, the intervention must be easy and cheap to avoid. Nudges are not mandates. Putting fruit at eye level counts as a nudge）。

〔24〕 Hansen P G., “The Definition of Nudge and Libertarian Paternalism: Does the Hand Fit the Glove?”, *European Journal of Risk Regulation* 7, 2016, p. 155 – 174.

〔25〕 康奈尔大学从事消费者行为研究的一名教授发现，给人一个无底碗，自动填入热汤，可使人多喝 74% 的汤而不自知。See Wansink B, Painter J E, North J., “Bottomless Bowls: Why Visual Cues of Portion Size May Influence Intake”, *Obesity Research* 13, 2005, p. 93 – 100.

〔26〕 See “How Technology is Hijacking Your Mind-from a Magician and Google Design Ethicist”, https://medium.com/thrive-global/how-technology-hijacks-peoples-minds-from-a-magician-and-google-s-design-ethicist – 56d62ef5edf3, April 7, 2019.

〔27〕 注意力经济，是指人类能够把注意力集中在处理的信息上的能力有限，即注意力有限，而世界上的信息无限，由此形成一种类似经济学的有限资源与无限欲望的对价关系，甚至比实际货币的影响更宏大，关系该企业或个人的收益成败，所以称为“注意力经济”。

对这些数据分析、计算的自动化决策在操纵行为中起决定性作用。例如,脸书的"情感蔓延"项目通过控制对 50 万名用户的新闻投放,用积极或消极的语言来表述新闻,来影响用户产生受其影响而自己发出积极或者消极的消息。[28] 再以亚马逊为例,其不仅为我们提供了所需要的各种商品与服务,甚至在我们都不知道需要什么的时候,就已经预先在物流系统中安排好了我们可能即将要买的商品与服务;对于社交媒体来说,"转发""点赞""讨厌",这些简单的按钮已经取代了本来可能展开的更理性而深刻的辩论与对话。

自动化决策操纵使人的"自主决策"成为自动化决策引导的结果,逐步丧失对于意志的自主控制权。正如"设计伦理学家"特里斯坦·哈里斯(Teristan Harris)解释,为什么人们在互联网上难以抵御某些网站,"屏幕另一端有上千人正在瓦解你的自律"。[29] 人类的自律与决策能力被计算、引诱、分散。自动化决策裹挟大数据优势,创造了技术成瘾的风险,对人的认知、情感和身体健康产生了大量的负面影响。[30]

2. 人的自治性的社会意义

人的自主决策,在历史中以自由意志、意思自治等多种面目出现,本质是一种人的基本权利。意思自治在资产阶级启蒙运动中赋予了人的意志与神的意志相同的法律地位——把个体的意志上升到可以由国家公权力来保护的法律地位上。意思自治原则把人从对神的依附中解放出来,成为有独立人格和自由意志的人。正如康德认为,只有当人拥有自由意志,才有天赋的自由权利。

然而,人类的自由意志在被自动化决策"轻推"、操纵的过程中丧失了真正的"自由"。意思自治假设的前提是,人是理性的动物,有选择自己行为准则的

---

〔28〕 See McNeal, G. S., "Controversy over Facebook Emotional Manipulation Study Grows and Timeline becomes More Clear", Forbes, June 30, 2014, Accessed May 17, 2017, http://www.forbes.com/sites/gregorymcneal/2014/06/30/controversy-over-facebook-emotional-manipulation-study-grows-as-timeline-becomes-more-clear/.

〔29〕 Williams J. M., Harris T. A., Coffman P., et. al. Searching for Commands and Other Elements of A User Interface: U. S. Patent 8,607,162[P], 2013-12-10.

〔30〕 根据对"谷歌趋势"的搜索数据统计,脸书已经成为与毒品、酒精、色情等并列的十大瘾癖之一。参见[美]赛思·斯蒂芬斯-达维多维茨:《人人都在说谎:赤裸裸的数据真相》,胡晓蛟、张晨、左润男译,中信出版社 2018 年版,第 218 页。

能力,所以人必须对自己所选择的行为负责。人的自主决策早已被机器分割成了偏好、行为轨迹等数据,并且人的决策结果进一步形成即时反馈数据,以帮助机器更好操纵人的意志。例如,无处不在的定向广告推送,随时随地拿起手机的下意识动作,都已经成为我们当前生活中习以为常的现象与事实。

启蒙思想家们提出的意思自治、契约自由开始被自动化决策瓦解,这种影响不仅及于用户的行为操纵,甚至扩展到以意思自治和契约自由为基础的社会政治领域。[31] "剑桥分析"公司及其母公司"战略通讯实验室"曾参与过世界各地举行的200多场选举活动,其成果包括利用脸书数据操纵2016年美国大选,2013年和2017年两次帮助肯尼亚总统赢得选举,以及操纵乌克兰大选等。[32] 为了对抗神和君主统治的意思自治、契约自由,其已经成为自动化决策用以主宰人的工具。

那么,如果人有足够强大的意志力,是否可以逃离自动化决策对人的决策的建构力量?这是极为困难的。每个人类个体认知资源极为有限,消费过多的认知资源而不采用自动化决策的辅助,意味着决策效率的严重降低,会给生活带来各种不便。这类似于"公地悲剧":尽管平台数据缺失就会丧失预测和操纵的准确性,但每个人都无法放弃自动化决策带来的生活效率提升而停止交出个人数据。由于平台使用的自动化决策对人类社会生活的深度嵌入,离开自动化决策可能不仅意味着不便,还意味着自绝于社会生活,使人类不得已继续交出自己的个人数据并继续允许机器建构"人的自主决策"。

由此可见,要解决人的主体性和自治性难题,需要赋予个体不同层次的不受自动化决策的权利,使个体能够不被过度数据化、客体化,也保证个体在人工智能时代仍然能够不受自动化决策的操控,享有真正的意思自治。综上可知,不受机器决策的自由除保障个体不困于自动化决策的闭环,受到有效的权利救济外,更重要的是,避免人主体性的消解和自治性的丧失。不受自动化决策的

[31] 在自由经济时代,"契约早已不仅仅意味着交易手段,其已成为人类的生活方式,主宰了人们的思维模式。其作为一种信念,一种文化传统,成为现实生活中的一种实在力量。正是从这种意义上讲,使市场具有了一种与公权相对抗的功能"。参见单飞跃:《经济法理念与范畴的解析》,中国检察出版社2002年版,第26页。

[32] 参见《"脸书"个人用户数据被滥用?"剑桥分析"在全球有何影响》,载BBC中文网2019年4月9日,https://www.bbc.com/zhongwen/simp/world-43482767。

自由是保障人工智能时代“人之为人”的重要权利。

## 三、不受自动化决策自由的制度样本剖析:GDPR的实践

不受自动化决策的自由蕴含的规范价值,已经获得多国立法者的广泛共识。纵览全球范围相关立法,欧盟立法走在了保障人类主体性与自治性的前列。欧盟确立了对抗自动化决策的私权路径,制度框架的设计体现了绝对的个人信息自决权,以及对自动化决策减损人格尊严的高度警惕。

### (一)GDPR的制度框架:一个私权的路径

对抗自动化决策的私权利在1995年《欧洲数据保护指令》即已存在,并在2018年实施的《通用数据保护条例》(GDPR)中进一步得到扩展。数据主体的一系列私权利包括不受纯粹的自动化决策限制,对决策提出异议,获得人为干预。虽然这项权利的行使受到种种条件的限制,但仍成为救济数据主体和规制自动化决策的重要工具。

1. 事前拒绝自动化决策的权利:个人信息的高度自治

总体来说,GDPR第21条规定,数据主体享有拒绝自动化决策的权利,赋予数据主体自决的权利,以免受到机器的自动化决策影响。也就是说,数据主体有权拒绝任何与之相关的个人数据处理,即使在数据处理者使用自动化决策合法处理数据的情况下,数据主体仍然有权拒绝。这项权利的行使以数据主体对个人信息的高度控制为基础,以知情同意为方式。例如,个人数据因为直接营销(direct marketing purposes)的目的被处理(包括数据画像),数据主体有权利行使拒绝权。这项权利的行使也存在一定限制,例如,为了公共利益、公务职权必要、科学或历史研究等目的,数据主体不得拒绝机器自动化决策对个人数据的处理。

GDPR中有关个体反抗自动化决策的制度体现出个人对个人数据的高度控制权。这种高度控制权体现在:第一,赋予数据主体事前拒绝自动化决策的可能。在机器的自动化决策应用越来越广泛的今天,除法律规定的特殊情况外,数据主体可拒绝机器根据个人数据对自身的自动化决策。尤其是在商业领域,赋予了个人极强的数据控制权利。例如,GDPR第21条规定,当数据集合的用户画像是基于直接的市场营销目的,数据主体有权在任何时候反对相关的自动化决策。可以想见,数据主体可能会大规模主张对自动化决策的拒绝权,类

似被遗忘权在欧盟落地后的实施情况。[33] 第二,数据主体知情同意规则的严格化。与拒绝自动化决策配套的知情同意规则在 GDPR 中被进一步严格化,具体体现为明令禁止默示同意(opt-out)的规则,要对进行自动化决策作出自主的(freely given)、特定的(specific)、知情的(informed)、明确的(unambiguous)同意,且需以清晰肯定的行为作出(opt-in)。[34] 第三,对企业机器自动化决策限制增加。对企业应用自动化决策的严格限制既包括自动化决策事前告知义务的增加,[35]也包括停止自动化决策处理个人数据的义务,[36]以及企业对机器自动化影响的事前与事后的评估[37]等一系列相关的法律责任。总而言之,GDPR 的拒绝自动化决策的权利赋予数据个体对数据高度的控制权,堪称个人数据绝对自治。

2. 不受纯粹自动化决策限制的权利:防止数据主体的人格减损

对于已经发生的自动化决策,如何进行事后救济? GDPR 第 22 条规定,数据主体有权不受纯粹的机器自动化决策限制(the right not to be subject to a decision based solely on automated processing)。[38] 即如果这些决策结果是纯粹的机器作出的,且对数据主体有法律效力或重大影响,数据主体有权拒绝某些自动化决策的结果。这项权利的行使也存在一定的范围限制,如果这种有法律效力的纯自动化决策是经过欧盟国家法律授权或者数据主体明确同意的,则排除不受自动化决策的适用,但涉及儿童数据的自动化决策除外。[39]

---

〔33〕 该报告称,2014~2017 年,谷歌在全球收到近 240 万次请求,最终移除率为 43%。谷歌在 2018 年的年度透明度报告中特别公布了删除搜索结果的请求来源分类、内容分类和移除率。

〔34〕 参见 GDPR 鉴于条款第 32 项。

〔35〕 参见 GDPR 第 13 条第 2 款。

〔36〕 参见 GDPR 第 21 条第 1 款。

〔37〕 参见 GDPR 第 35 条第 1 款。

〔38〕 参见 GDPR 第 22 款。Article 22(1) of the General Data Protection Regulation (GDPR) "the data subject has the right not to be subject to a decision based solely on automated processing, including profiling, when it produces legal effects concerning him or her or at least it similarly significantly affects him or her".

〔39〕 参见 GDPR 第 9 条第 1 款。

事前拒绝自动化决策的权利与事后不受特定自动化决策限制的权利,都可以使个体免受机器自动化决策。但二者之间存在巨大差别:拒绝自动化决策是一种事前权利,其适用范围更宽泛,可以从源头上遏制自动化决策对个人数据的收集、计算,使机器无法决策。而不受自动化决策限制的权利是一种事后救济,仅在产生特定的自动化决策之后,使数据主体可以不受其结果影响。

不受纯粹自动化决策限制的权利,体现了传统欧洲政治文化,即人不可以作为纯粹自动化决策的客体。否则,机器会将人视为要计算处理的数据,从而使其非人性化。不受纯粹自动化决策限制的权利在欧洲有长远的历史,早在1995年,《欧洲数据保护指令》(DPD)第15条即赋予数据主体这项权利。[40] 该指令第15条的立法者认为,强有力的行政部门和私营机构对个人使用数据进行自动化决策的行为,使数据主体活在"数据阴影"之下,剥夺了个人影响决策过程的能力。[41] 基于数据的全自动化决策,不应该成为严重影响个人权利的决策的唯一基础。[42] 该条款的目的旨在保护数据主体的利益,使数据主体可

---

〔40〕 该条原文如下:Article 15 of the Data Protection Directive reads as follows: 1. Member States shall grant the right to every person not to be subject to a decision which produces legal effects concerning him or significantly affects him and which is based solely on automated processing of data intended to evaluate certain personal aspects relating to him, such as his performance at work, creditworthiness, reliability, conduct, etc. 2. Subject to the other Articles of this Directive, Member States shall provide that a person may be subjected to a decision of the kind referred to in paragraph 1 if that decision: (a) is taken in the course of the entering into or performance of a contract, provided the request for the entering into or the performance of the contract, lodged by the data subject, has been satisfied or that there are suitable measures to safeguard his legitimate interests, such as arrangements allowing him to put his point of view; or (b) is authorized by a law which also lays down measures to safeguard the data subject's legitimate interests.

〔41〕 See Isak Mendoza and Lee A. Bygrave, "The Right not to be Subject to Automated Decisions based on Profiling", University of Oslo Faculty of Law Legal Studies Research Paper Series No. 2017 – 20, p. 3.

〔42〕 See Lee A. Bygrave, *Data Protection Law: Approaching Its Rationale, Logic and Limits*, Kluwer Law International, Alphen aan den Rijn, 2002, p. 2.

以参与对其重要的决策。[43]

GDPR 的条文中特别强调的是“不受纯粹的自动决策的权利”，显示了对人与机器主客体错位的绝不容忍，这也是欧洲数据立法长久以来的历史沿承。尤其是饱含人类人格利益的个人信息作为自动化决策的对象，因为人的更加客体化而难以接受。早在 1981 年的欧洲立法文件中就谈道：“对自动处理的限制只适用于特殊类别的数据，例如披露有关种族出身、政治见解、宗教信仰、健康或性生活的信息的数据。对于重要、敏感的主题，必须由人类处理信息；如果机器这样做，就会将个人视为要计算处理的数据，从而使其非人性化。”[44] 不受自动化决策的权利是人在机器面前保留自身主体性的努力。

3. 提出异议与获得人为决策的权利：对自动化决策的修正

除去直接拒绝已有的自动化决策，数据主体还可以对具体的自动化决策提出异议（to express his or her point of view and to contest the decision）。相应地，数据主体需要一个新的决策，即获得人为干预的权利（obtain human intervention on the part of the controller）。[45] 类比而言，GDPR 第 22 条提供的系列私权利如同当事人推翻法院判决的权利一样：拒绝自动化决策结果与提出异议（contest）类似提出上诉，而获得人为决策则相当于获得新的判决结果。

对自动化决策提出质疑与表达观点，即数据主体可以对已经形成的自动化决策结果，提出质疑或者反对意见，并要求获得人为干预。适用的自动化决策

---

〔43〕 DPD 的解释性文本提出了此条款是关于个人数据处理过程中对数据主体的保护，参见 COM（90）314 final-SYN 287，p. 29。DPD 第 15 条赋予个人“不受到行政部门或私营的自动化决策，而这种自动化决策评估的唯一依据是基于个人数据形成的档案或人格的记录”。[Article 14（1）of the 1990 Proposal] 在 1992 年，修改后的文件将其表述为公民享有此项权利，“不受到行政部门或私营主体的自动化决策，该决策的作出仅仅基于定义其人格的数字档案”[COM（92）422 final-SYN 287]。

〔44〕 See Meg Leta Jones, “The Right to A Human in the Loop: Political Constructions of Computer Automation and Personhood”, 47 *Social Studies of Science* 226（2017）.

〔45〕 Article 22（3），“In the cases referred to in points（a）and（c）of paragraph 2, the data controller shall implement suitable measures to safeguard the data subject's rights and freedoms and legitimate interests, at least the right to obtain human intervention on the part of the controller, to express his or her point of view and to contest the decision”.

的范围包括基于数据主体同意、履行合同需要或根据法律及其他规定所形成的自动化决策结果。而义务主体是数据控制者,并且这是采取适当措施保护数据主体的自由权利和正当利益的基本(at least)内容。

获得人为决策的权利,作为在自动化决策错误或遭受不公平待遇的情况下,数据主体享有的补救性权利。这种获得人为干预的权利被看作保护数据主体权利、自由与合法利益的适当措施。制度目的是通过人为干预,获得一项新的决策结果。

通过梳理可得知,GDPR在人对抗自动化决策的制度中构建了事前的拒绝自动化决策的权利,以及事后对不受纯粹的自动化决策结果限制的权利,数据主体也可对自动化决策提出异议并要求获得人为决策。GDPR为人对抗自动化决策的制度充分赋予了人(数据主体)高度的信息自决权,并以保护人对机器的主体性为制度目标,以人的决策作为监督与纠正自动化决策的方法。

(二)GDPR的理念及其制度偏差

GDPR相关制度中对自动化决策的防范路径为拒绝提供数据,隐含人机之间存在对立关系的假设。拒绝自动化决策的权利体现了GDPR对于自动化决策应用的高度防范。自动化决策的“粮食”是数据,数据的正确性和全面性决定了自动化决策的质量与准确性。根据GDPR的规定,数据主体有高度的信息自决权,可以拒绝将自己的数据“喂”给机器。这必然影响自动化决策的质量。GDPR中拒绝自动化决策的权利本身就构建了人与自动化决策之间的竞争性对立关系:认为自动化决策损害人类利益,于是通过人类拒绝提供个人数据的行为损害了自动化决策。

这种对人格尊严的高度保护和对自动化决策的警惕和防范有深远的历史因素,与整个20世纪机器自动化数据处理系统一直与欧洲个人与群体遭受的虐待和侮辱有关。20世纪初,欧洲和美国开始通过数据统计提高社会管理效率。当时对个人数据的自动化处理的机器是赫尔曼·霍勒里斯(Herman Hollerith)发明的打孔卡片机,这种机器被用来进行人口普查。这种通过人口普查进行社会治理的传统在美国沿袭下来,发展成为美国数据文化的基石。[46]但是,将人数据化的人口普查成为欧洲人的噩梦。20世纪30年代,纳粹官员创

〔46〕 参见涂子沛:《数据之巅:大数据革命,历史、现实与未来》,中信出版社2014年版,第40~74页。

建犹太登记处的基础就是人口普查的数据，进一步通过人口普查数据找到受害者。后来将人口数据进行打孔卡片的机器处理的技术被用来接收和跟踪集中营内的犹太人行动。[47] 第二次世界大战是欧洲许多政治和社会变革的"催化剂"，而欧洲数据保护立法在很大程度上是对纳粹滥用数据处理的回应。[48] 因此，不难理解为何德国在欧洲率先通过了1970年《一般数据保护法》，并逐渐通过成文法与判例使个人信息自决权成为宪法上和私法上的双重性质的权利。[49] 这种理念也充分体现在从20世纪70年代到最近的GDPR欧洲数据法律制度中，一直沿袭至今。[50]

概言之，历史的惨痛教训使欧洲法律对个人数据的自动化处理高度警惕、严加防范。但此种人机对立理念下，制度的建构与实施也出现了一系列现实问题：

---

〔47〕 See Edwin Black, *IBM and the Holocaust: The Strategic Alliance Between Nazi German and America's Most Powerful Corporations*, New York, Crown Publishers, 2013, cited from Paul M. Schwartz, Karl-Nikolaus Peifer, "Privacy and the German Right of Personality: Are Four Privacy Torts Better than One Unitary Concept?", 98 *California Law Review* 1925 (2010).

〔48〕 See Paul M. Schwartz, Karl-Nikolaus Peifer, "Privacy and the German Right of Personality: Are Four Privacy Torts Better than One Unitary Concept?", 98 *California Law Review* 1925 (2010).

〔49〕 参见贺栩栩：《比较法上的个人数据信息自决权》，载《比较法研究》2013年第2期。

〔50〕 1970年，德国(当时的西德)黑塞州率先通过了《一般数据保护法》，该法仅适用于公共部门，特别适用于自动化数据处理。1983年德国的《人口普查法》案件中，全面调查个人数据信息的人口普查引起了公民提起宪法诉愿。此案对个人信息自决权的确立具有极其深远的影响。尤其是法院在判决中提出"为保护德国人民必须限制自动化数据处理，以防止个人仅仅成为数据主体"。欧洲范围内，1981年的欧洲委员会提出第108号"关于自动处理个人数据的个人保护公约"，明确其目的是"加强自动化处理个人数据方面对个人的法律保护"。再到1995年的《欧洲数据保护指令》(DPD)对个人数据被自动化处理的保护甚至从机器处理扩展为"结构化纸张文件的手动处理"，因为手动处理也可以模拟自动化的处理过程。最后到GDPR对机器自动化处理个人数据保护进一步加强，并通过自动化决策中加入人为干预的方式，解决纯粹机器自动化对个人数据处理的影响。

1. 私权路径的权利减损

人机对立理念下的一系列拒绝自动化决策与推翻自动化决策的权利由于权利适用的诸多条件语焉不详,以及现实中的困难,很难发挥实际作用。GDPR 中人拒绝自动化决策与推翻自动化决策的系列权利,条款适用本身存在较大问题。

第一,GDPR 第 22 条的适用范围非常狭窄,仅适用于纯粹的机器自动化决策系统,即人没有参与到机器自动化决策中。欧洲的学者指出,很少有哪些纯粹的自动化决策作出的决定是真正重要的,而影响个人权利的自动化决策仅加盖人的图章就可以规避第 22 条的适用。为此,有学者讽刺,一只受过训练的猴子即可胜任盖章工作。[51] 因此,推翻自动化决策的相关权利仅适用于非常有限的案件,并且不包括最相关的、歧视性的、有害和普遍的案件。[52] 基于同样的原因,GDPR 第 22 条的前身,1995 年的《欧洲数据保护指令》第 15 条在存在的 20 年间也经常被回避。[53] 尤其是 2014 年德国联邦法院对 SCHUFA 案件的终审判决,更是以自动化决策的基础公式受到商业秘密保护为由,彻底将德国的信用评分系统排除出《欧洲数据保护指令》第 15 条的适用范围。[54] 由于该

---

[51] See Michael Veale, Lilian Edwards, "Clarity, Surprises, and Further Questions in the Article 29 Working Party Draft Guidance on Automated Decision-Making and Profiling", 34 *Computer Law & Security Review* 34 (2018).

[52] See Gianclaudio Malgieri, Giovanni Comandé, "Why a Right to Legibility of Automated Decision-Making Exists in the General Data Protection Regulation", 7 *International Data Privacy Law* 243 (2017).

[53] 例如,在意大利对 DPD 第 15 条的实施中,禁止完全依据自动化决策根据个人数据或资料作出司法或行政行为。而对于私营部门的类似决定,则是为了赋予数据主体不受自动化决策限制的权利。此外,DPD 第 15 条还要求自动化决策必须对人产生法律或重大影响,也提出了决策必须是单独的自动化决策等条件限制。See Article 14 of the Personal Data Protection Code of 2003 (Decreto legislativo 30 giugno 2003, n. 196: Codice in Materia di Protezione dei Dati Personali).

[54] See Judgment of the German Federal Court Bundesgerichtshof 28 January 2014 – VI ZR 156/13. LG Gießen 6 March 2013 – 1S 301/12. Also, AG Gießen 11 October 2014 – 47 C 206/12, cited from Sandra Wachter, Brent Mittelstadt, Luciano Floridi, "Why a Right to Explanation of Automated Decision-Making Does Not Exist in the General Data Protection Regulation", 7 *International Data Privacy Law* 76 (2017).

法条实践中并未被使用,被学者称作“纸牌屋”(意指“不切实际无法实现的计划”),[55]可以预见 GDPR 第 22 条也面临类似的命运。

第二,GDPR 相关制度适用条件非常模糊。首先,GDPR 第 22 条适用于产生法律效力或其他重大影响的决定,而其中的“重大影响”并无明确定义。例如,一些商业领域的自动化决策看起来对个人的影响微不足道,但对社会的整体影响不容忽视。例如,精准推送对于社会公平和阶层分化可能产生重大影响。其次,拒绝机器自动化决策的权利有一定的限制范围,如允许基于“合法利益”处理个人数据进行自动化决策,但是究竟合法利益由谁来判断,标准为何并不清楚。法律的模糊使数据的处理者和个人并不知晓行为的边界与权利的具体内容,适用较困难。

第三,GDPR 相关权利行使的现实困难。自动化决策的不公可能直接导致个人行使对抗自动化决策的相关权利。但是,自动化决策包含的歧视和偏差必须通过大量群体决策的样本才能显现。大多数自动化决策的歧视和偏差是无意的,而非编制算法阶段有意的偏差。研究人员发现,自动化决策存在的偏见与歧视问题往往只会在整个用户的语料库分析中方可显示出来。[56] 因此,以个人力量发现与对抗自动化决策的不公存在现实困难。

2. 信息自决的作用局限

GDPR 第 21 条和第 22 条赋予了数据主体对个人信息的高度自决权。而个人信息自决权作为欧洲立法上同时具有宪法性质和私法性质的权利,其自身有重大局限。[57]

第一,由个人自决的信息对自动化决策的质量并无显著影响。高度的信息自决权究竟包括哪些个人数据并不明晰,GDPR 对数据的扩大化解释仍不能涵盖自动化决策所使用的数据。“个人数据”在 GDPR 第 4 条第 1 款中定义为,

---

[55] See Lee A. Bygrave, “Minding the Machine: Article 15 of the EC Data Protection Directive and Automated Profiling”, 17 *Computer Law & Security Review* 17 (2001).

[56] See Kate Crawford and Metedith Whittaker, “The Social and Economic Implications of Artificial Intelligence Technologies in the Near-Term”, *The AI Now Report*, Washington, 2016, artificialintelligencenow. com, p. 6.

[57] 参见杨芳:《个人信息自决权理论及其检讨——兼论个人信息保护法之保护客体》,载《比较法研究》2015 年第 6 期。

“与已识别或可识别的自然人有关的任何信息”。而信息自决权涵盖的数据如果以可识别性作为关键要素,应考虑数据控制者所有合理且可能使用的手段,而这显然是无法实现的。首先,信息自决权无法涵盖匿名化的数据。自动化决策可能根据曾经是个人的、后经过匿名化处理的数据。例如,由社交媒体收集的个人数据制作的配置文件,用于广告精准投放等针对性营销。其次,信息自决权也无法涵盖个人数据以外的、对自动化决策有重要作用的数据,因影响个人重大权利的自动化决策可能并不涉及个人数据。例如,自动驾驶汽车事故可能杀死乘客或行人,但自动化决策所涉数据可能仅仅与交通相关,并不包含个人数据。因此,高度的个人数据自决权对对抗自动化决策的效果存疑。

第二,信息自决本身就受到多重限制,与自动化决策应用的多场景现实不符,很难起到对抗自动化决策的作用。信息自决权看似赋予数据主体对自身数据的控制,但实际中存在多种消解信息自决的规则,仅在以保护周延著称的GDPR中就存在30多种基于公共利益的限制以及非经过数据主体同意可以进行数据收集的情形。自动化决策早已应用于诸多生活场景,个人早已自愿或被迫分享了大量个人信息(例如,进入公共区域的人早已对人脸、形象等生物识别信息失去了控制)。〔58〕 在自动化决策多场景应用的情况下,通过信息自决来对抗自动化决策不仅不现实,甚至类似于乌托邦式的幻想。〔59〕

由此可见,高度的信息自决权拒绝提供数据而对抗自动化决策,但其存在数据范围模糊、现实多重限制的诸多问题,并非对抗自动化决策的有效路径。

3. 与未来趋势的冲突

人机对立理念与互联网社群的特性、信息自由的大趋势与人工智能产业经济的发展相悖,与整个社会数据流通与信息自由的大趋势背道而驰。基于此理念的法律制度不仅未必能够实现对权利的周延保护,甚至可能阻碍人工智能对社会福祉的促进,最终减损个人权益。

第一,事前拒绝自动化决策的权利支持绝对的信息自决,实质上阻碍数据

〔58〕 参见梅夏英:《在分享和控制之间 数据保护的私法局限和公共秩序构建》,载《中外法学》2019年第4期。

〔59〕 参见梅夏英:《在分享和控制之间 数据保护的私法局限和公共秩序构建》,载《中外法学》2019年第4期。

的流动和利用。个人信息自决虽然赋予了数据主体对数据的控制力,但是这种初始的权利设置对数据流动形成了障碍。GDPR 第 21 条延续了 1995 年《欧洲数据保护指令》(DPD)数据主体反对数据控制者在商业目的下对个人数据进行处理和利用的权利,甚至将这项拒绝自动化决策的权利不限于数据的商业利用,甚至在一定范围内的数据处理者合法处理数据的情况下,依然能够予以拒绝。高强度的信息自决使个人与数据之间更具黏性,更倾向拒绝对个人数据的收集和使用,从而降低数据流动阻碍创造价值。[60]

第二,人机对立的理念与历史趋势背道而驰,导致相关产业的发展落后。对个人权利的保护是否必须以减损和限制自动化决策的方式实现?人工智能时代,经济的发展要求数据的公共性、开放性和共享性,将个人数据控制在个人手中拒绝分享使用无疑会减损数据的价值,而个人的权益却得不到提高。欧洲的数字经济竞争力衰减已经成为事实:据统计,2018 年 5 月 GDPR 生效以来,许多广告交易平台及其他广告发布商的欧洲广告需求量下降了 25% ~40%,一些美国广告发布商已经暂停其欧洲网站上的所有程序化广告。[61] 2018 年 11 月,美国国家经济研究局发布 GDPR 对科技创业投资短期影响的报告显示,从 2017 年 7 月至 2018 年 9 月,GDPR 导致很多担心法律风险的企业宣布停止欧洲服务,造成中小企业陷入融资困境,降低欧洲市场活跃度,交易数量和私募资金数量明显下降(分别减少了 17% 和 40%),在短期内削弱了欧盟数字经济的竞争力。

由于历史的惨痛教训,欧洲形成了人格保护与自动化决策对立的立法理念,并贯穿整个 20 世纪的数据立法史。人机对立理念下的法律制度,以个体的人格权保护作为至高目标,对自动化决策高度防范与警惕,这样的制度必然导致自动化决策受到广泛限制,人工智能相关产业发展缓慢,而由于种种现实原因,人格权保护的制度目的与保护人主体地位的价值理念也未必能够真正实现。

---

〔60〕 参见许可:《欧盟〈一般数据保护条例〉的周年回顾与反思》,载《电子知识产权》2019 年第 6 期。

〔61〕 参见许可:《欧盟〈一般数据保护条例〉的周年回顾与反思》,载《电子知识产权》2019 年第 6 期。

## 四、不受自动化决策自由的制度构建:超越私权的路径

在进一步探讨不受自动化决策的自由如何落地之时,应该跳出私权利路径的局限,以更广阔的视角进行相关制度设计。由于公私领域借由算法交织而成了复杂的权力体系与庞大架构,个人处于权力结构位置的最末端。[62] 因此,私权路径存在的多种弊端,应通过外部制度的设计予以规避,以矫正个体与技术权力悬殊的力量对比。突破私权路径,需在自动化决策的不同层面嵌入人的伦理道德。私权意义上的信息自决,也应适度扩张其范畴,保障个体有离开自动化决策与"断网"的自由。对于修正自动化决策的人为决策,也应明确其标准以使作用落在实处。

### (一)突破私权路径:从外部将伦理嵌入自动化决策

仅依靠私权路径无法满足对权利主体的救济需要,应从自动化决策各流程嵌入人的伦理道德,以保证个体受到的自动化决策包含人的伦理道德,而非"纯粹"的自动化决策。嵌入又可以分为两种方式:第一,人为设计法律制度以在数据保护等方面嵌入伦理道德;第二,法官在个案司法裁量过程中要求伦理道德嵌入自动化决策;第三,平台在自律中以人工核查的方式将伦理道德嵌入自动化决策。

无论是数据政策还是自动化决策的规制,实质上都需要平衡公民个人权利和数据自由流动的经济利益,在各种利益之间找到平衡。利益的平衡并不必然需要道德判断,但是当利益中有人的人格利益和权利时,这种利益平衡的判断就有了道德维度,以应对技术快速发展带来的众多道德模糊地带的数据应用。当法律因滞后性无法给出明确答案时,道德维度下的利益平衡成了判断的标尺。

第一,通过对自动化决策的事前评估将伦理道德嵌入自动化决策。欧盟的数据立法中把伦理道德作为规制自动化决策的重要手段。在欧盟的数据保护体系中,数据评估是极为重要的工具。这种数据收集、使用方式的评估实质上也是对于自动化决策所涉及的利益进行评估。欧盟的立法者们认为,任何国家

---

〔62〕 参见许可:《欧盟〈一般数据保护条例〉的周年回顾与反思》,载《电子知识产权》2019年第6期。

有关数据和自动化决策既不能也不应该仅仅是技术上的应用,这也是数据保护评估与 GDPR 分离的关键原因。[63] 政府需要平衡公民个人权利和数据自由流动的经济利益。这种利益平衡也体现在了 GDPR 的条文中,根据条文,各种利益的平衡是为了数据控制者(如平台和政府)与第三方追求的合法利益而处理个人数据。简单地说,处理"合法利益"的目的变得越来越重要,需要进行背景的评估。这种合法利益包括人的基本权利和市场发展之间的平衡,而无论是数据评估还是 GDPR,本质上都是这些利益之间的平衡。

第二,法官在个案中通过道德判断将伦理道德嵌入自动化决策。GDPR 本身包含很多需要进行道德判断的条款。例如,GDPR 第 24 条关于数据控制者义务的一般规定,GDPR 采取了基于风险的判断方法。它要求,监管者必须考虑"自然人权利和自由的可能性和严重程度各不相同的风险"。GDPR 序言部分第 75 项中描述了各种值得保护的个人权利和自由的特定风险和危害,但抽象条款在司法实践中的解释和应用仍需要法官的道德判断,包括平衡信息社会中数据使用的风险与收益,这种判断包含道德维度的利益衡量。人类的判断是无可取代的正义制度的组成部分,也是数据计算无法达到的。

第三,自动化决策的使用者(平台)通过人工核查将伦理道德嵌入自动化决策。脸书拥有全世界最好的算法师,却仍然必须雇用人工来进行内容审核,以达到各国的合规要求。[64] 在自动化决策被使用作为司法辅助的国家,也应强调人在司法决策中的责任。我国推行智慧法院,国外一些法院也采取了算法系统帮助量刑和衡量是否假释,司法活动中自动化决策扮演越来越重要的决策作用。司法决策关乎人的自由甚至生命,包含更多人格尊严的道德判断,但是警察与法官此时同样是大数据的消费者和客户,与亚马逊或脸书的用户并无差别,依赖开发提供数据分析的程序的工程师。尽管司法所涉及的行政和法律程序可以提高效率帮助人类作出判断,但是不能最终消除人在司法程序中的责任,这包含了对证据的判断,对不同解释的采纳,达成合理的意见。在司法程序中采用自动化决策的同时必须依赖人的理性。

---

[63] See A. E. de Hingh, "Some Reflections on Dignity as An Alternative Legal Concept in Data Protection Regulation", 19 *German Law Journal* 1269 (2018).

[64] See A. E. de Hingh, "Some Reflections on Dignity as An Alternative Legal Concept in Data Protection Regulation", 19 *German Law Journal* 1269 (2018).

人本主义数据伦理是认识和解决数据和自动化决策的重要视角。人本主义数据伦理倡导数据共享,消除“数据孤岛”,挖掘数据的潜在价值,发挥数据的效用,鼓励创新,增进人类福利。同时,人本主义数据伦理提倡有规范的数据共享,为数据共享设立边界,防止数据滥用。个体权利和数据安全是其重要边界所在。人本主义数据伦理尊重个体的数据权利,确保个体的自由权利,实现人的全面自由发展。数据保护可以或者应该被解释为保护个人身份或者个人诚信,因为个人数据在人工智能时代是个人身份和能力方面的重要组成部分。[65]

(二)扩张信息自决:保障人离开自动化决策与断网的自主性

信息自决的概念本身即局限于私权领域,而信息自决的概念和适用范围不仅应包含个人对自己数据信息的自决权,更应扩展至包含对个人信息是否受到自动化决策、是否联网的自决权。打破与逆转人被客体化的过程,应通过制度设计来保障人的自由——“逃离”自动化决策干预的自由。而如何逃离自动化决策?可分为两种逃离的程度:第一,逃离自动化决策程序的自由;第二,离开网络的自由。

第一,逃离自动化决策程序的自由,是指通过法律保障人不受自动化决策控制和引导,为人提供可基于意思自治进行决策的自由。例如,我国《电子商务法》中要求电商平台提供“非个性化”的搜索结果,在一定程度上提供给用户逃离无所不在的自动化决策对人类自主决策的诱导,为人的意思自治开辟“绿色通道”。这是某种程度上剥离自动化决策对人自主决策的控制和干扰的尝试。

离开自动化决策的自由需要法律的保障,这能够保证人类所处的客体化的进程仍然掌握在自身手中而非机器手中。离开自动化决策的自由已经在多种法律制度的设计中初见端倪,典型如自动化决策的透明度制度。透明度制度的本质是信息披露,即使人类可以获知自动化决策的设计目的和引导人类决策的路径,以使人具有依靠自己主观能够离开自动化决策诱导的能力。例如,在魏则西事件后,联合调查组要求百度采用以信誉度为主要权重的排名算法并落实到位,严格限制商业推广信息的比例,对其逐条加注醒目标识,并予

〔65〕 See Luciano Floridi, “On Human Dignity as A Foundation for the Right of Privacy”, 29 *Philosophy & Technology* 307 (2016).

以风险提示。[66] 此为打破了自动化决策对于搜索结果对人类决策的引导，让人能够通过信息披露获得真正自主决策的权利。

然而，离开自动化决策的自由如果仅依赖信息披露制度，是远远不够的。除提供选择外，仍应要求自动化决策的使用者将用户逃离自动化决策的程序简单化。例如，一些网站的会员资格申请非常容易，但是一旦取消，则要求用户必须填写烦琐的表格。平台通过增加离开的成本来避免用户逃离自动化决策。这仍然意味着对于人有限认知资源的消耗，而必将在追求效率的现代生活中被边缘化而无法发挥应有作用。因此，应由法律强制要求自动化决策的使用者在为用户提供离开自动化决策的路径时，保证其程序与进入自动化决策的复杂程度相同。

第二，离开网络的自由。人是否有离开网络的自由？与宗教信仰自由包含信仰与不信仰宗教的自由类似，能够上网和离开网络都应该成为这个时代人的基本自由。当网络兴起之时，网络被认为“赋权”（empower）于弱势群体，获得网络连接成为国际公认的基本人权。[67] 而在人工智能时代，离开网络，拒绝被客体化也应该成为自由的题中之义。

在万物互联导致人的内在与外在客体化的过程中，最先受到侵害的是社会的弱势群体。网络尚未实现监视和打击犯罪的大同理想，社会最底层的民众已经成为被捆绑于网络之监视的对象。

离开网络意味着脱离现代生活，是否应通过法律赋予人离开网络的自由？在网络之下，人是否能够享有满足社会生活需要的服务？例如，某些服务只接受网络支付方式，实际上就是将不愿或不能网络支付的人排除在服务范围之外。法律可考虑要求某些服务必须同时为使用和不使用网络的人提供，以免造成对不上网的人的歧视。网络的功能应该是带给人类方便，而并非剥夺人在现实社会生活的权利。

（三）明晰修正路径：确定人为决策的范围与标准

让人获得人为决策，就是恢复人类主体地位的应对措施。人类干预自动化

---

〔66〕 参见《国信办联合调查组结果：百度竞价排名影响魏则西选择 百度：从 6 方面整改》，载观察网，http://www.guancha.cn/economy/2016_05_09_359617.shtml。

〔67〕 See Michael L. Best, “Can the Internet be A Human Right”, 4 *Human Rights & Human Welfare* 23 (2004).

决策的方法为:一是打破封闭的自动化决策,保证人在决策环中(human in loop);二是让人类来理解机器语言。基于此两点的制度设计也成为人试图保留主体性的主要方法。2016年7月16日,威斯康星州最高法院禁止法官将分数作为被告监禁或释放的决定性因素,要求威斯康星州的法庭保证人在决策循环中的作用。[68] 然而,上文提到的"威斯康星州诉卢米斯案"中,法官直接采纳了自动化决策的建议。由此可见,很多的人为决策实质上已经是自动化决策,人在决策过程中起到的作用只是将机器的打分,转化为了人作的决定而已。那么,一个实质性的"人为决策"中,要求人对自动化决策达到了何种程度的影响?

第一,要求人的因素可以真正影响决策结果,即要求参与决策的人批判性的分析由算法产生的自动证据。这将推动未来的数据保护官或同等的内部人员对数据分析的了解,将对决策没有价值的数据排除掉。另外,涉及自动化决策整理的修正,即人类的数据分析师要排除无意义的相关性数据(数据洗涤),机器学习出现偏差影响未来的决策。[69]

第二,要求人完全可以从各个环节解释决策。参与干预决策的人,应该参与决策的任何环节,包括但不限于评估决策、评估机器技术、执行一些反事实测试(通过输入修改决策)等。[70] 原因在于,自动化决策的算法具有不可预测性和动态性,而且自动化决策结果和大数据之间是相关关系,而非人类所理解的因果关系。因此,要求干预决策的人必须了解机器算法的逻辑(而由于深度学习技术在通常情况下数据控制者是不了解算法逻辑的)。

---

[68] See Meg Leta Jones, "The Right to A Human in the Loop: Political Constructions of Computer Automation and Personhood", 47 *Social Studies of Science* 216 (2017).

[69] See Antoni Roig, "Safeguards for the Right Not to Be Subject to A Decision Based Solely on Automated Processing (Article 22 GDPR)", 8 *European Journal of Law and Technology* 6 (2018).

[70] See Sandra Wachter and Brent Mittelstadt, "A Right to Reasonable Inferences: Re-Thinking Data Protection Law in the Age of Big Data and AI", *SSRN Scholarly Paper*, Rochester, New York, Social Science Research Network, 13 September 2018. https://papers.ssrn.com/abstract=3248829.

第三,如果不能做到以上两点,则应该由人作出具有合理理由的新决策。

从反面来说,人只是在名义上干预,而实质是将机器评分转化为结果的决策,不应被认定为实质性的人为决策。据研究,算法的自动化决策系统使用"超级推理",能够以微妙而有效的方式塑造用户的感受和行为,破坏了个人的独立判断力。[71] 决策中人类形式上的参与并无法消除自动化决策的实质。有研究指出,人类极容易受到"自动化偏见"的影响,即人即使认识到可能另有选择,也更倾向计算机判断。[72] 特别是在分析和预测方面由机器辅助进行的"人为决策",例如,雇主对员工工作表现的评估,银行对客户经济状况的评估,保险公司对投保人健康状况的评估,社交媒体平台对用户个人偏好的评估等,[73]通常都基于机器评分系统作出,人只是在名义上进行决策干预。这种被动的"人为决策"完全基于自动化决策提供的证据,应该属于 GDPR 第 22 条第 1 款规定的全自动化决策。[74]

总体来说,一个决策可以被称为"人为"决策,应具备典型的人类功能,尤其要包含人类的判断能力和决策的敏感性。如此,人为决策(干预)才有实际的意义。有了人为的干预才能让相对人实质上获得自动化决策的解释能力。因为机器基于大数据相关性作出的决策忽略了法律理论和法律规定对因果关系的

---

〔71〕 See Karen Yeung, "'Hypernudge': Big Data as A Mode of Regulation by Design", 20 *Information, Communication & Society* 118 (2017).

〔72〕 See Nicholas Carr, *The Glass Cage*, *Where Automation is Taking Us*, Melbourne, Random House, 2015, p. 43.

〔73〕 For a detailed account referring to scorings, e. g., Danielle Keats Citron and Frank A. Pasquale, "The Scored Society: Due Process for Automated Predictions", 89 *Washington Law Review* 1 (2014).

〔74〕 See Giovanni Comandé, Regulating algorithms regulation? First ethico-legal principles, problems and opportunities of algorithms, in Tania Cerquitelli, Daniele Quercia, Frank Pasquale, eds., *Transparent Data Mining for Big and Small Data*, New York, Springer International, 2017, p. 169 – 207.

要求。英国和爱尔兰2018年的数据保护法案正在向这个方向发展。[75]

## 五、余论:人工智能时代的人

自动化决策带来的人的主体性问题,似乎印证了赫拉利在《未来简史》中提到的观点:人的本质也是算法。这种技术权力对人的主体性的消解作用会逐步演进——从技术改善人类生活,到技术重新设计人类,再到废除人类的灭绝主义。[76] 这一过程被同样的"进化"信念驱动,将人类视作需要改进的客体,而技术则是改善的工具。与赫拉利一样支持技术乌托邦的观点甚至认为,以一种使其与计算机的运作几乎无法区分的方式来定义心灵的生命是没有障碍的。人类的独特性应该被理解为一种特定的生物结构,就像计算机配置一样,它是一个进化规模的短暂事件。[77] 对技术的崇拜在人工智能时代发展成了数据宗教,[78]数据宗教否定了人类的心灵,从而将一切精神性的东西的神性地位开除出去,因为所有这些东西都可以通过算法生成、控制,人类生命的意义也不再那么崇高和绝对正确,它只是数据系统的一个组成部分而已。

"人"的概念在技术权力的推动下不断"滑坡"(flop),而且这种趋势现在看来是不可避免的。首先,计算机硬件将变得更快、更便宜、更强大、更复杂,对大脑的研究将继续探索意识的"力学",技术对人脑的模拟并非技术上的不可能。其次,商业利益的驱动,政府监管需求等将出于不同利益推动自动化决策的进

---

[75] See Malgieri, Gianclaudio, "Automated Decision-Making in the EU Member States Laws: The Right to Explanation and Other 'Suitable Safeguards' for Algorithmic Decisions in the EU National Legislations", August 17, 2018, *Computer Law & Security Review*, 2019 Forthcoming, https://ssrn. com/abstract = 3233611 or http://dx. doi. org/10. 2139/ssrn. 3233611.

[76] See *generally* Charles T. Rubin, *Eclipse of Man: Human Extinction and the Meaning of Progress*, New York, Encounter Books, 2014.

[77] See *genrally* Yuval Noah Harari, *Homo Deus: A Brief History of Tomorrow*, New York, Random House, 2016.

[78] See Sam Brison, "Dataism: God is in the Algorithm", Accessed April 12, 2019. https://medium. com/understanding-us/dataism-god-is-in-the-algorithm – 84af800205cd.

步。最后,人已经接受了数据化、商品化、客体化,接受了以人工增强身体表现的行为(整容、机器辅助决策、基因编辑),微妙的人与机器的界限很有可能在无意识间滑过。技术已经不仅是人类的工具和媒介,而是一种深刻改变人与自然关系的力量。技术就是人的欲望和力量的体现,是权力的象征。[79] 隐藏于自动化决策背后的力量,是自动化决策的使用者、平台和政府。在对人工智能时代人的客体化过程的描述中,看到的是技术权力对于普通民众、弱势群体的进一步碾压。

如何以法律制度保护人工智能时代的"技术难民",使人保有作为人的尊严?法律制度应思考技术给人的主体性地位乃至人类命运带来的巨大后果,其中对技术本质的认识和对技术的警惕是责任伦理的首要任务。[80] 司法决策是否可以全部委托给自动化决策?儿童收养的福利决策是否可以由机器作出?面对人工智能科技发展的狂热,哪些领域不应由自动化决策染指?即使技术成熟(类似基因编辑与克隆),某些自动化决策是否也应禁止研发?

迄今为止,法律的态度仍不明确,人工智能伦理方面的各方面努力或有成果或遭遇挫折。2017 年生命研究所在阿西洛马会议中心召开了人工智能伦理道德会议,提出了阿西洛马人工智能原则,提出应尊重人类价值(第 11 条),包括"人的尊严、权利、自由和文化多样性"。[81] 2019 年 4 月欧盟颁布了高水平专家组撰写的《可信任人工智能的伦理框架》,提出了 AI 的基本宗旨之一为"确保尊重人的自由和自治"。但谷歌在 2019 年尝试的"AI 伦理道德委员会"却由于多方意见不统一遭遇失败。如何通过法律制度和其他治理方式,将伦理道德嵌入人工智能,保有人类的尊严并承担未来人类命运的责任,仍是一个亟待各方加入的话题。

1942 年阿西莫夫在其科幻小说中提出了"机器人三原则":第一,机器人不得伤害人类;第二,机器人必须遵守人类的命令,除非命令与第一原则冲突;第

---

[79] 参见张旭:《技术时代的责任伦理学:论汉斯·约纳斯》,载《中国人民大学学报》2003 年第 2 期。

[80] 参见张旭:《技术时代的责任伦理学:论汉斯·约纳斯》,载《中国人民大学学报》2003 年第 2 期。

[81] "Asilomar AI Principles", A Principles developed in conjunction with the 2017 Asilomar conference.

三,机器人必须保护自己,只要不与第一或第二原则冲突。[82] 再次回想波音737中与机器争夺决策权的飞行员,受到机器量刑却无力反对的"卢米斯们","机器人不得伤害人类"的原则还是科幻吗?

Automated Decisions and Human Autonomy

Zhang Linghan

**Abstract**: The automated decision-making is taking over and squeezing human decision-making power. In many scenarios, automated decisions are prioritized over human decisions, resulting in human being trapped in a loop. The freedom from automated decision-making can not only ensure that individuals who are subjected to wrong automated decisions get their rights remedied, but also has the legal implication of protecting human autonomy: automated decision-making de-humanizes human data and computational processes, causing a crisis of human subjectivity; automated decision-making constructs human autonomous decision-making in a lightly pushed and manipulated way, making people lose their free will and triggering the dilemma of human autonomy. The EU system provides a legislative example. However, its underlying assumption is human-machine dichotomy, which is contrary to future trends. The private-right path is not adequate to protect human autonomy. There should still be three points: firstly, human ethics is necessary to automated decision-making; secondly, human should have the rights to reject automated decision-making and being "off line"; finally, the criteria for substantive human decision-making should be clarified.

**Key words**: the right not be subject to automated decisions  the right to a human in the loop  human autonomy  machine ethics

---

[82] See Murphy R. Woods D. D., "Beyond Asimov: The Three Laws of Responsible Robotics", 24 *IEEE Intelligent Systems* 14 (2009).

# 法定数字货币的私法性质研究

## ——基于架构论的视角*

陈哲立**

**内容摘要：**

法定数字货币的具体私法规则，应当符合交易的现实需求。丧失法定数字货币后权利人期望得到央行救济或向占有人主张物权请求权，收到虚假法定数字货币的收款人期望得到央行保护。法定数字货币架构设计自由，拓宽了规则的存在空间，从而允许更好地平衡用户保护和流通效率。保护用户利益的需求可以证成架构的正当性，但为使架构具有合法性，其更适合由立法机构决定架构设计。法定数字货币私法问题的理想规则还进一步对抽象权利性质提出诉求，期待抽象理论能合理解释具体规则，但现有理论难以给出合理的解释。

**关键词：**

灭失　未授权支付　占有即所有　架构　货币国家理论

法定数字货币是中央银行提供的一种用以替代现金的电子支付工具。中国人民银行早在2014年就设立数字货币研究所，并在技术研究、金融研究的基础上逐步开展了发行实验。[1] 然而，法定数字货币的法律属性和权利性质仍不够明晰。

---

* 本文系国家社科基金重点项目“法定数字货币跨境流动法律问题研究”（项目编号：20AFX020）的阶段性成果。

** 东京大学博士研究生。

[1] 参见范一飞：《中国法定数字货币的理论依据和架构选择》，载《中国金融》2016年第17期。2020年，我国法定数字货币以DCEP（digital currency/electronic payment）的名称开始试点工作。参见刘仁：《传闻中的法定数字货币真的来了！》，载人民网，http://ip.people.com.cn/n1/2020/0514/c136655-31708570.html。

日本、瑞典等国的中央银行在其报告中主张,法定数字货币是兑换现钞货币的债权凭证,用户可以请求中央银行或其代理机构偿付现钞货币。[2] 挪威央行则认为,法定数字货币是传统法定货币(现钞货币)的新形态,应当在法律上将法定数字货币视作传统法定货币的范围扩张。[3]

以上两种理论仍需要进一步的研究探讨。但是,即便对法定数字货币抽象性质的研究得出某一确定性结论,亦难以据此给出法定数字货币具体私法问题的直接答案。部分典型的社会关系可以从其隐含的意义和价值内涵中推导出秩序的基本特征,但这种方法不能适用于新近产生的交易形式或社会事实,强行将新的交易关系套用到既有概念之中只会归于失败。[4] 基于抽象性质得出的结论很有可能与现实交易的需求发生龃龉,无法适应社会现实。

因此,本文先搁置法定数字货币抽象性质的争议,以利益衡量和体系解释的方法研究法定数字货币的具体私法问题,讨论法定数字货币权利人或占有人[5]应当受到什么样的法律保护,以期实现法定数字货币流通的安全和效率,并将可欲的具体法律规则理解为研究法定数字货币抽象权利性质的基础和线索。

由于法定数字货币是以信息数据的形式存在于网络空间中,与法定数字货币相关的法律规则势必被其架构制约乃至部分代替。架构(architecture)是网络法学者莱斯格提出的规制行为的要素之一,是指实际上规制行为的物理规律等客观存在。[6] 在前信息时代,人类改造架构的能力受到现实世界物理规律的制约,可用的方法非常有限,但在信息时代由计算机代码所组成的网络空间

---

〔2〕 See Sveriges Riksbank, "The Riksbank's E-krona Project Report 2", Sveriges Riksbank, 2018, p. 20-21. 日本銀行金融研究所『「中央銀行デジタル通貨に関する法律問題研究会」報告書』(2019年)11~15頁。

〔3〕 See Norges Bank, "Central Bank Digital Currencies", Norges Bank Papers, No. 2, 2018, p. 32. 参见杨东、陈哲立:《法定数字货币的定位与性质研究》,载《中国人民大学学报》2020年第3期。

〔4〕 参见[德]卡尔·拉伦茨:《法学方法论》,陈爱娥译,商务印书馆2003年版,第17页。

〔5〕 尽管法定数字货币的物权属性难以明确,我国《民法典》亦未设置准占有制度来调整对物权对象以外的客体的"占有",但不妨碍本文为讨论之方便比照准占有制度暂且使用"占有人"的说法。

〔6〕 See Lawrence Lessig, *Code Version* 2.0, Basic Books, 2006, p. 122-125, 341-345.

中，人可以自由修改组成架构的代码，从而拥有了法律以外的自觉规制手段，架构在一定程度上可以代替法律，规制更直接、有效，即所谓的"代码即法律"。同时，架构还将扩张法律规则可能形态的范围。[7]

法定数字货币的架构可以在技术上大致分为代币型（token-based）和账户型（account-based）两类，两者的差异在于支付时的验证机制（verification）不同。法定数字货币由央行发行，并由央行或作为代理的商业银行管理。支付时，代币型法定数字货币的收款人可以不依赖管理机构自行验证所收款项的真实性，并借助特殊的终端设备或专用软件，收款人可以离线验证所收款项；而账户型法定数字货币的收款人需要请求账户管理机构验证所收款项的真实性，管理机构在中心化的记账数据库中检验通过后收款人才能收到款项。[8] 探讨法定数字货币的具体私法问题不可避免地将涉及相较现钞货币的差异，甚至不同架构的法定数字货币之间也可能存在差异。因此，本文亦将架构纳入讨论范围，尝试揭示法定数字货币架构对私法性质的影响和作用。

## 一、丧失法定数字货币后央行的救济

### （一）概说

占有人丧失承载法定数字货币的媒体后，是否可以从法定数字货币的发行人即中央银行获得救济？

对现钞货币来说，现钞货币有残缺、污损的，持有人可以到商业银行依照剩余面积兑换新币。完全丢失现钞的，由于原权利人没有途径证明自己的权利，

---

[7] See Lawrence Lessig, *Code Version* 2.0, Basic Books, 2006, p.6, 62.

[8] See Committee on Payments and Infrastructures, and Markets Committee, Central Bank Digital currencies, Bank for International Settlements Reports, 2018, p.4－5. 代币型和账户型的分类方法存在多种不尽相同的定义，特别是日本央行提出了一种为讨论法律问题的定义［日本銀行金融研究所『「中央銀行デジタル通貨に関する法律問題研究会」報告書』(2019年)4～5頁］但是，本文支持CPMI & MC报告书的定义，因为：第一，这种定义方式与"token"一词本来的含义相符。"token"本是计算机科学领域的术语，指"可以用以独自访问特定系统的一组特殊数据集合"，而不必依赖其他系统或许可。第二，这种定义能够构成完全的二分，逻辑上不存在既不属于代币型也不属于账户型的类型存在。

央行无法排除不实请求,因而原权利人不能对央行主张任何权利。[9] 但是,法定数字货币的架构可以在设计中为权利人提供丧失媒体后的权利证明途径。若如此设计,就需要先在法学上讨论是否有必要承认向中央银行请求救济的权利。

丧失法定数字货币媒体的情形主要包括两种:第一种,是各种物理原因导致法定数字货币不能使用的情形,如保存法定数字货币的数据灭失而无法读取,终端机器遗失或损坏等;第二种,是所谓的未授权支付,也就是正当权利人以外的人通过黑客技术等方法,盗取账户密码或身份验证设备等登录工具,将法定数字货币支付给他人或兑换为现钞。

(二)法定数字货币的数据或终端灭失、遗失

数据或终端灭失、遗失的问题,在银行存款、电子货币等领域也会发生。一般而言,银行存款和电子货币被视作对发行机构的金钱债权,[10] 数据或终端灭失时该债权不会自然归于消灭。因此,只要权利人有途径证明权利的存在,就有权请求发行机构重新发行数据或终端。

账户型法定数字货币和代币型法定数字货币遗失、灭失的样态略有不同:账户型法定数字货币的数据保管于央行的服务器上,用户可能遗失账户密码或身份验证设备等登录工具;代币型法定数字货币的数据直接存储于用户的终端设备中,数据可能因技术原因灭失,或者终端设备遗失、损坏。但是,从用户实质利益的角度考虑,架构上的区别不应影响用户的利益受到保护。法定数字货币作为国家提供的电子支付工具,对权利人的保护应当至少与私人机构提供的电子支付服务相当,因而也应当允许权利人无过错时在数据或终端灭失后得到补偿。[11] 法定数字货币也很容易通过技术手段排除不实请求。具体来说,账户型法定数字货币在央行存有全部交易记录,只要采取实名制就不难排除不实

---

〔9〕 参见《中国人民银行法》第20条、《中国人民银行残缺污损人民币兑换办法》第4条。

〔10〕 参见陈承堂:《存款所有权归属的债法重述》,载《法学》2016年第6期;张庆麟:《电子货币的法律性质初探》,载《武汉大学学报(社会科学版)》2001年第5期。

〔11〕 参见刘少军:《法定数字货币的法理与权义分配研究》,载《中国政法大学学报》2018年第3期。日本銀行金融研究所『「中央銀行デジタル通貨に関する法律問題研究会」報告書』(2019年)22~23頁。

请求。代币型法定数字货币的不实请求则需要专门的技术方式予以应对,通过保存代币型法定数字货币的流通记录,同样可以排除不实请求。

但是,由于法定数字货币的抽象权利性质难以界定,数据或终端灭失后的救济规则难以从法解释中推导出,因而应当由立法或央行的规章予以明确。

(三)法定数字货币未授权支付的损失负担

未授权支付的问题在电子支付中已有发生,更早的信用卡盗刷、盗用储蓄卡取款等问题亦可视作未授权支付。在《电子商务法》出台前,尽管我国民法未明确规定准占有制度,司法实践和学术研究都有许多人主张根据外观利益保护的原则,解释出相当于债权准占有制度的规则,认为银行等服务提供者为善意时不负担未授权支付带来的损失。[12]

《电子商务法》第57条对电子支付中未授权支付的损失负担规则作出了特殊规定,由电子支付服务提供者承担严格责任,仅在证明用户过错的情形下可以免责。[13] 也就是说,电子支付服务提供者不能证明用户有过错时,即便自身没有过错,也应当赔付用户因未授权支付受到的损失。

《电子商务法》没有明确定义电子支付服务提供者的概念,因而该法关于电子支付的规定的适用范围不甚清晰。法定数字货币可以视作央行提供的电子支付服务,从文义上看,不能排除直接适用《电子商务法》第57条的可能性。即便不能直接适用,法定数字货币作为数字经济的基础设施,对用户的保护程度亦不应当低于商业机构提供的电子支付服务,若不能直接适用《电子商务法》第57条,也应当由立法或央行的规章设置同等以上的规则,央行不能证明用户过错时应当负担未授权支付造成的损失。

---

〔12〕 参见刘瑜:《债权准占有制度的理解和适用——兼评“使用伪造信用卡冒领存款”案》,载《法律适用》2003年第1期;其木提:《论债务人对债权准占有人清偿的效力》,载《法学》2013年第3期;杨立新、王玲芳:《债法视角下的信用卡冒用损害责任》,载《求是学刊》2015年第1期。

〔13〕 参见杨东、黄尹旭:《〈电子商务法〉电子支付立法精神与条文适用》,载《苏州大学学报(哲学社会科学版)》2019年第1期。用户过错的有无及其程度的具体判断,涉及《非银行支付机构网络支付业务管理办法》等下位法规的规定和用户协议条款的效力,还需要进一步研究和等待司法实践的展开。

## 二、丧失法定数字货币后对侵占人的权利

(一)概说

丧失法定数字货币后原权利人可以向侵占人主张何种权利的问题,为对各方主体的利益作出衡量判断,需要结合具体交易场景讨论。假设法定数字货币最初属于权利人X,考虑如下4个场景:

1. X向Y支付法定数字货币的交易中,支付的原因关系存在重大瑕疵导致原因关系无效或被撤销,支付后Y在事实上支配法定数字货币。或随后Y再向第三人Z支付。

2. X向Y支付法定数字货币的交易中,X的行为能力或意思表示存在重大瑕疵,导致支付行为具备无效或可撤销事由,支付后Y在事实上支配法定数字货币。或随后Y再向第三人Z支付。

3. 交易当事人X和Y都没有转移权利的意思但作出了支付外观行为。例如,在金融交易中因中介、代理、委托等合同而暂为保管法定数字货币,但没有采用信托等固有破产隔离的交易结构。或随后Y再向第三人Z支付。

4. 未授权支付,即没有正当权利的行为人Y伪装具有权利,窃取X的账户密码或验证设备等登录工具,将X的法定数字货币支付给自己或第三人Z。

在这些场景下,原权利人X没有从央行获得救济并向占有人Y主张权利时,除依照《民法典》第985条主张不当得利返还请求权或第1165条主张侵权责任外,是否可以对占有人Y主张物权性质的返还请求权、破产时的取回权、强制执行时的案外人异议权等物权请求权?在第三人Z不是善意时,是否可以向Z主张这些权利?

(二)"占有即所有"基于特定性的例外

物权性质的救济权利意味着该笔支付没有最终性,交易尚未确定,因而可能损害支付手段职能。因此,现钞货币确立了"占有即所有"的原则,前文列举的4种场景如果使用现钞货币支付,Y都在占有现钞货币的同时取得所有权,再向Z支付后Z也取得所有权,而无论其过错状态。此时,X只能基于不当得利返还请求权或交易的原因关系向Y主张权利,既不能主张物权请求权,也不能向Z主张权利。

关于银行存款、电子货币的规则实质上效果与"占有即所有"类似。在认定

权利人对银行、电子货币发行者享有债权的前提下,付款人作为委托人向支付方的银行或电子货币发行者(付款行)发出支付指令,付款行将支付指令转达给收款方的银行或电子货币发行者(收款行)后,收款行再基于该指令给收款人的账户记账。最后,付款行和收款行再通过清结算系统完成清算、结算。付款行发出支付指令的行为和收款行的记账行为各自基于独立的存款合同或支付服务合同,付款人债权的消灭和收款人债权的取得效力各自独立,两个债权不具备同一性,不是同一债权的转让,因此,支付指令的瑕疵不应当及于为收款人账户记账的行为。[14] 在此交易结构下,前文场景如果使用银行存款或电子货币支付,收款人仍可取得对收款行的完整债权,付款人只能获得债权救济。

然而,"占有即所有"原则不是源于法律明文规定,[15] 只是保护货币流通的解释论,没有理由被视作不可动摇的绝对原则。在前文交易场景中,如果原权利人 X 仅能主张债权而不能主张物权权利,在 Y 破产后将会遭受损失。Y 破产后,X 作为一般债权人参与破产财产的分配,所支付的款项成为破产财产的一部分。由于破产财产的增加,Y 的其他债权人获得偶发利益,而 X 却无法得到全额清偿。也就是说,Y 的其他债权人没有法律上获得利益的正当原因,而原权利人 X 因此受到损失。[16] 尤其是在上述场景 3 交由他人保管的情形下,Y 往往是管理大量用户资产的企业,保管的一般动产和其他财产被破产隔离,寄存人可以行使取回权,但寄存金钱的人却与通常债权人同等对待,相较之下显得不均衡。尽管这一问题可以在金融监管法制中设置专门规定,赋予寄存金钱的用户优先受偿权,但是金融监管的规定只适用于单一行业的金融机构,必然

---

〔14〕 森田宏樹「振込取引の法的構造—『誤振込』事例の再検討」中田裕康 = 道垣内弘人編『金融取引と民法法理』(有斐閣,2000 年,123 ~ 198 頁)197 頁。

〔15〕 参见《民法典》第 235 条(返还原物请求权,同原《物权法》第 34 条)、《企业破产法》第 38 条(破产取回权)、《民事诉讼法》第 225 条(执行异议)文义上均没有将货币排除在外,反而是《民法典》第 311 条第 1 款第 2 项规定善意取得的要件"以合理的价格转让",货币本身是计价单位,因而无法满足这一要件,从文义上可以认为现钞货币不适用善意取得。本文涉及的问题如何得到教义学说明也是未来需要研究的问题。

〔16〕 森田宏樹「振込取引の法的構造—『誤振込』事例の再検討」中田裕康 = 道垣内弘人編『金融取引と民法法理』(有斐閣,2000 年,123 ~ 198 頁)126 ~ 127 頁。

存在不能全部覆盖的漏洞。[17] 在上述场景 4 未授权支付的情形下,行为人 Y 为恶意,更没有保护其利益的必要。此外,第三人 Z 不是善意时,保护 Z 的必要性也明显低于保护 X。[18]

从流通需求的角度考虑,现钞货币被占有时如果没有进入流通、能够保持特定性,承认原权利人 X 对 Y 和非善意的 Z 享有物权请求权也不会损害货币的流通性。因此,有学者主张,应当在现钞货币保持特定性的情况下承认原权利人的物权救济。[19] 甚至对于银行存款、电子货币,也有学者认为,在能够确定特定性的前提下应当认可原权利人的物权权利。[20] 应当承认,这样的规则更好地兼顾了对原权利人的保护和货币的流通,在价值层面是可欲的。

(三)架构对特定性的影响

特定性实际上成了划定流通性和静态保护分界线的标准。一般来说,现钞货币、银行存款、电子货币被分别保管时其特定性继续存在,如果与占有人的自有资金相混同则会失去特定性。然而,现钞货币、银行存款、电子货币很容易发生混同,所谓"特定性"的含义非常有限,可实践性却受到了物理架构的制约。现钞货币往往只有被装在红包、保险柜等物理容器中才能认可特定性,一旦被取出物理容器,便与占有人的固有货币发生混同。[21] 基于账户的银行存款和

〔17〕 日本法中为应对金钱寄存人利益受损的问题,在判例中认为,金钱寄存人和保管人虽未在合同中明确表明是信托,但一定情形下可以认定有信托的意思,将法律关系拟制为信托,从而赋予被寄存金钱破产隔离的效果[最判平成 14 年(2014 年)1 月 17 日民集 56 卷 1 号 20 页]。然而,说理未免有些牵强,让人不得不联想到约瑟夫 · 埃塞尔指出的裁判形成范式:先根据价值判断得出"应保护某一方当事人"的结论,再为这个结论挑选一个说得过去的法解释方法作为说理。这种方法必然致使裁判的正当性受到怀疑。

〔18〕 四宮和夫「物権的価値請求権について一金銭の物権法的一側面一」川島武宣編『我妻栄先生追悼 · 私法学の新たな展開』(有斐閣,1975 年,183 ~ 205 頁)186 ~ 188 頁。

〔19〕 参见其木提:《货币所有权归属及其流转规则——对"占有即所有"原则的质疑》,载《法学》2009 年第 11 期。四宮和夫「物権的価値請求権について一金銭の物権法的一側面一」川島武宣編『我妻栄先生追悼 · 私法学の新たな展開』(有斐閣,1975 年,183 ~ 205 頁)200 ~ 205 頁。

〔20〕 岩原紳作『電子決済と法』(有斐閣,2003 年)345 ~ 349 頁。

〔21〕 参见其木提:《货币所有权归属及其流转规则——对"占有即所有"原则的质疑》,载《法学》2009 年第 11 期。

电子货币的特定性则更加难以认定，收款人账户收款记账的时候混同已然发生。因此，在法定数字货币出现前，即便承认原权利人获得物权性质保护的需求，在实践中也只能因为不满足特定性而放弃物权性质的保护。

尽管法定数字货币不属于传统的有体物，前文讨论的保护原权利人的需求同样适用于法定数字货币。即使不能确定法定数字货币的抽象性质，也可以从现实需要的角度得出结论，在现实层面赋予原权利人一定的物权权利是更可欲的。

现钞货币、存款的特定性受到物理架构的制约，但法定数字货币的架构可以在更大范围内自由设计，其特定性也变得更加灵活。采用传统技术的账户型法定数字货币与银行存款相似，一旦进入流转，除非占有人采取特殊的分别管理措施，否则便会失去特定性。与此相反，代币型法定数字货币可以通过技术手段，为法定数字货币的数据集合标注唯一的编号，使法定数字货币的不同数据集合之间可以明确区分开。[22] 如果采用这样的设计，收款人收到代币型法定数字货币后，所收款项与固有财产仍然处于明确区分的状态，二者不会发生混同，因而代币型法定数字货币可以始终保持特定性。在此基础上，承认原权利人X对占有人Y或非善意的第三人Z享有物权请求权，可以更有效地保护法定数字货币用户的权益，也不会损害法定数字货币的流通性和交易的稳定性。

## 三、收到虚假法定数字货币的救济

付款人使用虚假法定数字货币支付后，善意收款人是否可以向央行寻求救济？所谓虚假法定数字货币，是指如下两种情况：

1. 伪造、变造或篡改余额。法定数字货币没有物理实体，所谓的伪造、变造等概念的含义，不仅不同于现钞货币，也会因法定数字货币自身架构的不同而不同。代币型法定数字货币直接对应一组数据集合，可以认为，不法行为人破解加密后，私自制作或复制法定数字货币电子数据就构成法定数字货币的伪

---

〔22〕 参见姚前、汤莹玮：《关于央行法定数字货币的若干思考》，载《金融研究》2017年第7期。

造,私自改变已经发行的法定数字货币电子数据就构成变造。[23] 而账户型法定数字货币可能被篡改余额,不法行为人可能在网络攻击管理机构后肆意增加余额,但通常谈不上伪造或变造。

2. 双重支付,即所谓的“双花”,是指拥有法定数字货币的权利人作出超过其拥有金额的支付行为。双重支付是电子支付带来的新问题,现钞货币则不存在双重支付的问题。

虚假法定数字货币可能被央行的系统识别,被认定为无效支付。但是,如果某种技术上的漏洞被虚假法定数字货币的制造者发现,使虚假法定数字货币通过了央行系统的检查并被收款人收到时,善意收款人的救济便成了问题。

对现钞货币来说,收款人收到假币后不能对中央银行主张任何救济,只能以金钱债务未履行为理由,基于支付的原因关系向付款人主张权利。究其原因,或许可以说收款人未能分辨假币,在一定程度上存在过错。但更重要的原因在于,中央银行没有方法排除收款人的不实请求。

对电子货币来说,伪造、复制、篡改余额等得到的虚假电子货币作出的支付,通常认为应当由电子支付服务提供者承担责任。其原因在于,收款人本身难以辨别电子货币的真伪,反而是服务提供者最有能力亦最有义务辨别电子货币的真伪。[24]

这种解释对法定数字货币也应当适用。法定数字货币的收款人完全是基于对央行的信任而接受法定数字货币的。账户型法定数字货币的账户完全由央行管理。而代币型法定数字货币收款时用以验证法定数字货币真伪的终端设备或应用程序通常亦是由央行或其代理人提供的。尽管代币型法定数字货币转让时不需要央行直接承认,而是由收款人自行验证所收法定数字货币的真实性,但是,收款人也只是信任央行所提供的验证方法而已。无论采取哪种架构,要求收款人发觉虚假法定数字货币都极为困难,收款人几乎不可能区分所收到法定数字货币的真伪,让善意收款人承担未能区分带来的不利后果对收款人来说明显不公平。

相比之下,央行处于更容易发觉虚假法定数字货币的地位,而且有义务对此采取相应的防范措施。对账户型法定数字货币来说,央行统一管理其账户,

---

〔23〕 参见刘向民:《央行发行数字货币的法律问题》,载《中国金融》2016 年第 17 期。

〔24〕 岩原紳作『電子決済と法』(有斐閣,2003 年)467 ~ 469 頁。

只要央行的网络系统不被黑客攻陷就不会出现篡改余额的问题。对代币型法定数字货币来说,央行也理应采用可靠的加密算法来防止伪造、变造。

因此,虚假法定数字货币通过央行的技术检查后被收款人收取时,已经可以认为央行对此存在过错。再考虑到法定数字货币很容易通过技术手段排除不实请求,因而应当对善意的收款人给予充分的保护,并由央行承担未能鉴别虚假法定数字货币所带来的损失。当然,对制造虚假法定数字货币的不法分子应当采取公法上的措施予以刑事制裁或行政处罚,追缴不法所得。[25]

## 四、法定数字货币的架构对私法规则的解放

从以上讨论可以看出,现钞货币和法定数字货币占有人都期望其实质利益得到法律的保护。然而,受架构的限制,现钞货币无法得到所期望的保护。因灭失导致丧失现钞货币后,给予原权利人一定的救济更公正;收到假币后,收款人若无过错实际上也应当得到保护。但是,原权利人和善意收款人受到物理架构制约,缺少证明自身权利的方式,中央银行不能排除不实请求,因而无法实现可欲的法律规则。占有各种形式货币的权利人失去占有后,有需要给予物权保护,但只有在维持特定性的前提下物权保护才不会危害交易安全,而现钞货币的特定性通常难以维持。

但是,法定数字货币可以通过技术手段采取特殊设计,自觉地调整架构,从而使法律保护成为可能。其一,法定数字货币以代码形式存在,账户型法定数字货币采用实名制,代币型法定数字货币设计为可追踪数据集合,都可以在技术上排除不实请求,从而可以使法定数字货币灭失的原权利人和收到虚假法定数字货币的善意收款人得到救济。其二,代币型法定数字货币可以通过给数据集合编号来保持其特定性,从而在不损害流通性的同时,给予丧失法定数字货币的原权利物权性质以保护。但是,账户型法定数字货币与存款、电子货币相似,同样很难维持其特定性。

---

[25] 对制造虚假法定数字货币采取刑事手段制裁是否可以直接以现行《刑法》第170～173条为依据,还是需要专门修法才能符合罪刑法定原则的要求,仍需要进一步的研究和讨论,本文就此不展开论述。

因此,法定数字货币的架构拓宽了私法规则的存在空间,法制安排得以更加自由,在现钞货币架构下无法得到保护的利益可以得到保护,法定数字货币的程序代码从而成为一种维系法律价值的工具,尽管设计和创造法定数字货币代码时设计者可能没有自觉。[26] 法定数字货币计算机代码所组成的架构与法律的关系不是前者代替后者的关系,而是前提条件与期望效果的关系,只有在特定的架构下理想法律规则才能够成为可能,从而实现法制设计期望的效果。这与莱斯格所设想的"代码代替法律来规制"略有不同,不是"code is law",而是"law based on code"。代码改变架构只是拓宽了法律规则可以自由设计的空间范围。

在规制行为、维护价值的过程中,架构对法律价值有影响,意味着需要证成架构本身的正当性(justification)和合法性(legitimacy)。

正当性的问题,是指架构所维护的法律价值是否是可欲的。尽管价值判断不是可以用逻辑说明的对象,但在社会共识的基础上和教义学方法的框架内仍能作出理性的说明。作为法律规则替代物的代码需要证成其自身的正当性,[27] 但作为法律规则前提条件的代码的正当性可以从法律规则的正当性中得到说明,因为此时代码只是法律用以维系实体价值的工具。架构的规制具有无意识诱导的特征,因而相较自由价值更适合维系功利价值,而本文讨论的 3 个私法问题均是从现实交易的需要来试图证成相应规则的正当性,与架构的特征亦相吻合。当然,法学上的正当性不可能独立推论出架构的存在,还需要以技术上的可行性为前提,并考量规则所维护的价值和建设架构所需要的成本之间的轻重关系。

合法性的问题,是指架构所维护秩序的来源是否正当,也就是由谁、经由什么程序来设计架构的问题。[28] 目前,各国法定数字货币的研究开发工作均是

---

〔26〕 See Lawrence Lessig, *Code Version* 2.0, Basic Books, 2006, p.6.

〔27〕 松尾陽「『法とアーキテクチャ』研究のインターフェース一代替性・正当性・正統性という三つの課題」同編『アーキテクチャと法一法学のアーキテクチュアルな転回?』(弘文堂,2017 年,1~31 頁)21~24 頁。

〔28〕 松尾陽「『法とアーキテクチャ』研究のインターフェース一代替性・正当性・正統性という三つの課題」同編『アーキテクチャと法一法学のアーキテクチュアルな転回?』(弘文堂,2017 年,1~31 頁)24~30 頁。

央行在推行,研究技术可行性,开展发行实验,并讨论经济和金融上的影响和效果。然而,央行对技术架构作出的选择会对用户的权利产生实质影响,央行作为特殊的行政机构,在法定数字货币架构所涉及的利益分配中属于当事一方,可能会倾向制订限缩自身义务的规则,因而不一定适宜作出关于交易规则的实质价值判断。更具体地,设计架构的技术专家可能对架构可能的法律后果没有自觉,也让合法性的问题蒙上一层阴影。

排除央行后,具备价值判断合法性的候选架构设计者可能包括立法机构和司法机构。然而,司法机构的判断是在架构被设计后针对个案被动作出的,带有很强的保守倾向,难以胜任调整架构的重任。[29] 即便在司法判决中对架构作出了价值判断,并间接迫使架构设计者作出改变,也实在是太过于低效。最恰当的方法应当是,由立法机构在听取和考虑央行和经济、金融、技术、法律等各方专家意见后作出决定。

正当性和合法性的问题对私人机构电子货币同样存在,导致了所谓法的私物化问题。架构影响实质价值,但架构的设计却是由私人机构的独断专行所作出的,私人机构通过设计电子货币的架构实质上干涉了法律上利益的分配,因而其架构的正当性和合法性有巨大争议。[30] 法定数字货币作为国家为数字经济发展铺设的基础设施,不应当重蹈私人机构电子货币的覆辙。在正式发行前,应当对法定数字货币架构涉及的法律价值开展讨论,在实际架构设计中充分考虑法律上正当性和合法性的需求。

## 五、法定数字货币私法规则对抽象权利性质的诉求

法定数字货币的架构拓宽了私法规则的存在空间后,相应的私法规则还需要得到抽象性质的合理解释。然而,符合实际需要的法律规则难以在现有理论

---

〔29〕 See Lawrence Lessig, *Code Version* 2.0, Basic Books, 2006, p. 313 – 319.

〔30〕 栗田昌裕「アーキテクチャによる法の私物化と権利の限界」松尾陽編『アーキテクチャと法―法学のアーキテクチュアルな転回?』(弘文堂,2017 年,129 ~ 166 頁)133 ~ 141 頁。法律私物化的问题在知识产权领域尤为突出,著作物技术保护措施对合理使用制度和公有领域的侵害为其典型。参见冯晓青:《技术措施与著作权保护探讨》,载《法学杂志》2007 年第 4 期。

下得以说明。

对失去法定数字货币的用户给予保护,必然意味着法定数字货币在载体之上还有一层独立的抽象权利。对现钞货币来说,现钞货币所代表的货币价值与物理媒介完全同化,因而没有必要承认抽象权利的存在。[31] 相反,有价证券设有公示催告程序,权利人在丧失实体证券后仍能经公示催告程序行使权利,因而有价证券权利就必然是独立于实体证券的权利。如果认为法定数字货币灭失后的权利人也能获得救济,那就应当认为法定数字货币上也存在一种独立于媒体的抽象权利。如前所述,这种抽象权利的性质有两种可能的讨论进路,但二者都存在相当的困难。

(一)"现钞货币兑换债权说"的困难

第一种进路是将法定数字货币上的抽象权利解释为兑换现钞货币的债权("现钞货币兑换债权说")。用户在使用法定数字货币前,需要使用现钞货币、银行存款或电子货币,汇入账户型法定数字货币的账户或兑换为代币型法定数字货币,将法定数字货币代表的抽象权利视为现钞货币兑换债权似乎很自然,但这种理论有两个难以说明的问题。

其一,"现钞货币兑换债权说"与货币发行程序的逻辑不符。现行现金发行体制下,商业银行可以从中央银行账户中取现,一般用户可以从商业银行账户中取现,从而使现金进入社会流通。但是,中央银行账户和商业银行账户中的"钱"的由来才是问题的本质,这些账本上的数字被记账时,货币已经被创造。现代货币系统中,现金最初是由中央银行经由公开市场业务、再贴现、存款准备金率调整等货币政策工具所创造出来的。在中央银行通过货币政策工具对商业银行授信后,商业银行所拥有的中央银行账户上的数字才会增加。换言之,商业银行从央行借钱之后钱才被创造。随后,再由商业银行对一般用户授信放贷,才将现金送入社会。如果着眼形式上的兑换行为,那么,商业银行最初是用中央银行存款兑换现金的,一般用户最初是用商业银行存款兑换现金的,在着眼兑换行为的逻辑下,就应当认为现金是兑换存款的凭证,未免太不合理。

随着信息社会的不断发展,法定数字货币有可能完全代替现金,现钞货币

[31] 参见古市峰子「現金、金銭に関する法的一考察」(日本銀行金融研究所『金融研究』14 巻 4 号,101 ~ 152 頁)122 ~ 123 頁。

不再流通,到时候就不能再把法定数字货币解释为兑换现钞货币的凭证,银行存款、电子货币也会被解释为兑换法定数字货币的债权。如果现在把法定数字货币解释为兑换现钞货币的债权,那随着两者使用率的变化,就不得不认为在现钞货币利用率降为零的一瞬间,法定数字货币的法律性质将会发生一次突变,这显然是不合理性的。

其二,“现钞货币兑换债权说”不能同时说明代币型和账户型的虚假法定数字货币问题。如果将法定数字货币代表的抽象权利视为现钞货币兑换债权,那么,账户型法定数字货币的交易结构类似存款,付款人和收款人的债权不具备同一性,即便虚假法定数字货币的付款人不享有债权,也不影响收款人与央行之间发生新的债权。

但是,同样的交易结构不能适用于代币型法定数字货币。代币型法定数字货币交易时具有同一性的电子数据直接转移到对方的终端设备,必然认为所表示的债权也在转让过程中保持同一性。虚假法定数字货币的付款人本来不享有债权,在此基础上就无法说明收款人的债权从何而来。

### (二)“法定货币扩张说”的困难

第二种进路是将法定数字货币视为传统法定货币的范围扩张,对法定数字货币和现钞货币进行一体化研究,寻找超越媒介限制的货币权利新解释(“法定货币扩张说”)。

在传统的货币国家理论下,法定货币被认为是由国家立法赋予法偿性的特殊动产。显然,法定数字货币不是动产。[32] 法定数字货币的法偿性是一个有争议的问题,关于是否需要通过修法赋予法定数字货币以法偿性,新西兰央行

---

〔32〕 法定数字货币可能属于《民法典》第127条规定的网络虚拟财产。网络虚拟财产的权利性质存在“物权说”和“债权说”的争论,即便采取“物权说”,按照该条文与第115条(物的定义)的相对位置来看,至多是比照物权保护,很难将网络虚拟财产解释成动产本身。况且“债权说”亦具有相当的说服力。“物权说”的主张,参见杨立新:《民法总则规定网络虚拟财产的含义及重要价值》,载《东方法学》2017年第3期。“债权说”的主张,参见申晨:《虚拟财产规则的路径重构》,载《法学家》2016年第1期;王雷:《网络虚拟财产权债权说之坚持——兼论网络虚拟财产在我国民法典中的体系位置》,载《江汉论坛》2017年第1期。

的官员支持赋予法定数字货币法偿性;[33] 丹麦央行则认为法偿性不再重要,不需要赋予法定数字货币法偿性;[34] 挪威央行认为需要改变法偿性的内涵,将法偿性视为保护消费者选择权利的规则,在电子商务交易中赋予法定数字货币法偿性;[35] 我国有学者认为,受到终端设备的限制,法定数字货币难以具备传统意义上的法偿性。[36] 总之,在货币国家理论下无法简单地将法定数字货币视为法定货币的新形态。

进入信用货币时代后,货币国家理论其实已经受到诸多批判。例如,法偿性的实效法律后果难以说明,法偿性的概念本身被质疑;[37] 货币国家理论不能涵盖银行存款等广泛使用的支付工具;[38] 货币国家理论无视了货币的经济学性质,不能说明货币在经济中的实态。[39] 因此,一些学者尝试提出货币制度理论、货币社会理论等新理论来说明货币的法律性质。但是,这些新理论自身还

〔33〕 See Amber Wadsworth, "The Pros and Cons of Issuing a Central Bank Digital Currency", *Bulletin*, 81(7), Reserve Bank of New Zealand, 2018, p. 6 – 7. 参见刘向民:《央行发行数字货币的法律问题》,载《中国金融》2016 年第 17 期。

〔34〕 See Danmarks Nationalbank, "Central Bank Digital Currency in Denmark?", *Analysis*, No. 28, p. 8 (2017).

〔35〕 See Norges Bank, "Central Bank Digital Currencies", *Norges Bank Papers*, No. 2, p. 14 – 15 (2018).

〔36〕 参见刘少军:《法定数字货币的法理与权义分配研究》,载《中国政法大学学报》2018 年第 3 期。

〔37〕 中央銀行と通貨発行を巡る法制度についての研究会「『中央銀行と通貨発行を巡る法制度についての研究会』報告書」(日本銀行金融研究所『金融研究』23 巻法律特集号,1 ~ 116 頁)56 ~ 57 頁。

〔38〕 See Simon Gleeson, *The Legal Concept of Money*, Oxford University Press, 2018, 7. 1.

〔39〕 宮田喜代藏稿、福田徳三補訂「貨幣国定学説梗概(1) ~ (2)」経済学商業学国民経済雑誌 28 巻 2 号 111 ~ 125 頁、3 号 120 ~ 140 頁(1920 年)28 巻 2 号 114 頁。

不完善,没能代替饱受批判的货币国家理论。[40]

笔者无暇再展开对抽象理论的评价和研究,只欲指出,代理货币国家理论的新理论不应当完全用形而上的方法演绎得出,而应当超越媒体的区别,能够同时说明现钞货币和法定数字货币的性质,解释具体交易中维护当事人权益的理想规则,成为更高次元的货币理论。正如霍姆斯法官所说,"法律的生命不是逻辑,而是经验"。[41] 纯粹形而上的逻辑演绎得出的结论可能会在实践中身陷囹圄,研究法定数字货币的抽象性质应当充分考虑现实的需要。

## 六、结　语

本文以利益法学的方法,分析了维护法定数字货币用户利益而可欲的法律规则。理想的法律规则对现钞货币其实也是同样的,但只有法定数字货币的架构拓宽了法律规则的存在空间后,理想的规则才会成为可能。理想的规则又对法定数字货币的抽象权利性质提出诉求,要求法学家对货币的法律性质提出新的解释。货币国家理论在逻辑上的不协调终于在法定数字货币出现后转化为现实问题。本文涉及的部分问题,如未授权支付、虚假法定数字货币,很可能因为技术上的有力应对而不会在现实中发生。即使央行通过研究加密算法和完善信息安全机制,让这些问题不实际发生,使本文指出的研究货币抽象法律性质的诉求暂时不迫切。但是,理论上的缺憾永远是一个潜藏的威胁,如果一直置之不理,很可能在社会现实发展变化后再次带来实际困难。

---

〔40〕 货币社会理论方向的尝试,See Simon Gleeson, *The Legal Concept of Money*, Oxford University Press, 2018, Introduction, 1.1, 1.4。建立货币制度理论的尝试,See Antonio Sáinz De Vicuña, "An Institutional Theory of Money", in Mario Giovanoli and Diego Devos, eds., *International Monetary and Financial Law*: *The Global Crisis*, Oxford University Press, 2010, p.517 –532。

〔41〕 Oliver Wendell Holmes, Jr., *The Common Law*, University of Toronto Law School Typographical Society, 2011, p.5.

## The Impact of Architecture on Civil Nature of Central Bank Digital Currency (CBDC)

Chen Zheli

**Abstract**: The specific civil law rules about CBDC should meet the actual needs of the transaction. After losing CBDC, the right holder expects to obtain the central bank's relief or claim right in rem to the holder. The payee who received fake CBDC expects protection from the central bank. The architecture of CBDC can be designed freely, which broadens existence space of rules, thereby allowing a better balance between users' protection and circulation efficiency. The need to protect the interests of users can certify the justification of architecture, but it is more appropriate for the legislature to determine the architecture in order to certify the legitimacy. The ideal civil rules about CBDC further appeal to the nature of metaphysical rights, and it is expected that metaphysical theory can explain specific rules reasonably, while existed theories cannot provide a reasonable explanation.

**Key words**: loss　unauthorized payment　possession-confers-entitlement　architecture　the state theory of money

# 法律与技术互动视野下的自动驾驶交通事故责任[*]

包晓丽[**]

**内容摘要：**

自动驾驶技术打破了只有自然人能发布驾驶命令、执行驾驶任务的传统观念，它不仅促使我们反思民法上“人”的概念，还对机动车交通事故责任中的过错认定提出了较大挑战。立足于自动驾驶的技术特征，建议引入客观化、标准化的道路通行规则，这样既可以提高系统决策的安全性和可预测性，还有利于克服过错和因果关系认定上的不确定性，从而明确责任主体。同时，随着驾驶自动化程度的提高，事故责任由场景过错责任向产品责任转移。法律制度的发展与变革是客观事实分析与主观价值判断的综合，在此过程中，我们应持续掌握自动驾驶的技术成本与可得收益、先进性与局限性，更新既有法律规则，综合考虑其与其他制度的协同效应及其对人们行为习惯的影响。

**关键词：**

自动驾驶　人工智能　通行规则　场景过错　产品责任

能够由系统独立完成一项及以上动态驾驶任务的车辆为自动驾驶汽车。它与传统汽车最大的差别即在于一定的自主性，在技术层面表现为自动驾驶汽车具有独立的“感知—计算—行动”能力。[1] 随着百度无人驾驶出租车在长沙面世，滴滴自动驾驶项目在上海运行，自动驾驶不再是空中楼阁，走进了日常生活。此时，我们有必要思考和研究自动驾驶技术可能引发的事故责任问题。既

---

* 本文系司法部重点课题“大数据与网络安全立法研究”（18SFB1005）的研究成果。

** 北京理工大学法学院博士后研究人员。

〔1〕 参见冯珏：《自动驾驶汽车致损的民事侵权责任》，载《中国法学》2018 年第 6 期。

有学术研究对现行制度局限性的讨论较充分,对责任框架基本达成了“过错责任+产品责任”的共识,[2]且各国也几近一致地表达了从传统驾驶者责任扩大或转移至生产者责任的意见。[3] 一方面,既有研究普遍注意到人车交互技术使过错和因果关系的认定变得困难,且学者提出在适用产品责任时,需要结合智能机器的特点对自动驾驶的缺陷作出评判。另一方面,既有研究在以下几个问题的回应上还稍显薄弱:一是缺乏对自动驾驶技术的深层透视,忽视了法律(尤其是《道路交通安全法》)与技术开发的双向互动关系。二是在过错责任的场景下,针对过错的具体认定标准、人车交互的责任区分缺乏切实可行的解决方案。三是在产品责任方面,对于自动驾驶系统和地图等是否属于产品的范畴、缺陷的认定标准与举证证明方式等问题的探讨也略显单薄。

基于此,本文将在既有价值共识的基础上,遵循“主体—客体—内容”这一民事法律关系的逻辑主线,对自动驾驶场景下的责任主体(自动驾驶汽车是否具有法律关系主体地位)、责任类型(过错责任还是无过错责任)、过错责任场景下的过错认定标准、无过错责任场景下的规则细化等内容展开精细化与可操作化的研究。特别是,结合自动驾驶的技术特征,在区分车辆自动化程度的前提下,回答如下现实问题:自动驾驶模式下行驶的甲车与人类驾驶员驾驶的乙车在路口相撞,谁是适格的诉讼当事人?责任基础是什么?适用驾驶人责任还是产品责任?责任人是否可以向其他主体追偿?

## 一、自动驾驶车辆的法律属性——非民事法律关系主体

对自动驾驶汽车法律属性的界定是讨论事故责任的前提与基础。若自动驾驶汽车可被视为民事法律关系主体,那么,责任分配的逻辑起点即为由车辆本身承担民事赔偿责任。若无法将自动驾驶汽车作为民事法律关系主体,车辆尚属于民事法律关系客体的范畴,那么,就应由客体背后的权利人(控制者或制

---

[2] 参见张力、李倩:《高度自动驾驶汽车交通侵权责任构造分析》,载《浙江社会科学》2018年第8期;赵申豪:《自动驾驶汽车侵权责任研究》,载《江西社会科学》2018年第7期。

[3] 腾讯研究院:《2018年全球自动驾驶法律政策研究报告》,载腾讯研究院微信公众号2018年9月18日,https://mp.weixin.qq.com/s/fFKZs5T4UZ4U60Dj1j4Y0w。

造者)承担相应的损害赔偿责任。因此,与新技术相关的议题往往从主体问题谈起,本文亦不例外。

自人类进入文明阶段以来,“人有意识”(包括这种意识的表达和传承方式,如语言、文字等)是人与物最根本的区别。在未来,人类在很多事情上很可能会输给机器,也将可能有越来越多的工作要让机器“代劳”或者“外包”给机器,甚至到最后人剩下的东西不多了,但这最后剩下的却恰好是最能标志出人与动物的根本差别的东西——意识。[4] 尽管自动驾驶汽车具有独立决策和行动的能力,但是“自主性”并不等同于人的独立意识。我们不能以计算机用一种模仿人类的方式来处理程序符号,就认为计算机会思考。因为程序缺乏“意图性”,即产生意义的能力。[5] 通过预先设定的算法和不断的自主学习过程,自动驾驶车辆具有自动化决策的能力,模仿驾驶人的行为执行驾驶任务。但是,它只是通过模仿人类的行为来处理特定场景下的符号,并不具有思考上的独立性和“意图性”,仍然属于人类开发者和使用者的产品和工具。欧盟法律事务委员会曾考虑赋予最复杂的自主智能机器人法律地位,在法律上承认其为“电子人”(electronic person),后来也放弃了该想法,转用强制责任保险制度解决损害分配问题。[6] 在人工智能开发的初期阶段,自动驾驶汽车作为弱人工智能的代表,不适宜被赋予自然人一样的独立主体地位,无法成为民事法律关系主体。[7]

约翰·奇普曼·格雷(John Chipman Gray)在《法律的属性和渊源》(*The Nature and Sources of the Law*)一书中曾有关于法律人格的经典讨论。他提出,一个实体是否应该被赋予法律上的主体地位的问题,可以拆解成一个实体是否

---

〔4〕 参见何怀宏:《何以为人,人将何为——人工智能的未来挑战》,载《探索与争鸣》2017年第10期。

〔5〕 See Lawrence B. Solum, “Legal Personhood for Artificial Intelligences”, 70 *North Carolina Law Review* (1992), p. 1236.

〔6〕 European Parliament, “Civil Law Rules on Robotics, European Parliarment” (Feb. 16, 2017), http://www.europarl.europa.eu/sides/getDoc.do?pubRef=//EP//TEXT+TA+20170216+ITEMS+DOC+XML+V0//EN&language=EN#title1.

〔7〕 “人工智能,包括自动驾驶汽车,仍然是有主的,是服从人类的命令的,正如奴隶虽然也有自己的智能却仍然服从于奴隶主一样。”参见冯珏:《自动驾驶汽车致损的民事侵权责任》,载《中国法学》2018年第6期。

可以且应当被作为一系列法律权利和义务的主体的问题。法律人格常常伴随拥有财产的权利和诉讼与被诉的能力。无生命的实体在一些场合也具有法律人格,如企业和政府实体。[8] 但自动驾驶汽车与法人的差异在于,法人是人类意志的组合体,各主体的意思通过法人表达;而自动驾驶汽车只是人类在驾驶领域的工具,而非意思形成机构,目的在于执行驾驶任务。并且,自动驾驶汽车本身也没有责任能力,不可成为法人一样独立的民事法律关系主体。若公司决议行为造成他人损害了,由公司财产对外承担赔偿责任,除资不抵债等情形外,并不影响公司的正常运营。但是,若将自动驾驶汽车视作法人一样的民事法律关系主体,除保险赔偿外,由于车辆本身没有其他可以利用的责任财产,而只能通过拍卖、变卖车辆来承担损害赔偿责任,这无疑是不经济也不合理的。试想,若车辆致人损害的数额极小(如1000元),法院却只能责令拍卖、变卖价值几十万元的车辆以偿债,明显不符合公平原则与比例原则。因此,自动驾驶汽车也并非法人一样的拟制主体。

此外,可否类推适用现行法上关于雇员、动物或者代理人的规定?答案亦是否定的。一方面,上述规则的归责原则均为无过错责任,但自动驾驶交通事故的责任规则如后文所述是多元的。简言之,对于被驾驶人控制的车辆,驾驶者应当根据《民法典》侵权责任编第五章和《道路交通安全法》第76条的规定,区分情形分别承担过错责任或者过错推定责任。[9] 而对于不可由人类驾驶者操控的自动驾驶汽车,其发生交通事故后由生产者或者销售者根据《民法典》侵权责任编第四章的规定承担产品责任。另一方面,在法律性质上,自动驾驶汽车也与雇员、动物和代理人存在差异:第一,自动驾驶汽车有别于动物,它根据人类指令和预先设计的程序作出反应,而对于动物的行为,人类的干预作用有限。第二,雇员通常具有报酬请求权、休息权以及与社会福利相关的权利,这与

---

[8] See Lawrence B. Solum, "Legal Personhood for Artificial Intelligences", 70 *North Carolina Law Review* 1238 (1992).

[9] 关于机动车与非机动车、行人之间发生交通事故,机动车一方的归责原则到底是过错责任、过错推定责任还是无过错责任学界争论较大,笔者认为,综合考虑当事人的举证责任分配和难度,过错推定责任和无过错责任在结论上并无本质差异。参见杜万华等:《〈关于审理道路交通事故损害赔偿案件适用法律若干问题的解释〉的理解与适用》,载《法律适用》2013年第3期。

自动驾驶汽车的属性矛盾。第三,代理人应当是具有完全民事行为能力的主体,但自动驾驶汽车作为服务人类的工具,虽然具有一定的自主性,但不具有完全民事行为能力,不是独立的民事法律关系主体。故而,由于自动驾驶汽车只能基于既定程序作出决策,缺乏灵魂和意识,缺乏情势变更能力,因此不能成为独立的民事法律关系主体,属于法律关系客体的范畴。在厘清车辆的法律定位之后,下文将进入对具体责任认定与责任分配的讨论。

## 二、过错认定的客观化趋势

在道路交通事故场景下,过错的判断往往直接决定了事故原因与责任大小,因此,过错的认定具有举足轻重的作用。传统上,过错的判断标准需要结合行为人的主观心理状态和客观行为两个方面。当主观标准可以确定行为人过错的,如故意冲撞他人,则无须运用客观标准认定行为人的过错。当无法确定行为人主观故意时,则以是否违反法定注意义务为标准,判断行为人是否具有过错。[10]《道路交通安全法》第四章明确规定了车辆应当遵守的道路通行规则,机动车违反这些规定导致事故发生的,推定违法行为人存在过错。[11] 然而,在不久的将来,我们将会面临自动驾驶汽车与人类驾驶者操控的汽车共驾的局面。自动驾驶技术的引入,对过错的判定标准带来了直接冲击,过错的认定将由主客观结合原则向客观原则过渡。同时,技术开发与法律规则之间存在双向互动关系。法律规则的解释应当充分考虑自动驾驶的技术特点;技术开发过程中,也应将法律规则转化为机器语言,预置于车辆决策程序中,以实现自动驾驶汽车的最大安全性与合规性。

### (一)客观标准的必要性与可行性

在通常情况下,交通事故发生后,公安机关交通管理部门会根据事故发生的事实经过、当事人行为对交通事故所起的原因力大小以及过错的严重程度确定事故责任,制作交通事故认定书。受害人依据事故认定书确定的事故原因与过错比例,结合相应的损害事实,方能请求对方(及其保险公司)承担相应的赔

---

〔10〕 参见关升英主编:《道路交通事故赔偿纠纷》,法律出版社 2016 年版,第 79 页。

〔11〕 参见杨立新:《〈中华人民共和国侵权责任法〉条文解释与司法适用》,人民法院出版社 2010 年版,第 324 页。

偿责任。自动驾驶汽车引起的交通事故,其责任认定程序和原则也不例外。不同的是,自动驾驶车辆具有自主感知、决策和行动的特点,自动驾驶技术的引入将促使过错的认定更加客观化和标准化。

一方面,对于过错的认定,将由主客观结合的标准向客观标准过渡。自动驾驶场景下,执行车辆行驶任务的是系统本身,若以行为人的主观状态作为判定过错的依据,在系统决策的场景下具有客观不能性。在实践中,车辆往往根据大数据训练的、以相关性为基础的算法模型自主学习,并以一种不可预见的方式与环境进行交互。尽管各国均要求算法具有可解释性,但机器学习模型的内部决策逻辑并不总是能被理解。[12] 因此,自主学习的不可预测性使在过错认定上有时难以明确决策失误的原因。[13] 并且,客观认定标准不仅有更强的确定性和预测性,还能大大减轻法官在检验人工智能系统过错上的负担。诉讼中,即使将算法提交法庭审理,但受制于专业上的局限性,法官也难以就制造商是否存在算法设计上的过错加以评判。客观化、标准化的责任规则不仅使利益相关方的责任承担更明确、可知,也使法官只需凭借某种行为标准来判断事故原因和过错程度,体现了法的效益性。[14] 因此,构建客观化、标准化的道路通行和责任认定规则在具有法律适用上的必要性。

另一方面,构建客观化、标准化的过错认定规则还具有技术上的可行性。在自然人作为驾驶者的场景下,如果对道路通行规则的设计过于具体细致,将超出驾驶者记忆能力和反应能力的极限,所以,往往会适用较抽象和模糊的合理注意义务作为判断驾驶者过错的标准。但是,自动驾驶系统具有强大的信息存储能力、高效稳定的运算规划能力以及精确可靠的决策执行能力。随着自动驾驶技术和车联网技术的引入,客观标准的通行规则不仅可以被理解,也能得以有效执行。

(二)客观标准之规则建构

技术与法律之间存在双向互动的发展关系。立法机关应当细化《道路交通

---

〔12〕 参见司晓、曹建峰:《论人工智能的民事责任:以自动驾驶汽车和智能机器人为切入点》,载《法律科学(西北政法大学学报)》2017年第5期。

〔13〕 参见张力、李倩:《高度自动驾驶汽车交通侵权责任构造分析》,载《浙江社会科学》2018年第8期。

〔14〕 参见蔡颖雯:《过错论》,中国人民大学2005年博士学位论文,第69~70页。

安全法》及其实施条例关于道路通行的规定。虽然《道路交通安全法》和《道路交通安全法实施条例》均在第四章就“道路通行规定”作出了规范,但存在场景预设不够全面、法定标准不够明确的特点。例如,《道路交通安全法》第42条[15]对车辆行驶速度作出了规定,但究竟何为安全车速、行驶速度降低到什么程度为宜,其判断标准应当根据场景进一步细化。笔者建议参考《国际海上避碰规则》的规定,在未来的《道路交通安全法》及其实施条例中,明确规定安全时速的具体标准,碰撞危险的判断规则,避免碰撞的行动内容、让路规则、追越规则,能见度不良时的行动规则,声响和指示灯信号规则等,从而避免自动驾驶汽车主动导致交通事故,并明确责任主体。

同时,自动驾驶生产商也应采取妥当的技术手段,在预置的学习算法中将自然语言描述的前述通行规则准确转换为机器语言,使车辆能够充分理解并遵守。在实践中,自动驾驶汽车存在两种典型的开发路径。一种是以统计学方法(测试里程)和人工智能规划算法为基础的安全开发策略,典型的如谷歌;另一种是以责任敏感安全模型(Responsibility Sensitive System,RSS)[16]为基础的开发路径,典型的如英特尔。我们尚难以就哪种方式表现更优秀予以回应,但由于机器学习模型存在不可解释的风险,自动驾驶的决策过程基本是一个“黑箱”,当车辆造成交通事故时,人们将很难查明事故背后的原因。[17] 相反,预置客观化、标准化的道路通行规则有利于在无法还原车辆内部决策逻辑的基础上,确定事故各方的原因力大小,从而解决过错认定上的难题。并且,正如前文所述,自动驾驶系统在规则记忆、指令执行等方面的可靠性也优于人类驾驶者,这也决定了客观化、标准化的道路通行规则在自动驾驶场景下更易得到遵守和执行。

---

[15] 《道路交通安全法》第42条规定:“机动车上道路行驶,不得超过限速标志标明的最高时速。在没有限速标志的路段,应当保持安全车速。夜间行驶或者在容易发生危险的路段行驶,以及遇有沙尘、冰雹、雨、雪、雾、结冰等气象条件时,应当降低行驶速度。”

[16] 主要表现为预置的责任规则与数学公式。

[17] 参见司晓、曹建峰:《论人工智能的民事责任:以自动驾驶汽车和智能机器人为切入点》,载《法律科学(西北政法大学学报)》2017年第5期。

据此,若交通事故报告[18]显示,自动驾驶汽车存在违反道路交通法律法规的情形,无论此时车辆由人类驾驶者操控还是由自动驾驶系统控制,可以推定违反法定义务的一方即为过错方,应承担相应的赔偿责任。根据现行道路交通规则,过错行为主要包括:(1)在路口未按规定让行;[19](2)违反右侧通行规定、未各行其道;(3)在路段未按规定让行;[20](4)未按规定变更车道、借道通行;(5)机动车未按规定会车、后车未与前车保持安全距离;(6)未按规定掉头的;(7)未按规定超车;(8)未按规定停放;(9)未按规定行车。[21]

需要明确的是,遵守通行规则并不当然免除车辆设计人或者控制人由于特殊情况的疏忽导致损害的责任。例如,《道路交通安全法》第45条第2款规定,在车道减少的路段、路口……遇到停车排队等候或者缓慢行驶时,机动车应当依次交替通行。若他车违反交通规则插队进入自动驾驶汽车拥有优先通行权的道路,但自动驾驶汽车有足够的时间刹车避免事故,则自动驾驶汽车必须刹车,而不能基于其路权不顾一切往前冲,否则应当对由此造成的损害承担责任。

以机动车通过交叉路口为例,若无客观化、标准化的过错认定规则,容易出现双方各执一词,责任难定的情况。在人类驾驶的情况下,通常靠双方的眼神、手势和车辆运动趋势等"默契"通行。但在自动驾驶场景下,此种"默契"难以

---

[18] 该报告应包括测试主体信息和事故信息,其中事故信息包括:事故发生时间、地点、事故车辆信息、事故相关方及其信息、测试驾驶员信息、财产损失情况、目击者和事故细节(事故发生时的道路情况、天气状况、光线状况、车辆行驶状态、事故类型、其他因素等)。

[19] 例如,未按交通信号通行;在没有方向指示信号灯的交叉路口,转弯车辆未让直行车辆、行人先行;通过没有交通信号灯控制也没有交通警察指挥的交叉路口,相对方向行驶的右转弯车辆未让左转弯车辆先行等。

[20] 例如,遇行人正在通过人行横道未停车让行;在设有主路、辅路的道路上,进主路的机动车未让在主路上行驶的和出主路的机动车先行,辅路上行驶的机动车未让出主路的机动车先行的。

[21] 例如,夜间未按规定开启前照灯、示廓灯和后位灯;严重超速行为等。车辆的一般过错行为包括:违反行驶速度规定但尚未达到严重程度的;白天机动车未按规定停放的;白天在交叉路口、铁路道口、急弯路、宽度不足4米的窄路、桥梁、陡坡、隧道以及距离上述地点50米以内的路段,临时停车的;机动车遇有前方机动车停车排队等候时,在人行横道、网状线区域内停车等候;等等。

达成，客观化、标准化的通行规则显得尤为重要。这不仅能减少事故发生率，也能为事故发生后的责任认定提供法律依据。同时，随着5G和V2X技术的发展，还应建立标准化的智慧交通体系和网络通信系统，实现智能动态信息服务、车辆智能化控制和智能化交通管理融合的目标，提升行车安全，并以联网的信息交互记录作为认定事故原因的重要依据。

## 三、人车交互场景下的责任分配

在明确了车辆的过错之后，我们还需要回答到底由谁（责任主体）来承担相应的赔偿责任的问题。随着自动化程度的提高，车辆控制权由人类驾驶者向自动驾驶系统转移。相应地，责任类型也由驾驶人过错责任向生产者产品责任过渡。[22]

### （一）驾驶者责任——场景过错责任

法律制度的安排应与技术发展同步，在当下以部分自动驾驶为主要类型、自动驾驶与人类驾驶并存的背景下，对于非完全自动驾驶车辆导致的交通损害，应当由车辆驾驶人对受害方承担场景过错责任。若损害因车辆缺陷导致的，由保险人或者车辆驾驶人对外承担责任后再向制造商追偿。场景过错责任，即根据驾驶场景及自动化程度的差异具体认定当事人的过错，相较产品责任对受害人的保护而言更有利，因为受害人无须证明产品存在缺陷，而缺陷的证明往往难度较大。

首先，对于无自动驾驶功能的车辆（L0级），[23]由于人类驾驶者拥有对车

---

〔22〕 参见杨立新：《自动驾驶机动车交通事故责任的规则设计》，载《福建师范大学学报（哲学社会科学版）》2019年第3期。

〔23〕 关于自动驾驶车辆的分级，工业界广泛采纳美国汽车工程师协会（SAE）的分类标准，将车辆自动化程度分为0级无自动驾驶（no automation）、1级驾驶辅助（driver assistance）、2级部分自动驾驶（partial automation）、3级有条件自动驾驶（conditional automation）、4级高度自动驾驶（high automation）和5级完全自动驾驶（full automation）6个等级。See SAE International, "Taxonomy and Definitions for Terms Related to Driving Automation Systems for On-Road Motor Vehicles", SAE (Sep. 1, 2016), http://standards.sae.org/j3016_201609. 工业和信息化部、公安部和交通运输局发布的《智能网联汽车道路测试管理规范（试行）》第28条亦采取了与SAE相同的车辆分级标准。

辆的完全控制权,车辆完全执行驾驶人的指令,应当适用《民法典》第1165条和侵权责任编第五章“机动车交通事故责任”,以及《道路交通安全法》第76条的规定,原则上由驾驶人承担过错责任。但机动车与非机动车、行人之间发生交通事故的,适用过错推定/无过错责任。

其次,对于自动驾驶辅助(L1级)和部分自动驾驶(L2级)汽车,人类驾驶者拥有对车辆的部分控制权,此时应区分损害发生的原因到底是人类驾驶者的错误操作还是系统故障。若损害因驾驶者未能及时探测外界环境并指示车辆作出正确反应所致,则由驾驶者承担过错责任。此时,可以参照德国《智能和联网车辆道德准则》的规定,以文档的形式记录并保存车辆接管时间和安排。若损害因车辆行驶、刹车或者转向功能系统故障所致,则由相应的制造商承担产品责任。当然,也可能出现驾驶人过错与产品缺陷共存的情况,此时驾驶人责任和产品责任存在一定程度的交叉关系,应当适用《民法典》关于共同侵权的规定。

再次,对于有条件自动驾驶汽车(L3级),驾驶者负有在系统发出警告后及时接管车辆的义务,若由于驾驶人未尽合理注意义务导致损害发生的,由驾驶者承担相应的责任。若驾驶人尽到了合理注意义务,但由于系统反应迟延等故障导致的,属于产品责任的范畴。[24] 德国《道路交通法修订案》对驾驶人设置了较高的注意义务,[25]驾驶者可以在高度或者全自动驾驶状态下脱离驾驶任务和对车辆的控制,但是驾驶者必须保持敏锐的观察力以便随时履行接管车辆的职责,特别是当高度或者全自动驾驶系统发出指令要求他这么做的时候,抑或是驾驶者意识到或者基于显著的环境情况意识到高度或者全自动驾驶功能无法继续工作的时候。若在紧急情况下无足够移交时间,保留系统对车辆的控制权最有利于使用者和其他利息相关方的安全,应当保留系统对车辆的控制权。由于道路交通状况复杂多变,车辆在不同车速、不同天气条件下,何为驾驶人需要的合理接管时间,一方面,可以事前通过客观通行规则和书面文档的形式对接管安排予以规定;另一方面,在事故发生后应当由法院根据案件情况和

---

〔24〕 参见赵申豪:《自动驾驶汽车侵权责任研究》,载《江西社会科学》2018年第7期。

〔25〕 德国《道路交通法修订案》第1a (4)条规定:“任何启动高度或者全自动驾驶功能并用此功能控制车辆的人也被认为是车辆驾驶者,即使他没有在功能预期的使用范围内亲自控制此车辆。”

专门调查委员会的意见进行裁定。

前述L1级至L3级自动驾驶汽车,都存在人车交互的情况,若车载系统或者调查委员会能够准确确定到底是系统故障抑或是驾驶人操作失误导致损害发生的,则由相应的侵权人承担责任。不能确定具体侵权人的或者接管安排不明的,由于制造商和驾驶人对事故的发生在原因力上具有共同性,此时两者应当根据《民法典》第1166条客观侵权行为理论和第1168条共同危险行为理论承担连带责任。受害人既可以向车辆驾驶人也可以向制造商主张损害赔偿责任。

最后,从目前的技术和法律发展来看,L3级及以上自动驾驶才是未来产业发展的方向。对于高度自动驾驶(L4级)和完全自动驾驶(L5级)汽车,在设计范围内,车辆的所有活动均由系统自行完成。产品责任是高度智能系统致人损害情形下重要的责任认定方式。[26] 此时,损害的发生是由自动驾驶系统本身缺陷所致,人类作为乘客不应对自动驾驶汽车交通事故损害承担责任,而应当根据车辆的技术特征,由制造者承担产品责任。[27] 但需要注意的是,驾驶者不按规定使用车辆或者自行选择控制车辆的不在此列。

(二)共享出行中的责任分配

随着自动驾驶技术的不断完善,众多汽车制造商预测汽车共享模式将来会在很大程度上替代个人所有的传统模式。[28] 滴滴在上海和湖南两地已经开始了自动驾驶车辆的试运行。尽管现在驾驶座上仍有公司的测试人员准备随时接管车辆,但不难想象未来的某天,一辆无人驾驶汽车在门口等候,无人驾驶技术将极大地改变人们的出行习惯。

共享出行具有如下特点:其一,共享服务提供商作为车辆所有人,对车辆负有保养、维护和持续升级的义务。其二,服务提供商具有更强的议价能力,可以要求汽车制造商提高安全性能,在安全性的控制力上优于个人所有者。其三,

---

〔26〕 参见吴汉东:《人工智能时代的制度安排与法律规制》,载《法律科学(西北政法大学学报)》2017年第5期。

〔27〕 参见江溯:《自动驾驶汽车对法律的挑战》,载《中国法律评论》2018年第2期。

〔28〕 See Carrie Schroll, "Splitting the Bill: Creating A National Car Insurance Fund to Pay for Accidents in Autonomous Vehicles", 109 *Northwestern University Law Review* 834 (2015).

网约车平台与乘客之间构成运输服务合同关系,平台将自动驾驶汽车投入运营从而获得相应的收益,根据运行利益标准,应当对服务过程中产生的损害承担一定的责任。其四,汽车共享的场景并不适用《民法典》第1209条关于租赁、借用车辆的责任承担规则,因为乘客对车辆并无直接控制力,并非危险的主要来源。此时,我们应当类推适用《消费者权益保护法》第44条的规定,[29]若因车辆瑕疵导致损害的,车辆制造者承担赔偿责任,汽车共享服务提供商应当提供相关的信息。如果由于共享服务提供商未尽到合理管理义务导致损害的,共享服务提供商赔偿由此产生的损害。若其作出更有利于乘车人的承诺的,应当履行其承诺。

## 四、高度自动驾驶中的产品责任

智能化功能的引入,使驾驶人对车辆的控制权减弱,驾驶人责任向制造商责任发生转移。产品责任的核心在于缺陷,不在于行为。[30] 在完全自动驾驶场景下,由于系统原因导致损害发生的,根据《民法典》和《产品质量法》的规定,驾驶人无须承担责任,由自动驾驶汽车制造商承担严格责任,销售者承担不真正连带责任。自动驾驶技术将对现行产品责任制度带来多方面的改变。

第一,法律应当重新审视产品的内涵。传统的汽车由有形的零部件组成,随着自动驾驶技术的引入,各种计算平台、地图、网络数据也成为车辆不可或缺的一部分,它们是否可以归入产品的范畴,有待法律进一步回应。根据我国《产品质量法》第2条的规定,产品往往指向有形动产。算法、软件、地图数据等或

---

[29] 《消费者权益保护法》第44条规定:"消费者通过网络交易平台购买商品或者接受服务,其合法权益受到损害的,可以向销售者或者服务者要求赔偿。网络交易平台提供者不能提供销售者或者服务者的真实名称、地址和有效联系方式的,消费者也可以向网络交易平台提供者要求赔偿;网络交易平台提供者作出更有利于消费者的承诺的,应当履行承诺。网络交易平台提供者赔偿后,有权向销售者或者服务者追偿。网络交易平台提供者明知或者应知销售者或者服务者利用其平台侵害消费者合法权益,未采取必要措施的,依法与该销售者或者服务者承担连带责任。"

[30] See John C. P. Goldberg, Anthony J. Sebok, Benjamin C. Zipursky, *Tort Law: Responsibilities and Redress*, fourth edition, New York: Wolters Kluwer, 2016, p. 977–978.

被定性为无形财产或被定性为服务,难有产品质量法适用的空间。但是,法律总是滞后于科技的发展。法律应当以此为契机,扩大产品质量法中产品的范围,以便给予受害人充分的救济。

在自动驾驶场景下,地图可被认定为产品,地图开发者应当对地图的准确性和安全性负责。否认地图为产品的观点(美国)往往是基于保护言论自由的考量,但为自动驾驶平台而专门开发的高清实时地图,并不涉及言论自由的问题。此时,将地图作为产品加以规制不再有理论上的障碍。此外,大规模市场化的计算机软件也应当属于产品的范畴,适用严格责任的规则。[31] 由于侵权法对计算机软件是否属于产品语焉不详,美国法院判断软件是否适用产品责任规则时,往往类推适用美国《统一商法典》的规定,将大规模市场化的计算机软件作为物,[32]而为某特定主体定做的软件往往被认为是服务。[33] 在自动驾驶领域,尽管企业之间通常签订独家使用协议等合约,将产品的市场范围限定在提供给特定制造商。但该种独家使用协议不同于定做产品,其目的在于获得市场竞争优势,软件本身是具有大规模市场化能力的。同时,还存在大量开放的自动驾驶平台,如英伟达为自动驾驶研发的芯片 NVIDIA DRIVE Xavier 及自动驾驶平台 DRIVE PX Pegasus、三星的自动驾驶平台 DRVLINE 以及众多视觉处理平台,也应当被认定为产品,从而在发生损害时请求产品开发者承担责任。

第二,因果关系证明责任将发生转变。由于自动驾驶技术专业性要求极高,若要求普通消费者证明缺陷的存在,将耗费大量的成本且难度极大。因此,

---

〔31〕 See Michael C. Gemignani, "Product Liability and Software", 8 *Rutgers Computer & Technology Law Journal* 196 (1981); Susan Lanoue, "Computer Software and Strict Products Liability", 20 *San Diego Law Review* 440 (1983).

〔32〕 See Systems Design v. Kansas City Post Office, 788 P. 2d 878 (Kan. Ct. App. 1990); Advent Sys. Ltd. v. Unisys Corp., 925 F. 2d 670 (3d Cir. 1991); RRX Indus., Inc. v. Lab-Con, Inc., 772 F. 2d 543 (9th Cir. 1985).

〔33〕 See Data Processing Servs., Inc. v. L. H. Smith Oil Corp., 492 N. E. 2d 314 (Ind. Ct. App. 1986); Micro-Managers, Inc. v. Gregory, 424 N. W. 2d 97 (Wis. Ct. App. 1988); See also Bonna Lynn Horovitz, "Computer Software as A Good Under the Uniform Commercial Code: Taking A Byte Out of the Intangibility Myth", 65 *Boston University Law Review* 131 (1985).

证明责任的分配应当以保护消费者为原则。只要消费者能够证明交通事故发生时汽车处于自动驾驶模式,就可以推定损害是由产品缺陷造成的,转而由制造商一方就免责事由承担举证责任。[34] 但在有限自动驾驶阶段,基于驾驶者与自动驾驶系统分享驾驶权限这一事实,可能使依据“事物自道其源”的法理推定自动驾驶系统存在缺陷无法成立。基于此,证明责任倒置的适用范围可能仅局限于高度和完全自动驾驶的情况。并且,为了避免制造商承担过重的事故责任,这种责任方案只有在交通事故的发生概率因自动驾驶的发展而被降到很低的范围内才可行。[35]

第三,强调法定责任免除在自动驾驶场景中的适用。法定责任免除即规定符合某技术标准的产品,视为无瑕疵,免除相应的产品责任。如前所述,自动驾驶技术具有自主性与不可预测性,本质上不受预设规则和既有智慧的限制。甚而,自动驾驶汽车可能“打破”预先设定的规则,大大超出其设计者的预期。新的数据输入可能使自动驾驶汽车进行调整和适应,导致其行为和决策超出预先设置的规则。模拟测试也并不能穷尽所有的现实可能性(如天气条件、行人行为等)。当异常情况(novel situation)出现时,如网络中断带来的“死亡蓝屏”、极端天气导致传感器探测失灵或者算法空白,自动驾驶汽车必须在缺乏预设规则的情况下,依据其自己创建的规则,独立自主地作出决策。对于这种偏离预期的行为,以产品缺陷为由让生产者承担责任,难以在侵权法上得到证成。[36] 因此,国家应当加快制订自动驾驶相关国家标准和行业标准,并强调制造商和设计者附有持续维护的义务。该方法既有利于提高车辆决策的安全性和可预测性及消费者的预期,又能避免生产者过重的、未知的责任负担。同时,应当明确符合法定标准只是在证明力上推定产品没有瑕疵,使生产者具有免除责任的可能性,而非责任的当然免除。出于部门利益或者利益集团的影响,标准本身可能不够严格,本身严格的标准也可能存在不全面的问题。[37] 因此,符合法定

---

〔34〕 参见郑志峰:《自动驾驶汽车的交通事故侵权责任》,载《法学》2018年第4期。

〔35〕 参见冯珏:《自动驾驶汽车致损的民事侵权责任》,载《中国法学》2018年第6期。

〔36〕 参见司晓、曹建峰:《论人工智能的民事责任:以自动驾驶汽车和智能机器人为切入点》,载《法律科学(西北政法大学学报)》2017年第5期。

〔37〕 参见殷秋石:《智能汽车的侵权法问题与应对》,载《法律科学(西北政法大学学报)》2018年第5期。

标准仅能初步推定没有瑕疵,但当事人能证明车辆存在不合理危险的,制造商亦不能免责。

第四,多元开发主体的介入将带来责任转移或者责任加入的法律后果。当开发者仅集中于某一方面自动驾驶技术的研发时,常常存在开发者将他人制造的车辆进行改装的情形。若第三方将原始汽车制造商的汽车改装为自动驾驶汽车的,美国密歇根州、内华达州和华盛顿特区纷纷规定原始制造商对自动驾驶系统产生的损害免责。[38] 在此情形下,改装行为切断了原始制造商对损害结果的因果关系,且前述规定的目的也在于抑制自行改装行为。

对于合作制造的,技术开发商(算法/软件供应商、芯片供应商、传感器生产商、数据服务商和车联网/通信供应商等)、装配商和原始制造商都可能成为责任主体。[39] 以英特尔和 Mobileye 的合作模式为例,英特尔提供技术平台,Mobileye 负责感测决策,英特尔和 Mobileye 的关系就像大脑和眼睛,他们应当与原始汽车制造商共同对最终行为负责。在此情况下,对消费者来说,增加了可诉主体;对制造者来说,加重了其责任负担。由于自动驾驶技术使证明系统缺陷变得非常困难,从技术上很难发现到底是软件提供商还是硬件供应商应对此故障负责。如果是软件的问题,同样很难精确判断故障原因到底是操作系统的原因还是应用程序的原因所致,如果是应用程序又是哪个应用程序的问题。[40] 多方主体在故障原因力上的不明特征,使我们很难清楚辨别真正的致损原因从而分配责任。因此,在多数情况下,无论是从实践的角度还是教义的角度,都由汽车生产商承担交通事故损害责任。[41] 也就是说,在不知道事故发生的具体原因时,由终端产品提供商向消费者承担无过错责任,再由其向具体造成损害的感应器提供商、算法提供商或者零配件制造商追责。若知道事故发生

---

〔38〕 See Michigan Senate Bill 663 (2013), Nevada Senate Bill 313 (2013), Assembly Bill No. 69 (2017), Washington DC Autonomous Vehicle Act of 2012.

〔39〕 See Edward L. Raymond, Jr., Annotation, "Social Host's Liability for Injuries Incurred by Third Parties as A Result of Intoxicated Guest's Negligence", 18 *Akron Law Review* 482 (1985).

〔40〕 See M. Ryan Calo, "Open Robotics", 70 *Maryland Law Review* 597 (2011).

〔41〕 See Gary E. Marchant, Rachel A. Lindor, "The Coming Collision between Autonomous Vehicles and the Liability System", 52 *Santa Clara Law Review* 1328 (2012).

的具体原因的,消费者既可以向终端产品提供商亦可向缺陷产品制造商追责。该方案一方面考虑了自动驾驶的独特之处,另一方面也遵循了法律论证理由的惯性原理。[42]

## 五、结　语

科技给予了生命以前所未有的方式盛放的可能,抑或是自我毁灭的可能。[43] 传统责任体系以有意识的人的行为为中心。在自动驾驶语境下,车辆受系统控制而非人类,过错责任原则将受到挑战,针对车主的诉讼数量将减少,针对汽车制造者、产品开发者、辅助技术提供者或是汽车共享服务平台的诉讼数量将增加。在科技让汽车行业绽放的同时,也要看到现行法律制度的局限性和更新法律规则的必要性。自动驾驶汽车作为弱人工智能的代表,并不具有民事法律关系主体的地位,车辆背后的控制人(驾驶者或者车辆制造者)才是适格当事人。而到底是驾驶者的过错责任,还是车企的产品责任,裁判者应当在个案中结合车辆的自动化程度加以认定。对于人车交互场景下过错责任的判断,将发生由主客观结合标准向客观标准的转型。对于高度和完全自动驾驶场景下产品责任(无过错责任)的认定,将发生证明责任转移、第三人责任加入或责任转移的改变。由于不同主体在心理预期上往往存在差异,规则的转型还要考虑制度设计的体系效应,即对大众行为决策和社会整体成本的影响。[44] 法律

---

[42] 最终生产者应当对产品的全部缺陷负责,零部件生产者对零部件的缺陷负责,若因某零部件缺陷导致损害的,生产者赔偿后可以基于合同的约定或者法律的规定向零部件制造商追责。

[43] Max Tegmark, *Life* 3.0 – *Being Human in the Age of Artificial Intelligence*, New York: Alfred A. Knopf, 2017, p. 1.

[44] 汽车生产商认为,无论再先进的技术都会有出错的可能,法律应当包容合理限度内的差错,车辆使用者应尽一定的注意义务。车辆购买者却认为,自己支付高昂对价购买自动驾驶汽车的目的,即在于可以从驾驶负担中解放出来,不应对车辆行驶过程中发生的交通事故负责。See Russ Mitchell, "Tesla Crash Highlights A Problem: When Cars are partly Self-driving, Humans don't Feel Responsible", Los Angeles Time (Jan. 25, 2018), http://www.latimes.com/business/autos/la-fi-hy-tesla-autopilot-20180125-story.html.

的目标不是简单地弥补损害，而是在不阻碍技术正向发展的情况下，最大限度地平衡各方不同的利益期待，对受害人提供有效救济。

Traffic Accident Liability of Autonomous Vehicles：
Interaction of Law and Technology

Bao Xiaoli

**Abstract**：Autonomous vehicle technology has broken down our perception that only human being can issue driving orders and execute driving tasks, which posed a challenge to the concept of legal subject and the doctrine of negligence theory in tort law. It is proposed that an objective and standardized road rule shall be introduced, which can improve the safety and predictability of autonomous systems, as well as overcome the uncertainty of fault and causation and explicitly determine the liable parties. With deeper levels of automation and human-computer interaction, it caused a liability transfer from driver liability to manufacturer liability. Legal reform is a synthesis of both the objective factual analysis and the subjective value judgment. We should always pay close attention to the costs and benefits of autonomous vehicle technology as well as its advancements and limitations during such process. We shall also focus on the reform of legal rules, the synergistic effects of legal rules and other institutions as well as their impacts on human behaviors.

**Key words**：autonomous vehicle　artificial intelligence　road rules　contextual fault　tort liability

# 反垄断法争鸣

# 滥用知识产权与滥用市场支配地位之辩

张世明*

**内容摘要：**

一些学者往往把制止知识产权滥用（专利滥用）归结为民法中的禁止权利滥用的延伸，认为反垄断的基础就是禁止权利滥用，将知识产权滥用行为与滥用知识产权支配地位两者间画上等号，甚至出现“滥用是对市场支配权利的不正当使用”之类结论。但从依赖路径观之，“权利滥用原则”这一概念主要是在民法法系中出现和成长起来的。尽管“知识产权滥用”和“权利滥用”两个概念看似关系密切，实际上，知识产权滥用和民法中的权利滥用并无直接关联。虽然滥用权利与滥用市场支配地位表面上相似，但事实上，滥用市场支配地位是反垄断法中的专有概念，“市场支配地位”不是“权利”。知识产权法赋予某问题特定的技术解决方案或表达的某种形式“微观垄断”，并不一定能够带来市场力量。反垄断法是保护竞争过程之法，知识产权法是保护竞争成果之法。知识产权行使行为违反反垄断法是滥用知识产权行为的一种，是构成滥用知识产权行为的充分但不必要条件。专利权滥用抗辩与反垄断诉讼的法律后果不同，并不导致专利权的无效。

**关键词：**

权利滥用　专利权滥用抗辩　滥用市场支配地位　制度保护

## 引　言

2015年“国家发展改革委对美国高通公司滥用市场支配地位行政处罚案”（以下简称“高通案”）引发出一个问题是：滥用知识产权是不是滥用市场支配

* 中国人民大学法学院教授。

地位？有学者把制止知识产权滥用(专利滥用)归结为民法中禁止权利滥用的延伸,认为反垄断的基础就是禁止权利滥用,可以在民法(权利滥用原则)、专利法(强制许可、损害赔偿)、反垄断法(限制性条款的滥用、滥用技术标准)、对外贸易法(限制性行为)中对滥用行为进行规范,将知识产权滥用行为与滥用知识产权支配地位两者间画上等号,甚至出现"滥用是对市场支配权利的不正当使用"之类不经之论。

中国学术界一般认为,知识产权权利滥用,是指权利人在行使权利时,采取了不符合知识产权的基本宗旨,超出了知识产权法律、行政法规的规定,不正当行使有关权利,损害他人利益、社会公益或者限制排除竞争的行为。按照中国学术界的通说,知识产权同样要受到禁止权利滥用原则的规制。专利权滥用与权利滥用同出一辙,或者说是权利滥用的特别化,专利权滥用的构成要件也就是权利滥用构成要件的特别化,关于权利滥用的分析也完全适用知识产权的滥用。但需要注意的是,"权利滥用原则"这一概念主要是在民法法系中出现和成长起来的。尽管"知识产权滥用"和"权利滥用"两个概念看似关系密切,实际上知识产权滥用和民法中的权利滥用并无直接关联。从制度层面言之,民法的权利滥用原则一般只在传统的民法领域适用,不存在用该原则来规制知识产权滥用的实践。那种认为,知识产权是民事权利(私权)、可以用权利滥用原则来规制知识产权滥用的观点,纯属于逻辑推理和想象,缺乏事实依据。把极其特殊的美国专利滥用原则当作一般的权利滥用原则来看待,并以此作为权利滥用原则适用于知识产权的依据,是一种想当然的解释。尽管"知识产权权利滥用"和"权利滥用"两个概念似乎本是同根生发,是民事权利滥用的一种表现形式,但两者又大不相同,因为知识产权权利滥用既有公民个人权利的扩张,又有国家公权力的干预。对知识产权的权利行使的限制,在大陆法系国家最初往往是依赖诚实信用原则、禁止权利滥用原则和公序良俗原则等私法原则进行的,但这些原则本身的抽象性和不确定性无法适应社会对解决权利滥用的需要,故而知识产权法本身就规定了法定许可、强制许可等制度来规范权利的行使。这些规定本身已超越了私法规范的范畴,呈现私法的公法化取向。在这种情况下,知识产权法虽然具有一定的实现公共利益的目标,但基于私法性质的调整手段的局限性,需要带有公法性质的反垄断法的介入,方可解决知识产权权利滥用的问题。从法学的角度言之,对于滥用市场支配地位的规制处于私法思考的延长线上,不因不成,是将存在市场支配地位所产生的不对等关系修正为具有竞争的对等关系。契约自由本身已经开始修正,与私法原理的自改革并不相违背,可以说是与私法秩序具有共同基础的修正原理,但不能将属于经济法范畴的竞争法禁止滥用市场支配地位纳入民法、商法的范畴之内。在一些国家的反垄断或其他法律中,确实是将滥用市场支配地位与滥用权利联系在一起。但是,知识产权在市场支配力的判定中扮演何种角色、拥有知识产权的事实与拥有市场支配地位之间的关联何在、滥用的知识产权在何种情形下可能转化成为滥用市场支配地位行为等问题,值得精思密虑。

## 一、权利与地位之辩

关于权利的本质,阿道夫·梅克尔、威廉·舒佩的"法力说"或"法律实力说"实为萨维尼、温特夏德所倡"意思说"和边沁、耶林所倡"利益说"的调和、统合,属于"法律先存说",认为权利为法律所创造,有法律之先,绝对无权利之可言。依此说,权利之本质为法律上之力。权利的内容,为法律上特定的利益,简称"法益";权利的外形(形式),则为法律所赋予的力量。权利必须兼备"特定利益"和"法律上之力"两个要件。所谓"法律上之力",是由法律所赋予的,受法律支持与保障的一种力量,借此既可以支配标的物,亦可支配他人,与通常所谓实力大不相同,亦与权利人的事实上的力量无关。后者乃是个人的腕力。[1]准此,市场支配地位并非一种得在法律上主张的权利,具有市场支配地位的经营者并不是因为法律的授权而获得了某种权利去支配物或支配人,而是这里所说的具有一种事实上的"实力"。学者往往见未及此,遽将滥用权利等同于滥用市场支配地位。俄罗斯学者对俄罗斯《民法典》第10条将滥用民事权利和滥用市场支配地位并列的处理方式提出质疑,认为《民法典》第10条的规定对司法实践不仅没有实践意义,且开创了无用的、重复性规定的先例,存在市场支配地位并不表达存在某种特殊的民事权利,滥用市场支配地位也自然不是滥用民事权利,将滥用市场支配地位等同为滥用民事权利令人无法接受,并列表述本身即意味着滥用市场支配地位不是滥用民事权利。B. П. 格里巴诺夫认为,"滥用民事权利"的概念仅存在于主体拥有确定的权利的情况下。主体从事无权利基

[1] 参见梁慧星:《民法总论》,法律出版社1996年版,第63页。

础的行为,不能称为滥用民事权利。[2] M. M. 阿卡尔科夫也认为,滥用市场支配地位建立在违法行使权利的基础上,这种行为事实上不属于民事权利。因为行为在超出法律赋予其行为的权利时就不是滥用自己的权利了,而是违法行为。[3] 市场支配地位的实质是主体拥有控制市场的经济权力,这种飞扬跋扈的私人经济力量不同于行政权力,不是来自国家立法的授权,也不是基于行政机关的委托,而是来自资源控制能力,依赖资本额、原材料或销售渠道的控制能力、知识产权的掌握等形成。

虽然滥用权利与滥用市场支配地位表面上相似,但事实上,滥用市场支配地位是反垄断法中专有的概念,"市场支配地位"不是"权利"。市场支配地位是一种事实状态,而权利则是法律赋予的资格。一名更易,万文不同;一词改变,万意迥异。权利固然是一种法律地位,[4] 权利人依此地位得向相对人为一定的请求,具有扩展权利人利益保护的意致,但权利为主观化之法律,法律为客观化之权利,即权利是受法律保护而得享有特定利益的法律上之力量,是法律所建构的制度性地位,与市场支配地位的性质殊不相侔。"权利本质意思说",将权利视为个人意思所能自由活动或所能自由支配的范围,即权利之本质为意思之自由或意思之支配,意思为权利的基础,无意思即无权利。"权利的意思说"揭示权利本质的意思支配力,与市场支配地位的意思支配力相同,但前者是依法可以为一定行为或者要求义务主体为一定行为或不为一定行为的意思自由,而后者不具有合法性。欧洲委员会一直持有这样观点:市场支配地位是经济力量,居于支配地位的企业对市场形势施加显著和可预测的影响的能力。这种观点为欧洲法院所认可。支配地位意味着企业能够相对其竞争对手、客户和最终消费者在可观的程度上独立行事,并阻碍相关市场的有效竞争维持的经济力量。

市场支配地位的滥用原则上以已经存在的市场支配地位为前提,[5] 但权

---

〔2〕 参见刘继峰:《反垄断法》,中国政法大学出版社2012年版,第201页。

〔3〕 Е. Ю. Борзило, Злоупотребление доминирующим положением: подход в России и за рубежом., М. Статут, 2008, С. 103.

〔4〕 参见施启扬:《民法总则》,台北,三民书局股份有限公司2011年版,第52页。

〔5〕 Ernst-Joachim Mestmäcker, Europäisches Wettbewerbsrecht, München: C. H. Beck Verlag. 1974, S. 388.

利的滥用以权利存在为前提。滥用权利是在权利行使过程中所发生的违法行为,故而构成滥用权利以权利存在为前提。权利人倘若在权利范围之外为或不为一定行为,则属无权行为。该行为的依据根本就不是权利,或者说在这种行为中权利根本就不存在,自然亦不能被称为滥用权利的行为。在滥用权利的情况下,主体一般仍享有某种民事权利,唯以不正当的、滥用的方式行使权利。在滥用知识产权行为中,其客体应该是既存的知识产权实体权利。滥用知识产权的行为在构成上至少应当具备要件之一,即应当有合法有效的知识产权存在。如果根本没有知识产权,则谈不上滥用知识产权。日本学者富田彻男指出,"从本质上说,知识产权是为了不让竞争对手销售自己的产品或商品而拥有的一种垄断顾客的权利"。[6] 在某种意义上,知识产权具有排他性和绝对性的特点,但这本身是法律建构的产物,是法律所保护的"合法垄断权"或独占权。虽然在知识产权国际化的今天,知识产权已经远远不是传统意义上的法律权利,而逐渐转变为法律权利和政策权利的结合体,[7]"效力的扩张"或"效力的缩减"力图使利益调整恰当,呈现所谓的"权利流动化",[8]并且在现实社会中基于现行的法律规定,已经授权的实用新型和外观设计专利或者已经办理了登记手续的作品等知识产权,在事实上或许仅具备形式上或法律程序上的合法有效要件,这类保护对象的权利状态虽然可能并不稳定,但只要有权机关在实质上就其权利效力作出裁判之前,该权利在法律程序上就是存在的。法律并不否定相关当事人根据这类形式上的权利提出主张。知识产权是一个具有确定内涵的法律概念,将知识产权滥用的客体扩展为知识产权申请制度和知识产权诉权,将知识产权申请制度滥用和知识产权诉权滥用置于所谓广义的知识产权滥用外延之中,显然具有偷换概念之嫌。知识产权不能等同于市场支配地位。特定技术专利的存在昭示了法定权利排除,但绝不保证市场中的经济实力。[9]

---

〔6〕 参见[日]富田彻男:《市场竞争中的知识产权》,廖正衡等译,商务印书馆2000年版,第13页。

〔7〕 参见郭禾:《关于滥用知识产权问题的法律逻辑推演》,载《知识产权》2013年第5期。

〔8〕 小島庸和「『知財』の独占と『競争』の自由」応用社会学研究51号(2009年)。

〔9〕 See Janice M. Muelle, "Patent Misuse through the Capture of Industry Standards", 17 *Berkeley Technology Law Journal* 2 (2002).

在 20 世纪 80 年代之前,知识产权与市场支配地位被混同视之。一种观点认为,只要授予专利权就使专利权人获得了“市场支配地位”。知识产权作为一种法定权利起源于英国《垄断法案》,其名称就表明知识产权具有天然的垄断性。知识产权的专属性排除其他人对知识产权的使用,无疑会在一定范围内限制竞争,加强企业在一定市场上的支配力量,甚至可能获得市场垄断地位,并对市场竞争造成影响。例如,商标导致的产品需求交叉弹性的降低,就可能成为加强权利人市场支配地位的因素之一。当知识产权权利人利用知识产权的自然垄断力和法定垄断属性,图谋取得市场垄断或者支配地位,从而使知识产权发展成为垄断手段、限制正当竞争并损害社会利益时,知识产权即从法定的垄断权转化成为反垄断法所能规制的不合法垄断行为。是故,休谟将私人财产权也视为由公众支付而由公共权威机构来授予和保护的垄断权。事实上,竞争限制俯拾皆是,所有的商业行为都在某种程度上限制了竞争。任何企业均有垄断的天然倾向,竞争的目的就在于垄断地位的获得,对此一概否定就会滑入形而上学的泥潭。在这一点上,反限制竞争法并非将限制竞争扫地以尽作为志业,而是基于谦抑对自己的适用范围本身进行限制,采取“睁一只眼,闭一只眼”的方法,无为而有为,目不转睛地紧盯市场秩序,仅在限制竞争行为危及市场秩序之际才挺身而出。其矛头针对的并非简单的企业优势,而是借助该种优势对竞争机制的扭曲和蹂躏。在根本上,竞争法并不与知识产权存在立场分歧,两者的贯通因此顺理成章。只要我们认为该垄断源于创新,这种源于创新的垄断是一件好事。[10] 知识产权的功能在于保护发明者和作者免于“搭便车”,反对模仿的竞争而不是替代的竞争。不言而喻,与微观垄断相关的市场力的程度在正常的市场情况下通常相当低。事实上,增加产品价格可能的尝试(无论是专利或版权)经常会无利可图,因为消费者会转向竞争对手的产品。只有在没有替代品出现在相关市场或者便于竞争性市场结构扭曲的其他特殊情况确实存在时,价格上涨才是有利可图的。知识产权带来的市场力量,可能由于技术的重要性和商业成功而强大到等同于市场支配力,试图从战略上使用其独占权以垄断化或在一定的市场保持支配地位(宏观垄断)以至于覆盖整个部门,而不是只

---

〔10〕 参见[美]克里斯蒂娜・博翰楠、赫伯特・霍温坎普:《创造无羁限:促进创新中的自由与竞争》,兰磊译,法律出版社 2016 年版,第 3 页。

涉及他们的智力劳动成果的“微观垄断”。[11] 当此之际,滥用知识产权才构成滥用市场支配地位的行为。

知识产权被视为因智力成果而合法获得的专有权,[12]但有的学者将知识产权的垄断性作为知识产权的专有性这一特征的自然延伸,将独占性作为知识产权最本质的法律特征,甚至在专有性和垄断性之间直接画等号,将知识产权视为在相关市场中赋予垄断权力,“知识是公开的,但权利是垄断的”被奉为不刊之论。反垄断法案件也经常言及“专利垄断”。日本学者小岛庸和即认为,无形财产权不同于所有权,其可分为“独占权”和“禁止权”。前者是指排他地、独占地支配其客体的权利,后者是指对不正当竞争行为进行制裁的禁止权。[13]美国法院长期以来也认为,拥有知识产权意味着可以推定知识产权人拥有市场支配力,将专利认定为一种垄断权,并假定所有的知识产权许可都产生竞争者之间的共谋。但美国法学界后来通过反思,矫正了这种推定知识产权授予的法律上的垄断将构成经济垄断的偏颇,并不将知识产权与市场力量混为一谈,而是认为知识产权并不必然导致市场支配地位。实际上,美国宪法之所以用“排他权”称谓专利权等权利,就是为了与垄断或垄断权相区隔。[14] 专利权或其他知识产权被推定具有的只是“市场力量”,从来没有被推定具有市场支配力,而市场力量表达能够在不同程度上限制竞争强度不同的经济力量,市场力量的分析总是伴随“程度”的衡量。专利机构在审查有关技术发明是否符合新颖性、创造性和实用性的要件时主要是从技术发展角度加以考量的。至于该技术发明获得专利权后,能否为权利人带来经济利益,则另当别论,这是由市场决定的问题。质言之,对不具有市场价值、可以制造出市场需求产品的专利技术,权利人

---

〔11〕 Emanuela Arezzo, “Intellectual Property Rights at the Crossroad between Monopolization and Abuse of Dominant Position: American and European Approaches Compared”, 24 *John Marshall Journal of Computer & Information Law* 3 (2006).

〔12〕 参见吴汉东:《知识产权基本问题研究》,中国人民大学出版社 2004 年版,第 813 页。

〔13〕 小島庸和『無体財産権,知的所有権の知識』(創成社,1998 年)5 ~9 頁。

〔14〕 参见[日]富田彻男:《市场竞争中的知识产权》,廖振衡等译,商务印书馆 2000 年版,第 20 页。

滥用的可能性究属镜花水月。[15] 当代学术界的主流观点倾向把专利视为一种普通的财产权,只拥有"基于边界"的排斥力而非"基于市场"的排斥力。例如,一位农场主有权排除侵入者进入自己的玉米地,但这根本不会在玉米市场或农田市场上赋予其超过市场价格收取高价的任何力量。[16]

如果仅从财产权的排他性、独占性的角度来理解知识产权的专有性,那么,所谓知识产权具有垄断性的论断也还能够接受。因为知识产权在有些大陆法系国家被称为"以权利为标的"的"物权",在有些英美法系国家则被称为"诉讼中的准物权"。学者在阐述知识产权的专有性或者垄断性时,实际上是指称知识产权的物权性。知识产权的这种物权性是作为一种带有物权色彩的财产权的固有属性,并非知识产权特有的法律特征。知识产权在这个意义上的"垄断性"是其作为财产权与生俱来的物权属性,是相对债权而言的,并非知识产权本身的法律特点或特征,并非由于知识产权客体的无形而产生,与有形物的所有者依物权法享有对权利客体的支配权别无二致。知识产权的这种垄断性是知识产权的应有之义,是一切具有物权性质的财产权的共性,即对世的支配权。[17] 可以说,知识产权与其他类型的私法物权属于具有相同"本质"的权利类型,[18]没有必要因为知识产权的一些特征而将建立在知识产权基础上的垄断权力视为"特殊品"。此外,专利法和反托拉斯法之间的异质性差远远超过人们通常所认识的范围。问题不仅在于专利法鼓励垄断而反托拉斯法限制垄断。事实上,专利法和反托拉斯法经常使用相同的概念和术语,具有不同的含义和背景。忽视这种差异性可能会导致专利权的保护不足和过度保护,以及反托拉斯法的不当应用。反托拉斯法将其矛头集中在试图通过不恰当压制竞争来获得或维持垄断力量的行为。专利法仅授予消极的排除权。这种权利带来

---

〔15〕 See John R. Allison et al., "Valuable Patents", 92 *The Georgetown Law Journal* 3 (2004).

〔16〕 参见[美]克里斯蒂娜·博翰楠、赫伯特·霍温坎普:《创造无羁限:促进创新中的自由与竞争》,兰磊译,法律出版社2016年版,第8页。

〔17〕 参见张伟君:《论知识产权的垄断性以及与反垄断法的关系》,载陶鑫良主编:《上海知识产权论坛》第2辑,知识产权出版社2004年版,第135~171页。

〔18〕 See Steven D. Anderman (ed.), *The Interface Between Intellectual Property Rights and Competition Policy*, Cambridge, UK; New York: Cambridge University Press, 2007, p. 2.

在特定市场中获得垄断的可能性,但并不赋予反托拉斯法意义上的垄断权力,不能当然保证具有市场支配力量。从反托拉斯的角度来看,垄断的概念是建立在企业有足够的权力来提高价格和限制产出的基础上的,反托拉斯法通过考察企业在适当定义的市场中的份额来衡量这种权力。专利法和反托拉斯法之间最重要的概念分歧涉及排他性的概念。反托拉斯法的这种排他性的概念往往似是而非地被转化为专利法的语言,似乎这些权利让每个人都排除在该专利定义的领域之外。[19] 实际上,在反托拉斯法中,排他性概念是基于在竞争领域中有支配地位的企业会阻止进入该竞争领域的竞争对手的思想。[20] 专利确实授予了排除权,但专利法中的排除概念与反垄断的排除概念全然不同。专利是一种消极的权利,而不是一种积极的权利,并未赋予任何肯定的权利。其本身只是授予机会,无法保证任何人对该发明感兴趣或者发明人成功获益。即使拥有辉煌的发明和有能力的发明者也无法保证市场能够认识到发明的价值,或者发明者能够在专利期内获得该价值,发明的真正天才及其众多应用可能在专利到期很久之后才能知道。大多数专利根本就从来没有使用过,只有少数专利能够带来高额回报,能赋予专利权人市场支配地位的有价值的专利确属凤毛麟角,所以有学者形象地将申请专利比喻为买彩票,其间充满诸多不确定性。知识产权并不是反垄断的特别对象,并不必然导致反垄断意义上的"垄断"。所谓知识产权是垄断权、知识产权是法定的垄断(必然产生垄断力)、知识产权限制了竞争等类似观点似是而非。任何文字或图形的组合都可以获得著作权,即便出版后根本不能够有利可图的博士学位论文也天经地义地具有著作权。际此之时,简单地从拥有该等权利这一事实推定具有市场支配地位可谓不经之论。经验研究表明,能够制造出市场所需产品的专利技术,大约仅占全部专利技术的5%乃至更少。即便加上跨国公司交叉许可的专利技术,具有市场价值的专利技术在全部专利技术中所占比例也不会超过10%。20世纪30年代初,英国人阿兰·卢布姆申请了立体声放音技术专利,时值全球经济危机、战争频发,该产品无人问津,直到专利权失效2年后才受到欢迎,专利权人不仅未从中获得任何

---

〔19〕 See Robin Cooper Feldman, "Patent and Antitrust Differing Shades of Meaning", 13 *Virginia Journal of Law & Technology* 5 (2008).

〔20〕 See A. Douglas Melamed, "Exclusive Dealing Agreements and Other Exclusionary Conduct-Are There Unifying Principles?", 73 *Antitrust Law Journal* 2 (2006).

收益,反而徒然虚掷20年的专利费,足见专利具有市场价值每每呈现"有心栽花花不开、无心插柳柳成荫"的结局。

现在的竞争政策已不再想当然假定知识产权授予的法律上的垄断自动构成经济上的垄断乃至具有市场力量,知识产权持有人的市场力量必须进行实事求是的评估。1995年的美国司法部和联邦贸易委员会联合发布《知识产权许可的反托拉斯指南》,尤其鲜明地揭橥了反垄断执法机构在这一问题上的立场重大变化:知识产权与其他财产权处于平等地位,一视同仁,既不能不受反托拉斯法的约束,也不应受到反托拉斯法的特别质疑。与知识产权相关的产品或者技术虽具有排他性,但一般存在事实上或者潜在的竞争者,作为这些知识产权标的的专利、版权作品或技术秘密等的替代物很可能存在,从而阻却该知识产权产生市场支配力。退一步言之,即便知识产权确实产生了市场支配力,这个市场支配力本身并不违反反托拉斯法。对于因为知识产权而具有市场力量(甚至垄断地位)的经营者,如果其地位的获得有赖自身的优质产品、商业才能和历史偶然性等合法原因,也不被认为违反了反托拉斯法。[21] 利用知识产权法获得合法的垄断性地位并行使垄断性权利并不违反反托拉斯法。只要经营者合法取得并行使知识产权,反托拉斯部门并不对其加以特别的责难。在"伊利诺斯工具公司诉独立墨水公司案"[22]中,美国联邦最高法院详细回顾有关搭售的反垄断法判例,厘清了"专利即意味着市场权力"这一推定的来龙去脉,推翻了知识产权搭售案中推定知识产权人具有市场力量的判例法,认为尽管知识产权是排他权,但是这些权利并不是经济意义上的垄断,未必会产生反托拉斯意义上"相关市场"的巨大份额,也未必具有在任何市场上提高价格的能力。仅有在搭售产品上拥有专利的事实,不能推测证明一个专利产品拥有市场支配力。涉及搭售协议的案件,原告必须承担被告拥有该搭售产品市场支配力的举证责任。在该案中,因为原告不能证明被告除拥有该专利外还拥有实际的产品市场和地域市场支配力,也未能证明被告具有优势的市场份额或阻止原告进入该市场的支配力,法院认为被告行为并没有违反《谢尔曼法》第1条。

---

〔21〕 See U. S. Department of Justice and the Federal Trade Commission, "Antitrust Enforcement and Intellectual Property Rights: Promoting Innovation and Competition" (04/2007).

〔22〕 Illinois Tool Works Inc. v. Independent Ink Inc., 547 U. S. 28 (2006).

在欧盟,法院长期以来使知识产权所有人确信拥有知识产权并不等于具有市场支配地位。欧洲法院在许多判决中指出:仅拥有知识产权本身并不意味着拥有支配地位;在判定知识产权人是否占据市场支配地位时,拥有知识产权和拥有支配地位之间不能简单地画上等号,必须要在对具体市场条件进行全面考察之后才能得出相应结论。在"麦基尔案"[23]中,欧洲法院列出了构成违反《欧洲共同体条约》第 82 条意义上的滥用所需要满足的 3 个要件。其一,知识产权人的拒绝许可行为阻止了一种新产品(爱尔兰地区的综合性每周电视指南)的产生;其二,这种拒绝没有正当性理由;其三,知识产权人拒绝提供对于该新产品来说不可或缺的基础信息,自身则通过排除了该电视指南的次级市场中所有的竞争而保护了其在该市场中的地位。

## 二、权利保护与制度保护之辩

在大陆法系中,自莱布尼茨力倡法学即"权利之学"[24]而逐渐树立近代法学之概念后,法律之本位在乎权利、法律与权利同时存在、法律是权利之子、法学乃权利之学的观点几成通论,提及法律无异于论及权利。有学者指出,从很大程度上讲,当代法学学术框架以及教授气质都"浸润着权利的浪漫气息"。[25]权利思维模式虽然在现当代仍然具有不可抹煞的意义,但权利体系的相对封闭性和对于社会生活保护利益的未穷尽性势必造成留白。在社会生活变动不居的当代,民法领域权利类型纷繁多样,如同通货膨胀使货币贬值,权利要求的扩大也使权利贬值,[26]大有"权利爆炸"和权利概念被滥用之势。多种价值观念的冲突和多元利益的平衡,使民法的权利思维模式呈现棘轮效应,如同负重的骆驼般步履沉重,虽全力以赴,亦不敷应用,无法有效应对现实生活中层出不穷

[23] Case T-69/89 Radio Telefis Eireann RTE v. Commission, [1991] E.C.R. 485.

[24] René Sève, Gottfried Wilhelm Leibniz: *Le Droit de La Raison*, Paris: Librarie Philosophique J. Vrin, 1994, p. 114.

[25] [美]玛丽·安·格伦顿:《权利话语——穷途末路的政治言辞》,周威译,北京大学出版社 2006 年版,第 6 页。

[26] See Leonard Wayne Sumner, *The Moral Foundation of Rights*, New York: Oxford University Press, 1987, p. 15.

的问题,以至于随着权利日益增多,治丝益棼,人的自由空间越来越小。在“权利至上”的理念指导下,设权模式大行其道,寖至形成“权利实证主义”的典型的机械权利思维。其思维范式是:首先,在法律上将某种可保护的利益设定为权利的客体,构造出“权利”作为被侵犯的目标,再按图索骥地找权利主客体、内容,然后再讨论救济。按照这种思维逻辑,只有找到相关权利的准确法律条文规定才能对其进行保护,否则就是现行法制不健全,动辄吁请从速立法以网罗社会生活的方方面面并解决利益的保护问题。对权利的过度讨论乃至矫枉过正消耗了学者太多的精力,以至于我们混淆了、遗忘了未上升为权利的、法律所保护的不确定与不可预期的法益。从社会进步的角度看,无论赋予权利概念多高的评价均不为过,但权利仅是法律上保护利益的利器之一,将主观权利的概念作为侵权行为法的核心概念,反而有主观权利“营养过剩”之虞。

就实质意义而言,权利均源于法律的承认,就形式意义而言,“权利不问何种,在法律制度下,必有其称谓,例如所有权、专利权等”。[27] 权利在法律上有其“名分”,有着严整清晰的“主体—客体—内容”构造,权利客体须专属权利主体,权利主体有“法力”要求他人对于客体为或不为以实现特定的利益。权利法定化、体系化、类型化过分拘泥于法律明定或现有的权利类型,即实然权利,极易导致法律的僵化,使法律对社会关系的调整难以周全妥帖。权利法定观念并非圣经教条,法律无法将所有的权利完全类型化,单纯依靠有限的权利类型去调整近乎无限的利益冲突,难免有救济不能或保护不周之虞,必然会存在一些隐藏在成文法背后而只能在普通观念中感受得到的没有被法律确认的“应有权利”。从横向(空间上)看,权利体系化及权利分析模式,导致法律对社会生活的调整趋向标准化、单调化,甚至与现实社会的脱节,不利于权利的保护,甚至变成了权利保护的障碍。由于法律通常只选择和确认利益体系中基本的和重要的利益并将其规定为权利,对于在现实生活中无法也无须将其类型化和制度化,或者完全不需要或不可能转化为法律的利益,不明定为权利,但仍有一定的法律意义。例如,市场交易主体对于正常交易秩序负有一种义务,即不从事不正当竞争以及非法垄断经营的义务等;同时,其他市场主体也享有公平竞争的利益。但当一市场主体从事不正当竞争及非法垄断行为时,其他市场主体在民法上对于这种无法通过权利形式予以类型化的秩序性利益的减损以何种形式

---

〔27〕 田中誠二[ほか]『独占禁止法』(勁草書房,1981年)949頁。

提起救济,则殊成问题。从纵向(时间上)看,立法者只能根据当时当地社会的价值取向,对认为需要法律保护的重要利益予以类型化,将其规定为权利并加以体系化。但随着时代的发展,当社会的价值取向发生移步换形的变化后,原有权利体系所承载的价值观便难以适应,不断出现新的利益或者原来不太重要的一些利益渐形重要而呼唤法律的保护。对上述非权利化的利益关系和尚未权利化的利益关系,法律难以逆睹,不敷应用,更难以调整和保护。非权利义务化的关系产生纠纷后,如果缺乏更好的解决方式,当事人往往会勉强地将其套进法定的权利义务模具之中,以寻求法院的受理和处理。而法院也会将这一扭曲的关系视为该社会关系的真实状态,遵循法律上固有的"工序",使用固有的"工艺"进行斫削、打磨,使现实冲突转变化法律冲突,从而正名稽疑,制造出作为其产品的判决。这样根据权利体系、使用权利分析模式"推理"加工出来的判决给人的就是一份冷冰冰、赤裸裸的权利义务分配单,或许能够解决部分问题,但有可能反而引发新的问题。

广义的法益泛指一切受法律保护的利益,权利也包含于法益之内;而狭义的法益是与权利相对应的平行概念,仅指法定权利之外合乎价值判断、具有可法律保护性的特定正当利益(生活资源)。这些未上升为权利的法益通常不能归诸具体的、有名的民事权利,但被法律所承认且通过法律禁止某种性质行为的模式对此在客观上予以消极保护。为法律规则所积极保护的权利和消极保护的法益所涵盖的利益统称为"法律利益",与其之外的"非法律利益"("一般利益")相对应。"法益"概念的提出,事实上成为传统民法权利思维模式的一种"反动",即在权利思维模式之外引入了利益思维。通说认为,权利作为法律的核心概念一直都由法律予以正面规范,因而具有相对完整的构成要素和形式外观,"权利仅限于指称名义上被称做权利者",[28]其内涵和外延相对明确。各种权利因能作统一的类型化处理,他人易于辨识和预见权利人的权利边界,社会公众由此而产生对权利外观的合理信赖,为保护这种信赖,法律对权利予以事前的、普适的、积极的保护。而法益由于泰半源自义务规范的反面推定或法律原则、精神的解读,甚至处于在法律条文背后隐而不发的状态。未上升为权利的法益因不能与权利作统一的类型化处理,他人不易确定自身行为的合理界限,对其的过分保护将直接影响他人的行为自由,所以,法律对未上升为权利的

〔28〕 龙卫球:《民法总论》,中国法制出版社2001年版,第116页。

法益的保护由法官援引法律原则进行自由裁量,往往是事后的、个案的、被动的消极保护。设权规则在技术上更偏向法的确定性,事先确定权利的范围与侵权的类型,而竞争法则依靠灵活的弹性概念弥补设权规则的预见力不足。适用竞争法对经营者进行保护的法益随时有可能转化为法律保护的"新型私人权利",其即便不通过颁发单独的权利保护法案被转化为"新型私人权利",也属于受法律直接保护的"私人法益"。

在私法中,个人保护(Individualschutz)和客观的制度保护(objektiven Institutionenschutz)的两分讨论可以追溯至路德维希·拉塞尔以反垄断和反不正当竞争法为例提出的观点,竞争法用于客观的制度保护,不同于权利本身的实施,从而超越个人利益。[29] 权利与法益二元模式虽然揭示了权利思维模式的局限,但权利与法益之间也并非可以斩钉截铁地一分为二,二者之间存在过渡地带。权利本身也并非轮廓清晰,在其外围地带的框架权实际上是一种法益,对法益的保护尤其依赖制度。正如迪特尔·梅迪库斯所说,在私法中,"权利绝对不是可有可无的思维手段。要使某个人负有的义务在私法上得到实现,最有效的手段就是赋予另一个人享有一项相应的请求权(此即权利)"。[30] 但私法仅仅依靠权利这一思维手段是不够的。权利及权利保护与制度保护并非一种对立的关系。一方面,权利具有以自身为原因,无须他物为其存在原因的自因性。另一方面,权利既具相对性,又具相互性;不仅具有自我指涉性,而且具有他涉性。以竞争法为例,竞争法固然旨在促进竞争,经济竞争关系建立在对手性的基础之上,但并不是鼓励经营者在这种权利实现的过程中都以"作战的心态"到场,否则权利实现的场面必然是非常沉重的。权利在实现自己的过程中不能自足,需他人履行义务来协助完成,将对方作为相应的义务承担人,即视为制度性的合作伙伴,体现了人的自我尊重与相互尊重的一体两相。权利的这一社会性特征要求权利的行使必须尊重和忍受他人的权利,不可逞一己之利而损害他人和社会的利益,寻求个人权利、他人权利、社会公共权利三者之间的

---

〔29〕 Axel Halfmeier, Popularklagen im Privatrecht: zugleich ein Beitrag zur Theorie der Verbandsklage, Tübingen: Mohr Siebeck, 2006, S. 277.

〔30〕 [德]迪特尔·梅迪库斯:《德国民法总论》,邵建东译,法律出版社2000年版,第64~65页。

平衡点,使各利益群体的关系能够"水乳交融"而非"针锋相对"。[31] 与此同时,权利吁求制度的保护,弥补权利保护的缄默之处,延展权利保护力所不逮之域,制度保护突破了权利保护的法定主义窠臼,更具兼容性,开辟了新的空间。作为正式制度形成的基础和前提,充斥在社会经济交换中的各个角落的非正式制度表现为一种社会成员相互作用的一种状态、一种情形的"自生自发秩序",通过对正式制度的补充、拓展、修正、说明和支持,成为得到社会认可的行为规范和内心行为标准,促使社会成员有一种自我强制性的规制和约束以弥补理性的不足。非法律制度的规则体系对其成员能够授予相当多的权利,权利在这种体系中的存在条件可以从法定权利的存在条件中推算出来。从纯粹实际的观点看,法律体系是制度规则体系的典范,法定权利是制度权利的典范。法定权利的承认范围是现存的法律体系,制度权利的承认范围是现存的法律的或非法律的制度规则体系。制度的约束性及其对确定性的可预期的提供,可减少机会主义行为,降低社会的不确定性程度。只要在制度的疆界之内,制度就有权威管理我们生活的各个方面;如果我们违反了制度的规则,尤其是在制度既能够对我们提出要求又能够对我们形成威胁时,制度就能够对我们进行严厉的处罚。[32] 知识产权滥用之所以被学者认为包括权利滥用、制度滥用和诉讼滥用,就是因为在知识产权"法定权利"之上,以制度或规则为基础形成的一些"制度权利"(如专利联营),本属于正当权利及其权利行使问题,但在凭借"法定权利"扩张更多的"制度权利"(如搭售、延长专利保护期等)乃至形成一些"非制度权利"时,制约私权绝对性的禁止权利滥用原则,同样也适用于知识产权领域。法律制度的任务不唯独保护个体的权利状态,而且关注保护法律共同体成员为达成共同目的而进行合作的组织。私法不仅用来界定和保障个人的自由空间,而且也致力并行的制度保护。[33] 拉塞尔强调"制度的法律思想",区别主观权利、法益和在法律上被保护的利益。所谓受法律保护的利益,是没有积极

---

〔31〕 费安玲主编:《防止知识产权滥用法律机制研究》,中国政法大学出版社 2009 年版,第 24 页。

〔32〕 See Leonard Wayne Sumner, *The Moral Foundation of Rights*, New York: Oxford University Press, 1987, p. 75.

〔33〕 Dörte Poelzig, Normdurchsetzung durch Privatrecht, Tübingen: Mohr Siebeck, 2012, S. 47.

的归属的纯排斥结果的法律保护。[34] 拉塞尔认为,个人保护是在竞争过程中个体行为和决策自由的保护,制度保护是竞争作为制度的保护,两者应该是互补的。从制度保护的理论可以得出平行于私人法律实施的概念。制度保护被视为个人保护纯粹的“反射”,被私人法律实施中私法的主体工具化。通过个体权利主体追求自身的利益,就会发挥“总体法律秩序的功能”。这样的防卫和补偿主张“可以理解为客观法的义务秩序的反射”,即“从制度保护派生出来的反射权利”。其取决于违反行为规范,而不是损害其他个人利益。在市场行为秩序中,制度保护整体利益和市场参与者利益的并置是公认的。反垄断法、反不正当竞争行为法并不旨在保护将市场参与者作为个体权利主体的绝对主观法律地位,而是保护竞争所涉及的人的绝对权利所不及的各种利益。[35] 可以说,制度有助于竞争自由但与自由俨然有别,竞争自由保护与竞争制度保护之间的不同昭然可辨。

韦斯利·N.霍菲尔德认为,具有清晰的法律思维和有效地解决法律问题的最大的障碍之一就是将所有的法律关系都仅仅化约为权利(right)和义务(duty)的关系。受主流的法律关系理论影响,我国经济法学者在经济法研究中很自然地希望构建与作为部门法的经济法相适应的经济法律关系理论、经济法权利义务理论,但这种努力往往为其他部门法学者所诟病。事实上,法律关系学说的“一个不可弥补的缺陷是用权利义务来概括法律关系的内容,而权利义务概念却涵盖不住法律关系中的权力因素,从而使得现有法律关系学说只能解释私法关系,不能合乎逻辑地解释公法关系”。[36] 法律关系学说的这一缺陷在经济法领域中体现得非常明显,因为经济法域中既有公法关系,也有公私法混合关系,而法律关系框架作为主要对私法关系的一种理论抽象,以之对经济法领域的社会关系进行分析不免显得捉襟见肘、力不从心。[37] 反垄断法首先保

〔34〕 Jan Felix Hoffmann, Zession und Rechtszuweisung, Tübingen: Mohr Siebeck, 2012, S.45.

〔35〕 Dörte Poelzig, Normdurchsetzung durch Privatrecht, Tübingen: Mohr Siebeck, 2012, S.399.

〔36〕 童之伟:《法律关系的内容重估和概念重整》,载《中国法学》1999年第6期。

〔37〕 参见王全兴:《经济法基础理论专题研究》,中国检察出版社2002年版,第47页。

护竞争作为制度的运作功能,其次保护市场参与者的行动和竞争自由。[38] 竞争制度保护概念涉及保持竞争结构和保护竞争作为一个过程,旨在保证市场有效运行所带来的效率,防止任意经济行为和机会主义经济行为造成的竞争无序。这种观点似乎仍然形成了欧洲法律的出发点和参照系。因此,佐审官朱利安·科科特在“英国航空公司案”[39]中指出,《欧洲共同体条约》第82条不仅和不主要是为了直接保护个体的竞争对手和消费者的利益,而是保护作为制度的市场结构和由于市场上支配地位企业的存在而被削弱的竞争本身。[40] 竞争的功能运作是个体私法正义的制度前提。因此,反垄断规则通过保护竞争的制度,最终间接保护个体市场参与者。经济法的私法制裁致力制度保护。就此而言,个人保护服务于制度保护,由制度保护所确定,是在其准“范围”之内的。[41]《欧洲共同体条约》第82条的目的不是强迫支配企业基于优势而竞争,而是保障竞争者基于优势的成功机会。[42] 制度保护不可以理解为以自身为目的,[43] 其也起到了保护个体的作用。后者从制度保护中获利。[44] 市场参与者只要致力有效竞争和不超出反垄断规则的立法理由的体制框架,其个体利益即可得到

---

〔38〕 See Thomas Eilmansberger, “The Green Paper on Damages Actions for Breach of the EC Antitrust Rules and Beyond: Reflections on the Utility and Feasibility of Stimulating Private Enforcement through Legislative Action”, 44 *Common Market Law Review* 2 (2007).

〔39〕 Case T-219/99 - British Airways plc v. European Commission [2003] All ER (D) 302 (Dec).

〔40〕 Schlussanträge GA Kokott v. 23. 2. 2006, Rs. C-95/04 P-British Airways/Kommission, Rn 68.

〔41〕 Jan Busche, Privatantonomie und Kontrahierungszwang, Tübingen: Möhr Siebeck, 1999, S. 314.

〔42〕 See Thomas Eilmansberger, “Dominance—The Lost Child? How Effects-Based Rules Could and Should Change Dominance Analysis”, 2 *European Competition Journal* 15 (2006).

〔43〕 Claus-Wilhelm Canaris, Schutzgesetz-Verkehrspflichten-Schutzpflichten, in Claus-Wilhelm Canaris & Uwe Diederichsen (hrsg.), Festschrift für Karl Larenz zum 80. Geburtstag, München: Beck, 1983, S. 47.

〔44〕 Dörte Poelzig, Normdurchsetzung durch Privatrecht, Tübingen: Mohr Siebeck, 2012, S. 399.

保护。[45] 作为制度的竞争无非市场参与者行动自由的总和。[46] 竞争不被扭曲地保护，因此，仅限于市场参与者竞争自由的保护。制度保护不是工具性地实现预定的经济竞争中的功能，而是实现竞争秩序抽象稳定和发展功能的保护。一方面，这些功能需要在个体市场参与者的层面进行个人保护以免于胁迫和随意性；另一方面，权利并不具有未来指向性，致力恢复纠纷并未发生之前的状态，这种个人保护是不充分的，竞争的限制可能不是当前的事态，而是将来可能性。例如，通过兼并，市场参与者的自由范围和市场体系稳定和发展潜力被扭曲。自由保护不禁止的行为可以按照制度保护的标准被禁止，而自由限制禁止不能按照制度保护的标准被救济。[47]

如果说，知识产权法主要是确认权利和保护权利，那么，反垄断法则在行为禁止的调整模式下，主要通过界定消极权利的途径规范竞争行为，维护竞争秩序，确立竞争过程不受超市场力量的阻碍、破坏和限制。我们固然不能武断地认为，法律进化的历史实际就是法律从行为禁止模式向权利责任模式化的历史，但在竞争法领域，对竞争权的确立和保护迄今一直未能获得立法技术的支撑，与竞争法的特性密切相关。质言之，知识产权制度固然不只保护个人的权利，对于确保产业的竞争状态也是必要的，[48] 但知识产权法仍属于权利保护思维范畴，而竞争法思维是一种秩序思维或者说是制度保护思维，关涉竞争机制。与此相联系，禁止滥用权利是一种权利保护，禁止滥用市场支配地位以制度保护为主轴，是一种制度保护。

从法理学角度言之，滥用权利的实质在于对权利张扬的离经叛道，滥用知识产权属于滥用权利的范畴，应受禁止权利滥用原则的限制。对滥用权利的禁

---

〔45〕 Jan Busche, Privatantonomie und Kontrahierungszwang, Tübingen: Möhr Siebeck, 1999, S. 314.

〔46〕 Volker Emmerich, Kartellrecht-Ein Studienbuch, 12. Aufl., München: C. H. Beck, 2012, § 1 Rn. 2 ff.

〔47〕 Jochen Röpke, Die Strategie der Innovation: Eine systemtheoretische Untersuchung der Interaktion von Individuum, Organisation und Markt im Neuerungsprozeß, Tübingen: Mohr Siebeck, 1977, S. 427.

〔48〕 参见[日]富田彻男：《市场竞争中的知识产权》，廖振衡等译，商务印书馆2000年版，第256页。

止是对权利的卫道。借用“滥用所有权并非对存在于所有权外部的法律的违反，而是对所有权本身的违反”〔49〕的说法，知识产权法意义上的滥用并非对包括反垄断法在内的存在于知识产权外部的法律的违反，而仅是主体受自身利益最大化的心理驱动而对知识产权制度内部本身的违反。权利滥用本身是针对权利的悖道而行，而不是针对权利本身。所以，知识产权滥用问题在知识产权法领域是对权利的消极限制，表现为一种抗辩原则。这是赋权法的次要面相。这种私权概念的社会约束性是针对知识产权上的权利属性而言的，与知识产权作为一种法律制度本身之间并无关系。因为知识产权行使的重要形式之一就是许可、转让自己权利，一旦权利人利用许可合同来限制被许可人，则构成限制竞争的行为，从而受到反垄断法的制止。随着反垄断法的发展，知识产权的行使逐渐受到来自竞争法对权利的一种外在限制。反垄断法将滥用市场支配地位作为本身主要的使命，在某种意义上堪称反垄断法的灵魂，无可置疑构成反垄断法大厦三大核心支柱之一。如此主次易位也是反垄断法能够在与知识产权有关的滥用行为规制方面成为中流砥柱的原因。正是因为在反垄断法中制度保护在序位上先于权利保护，权利保护被置于制度保护之下，以成就制度保护为目标，所以驱使一些中国学者将反垄断法视为公法，其对于滥用知识产权的救济力道更遒劲。实际上，制度思维恰恰接近于法治思维，而与砣砣自限于实证法封域的法制思维相疏离。制度保护意义的另一层面也在于限制公权对于经济竞争的干预权限。这恰恰反映出有制有度、有序有禁的原初含义。职是之故，欧盟的竞争法被视为公法规范，而知识产权法的行使则只被视为私权利的行使。对竞争法的普遍观点是，任何一种财产权的行使，都必须受到竞争法的规范，使市场上的有效竞争所带来的公共利益得以维持。现代竞争法通过公法限制合同的缔约自由，以此维护市场上的有效竞争及充分的市场进入。一个有形私有财产的所有人不可能完全按照自己的意志行使权利，以至损害他人的利益。例如，一辆法拉利跑车的车主尽管其拥有产权且购买目的合法，但在学校前面的路段上行驶时仍然不能超过规定的速度限制。同样，知识产权也是法

〔49〕 徐国栋：《民法基本原则解释——成文法局限性之克服》，中国政法大学出版社1992年版，第93页。

律权利与法律义务的结合体，对知识产权的行使必须以遵守法律规定为前提。[50] 但是，各个系统按照自身"固有的逻辑"运行，不得直接介入其他系统领域，将自身系统的"固有逻辑"强加于对方系统，导致对方系统功能陷入瘫痪状态。民法尽管呈现私法公法化的趋向，但毋庸讳言，其本质仍然是以个体为本位，以权利为主导的，不可能"根本改观"；否则，它就不是民法。因此，按民法的主旨思想来看，它是无法对整个社会经济生活进行全面、整体、系统、综合的调整的。[51] 如果将滥用市场支配地位等同于滥用知识产权，则无异于抱残守缺、纳新入旧，反垄断法滥用市场支配地位几成滥用权利之故套，将使前者成为后者统摄的附庸，没有反垄断法滥用市场支配地位介入的必要性和用武之地，两者的衔接也无从谈起。知识产权法本质上是确权法。与知识产权法不同，反垄断法不是从个人或权利人的立场出发，而是从与个人或权利人相对立的社会立场出发，对权利的行使或力量的运用加以导正，以求得个体利益与社会利益的平衡与和谐。其与知识产权法的调整方法的大相径庭已是普遍共识。由于知识产权在本质上是一种私权，因此，滥用知识产权就如同滥用所有权一样，完全可以在禁止滥用民事权利这一原则下由民事法律进行规制，在知识产权法律机制内部通过对知识产权的限制来解决。如果知识产权滥用行为并非知识产权法本身所能因应，就需要与反垄断法等其他法律结合起来协力调整。在知识产权领域，权利人超越界限不正当行使权利的最常见情形就是，知识产权人不实施(或不完全实施)而且拒绝许可他人实施导致市场供应严重不足、价格过高，或者利用知识产权从事垄断市场、阻碍正常竞争的行为，甚至阻碍新技术、新产品的诞生。规制知识产权人的这些滥用权利行为的最有效方式，就是实施强制许可，通过剥夺知识产权人的许可他人实施权，保障知识产品的利用和传播，以维护社会公共利益的需要。权利的社会性或公共性才是私权行使负担的思想根基。然而，囿于"公共政策"的考虑，现行的知识产权权利限制制度大多以非商业性使用为前提，对于知识产权人直接在市场竞争中利用知识产权牟取非法利益和垄断地位的行为，权利限制制度难以规制。为促进贸易自由和公平竞

[50] See Steven D. Anderman (ed.), *The Interface Between Intellectual Property Rights and Competition Policy*, Cambridge, UK; New York: Cambridge University Press, 2007, p. 70.

[51] 参见刘文华:《走协调结合之路》,法律出版社2012年版,第203页。

争,在知识产权滥用行为损害市场竞争之际,适用反垄断法予以规制尤为必要。[52] 事实上,只有在知识产权滥用行为进一步损害市场竞争秩序、触犯反垄断法的评判标准时,才关乎反垄断法规则的适用。

知识产权取滥用的行为包括两个方面:一是企图不正当地扩张知识产权权利范围的行为;二是违反反垄断法的行为。这两者之间实质上是判断方法的差异:前者是基于知识产权法在知识产权取垄断权和公众利益之间保持平衡的公共政策,如果知识产权权利人扩张了垄断的范围,法院即可中止对知识产权权利人的救济,而不以证明其违反反垄断法为先决条件;后者则从保护竞争的公共政策出发,以反垄断的方法判断行使知识产权的行为是否违法,如果构成违法,当然亦属于滥用知识产权。在美国,专利权滥用原则并非肇始于反托拉斯法,而是起源于辅助侵权。法院在建立滥用知识产权的理论时,主要依据的是衡平原则、对公众利益的考虑以及知识产权法本身的有关规定,而不是以触犯反托拉斯法为前提。换言之,行使知识产权的行为如果违反反托拉斯法,就足以构成知识产权滥用,但反过来并不一定成立,部分甚至多数滥用并不违反反托拉斯法,不正当地扩张知识产权权利范围的行为并不需要同时达到违反反托拉斯法的程度才能构成知识产权滥用。殆因美国专利法制定于 1790 年,而美国《谢尔曼法》制定于 1890 年,两者之间睽隔整整 100 年。在这样的背景下,美国的滥用知识产权逐渐展开而延伸于反托拉斯法中的滥用,反托拉斯法不得不予以回击。在“标准卫生设施公司案”[53] 中,美国联邦最高法院明确肯定了专利许可行为可以适用《谢尔曼法》的主张。1917 年发生的“电影专利公司案”中,专利权人要求其被许可的专利电影放映机的购买人,必须使用专利权人所生产的电影胶片,企图将专利授权的范围扩张到专利未涉及的产品领域,进而构成一种对专利市场支配地位的滥用。但在美国联邦最高法院的终审判决中,法官并没有基于反托拉斯法予以裁决,而是以专利制度为核心,强调“任何被授权的专利,都应以专利申请时所描述的发明创造范围为限来行使相关专利垄断权,而非在专利产品运行所必需的但又非专利组成部分的其他设备、材料上使

---

[52] 参见陈奇伟、孙玉芸:《知识产权滥用与反垄断法的适用标准探析——以美国、欧盟的反垄断立法为主要考察对象》,载《南昌大学学报(人文社会科学版)》2009 年第 6 期。

[53] Standard Sanitary Mfg. Co. v. United States, 226 U. S. 20 (1912).

用该权利”,[54]此种恶意扩张专利权利范围的行为违背了专利法的基本宗旨和社会公益,因此必须予以遏制。在此后的20多年,美国法院在涉及专利搭售等滥用专利市场支配地位的案件中,始终都没有援引反托拉斯法的相关规定,而仅仅着眼于专利法本身。此种做法必然引起人们对于反托拉斯法与专利权滥用之间的观念混淆,既不利于专利制度功效的发挥,也影响了反托拉斯法的真正践行。上述情形一直延续到1942年的“莫顿食盐公司诉G. S. 萨平格公司案”。[55] 在该案中,莫顿食盐公司要求被许可人G. S. 萨平格公司购买专利机器时,必须购买其生产的非专利产品盐块。这显然属于一种搭售行为。美国联邦最高法院认为,授予发明人专利垄断的特权,是贯彻美国宪法和法律而采纳的一项公共政策。但是,将发明包括在授权垄断范围内的公共政策,排除了所有该发明并不包括的东西。同样,该政策禁止利用专利来保障未经专利局授予的独占或有限垄断,因这种保障与上述公共政策相抵触。搭售将专利权延伸至未获得专利保护的产品,不适当地扩大了权利保护的范围,阻碍了科学技术的发展,违背了创新政策,是典型的违反《克莱顿法》的行为。在该案中,美国联邦最高法院法官首次清楚表示,专利权滥用原则可以单独作为专利侵权的诉讼理由,相关行为与是否同时构成反托拉斯法所禁止之行为无关。尤其是在1944年的“默科德公司诉中部大陆投资公司案”[56]中,法官更是提出,构成专利滥用的行为,即使在缺乏市场支配力或是反竞争效果的证据情形下,仍可以被视为构成反托拉斯违法的初步证明。这种理念反映出美国联邦最高法院在审理专利滥用纠纷时的核心立场,即将纠纷置于专利法框架内思考,而不对反托拉斯法过事牵涉。尽管美国法院通过引入反托拉斯法原则来对专利权滥用案件进行评述,但并没有将反托拉斯问题与专利权滥用问题进行等同,而是试图将“专利权滥用原则”与反托拉斯法区别开来,以尽量明晰两者之间的评判标准,避免不必要的混淆。在“弗吉尼亚面板有限公司诉苹果面板公司案”[57]中,联邦法院指出,相对于专利权滥用,构成反托拉斯违法需要更多的确切证据;反托拉斯

---

[54] Motion Picture Patents Company v. Universal Film Manufacturing Company et al. United States Supreme Court 243 U. S. 502 (1917).

[55] Morton Salt Co. v. G. S. Suppiger Co., 314 U. S. 488 (1942).

[56] Mercoid Corp. v. Mid-Continent Investment Co., 320 U. S. 661 (1944).

[57] Virginia Panel Corp. v. MAC Panel Co., 133F. 3d860 (Fed. Cir. 1997).

法之下的相关市场的定义要比专利权滥用中所要求的标准更明确;该当行为设若不足以构成专利权滥用,则必然无法构成对反托拉斯法的违反。“美蓓亚诉帕斯特案”[58]也表明,“专利权滥用原则”下的“反竞争效果”与反托拉斯法下的“反竞争效果”是两个范围不同、评判标准也不尽相同的两对概念,相对于反托拉斯案件,专利权滥用案件对反竞争效果的适用要宽松得多。但在该案中,法院同时也指出,专利权滥用原则与反托拉斯法存在这样的密切关系,即相关市场中的市场力问题肯定是法院在判断滥用专利权行为是否具有反竞争的效果时需要考虑的相关问题之一。1988 年,美国联邦国会在《专利法》第 271 条(d)中补充规定拒绝许可或转让专利,以及提出以接受另一专利权许可或者购买另一单独产品为订立专利许可合同或购买专利产品的条件的行为,并不必然构成专利权滥用,除非专利权人在相应的市场上对另一专利权或者另一产品拥有市场支配力。类似于美国司法判例中所使用的“反竞争效果”,该规定引入的“市场支配力”也属于反托拉斯法范畴内的概念,使该法有规范反托拉斯法内容的嫌疑。在美国“镭射康公司诉雷诺案”中,美国第四巡回法院注意到了将反托拉斯和滥用原则结合起来的一种趋势。法院提道:“专利或者版权通常被认为是有限垄断,是反对贸易限制的公共政策的一种例外。因为反托拉斯是公共政策的法律载体,在反托拉斯法和滥用原则之间有一种可以理解的联系。”[59]在实践中,由于专利权滥用执行的是反托拉斯政策,而不是任意适用衡平法原则,以美国联邦巡回上诉法院法官波斯纳为代表的“垄断标准说”主张认定专利滥用的标准应与认定垄断的标准完全一致,至少应当界定适当行为和地域市场,并评估该市场上的支配力,以便决定被指控的行为是否确实威胁到该确定市场上的竞争;惩罚专利滥用行为的可靠依据舍反托拉斯法之外无他途可循。[60] 这与以欧盟和日本为代表的主张对专利权滥用的法律规制消溶入反托拉斯法、针对专利滥用抗辩者应适用严格的“本身违法原则”的“隶属说”[61]颇为接近。对此,滥用原则“独立说”的支持者则认为,这个原则仍然应当作为一个可行的公

[58] Minebea Co. ,Ltd. v. Papst, 13 F. Supp. 2d 35 (1998).

[59] Lasercomb Am. ,Inc. v. Reynolds, 911 F. 2d 970, 977 (4th Cir. 1990).

[60] USM Corp. v. SPS Technologies, Inc. ,694 F. 2d 505 (7th Cir. 1982).

[61] E. Thomas Sullivan, “The Confluences between Antitrust and Intellectual Property”, 1 *Minnesota Intellectual Property Review* 1 (2000).

平原则,不受反托拉斯原则和合理分析的干扰,主张采取专利法和反托拉斯法双轨规制,各适其法,并行不悖。[62] 因为反托拉斯和滥用原则事实上是出于不同的政策考虑。反托拉斯法关注对市场环境的影响,而滥用原则聚焦于知识产权所有者不当利用其权利获利的反竞争行为。[63] 滥用覆盖的范围广于违反反托拉斯法的范围,反托拉斯法原仅针对特定类型的损害,不能表达专利法政策的全部内容。在合法利用权利和违反反托拉斯法的区间中,许多行为虽未达到违反反托拉斯法的临界条件,但却足以构成滥用专利权,为此将受到临时失去专利权的惩罚。[64] 虽然违反反托拉斯法行为一般足以构成专利滥用,但专利权滥用并不必然违反反托拉斯法,由此证明专利滥用无须确立行为对反托拉斯法的违反。

## 三、依赖路径之辩

关于权利滥用的定义,众说纷纭,由于各国立法和司法实践对权利滥用的认定和处理还处在一个不断变化和发展的过程中,因而这一术语的含义尚处于一个不断变化、发展的阶段。一般而言,权利滥用,是指权利人行使权利的目的、限度、方式或后果有违法律设置权利的本意和精神,或者违反了公共利益、社会利益,公序良俗或普遍之正义情感,妨碍了法律的社会功能和价值的实现。相对于诚实信用原则,权利滥用属于相对衡平的概念,不仅必须考量权利或救济主张当事人之间的利益,更应考量权利或救济主张下对于公共利益产生的影响。对权利滥用的禁止,在本质上是法律对私权行使的限制,体现了法律对于"矫正正义"和"分配正义"的目的追求。许多学者认为,权利滥用原则根植于罗马法中对于所有权进行的限制(如相邻关系)的理念,在古罗马的一些案例和评论中可以找到与权利滥用相似的案例,但也有学者认为,古罗马法中并不存

---

[62] 参见张冬:《专利权滥用认定专论》,知识产权出版社2009年版,第212页。

[63] See Joel Bennett, "Patent Misuse: Must An Alleged Infringer Prove An Antitrust Violation?", 17 *The American Intellectual Property Law Association Quarterly Journal* 1 (1989).

[64] See Arthur R. Miller & Michael H. Davis, *Intellectual Property: Patents, Trademarks, and Copyright in a Nutshell*, St. Paul, MN: West Publishing, 1990, p. 137.

在禁止权利滥用,优士丁尼法中也找不到一般的权利滥用理论。权利滥用原则源于中世纪欧洲共同法中禁止越界的法理,主要是禁止一些权利人以恶意目的伤害相邻一方的取水、采光、通风等行为。恰如法家慎子之言曰,“有法度者不可诬以诈伪”。[65] 西塞罗曾说过,极端的权利是最大的非正义。这个法理为法国的法院所采纳,逐渐形成了民法中的权利滥用原则。后来法国《民法典》虽有第544条,“所有权是对于物有绝对无限制地使用、收益及处分的权利,但法律所禁止的使用不在此限”之规定,但禁止权利滥用并未成为一项原则,发挥的作用非常有限。直至19世纪末,“法律之中心观念,乃由个人移向社会。法律之终极目的,不全在保护个人之自由与权利,整个社会之发展与人类之生存,亦应同时兼顾”。[66] 这一理念体现在此后多国的立法之中。1900年施行的德国《民法典》在第226条中规定:“行使权利不得只以加损害于他人为目的。”在近代法上权利行使本来的原则为:“行使自己的权利,无论于何人皆非不法。”[67]

1919年英国修订《专利法》“强制许可和取消”一节,正式使用“滥用垄断权”以规制专利滥用。该法第27条规定,没有正当理由不对专利发明进行商业规模的实施;以商业规模实施该发明受到了阻碍或抑制;对该专利产品的需要没有以合理条件得到充分的满足;专利权人拒绝颁发许可或拒绝以合理条件颁发许可,使贸易或产业受到了损害;专利权人对许可或使用专利所设定的条件,造成的不公平的歧视等行为构成滥用垄断权。基于专利制度是为了促进本国技术进步的公共利益考虑,专利权人不实施专利在英国被视为对垄断权利的滥用,对此规定了颁发强制许可、背书“当然许可”、取消专利等救济措施。在英国,一般意义上的“滥用垄断权”就是指强制许可制度。这个概念和制度被《巴黎公约》所采纳。美国的专利滥用制度受到了英国法的影响,是通过司法判例产生的,最早出现在1917年的“电影专利公司案”[68] 的判决中,后随着1931年

---

〔65〕 梁启超:《先秦政治思想史》,江西教育出版社2014年版,第244页。

〔66〕 梁慧星:《民法总论》,法律出版社1996年版,第261页。

〔67〕 Kazuaki Sono, Yasuhiro Fujioka, “The Role of the Abuse of Right Doctrine in Japan”, 35 *Louisiana Law Review* 37 (1975).

〔68〕 Motion Picture Patents Co. v. Universal Film Mfg. Co., 243 U.S. 502 (1917).

“卡倍克案”、[69]1938年“里奇制造公司案”[70]以及1942年“莫顿食盐案”的发展,逐步确立了专利侵权诉讼中可以依据衡平法的“不洁之手”理论来进行专利侵权抗辩的先例,对专利权人的“搭售”行为,可以依据衡平法的“不洁之手”原则作为专利侵权的抗辩,由此创立了美国专利法中特殊的专利滥用抗辩制度。因此,美国的“专利权滥用”原理是诉讼中“不洁之手”理论在知识产权领域的某种延伸。其中,1917年的“电影专利公司案”中首次承认了“专利权滥用”可以作为侵害专利权诉讼中的抗辩,也首次判定当原告的行为构成“专利权滥用”时,专利权人不得控告被告侵害其权利。该案是以专利权人是否有权利搭售为审判要点,即许可方拥有电影供片机的专利,其许可的条件是被许可人只能将其所制造的供片机销售给同意只使用许可方所拥有版权的电影购买者。美国联邦最高法院经过审理后认为,这种限制是无效的,因为电影拷贝不是发明权的一部分,专利权人不是通过法律赋予其发明的合法垄断权来获取利益的,而是不正当地通过对他人的限制,即要求他人购买不在专利垄断范围内的非专利产品来获取利益,这种限制是不合法的,而且是无理由和不可接受的,法律只保护发明人基于专利所应得到的权利。此后,版权滥用和商标权滥用的概念也相继产生,并且使用得越来越广泛。

应该指出的是,美国的滥用原则抗辩并不是从反托拉斯法中产生的,因此,美国反托拉斯法本身并不存在滥用知识产权的概念,只是在美国的知识产权侵权案件审判中,权利人(原告)违反反托拉斯法的行为被认为是滥用知识产权的行为,这种行为既要受到反托拉斯法的惩处,又可以作为被告提出侵权抗辩的依据,[71]但不能将美国的知识产权滥用原则与反托拉斯法对知识产权滥用的规制混为一谈。在1952年修订美国《专利法》之后,1975年美国司法部颁布了对于知识产权授权行为的审查“九不规则”(The Nine No-Nos),确立了9种“本质滥用行为”。这种做法套用了美国反垄断法上的行为“本身违法原则”,将其

---

[69] Carbice Corp. v. Patents Development Corp., 283 U.S. 27 (1931).

[70] Leitch Manufacturing Co. v. Barber Co., 302 U.S. 458 (1938).

[71] 参见张伟君:《知识产权滥用的概念、表现和规制措施》,载《电子知识产权》2007年第12期。

适用于相关专利技术许可或专利产品交易中,且不考虑其潜在效率。[72] 这些行为涉及专利许可及专利产品交易市场,为本身违法原则在专利领域的适用,符合其中之一者,即构成专利滥用行为。这9种行为包括:(1)在许可协议中,将购买非专利产品作为许可条件,即搭售;(2)在许可协议中,附加回授条款;(3)限制购买者转售专利产品;(4)限制被许可人在专利范围之外的自由经营;(5)专利权人与被许可人订立不再授权予第三方的协议;(6)强制性的"一揽子"许可;(7)没有合理理由,将许可使用费用与被许可人的销售额绑定;(8)限制被许可人对以专利方法制造的产品的使用;(9)限定专利产品的最低转售价格。这种原则在其后被正式纳入1977年《国际经营活动中的反托拉斯实施指南》的行政规则之中,成为正式的审查标准。但到20世纪80年代,受芝加哥学派的影响,美国司法部逐步放弃了"九不规则"和有关许可广泛的非法推定,在联合联邦贸易委员会发布的《反垄断执法国际业务指南》中对专利许可采取合理法则的规制路径,允许对许可在相关市场可能的反竞争效果与促进竞争效果的平衡。

欧洲大陆法系国家在民法领域中有权利滥用的原则或法理,但是此原则或法理却没有在知识产权领域产生任何直接影响,反而是英国和美国对知识产权的规制制度对其影响较深刻,如英国的专利制度中通过专利强制许可制度来规制"滥用垄断权"行为,在欧洲得到了认可。欧洲大陆法国家本身不存在知识产权滥用的概念和制度,只有个别学者将知识产权人违反竞争法规定的行为归纳为滥用知识产权行为。在欧洲,竞争法主要存在于欧盟层面上,因而比较统一,而知识产权法则是各成员国依据自身国情通过国内法予以分别规范的。由于《欧洲共同体条约》并没有明确将知识产权纳入调整范围,知识产权本身就是一种垄断性权利,在垄断利益的刺激下,权利人可能滥用由此获得的法律允许的支配地位和垄断状态,导致竞争秩序严重受损。基于此,欧盟竞争法与各成员国之知识产权法间的冲突始终是颇为棘手的难题。欧盟竞争法的首要目标是建立统一的内部市场,对利用知识产权来限制商品货物自由流动和限制自由竞争等行为进行严格的规制,欧洲法院为此创立了一系列的规制知识产权滥用的原则和判例,在欧盟形成对知识产权滥用的规制主要通过竞争法加以规制的模

---

[72] See Abbott B. Lipsky, Jr., "Current Antitrust Division Views on Patent Licensing Practices", 50 *Antitrust Law Journal* 3 (1981).

式。早在20世纪60年代,欧洲法院就已经建立了知识产权的"取得和行使二分法"这一基础性原则,在两者之间构筑起了一道"防火墙",以化解知识产权法和竞争法的冲突,既对权利人依据其国内法取得的知识产权予以豁免,又将行使知识产权纳入欧盟竞争法的制约,以便限制滥用知识产权的行为。在1964年的"康斯滕和德国根德公司诉欧洲经济共同体委员会案"中,根德公司和康斯滕公司签署了关于"GINT"商标的注册和使用协议以及独家销售协议,禁止相关市场竞争者从其他成员国平行进口使用该商标。在法院审理过程中,虽然康斯滕公司抗辩称,其商标的独占垄断权源于法国商标法的授予,因而是合法、合理的,到最后,欧洲法院仍然支持了欧盟委员会的观点,认为上述协议违反了《欧洲经济共同体条约》第85条之规定,康斯滕公司企图凭借国内法授予的商标专有权阻止他人从其他成员国进口合法取得的商标产品,其实质是人为地制造贸易壁垒,割裂共同体市场,妨碍成员国间的自由贸易。尽管知识产权的"存在"问题是归属于各成员国知识产权法的具体规定,但其权利的行使应当受到竞争法的调整,任何不恰当地行使知识产权并以违反欧盟竞争政策为目的的行为是不被规则所允许的。在该案中,欧洲法院首次提出了知识产权的"取得和行使二分法",将"权利存在"和"权利行使"两个概念进行区分。对于知识产权的"取得",欧洲法院假定该权利是经营者依据成员国国内法而合法取得的,所以排除适用竞争法。换言之,就是不审查权利的有效性;而对于知识产权的"行使",欧洲法院则主张其应受到欧盟竞争法的约束,防止出现任何以限制市场竞争为目的的权利滥用行为。该判决的意义在于:一方面,有效缓解了欧盟与成员国之间的权力分配和管辖冲突问题,明确了欧盟不会干预任何纯属于成员国国内法管辖的事项,如是否对原创性很低的作品给予版权保护完全由成员国的版权法规定;另一方面,它又表明欧盟层面的执法机构可以伸出"管辖长臂",对排除市场竞争的滥用知识产权行为进行打击。按照"取得和行使二分法"原则,在欧盟对知识产权保护进行统一立法之前,对于知识产权的保护往往仰赖欧盟各成员国的国内法,因此,是否授予专利保护仍然是各成员国国内的管辖事项,专利所有权人依据成员国的法律所取得专利权的存在不受《欧洲共同体条约》第81条第1款和第82条禁止性规定的影响,欧盟层面的竞争规则不宜干预经营者已经依法"取得"的某项知识产权;但为了防止经营者凭借该项权利人为地割裂统一市场、制造贸易壁垒,欧盟竞争法有必要对该等权利的"行使"进行限制。如果知识产权的行使构成《欧洲共同体条约》第81条第1款意义上的限制竞争,或者该条约第82条意义上的滥用市场支配地位,这个行使知识产权的行为就会因违反共同体竞争规则而构成违法。值得注意的是,由于该判决没有详细阐释何种“权利行使”属于违反欧盟竞争法的行为,因此,在一定程度上导致了法律适用的不确定性,并为司法、执法机关留下了较大的自由裁量权。

在“麦基尔案”[73]中,爱尔兰当时的各个电视台均独立出版自己的电视节目指南并受到版权的保护。消费者不得不被迫购买多份电视节目指南。为了满足市场需求,出版商麦基尔公司尝试汇编综合性的一周电视节目预告。由于各个电视台拒绝配合,麦基尔公司在未经许可的情况下擅自出版了一周电视节目表,被牵涉电视台提起的侵权诉讼。麦基尔公司向欧共体委员会提出了申诉,主张电视台拒绝其使用它们的节目信息是滥用市场支配地位的表现。欧共体委员会支持了麦基尔公司的申诉,要求电视台以不歧视的方式向第三方提供每周电视节目预告,并允许第三方复制其电视节目单。当然,在允许第三方复制节目预告时,电视台可以收取合理的报酬。这是欧共体委员会第一次决定适用“强制许可”。欧共体初审法院支持了欧共体委员会的决定,爱尔兰电视广播公司和独立电视出版有限公司随后上诉至欧洲法院。欧洲法院主要讨论了两个问题:一个是知识产权的“存在”问题,即上诉人的电视节目指南是否享有版权保护;另一个有关权利的“行使”,即上诉人的拒绝许可是否违反了《欧洲共同体条约》第82条有关滥用市场支配地位的规定。关于第一个问题,其实质上讨论的是电视节目指南是否满足一定程度的原创性要求,而该等要求属于成员国国内法的管辖事项。由于爱尔兰的版权法体现的是所谓的“汗水理论”,电视节目指南能够构成“作品”并受版权保护。鉴于各个电视台根据爱尔兰法对电视节目指南享有版权,欧洲法院重申了其不予干涉的立场。关于第二个问题,上诉人爱尔兰电视广播公司的诉请主要基于“沃尔沃案”[74]中法官的意见,即拒绝许可本身不构成滥用市场支配地位,并认为自己的行为是正常行使版权的表现。然而,欧洲法院认为,上诉人爱尔兰电视广播公司和独立电视出版有限公司的行为已经构成“特殊情况”下的权利滥用,原因有以下4点:(1)每个电视台的基本节目信息是汇编综合性的一周电视节目指南所“不可或缺”的资源;(2)每个电视台销售自己的电视指南,缺乏一个全面的电视指南,消费者对这种

---

[73] Case T-69/89 Radio Telefis Eireann RTE v. Commission, [1991] E. C. R. 485.

[74] Case 238/87 Volvo v. Veng [1988] ECR 6211.

产品有潜在的需求,电视台的拒绝许可行为阻止了新产品的出现;(3)电视台没有正当的理由拒绝许可;(4)电视台的拒绝许可行利用其在上游电视节目的播送市场的市场势力消灭下游市场节目预告的出版市场的全部竞争,锁闭潜在对手的竞争,从而为自己保留电视指南周刊的下游市场。最终,欧洲法院驳回了上诉并核准了欧共体委员会所要求的强制许可,3家电视台被认定为滥用市场支配地位拒绝许可,排斥了相关市场的竞争者,妨碍了电视节目周刊发行市场的有效竞争,从而构成《欧洲经济共同体条约》第86条所指的滥用行为。其拒绝提供信息的行为表明,它们准备将其在电视播映市场上的支配地位扩大到电视节目预告的信息市场上。

在技术创新的过程中,知识产权法赋予权利人以排他权,在法定期间内充分保护其合法权益不受非权利人任意"搭便车"的侵害;与此同时,由于权利的行使往往容易引发滥用的后果,知识产权的滥用则会导致私人利益和公共利益之间的失衡。我国《专利法》在第4次修改时明确规定了"权利不得滥用原则",进一步强化专利权的民事私权地位和"私法自治"在专利法中的体现,强调民事主体必须在合理范围内行使其权利,在追求自己利益的同时,不得对他人和社会造成不利益。知识产权私权公权化,意味着在知识产权中应当重视对知识产权私权的保护,并重视社会公共利益,以实现知识产权法的理想社会目标。2008年实施的《反垄断法》第55条引入了"滥用知识产权"概念,但并未对此概念加以明确界定。因此,《反垄断法》适用于知识产权的前提是该知识产权人具有市场支配地位。欧盟竞争法适用于知识产权滥用市场支配地位时,首先就是界定该知识产权人是否具备市场支配地位。我国《反垄断法》所称市场支配地位,是指经营者在相关市场内具有能够控制商品价格、数量或者其他交易条件,或者能够阻碍、影响其他经营者进入相关市场能力的市场地位。因此,不具有市场支配地位的知识产权人即使有一些排除、限制竞争的行为也不构成滥用市场支配地位,无联系故无滥用。[75]

---

〔75〕 See Thomas Eilmansberger, "Dominance—The Lost Child? How Effects-Based Rules Could and Should Change Dominance Analysis", 2 *European Competition Journal* 15 (2006).

## 四、认定标准与责任差异之辨

(一)认定标准

某个知识产品制造商以其远见卓识和求实创新而在市场上“独领风骚”,这种情形并不能当然招致法律的指责和干预。但与此同时,任何具有市场力量的知识产品厂商都不能依靠商业理由来粉饰其实质上有违竞争规则的市场行为。如果基于专利权是创新主要诱因的信念,那么在使用合理推定原则来平衡反托拉斯目标和知识产权问题时作出的决定往往存在错误。这如同在天平的一边放置重500磅的大猩猩,而现实世界的另一边是重35磅的黑猩猩,[76]两者殊难并重。知识产权滥用行为,为知识产权法、民法、反垄断法等多部法律所调整,只有当知识产权滥用排除或限制了竞争,反垄断法才能对其予以干预,对于其他行为反垄断法则不予调整。这时需要服从关于市场支配地位的一般分析。滥用市场支配地位以拟态竞争为标准,而民商法中的滥用权利秉诚实信用原则。前者致力恢复拟态竞争状况,后者致力公序良俗,应严格区别。

知识产权是权利的一种,知识产权滥用的本质也无法溢出权利滥用的本质。史尚宽认为,英美法上权利滥用的法理不存在。[77] 即便在普通法中,滥用权利也起源于所谓“不洁之手”理念。知识产权滥用是以作为知识产权侵权纠纷的抗辩理由的面目出现的,对专利权人的搭售行为依据衡平法的“不洁之手”理论进行专利侵权的抗辩,并进而扩展至版权、商标等领域。由此可见,滥用权利的本质就是权利人行使权利而违背了诚实信用原则,具有了不正当性而为法所不许。知识产权滥用是权利人在行使权利时,以保护或合理利用知识产权为名义,进行背离知识产权制度宗旨或者违反权利设立的目的之行为。英国专利法认为,不实施专利是滥用专利权,这与英国建立专利制度的根本目的是联系在一起的。因为“授予英国专利的目的是进一步提升英国的产业。英国法律不强迫专利权人实施其专利发明,但是如果他不使用它,法律会让其他人来使用。

[76] See Robert Pitofsky, *How the Chicago School Overshot the Mark: The Effect of Conservative Economic Analysis on U. S. Antitrust*, London: Oxford University Press, 2008, p. 39.

[77] 参见史尚宽:《民法总论》,中国政法大学出版社2000年版,第714页。

在英国法律之下,你不能‘把一个专利发明冰冻起来’”。[78] 在规制知识产权滥用方面,英国专利法早有“阻止滥用垄断权”的规定,并将其与建立专利制度的根本目的联系在一起,构成专利垄断权滥用是基于这种滥用行为违背了公共利益,而阻止滥用垄断权的措施主要是颁发强制许可证。知识产权滥用的外延应大于知识产权滥用垄断行为的外延,此外还包括知识产权滥用不正当竞争行为以及单纯的知识产权滥用行为。知识产权滥用的本质是知识产权人行使知识产权的行为违背了诚实信用原则,具有了不正当性,从而不正当行使权利,所以,知识产权滥用与反不正当竞争法密切相关。这与竞争法中反不正当竞争法相关。例如,当知识产权人滥用警告函或滥用诉权,在商誉和经济上给竞争对方造成损失,极有可能因为属于“捏造、散布虚伪事实”而构成不正当竞争行为,吉利与丰田、奇瑞与通用、力帆与本田、长城与日产之间的知识产权纠纷均属此类。

反垄断法意义上的“垄断”,一定是与整体的市场竞争相联系的,而在市场竞争中,拥有知识产权的产品并不一定具有很强的竞争力,或者一定能够在市场上占据支配地位,而且其即便拥有垄断地位,但只要没有实施垄断行为,则不会对相关市场的竞争构成实质性损害,当然不受垄断法的规制。反垄断法关注的是市场竞争状况,纵然涉及知识产权,也仅仅关注知识产权对竞争的影响,并不关心一个具体权利是否具有“排他性或独占性”,而是关注某个竞争行为对正常的市场竞争是否造成了危害或威胁,以致降低了市场效率,损害了消费者的整体福利。判断一项知识产权是否限制了竞争,必须且只能依据反垄断法的原则和规定进行思考,知识产权滥用与否从来不在考察范围之内,在本质上对反垄断法毫无意义。各国反垄断法或者竞争法适用于滥用知识产权行为的要件仅仅是知识产权的“行使”构成了对市场竞争的排除或限制,而并不需要认定事先存在某个滥用知识产权的行为。所谓的滥用知识产权行为,就是行使知识产权而排除、限制竞争的行为。正是因为行使知识产权的行为排除、限制了竞争,才构成知识产权的滥用并违反了反垄断法。[79] 知识产权行使行为违反反垄断

---

〔78〕 Peter Meinhardt, Inventions, *Patents and Monopoly*, 2nd edition, London: Stevens & Sons Limited, 1950, p. 32 – 33.

〔79〕 参见张伟君:《滥用知识产权在中国〈反垄断法〉中的含义——对欧盟在 TRIPS 理事会提出的质疑的回答》,载《上海对外经贸大学学报》2008 年第 3 期。

法是滥用知识产权行为的一种,是构成滥用知识产权行为的充分但不必要条件。只要知识产权的行使产生了限制竞争的效果,无论是否属于滥用,都要受到反垄断法的规制;相反,对于未对竞争造成负面影响的知识产权滥用行为,反垄断法不予也无权理会,只能通过知识产权法、民法等法律进行规制。对涉及知识产权的反竞争行为的违法性判定,其标准只能以反垄断法为原则,而非其他与知识产权相关的法律、法规对知识产权的限制。

在有些情况下,知识产权的拥有会被视为产生了事实上的垄断。这多数是取决于用来确立何时会构成支配地位或者垄断的标准。一些学者和立法者主张,通过适用反垄断规则来简化专利滥用调查,专利滥用可被定义为扩大专利的不当尝试。事实上,专利法的目标是促进科学进步,为社会的整体利益服务。提供专利权以诱导创造和披露将有益于社会的发明。这是对社会的整体利益而不是个人发明者利益的关注。在这种结构中,限制专利的时间和范围限制了可能从授予专利产生的潜在经济危害。这种潜在的危害包括引起反托拉斯法关注的垄断效应类型,但又并不局限于此。潜在的危害还包括防御性研究或围绕专利发明可能产生的浪费、专利权过度分散可能导致的创新负担等。专利政策与更广泛的考虑因素相关,并未将其关注点限制在具有市场支配力的企业。例如,假设专利权利人通过私人合同扩大其专利权,延长其专利授权的时间,要求所有被许可人同意在专利到期后将如同专利仍然有效一样永久继续使用,除非企业具有市场支配力,否则反垄断合理原则不会引起任何异议。但是,即使该延期不会产生反托拉斯法所承认的反竞争效果,专利法不允许通过任何专利权利人的合同永久延长专利权。要求当事人出示反垄断损害将极大地限制对专利滥用实践的司法审查。“关于创新的争论必然会更多地关注竞争对手的未来行动,而不是传统的竞争价格、产出和质量标志,因为在考虑专利限制如何影响创新时,通常还没有产品需要评估。”[80] 相反,反托拉斯法专注于衡量市场力量的获取和使用。为了构成反垄断法所承认的损害,企业通常必须具有市场支配力。在没有市场力量的情况下,企业就无法提高价格、限制供应,并产生反垄断法所承认的反竞争效果。此外,即使专利权利人确实具有市场支配力,反托拉斯仍然可能不足以涵盖所有的专利政策问题。专利政策涉及妨碍整个系统

---

〔80〕 Marshall Leaffer, “Patent Misuse and Innovation”, 10 *Journal of High Technology Law* 142 (2010).

创新的专利权扩展,即使这些扩展没有产生反托拉斯"耳朵"可以听到的效果。反垄断法旨在解决特定类型的损害,无法实现专利政策所涉及的所有内容。因此,应用反垄断规则来检验专利滥用忽视了破坏专利制度整体有效性的活动。专利滥用和反托拉斯交叉的问题不能通过要求适用反托拉斯法检验专利滥用来缓解。反托拉斯分析不足以捕捉专利法所体现的各种政策问题。

在欧盟竞争法中,知识产权滥用的概念并不存在,但如果行使知识产权的行为违反了竞争法,就可以运用竞争法对其进行规制,这也恰恰说明,竞争法的适用并不需要存在某个"滥用"知识产权的事实,而只需要认定行使知识产权的行为违反了竞争法就可以了。对此,欧洲法院在"麦基尔案"中提出了 3 个判断标准:(1)拒绝许可的行为是否阻止了新产品的产生,且该产品具有潜在的消费需求;(2)拒绝许可的行为是否在客观上具有正当性;(3)拒绝许可的行为是否排挤了其他竞争者进入次级市场。在第一个标准中,关于"新产品"的理解,欧洲法院给出的解释是:要求获得知识产权许可的竞争者,其意图必须是旨在生产新产品或提供新服务,即这些新产品或新服务是知识产权人当前没有提供的,而不是单纯"复制"或"克隆"权利人早已投放市场的产品或提供的服务;同时,这种新产品或新服务必须是消费者需要的,即能满足他们潜在的消费需求。只有在上述条件下,占据市场支配地位的知识产权人拒绝向竞争者给予使用许可的行为才会被认为是"滥用"。这表明,法院强调向市场上的新企业颁发强制许可的"例外情况"仅限于出现了新产品或"后续发明"的情况,而不包括"复制品"竞争的情况。[81] 之所以要强调新产品的产生,其目的显然在于维护消费者的利益。正如该判决书所言,在平衡知识产权和自由竞争这两种利益时,后者只有在知识产权人拒绝许可的行为阻止了次级市场的发展以致损害消费者利益时才会优先得到保护。由此可见,当需要在知识产权保护与维护自由竞争间作出选择时,消费者利益对欧洲法院的决定具有至关重要的意义。无论是知识产权法还是竞争法,归根结底,其目的都在于鼓励创新和发展,创造更多的物质和精神财富,满足消费者多元化的需求,使大众受益,这才是法律制定的本意。知识产权人基于技术上的进步而获得竞争优势,其在一定时间、地域内的排他

---

〔81〕 See Steven D. Anderman (ed.), *The Interface between Intellectual Property Rights and Competition Policy*, Cambridge, UK; New York: Cambridge University Press, 2007, p. 61.

性独占权是获得法律认可与保护的。因此,单纯的复制行为显然不足以成为要求知识产权人向其竞争者授予许可的正当理由。在第二个标准中,关于对拒绝行为"正当性"的理解,欧洲法院并没有给出更多的意见,仅强调要在案件所有事实的基础上从客观性角度予以考量。显然,成员国地方法院在此问题上获得了更多的自由裁量权。但是,过于宽泛和灵活的自由裁量会导致判决的不确定性。对事实的客观考量究竟包含哪些因素、知识产权人的正当性抗辩究竟在何种程度上可以被接受等问题,需要欧洲法院给出明确而统一的解释。

在"阿斯利康案"中,欧盟委员会根据《欧盟运行条约》第 102 条的规定,认为作为一个制药企业,阿斯利康在质子泵抑制剂市场具有支配地位。特别是当阿斯利康申请专利补充保护证书〔82〕时,其在专利局和其他成员国的法院作出了令人误解的陈述,并在其他一些成员国撤销了该药品的市场授权登记。欧盟委员会认为,这两种行为构成了企业支配地位的滥用,违反了《欧盟运行条约》第 102 条。欧洲初审法院认为,具有市场支配地位企业的令人误解的陈述,在其欺诈行为导致反竞争效果时构成滥用市场支配地位。阿斯利康不服欧洲初审法院判决提起上诉,但被欧洲法院驳回。欧洲法院赞同一个具有支配地位的企业的令人误解的行为本身并不构成滥用行为。它强调具有优势地位的企业没必要绝不犯错。"并非具有市场支配地位的企业的每个客观错误的陈述都构成支配地位的滥用。"〔83〕然而,欧洲法院强调,导致反竞争效果的欺诈行为相当于滥用。法院认为,阿斯利康的欺诈行为具有这种反竞争效果,令人误解的陈述诱导了公权力机构授予阿斯利康并未被许可的排他权。阿斯利康的欺诈行为提高了竞争的监管障碍。欧洲法院也认为,阿斯利康的撤销专利登记行为没有合法理由,该行为的目的仅仅是阻止或使其他竞争的通用药品的市场准入更加困难,尤其是该行为阻止了其他制药商原本可以受益于免除药理和毒理学临床试验以说明药品的无害和功效的实现。"阿斯利康案"的判决澄清欺诈行为并不单独导致反垄断责任。不良的行为并不会因为由占支配地位的标准必要专利权人实施而被简单认定为滥用的行为。专利权人的欺诈行为只有在对市

〔82〕 Council Regulation (EEC) No. 1768/92 of 18 June 1992 Concerning the Creation of a Supplementary Protection Certificate for Medicinal Products (OJ L 182, 2.7.1992).

〔83〕 C-457/10 P-AstraZeneca v. Commisson [2013] 4 C. M. L. R. 7 (06 December 2012).

场具有反竞争效果时,如排除来自标准的竞争对手的技术,才构成滥用市场支配地位。根据《欧盟运行条约》第102条的规定,欺诈时无市场支配地位的企业没有特殊的责任去放弃损害市场公平竞争的行为。反垄断责任仅产生在标准实施之后,包括随之产生的具有市场支配地位的专利权人的滥用实践。

(二)责任差异

滥用权利不应该得到任何保护。[84] 权利行使之行为,若系法律行为而属权利之滥用者,其法律行为应属无效。须注意的是,关于法律行为"无效","民法"设有规定,系对私法自治的限制,有其固有的意义及功能。权利滥用乃在限制权利行使,不宜称为其行使权利的法律行为无效,而应认定其不产生权利行使的效果,如滥用解除权者,不产生解除的效果。状态责任的基点,正是在于不符合法定状态秩序的状态存在本身就构成了归责基础。与此相对,行为责任则是当行为不符合法定秩序时才有归责可能。行为对法定秩序的违反,通常要有行为的过错与违法性、行为与损害结果的因果关系等要件,即便是无过错责任,至少也需要因果关系的证立。但在状态责任中,不合法秩序的状态本身就直接构成妨害结果,与此状态相关的责任人就要担负起责任,不仅是不用考虑过错,连同有状态与妨害结果之间的因果关系。[85] 以专利法为例,仅仅用专利法规制专利滥用行为时,救济措施仅限于强制许可或专利不可执行,但在权利人排除、限制竞争时,依据专利法的救济措施,无法对滥用权利人进行罚款或要求其对受害人进行惩罚性赔偿。专利权滥用原则向公众提供了一种防卫措施,以阻止专利权人寻求超过其专利权保护客体和期限之外的权利。当专利权人企图以违背公共政策的方式主张其权利时,被控侵权人可以通过主张专利权滥用原则进行积极抗辩。主张权利滥用不必证明实际上已受到损害,但反垄断法违反的前提是需有受损害的事实。美国法院认为,专利权滥用不可强制执行的抗辩只要证明专利权人有扩展专利垄断范围的企图就可以,不必举证其限制了竞争的后果。但为了抗辩成功,被控侵权人通常需要证明,专利权人在与专利产品相关的市场中具有市场控制力,且专利权人的行为可能会导致排挤竞争对手或阻止他们进入相关市场的效果,即具有反竞争的效果。如果两者都能得到证

〔84〕 Christoph Knödler, Missbrauch von Rechten, selbstwidersprüchliches Verhalten und Verwirkung im öffentlichen Recht, Berlin: Springer-Verlag, 2016, S. 255.

〔85〕 陈信勇主编:《浙大民商法文集》第1辑,浙江大学出版社2015年版,第15页。

明,法院将拒绝执行相关专利,直至专利权人中止相关行为或者采取补救措施,或者对其滥用行为进行“大清洗”。在专利滥用抗辩(defense of patent misuse)中,专利权滥用的认定不是矛,只是盾,即单纯作为防御之用,相当于大陆法系的抗辩权。但专利权滥用只是一种侵权和违约的抗辩理由,本身不是一个诉因且并非可以起诉的侵权行为,不具有攻击性。专利权滥用原则并没有为被指控的侵权人提供独立的诉由。权利滥用行为除非构成独立的垄断行为,否则不会被诉。在侵权诉讼中专利权滥用行为若触犯反垄断法,被告可以提起以反垄断法为依据的反诉,也可以反垄断法为根据独立主动地提起诉讼。[86] 在侵权抗辩上,司法机构并不认可违反《反垄断法》可以作为对侵权指控的抗辩,但知识产权滥用可以是针对侵权指控的一个有力抗辩。[87] 专利滥用起源于“不洁之手”的公平原则,即被滥用的专利不会被支持执行。[88] 滥用原则旨在遏制专利授权中产生的“反竞争效应”。[89] 如果被控侵权人可以证明专利所有人从事禁止的行为,专利尽管有效,但仍然无法执行。批评者要求废除或论证其应该简单地归入反托拉斯法并被剥夺独立的教义意义。[90] 由于滥用原则是基于与反托拉斯法重叠的模糊原则,因此有人认为,滥用原则会降低创新的动力,同时阻碍传播专利技术的有利于竞争的许可做法。适用反垄断规则可以提高专利滥用原则的清晰度,消除专利和反托拉斯法交界处的混淆根源。[91] 按照这种观点,反托拉斯已经形成了一种“精确”的方法,用以确定专利权人何时使用不正当的市场杠杆。相比之下,相对不精确的“公平”滥用原则只会增加混乱和不确

---

〔86〕 参见张冬:《专利权滥用认定专论》,知识产权出版社 2009 年版,第 235 页。

〔87〕 参见费安玲主编:《防止知识产权滥用法律机制研究》,中国政法大学出版社 2009 年版,第 32 ~ 33 页。

〔88〕 B. Braun Med. ,Inc. v. Abbot Laboratories,124 F. 3d 1419,1427 (Fed. Cir. 1997).

〔89〕 Windsurfing Intl Inc. v. AMF,Inc. ,782 F. 2d 995,1001 (Fed. Cir. 1986).

〔90〕 See William J. Nicoson, “Misuse of the Misuse Doctrine in Infringement Suits”, 9 *UCLA Law Review* 76 (1962).

〔91〕 See Robin Feldman, “The Insufficiency of Antitrust Analysis for Patent Misuse”, 55 *Hastings Law Journal* 399 (2003).

定性。[92] 除部分学者简单地将知识产权滥用的规制直接与知识产权的反垄断法规制画上等号外,法院也往往自然而然地将专利滥用行为倾向适用反垄断法,以确定何时应适用滥用原则。但滥用专利制度比反垄断法的范围更广,还包括反垄断法所不管辖的一些特殊情况。[93] 马歇尔·利弗主张,专利滥用应超越传统反托拉斯法的轮廓,应关注专利法政策及其对创新的影响。从最广泛的意义而言,反托拉斯法旨在保护竞争,防止在市场上不正当使用和创造垄断所导致的反竞争效果。相比之下,专利滥用原则有以下属性可以将其与反托拉斯法区分开来。首先,专利滥用通常仅作为专利侵权或违反许可协议的肯定性辩护,而美国联邦反托拉斯则构成独立的起诉诉由。前者是在被诉侵权时以滥用为由进行被动的侵权抗辩,后者则是直接追究违法垄断行为的法律责任。其次,反垄断和专利滥用在现有救济措施的性质上存在很大差异。在发现专利滥用问题时,法院不会对涉嫌侵权人强制执行专利。美国反托拉斯法律除禁止救济外,还给予了3倍赔偿金和律师费,而对于公平辩护专利滥用,只能提供禁令而非货币救济。[94]

从狭义来说,知识产权滥用制度仅指代知识产权内部的滥用规制制度,以与反垄断规制制度相区别。以规制方法为标准,知识产权滥用内部的规制制度可以分为两种,即强制许可制度和侵权抗辩制度。在某种意义上,侵权抗辩制度可谓一种事实上的强制许可,因为侵权行为主要是未经许可而使用他人知识产权的行为,当其侵权责任被阻却后,这一行为实际上就得到了法律的认可,成为一种事实上的强制许可,只不过这种强制许可并没有经过正式申请和正式批准的程序。如果说,强制许可制度在总体上与反垄断规制的执行制度联系密切,具有反垄断的社会功用,一般不作为独立于反垄断法的知识产权滥用制度尚属合理,但侵权抗辩制度与反垄断制度之间仍有一定的独立性,应该被视为知识产权滥用制度的核心制度。对于专利权人滥用专利权形成的经济垄断,可

〔92〕 Marshall Leaffer, "Patent Misuse and Innovation", 10 *Journal of High Technology Law* 142 (2010).

〔93〕 参见董希凡:《专利池中的权利滥用问题——美国专利权滥用规则的发展》,载《湖北师范学院学报(哲学社会科学版)》2006年第6期。

〔94〕 See Marshall Leaffer, "Patent Misuse and Innovation", 10 *Journal of High Technology Law* 142 (2010).

以依据反垄断法对专利进行强制许可。

禁止权利滥用产生于对绝对私权利加以限制的需要，归根结底是由于权利之间以及权利与其他社会价值、社会责任之间的冲突，尤其是个体权利与社会利益之间的冲突，故"禁止"应以消除这些冲突为限，没有理由予以扩大化。专利权滥用仅仅中止了专利权人因专利侵权取得赔偿的权利。但如果滥用行为已经被彻底放弃，滥用的结果已经被彻底清除，则专利所有人能够再次获取执行专利的权利。滥用知识产权一般适用补偿性损害赔偿固无异议，而侵犯知识产权可能导致两倍许可费的所谓"惩罚性损害赔偿"，但实际上仍然遵循了补偿性原则。一方面，由于知识产权的无形性、脆弱性，依据不当获益追究所获得利润的吐出只会产生微小的阻吓作用，只是针对所获得利益的排除，对侵权行为人没有任何的不利影响，仅意味着不能实现其希望的优势。[95] 另一方面，费用的翻倍实际上可以被理解为独立于所遭受损害的惩罚，但由于没有足够的评估手段，调查和追究未经授权的专利实施者和索赔的执行通常需要相当大的费用，且极难证明。如果使用合同已经妥善缔结，则不会产生这种费用。同样，证明知识产权侵权时市场扰乱造成的损害，在证据方面面临几乎无法克服的困难。如果在没有其他更具体的指标的情况下，损害的程度被规定为等同于使用费用，损害赔偿金因此被添加到从未支付的费用中，许可费 2 倍的赔偿得以与根据侵权法的赔偿理念相妥协，在实质上并不具有惩罚性。

专利权滥用抗辩与反垄断诉讼的法律后果不同。权利滥用一旦构成，行为人根据具体情形的不同应承担相应的法律后果。有的对权利自身没有影响，去除了行使行为中的不法行为，该权利仍然存在并可以合法方式行使；有的对权利本身发生影响，造成权利的丧失或者被剥夺；对造成损害的得追究其赔偿责任；对继续性权利滥用行为得请求停止，对危险性行为可请求危险预防等。[96] 专利权滥用抗辩若成功，结果只是涉案知识产权将不再具有强制执行性，侵权行为得以矫正，仅仅中止了专利权人因专利侵权取得赔偿的权利而已，仅仅使被控侵权人免于因其侵权行为受到法律制裁，但尚未至失权，并没有给予被指

〔95〕 Helmut Koziol, Basic Questions of Tort Law from a Germanic Perspective, Wien: Jan Sramek Verlag, 2012, S. 50.

〔96〕 参见王先林等：《知识产权滥用及其法律规制》，中国法制出版社 2008 年版，第 35 页。

控的侵权人获取赔偿金的任何民事及经济权利。这是因为,专利权滥用中的滥用是相对于专利权的正当行使而言的,是专利权人超出法律所赋予的权利范围不正当地行使专利权的行为,并不导致专利权的无效,也并不必然违反反垄断法和构成不正当竞争。因专利权滥用而导致专利不可强制执行的原则最早确立于1942年的"莫顿食盐案"。所谓不可强制执行,是指只要专利权人使用专利时违反了反垄断法,就不能制止别人对他该项专利的侵权。莫顿公司拥有某项将盐剂加入罐头食品的机器的专利,要求被许可人使用其不拥有专利权的盐剂。当莫顿公司控告竞争对手侵犯其专利权时,最高法院裁定除非莫顿公司纠正不正当的许可做法,否则其专利权将不可强制执行。此外,当拂拭荫翳之后,专利权月亏而盈。事实上,判定滥用是否已经清除在很大程度上取决于法官的自由裁量权。[97] 反之,反垄断法的违反则无权利恢复可言。既然拥有市场支配地位并不等于拥有一种权利,那么,权利的承认或否认就不能成为滥用市场支配地位的有效效果。我国《反垄断法》对于滥用市场支配地位的处罚措施有责令停止违法行为、没收违法所得和罚款,并未涉及承认或者否认经营者具有某种权利的内容。反垄断法从来都不曾推定损害的存在,而是要求原告不仅要证明自己遭受了某种损害,该等损害还必须是反垄断法损害,源自竞争减少的损害,并且证明过程不得有不合理的猜测,且必须得到损害相关的合格证据的支持。尽管反垄断法的损害赔偿远较知识产权法严厉,但反垄断法的损害赔偿要件也更加严格,经常拒绝向明显受到损害的当事人提供法律救济。《克莱顿法》第4条要求,私人原告必须证明"其遭受的"损害,即必须证明自己的处境因为该违法行为遭受的恶化程度。相较知识产权法,适用反垄断法规制滥用知识产权损害竞争的行为更加行之有效。侵权诉讼或专利无效的单纯驳回绝不延伸为非法垄断尝试的标志。专利权利人的权利配备垄断权利的有效性推定保卫自己不受第三方的干预。[98] 知识产权法往往推定损害的存在,有时甚至相当极端地向非但没有因为被告行为受到损害反而从中获益的知识产权人判予

[97] 参见张冬:《专利权滥用认定专论》,知识产权出版社2009年版,第236页。

[98] Jochen Pagenberg, Die amerikanische Schadensersatzpraxis im gewerblichen Rechtsschutz und Urheberrecht Mehrfacher Schadensersatz für Patentverletzungen als Modell für Europa? GRUR: Zeitschrift der Deutschen Vereinigung für Gewerblichen Rechtsschutz und Urheberrecht, H. 5, 1980.

损害赔偿。[99]

专利遭遇侵权行为时，一般推定被授予专利具备有效性。即使是对有效专利"侵权的激烈实施"永远无法证明垄断的意图，仅仅针对一些竞争对手进行的专利侵权诉讼也同样如此。[100] 针对专利保护的侵权诉讼而不是作为一个消除竞争或滥用市场支配地位的宏观垄断组成部分，则不构成专利滥用。[101] 为了援引专利权滥用原则学说，原告必须证明该专利权人使用该专利以企图垄断所售商品或获得市场份额或其他利益，而其基于专利垄断没有资格享受这种利得。[102] 在涉及被告协议压制高成本的创新研发活动时，反垄断法损害赔偿的测定通常并不包含被告从该不正当行为中获得的成本节约。相反，专利法允许原告根据被告的获益而非权利人的损失计算损害赔偿。专利法上的赔偿不得少于侵权人因使用该发明应当支付的合理许可费。[103]

以"北京书生电子技术有限公司（以下简称书生公司）与上海盛大网络发展有限公司（以下简称盛大公司）、上海玄霆娱乐信息科技有限公司（以下简称玄霆公司）垄断纠纷案"为例，被告盛大公司及其子公司玄霆公司运营的"起点中文网"曾委托朱某志以笔名"我吃西红柿"创作系列作品《星辰变》并在其网站上连载，双方约定该作品的著作权归属玄霆公司。随后，《星辰变》成为起点中文网的热门小说，书生公司委托两位作者寇某、李某鹏以"我不吃西红柿"为笔名创作《星辰变后传》，并授权在其运营的"读吧网"上陆续发表。因两部作品笔名相似，且《星辰变后传》沿用《星辰变》中的人物、情节、环境等要素，造成读

---

[99] 参见[美]克里斯蒂娜·博翰楠、赫伯特·霍温坎普：《创造无羁限：促进创新中的自由与竞争》，兰磊译，法律出版社 2016 年版，第 9 页。

[100] Jochen Pagenberg, Die amerikanische Schadensersatzpraxis im gewerblichen Rechtsschutz und Urheberrecht Mehrfacher Schadensersatz für Patentverletzungen als Modell für Europa? GRUR: Zeitschrift der Deutschen Vereinigung für Gewerblichen Rechtsschutz und Urheberrecht, H. 5, 1980.

[101] Eversharp Inc. v. Fisher Pen Co. ,204 F. Supp. 649 (N. D. I11. 1961).

[102] General Tire & Rubber Co. v. Firestone Tire & Rubber Co. ,17 USPQ 427 (N. D. Ohio 1972).

[103] 参见[美]克里斯蒂娜·博翰楠、赫伯特·霍温坎普：《创造无羁限：促进创新中的自由与竞争》，兰磊译，法律出版社 2016 年版，第 287 页。

者一时难以分辨,《星辰变后传》的两位作者应起点中文网要求停止为读吧网创作《星辰变后传》,并在起点中文网上向作者"我吃西红柿"等发表致歉信。书生公司认为,盛大公司和玄霆公司以胁迫手段要求《星辰变后传》两位作者停止为读吧网继续创作并发表致歉声明,还限制其他网站转载已发表的《星辰变续集》,属于《反垄断法》第17条第4款规定的无正当理由滥用市场支配地位限定交易的行为。上海市第一中级人民法院审理后认为,仅凭读吧网运营方书生公司提供的宣传内容难以认定盛大公司与玄霆公司在市场具有支配地位,也不能证明两家公司曾采取胁迫手段,因此作出了驳回原告诉讼请求的判决。上海市高级人民法院在二审中也维持一审判决的判决。[104] 对于盛大公司的行为,原告并未依据《著作权法》请求法院责令被告停止行为,而是依据《反垄断法》指控被告滥用市场支配地位。依据不同的法律起诉,判断标准也因诉由不同而各异。揆之《反垄断法》,判断被告是否承担责任端视被告是否具有市场支配地位并滥用了此种地位,而按照我国《著作权法》,判断被告是否承担责任主要攸关其是否拥有著作权以及权利行使是否具有正当性。两法虽然都反对知识产权的滥用,但认定滥用的原则与规则迥乎不同。当事人可以通过两种途径保护其利益,但必须清楚两者的界限,并作出恰当的选择。市场地位的测度被喻为反垄断案件的"石蕊试纸"。认定知识产权滥用行为,需要恰当确定知识产权的相关市场,包括技术市场和产品市场,以便认定知识产权权利人是否具有市场支配地位。认定的结果,或者是权利人虽然拥有专利、著作等权利,但在相关产品市场、技术市场和创新市场中并不占据支配地位;或者是即使占据了市场支配地位,其行为也不会对这些市场的竞争构成实质性损害,那么原告的诉讼主张就无法获得支持。因为反垄断法的本质在于对私权滥用的限制,而非损害私权,所以该案中,如果被告行为属于为维护其对《星辰变》享有的著作权而采取的正当行为,当然属于《反垄断法》所规定的"正当理由",被告也能够通过滥用市场支配抗辩免除责任,否则,举凡企业拥有市场支配地位,就不能采取任何行动以维护自己的知识产权,这样的结论不通于理,无俟赘言。《星辰变》在网络积聚起人气后,书生公司委托另外两名作者续编的《星辰变后转》没有经过《星

---

〔104〕"北京书生电子技术有限公司与上海盛大网络发展有限公司、上海玄霆娱乐信息科技有限公司垄断纠纷案",上海市高级人民法院(2009)沪高民三(知)终字第135号民事判决书。

辰变》著作权人的允许,大量使用了《星辰变》中的人物、情节、环境等各种要素,特别是在故事结构、情节发展上,对《星辰变》的依赖性彰彰可睹,使《星辰变后传》一时间变成了"双黄蛋",并采用与《星辰变》作者相似的笔名,意图"搭便车"吸引读者的关注。原告与《星辰变后传》作者确有误导读者的不当行为,侵犯了《星辰变》作者的权利。在这个意义上,盛大公司作为网上小说《星辰变》的权利人,有权要求原告及其《星辰变后传》作者停止侵犯网络著作权的行为。[105]

反垄断法并不反对基于市场表现的优胜,企业内部经济效率的市场表现往往将竞争对手淘汰出局,恰恰是竞争者不可或缺的利器,也是竞争者大显身手的自由空间。能够引起反垄断法责任的仅仅是竞争损害。此外需要厘清的是,知识产权内含的"排他权"与反垄断法所关注的"反竞争排斥"之间的界限,"边界排斥"与"市场排斥"经常被混淆。[106] 欧洲法院在"麦基尔案"中即推理判断单薄,依赖"基本设施"的广泛的知识产权风险。[107] 知识产权的关注焦点在于鼓励创新,唯有在本身抑制创新时才引发滥用规则的适用,这是知识产权法本身自在的否定之否定。"非实施主体"(Non-Practicing Entities, NPE)或者"专利主张实体"(Patent Assertion Entity, PAE)之所以在美国被称作"专利海盗",就是因为其通过大量的专利收购向目标群体发起攻击性专利诉讼,从而获得巨额利润,构成通向创新之咽喉要道上一把闭门锁钥。如同在反垄断法中基于企业内部经济效率的市场表现一样,通过创新取得的竞争优势也是一种以市场表现为基础的合法竞争形式。由于激烈的但良好的竞争与权利的滥用之间区隔甚难,特别是在一个创新市场,通常会存在很多突破性的创新,造成了整个相关市场的彻底颠覆,甚至将其他竞争者完全排挤出局。知识产权赋予权利人的这种排除效果本身是合法权利,在没有引发对知识产权法理念的异化与悖反的情

---

[105] "北京书生电子技术有限公司与上海盛大网络发展有限公司、上海玄霆娱乐信息科技有限公司垄断纠纷案",上海市高级人民法院(2009)沪高民三(知)终字第135号民事判决书。

[106] 参见[美]克里斯蒂娜·博翰楠、赫伯特·霍温坎普:《创造无羁限:促进创新中的自由与竞争》,兰磊译,法律出版社2016年版,第6页。

[107] See Maurits Dolmans, "Restrictions on Innovation: An EU Antitrust Approach", 66 *Antitrust Law Journal* 455 (1998).

况下,权利相对人必须对此予以正当的尊重而退避三舍,或者在权利人强大的知识产权优势面前瞠乎其后而偃旗息鼓。在知识产权法语境中,滥用知识产权的本质在于堵塞了创新的必经通道。在排斥竞争行为中,“边界型排斥”并不同于“市场型排斥”,只有排斥竞争行为以试图将边界型排斥转变成市场型排斥,试图超越知识产权的授权范围以排斥其他企业,以此没收正当归属公众所有的技术或信息,才成为竞争政策的独立关切对象。

反垄断法与知识产权法在这方面形成鲜明对比。对于 3 倍赔偿的批评者,美国学术界指出,在 3 倍赔偿的激励下,私人提起的诉讼越来越多,已沦为部分人的致富之路。私人为了能够得到丰厚的调解结果,不惜代价起诉,而受委托的律师觊觎高额的律师费用,甚至会想尽一切办法将一些商业侵权案件装到“反托拉斯”的箱子里去。例如,在“包钢铜丝公司诉独立钢管公司案”[108]中,争论的焦点不是在于原告是否应该得到赔偿,而在于是否应该将普通法的损害赔偿按照《谢尔曼法》第 1 条规定所推导出的可疑的“企业内共谋”(intra-enterprise conspiracy)或者说“浴缸共谋”(bathtub conspiracy)理论来认定反托拉斯损害以适用强制性的 3 倍损害赔偿规则。[109] 尽管反托拉斯法的损害模型远比知识产权法强健,但反托拉斯法设置了多个更加严格和有针对性的损害赔偿要件。《克莱顿法》第 4 条要求,私人原告必须证明“其遭受的”损害,即它必须证明自己的处境因该违法行为遭受的恶化程度。反托拉斯法从来都不曾推定损害的存在,而是要求原告必须证明损害,并且证明过程不得有不合理的猜测。因此,反托拉斯法私人主体必须满足“近因原则”才能成为适格原告的门槛,法院经常拒绝向明显受到损害的当事人提供法律救济。美国联邦最高法院要求私人反垄断原告不仅要证明自己遭受了某种损害,该等损害还必须是反托拉斯法的损害,即源自竞争减少的损害。换言之,要以涉案行为违反《谢尔曼法》第 7 条为由求偿 3 倍损害赔偿,原告不能仅仅证明与市场上存在的非法行为有因果联系的损害,还必须证明反托拉斯法损害,即反托拉斯法意图阻止的损害,且该损害源自导致被告行为非法的因素。该损害应该反映该违法行为的

---

[108] Copperweld Corp. v. Independence Tube Corp., 467 U.S. 752 (1984).

[109] See Donald Baker, “Revisiting History-What Have We Learned about Private Antitrust Enforcement that We Would Recommend to Others?”, 16 *Loyola Consumer Law Review* 379 (2004).

反竞争效果或者该违法行为所致反竞争行为的反竞争效果。[110] 相反，知识产权法往往推定损害的存在，有时甚至相当极端地对非但没有因为被告行为受到损害，反而从中获益的知识产权人判予损害赔偿。因此，在涉及被告协议压制高成本的创新研发活动时，反垄断法损害赔偿通常并不包含要求被告交出从中不正当获得的成本节约。相反，《版权法》和《专利法》均允许原告根据被告的获益而非权利人的损失计算损害赔偿。《版权法》允许原告求偿源于侵权行为的侵权人的任何获益，只要该等获益与基于版权人实际损失的赔偿不构成重复即可。《专利法》规定了多种计算损害赔偿的方法，并且总体上规定这些赔偿无论如何不得少于侵权人因使用该发明应当支付的合理许可费。合理许可费通常根据侵权产品或方法给被告产品或其销售带来的价值予以计算。[111] 知识产权法对滥用知识产权反竞争行为的惩罚力度不够。时任最高人民法院副院长的曹建明2001年6月在全国法院知识产权审判工作会议上的讲话即指出："在审理知识产权纠纷案件中，注意不要适用尚无法律依据的'惩罚性赔偿'，承担高于TRIPS协议规定的国际义务。"[112]2002年10月，其在《正确实施知识产权法律，促进科技进步和经济发展。加快推进社会主义现代化建设——在全国法院知识产权审判工作座谈会暨优秀知识产权裁判文书颁奖会上的讲话》中再次指出："根据知识产权法律和司法解释的规定，侵权行为人应当承担赔偿权利人全部损失的责任。在确定损失数额时，一方面不要在缺乏法律依据的情况下适用'惩罚性赔偿'，另一方面不要在权利人的损失能够确定的情况下简单适用法定赔偿。"[113]这些讲话显示，我国对于侵犯知识产权的行为并不给予惩罚性赔偿。

---

[110] Brunswick Corp. v. Pueblo Bowl-O-Mat, Inc., 429 U.S. 477 (1977).

[111] 参见[美]克里斯蒂娜·博翰楠、赫伯特·霍温坎普：《创造无羁限：促进创新中的自由与竞争》，兰磊译，法律出版社2016年版，第287页。

[112] 曹建明：《在全国法院知识产权审判工作会议上的讲话》，载林炳辉主编：《中国知识产权年鉴（2001－2002）》，知识产权出版社2002年版。

[113] 曹建明：《正确实施知识产权法律，促进科技进步和经济发展加快推进社会主义现代化建设——在全国法院知识产权审判工作座谈会暨优秀知识产权裁判文书颁奖会上的讲话》，载《科技与法律》2002年第4期。

## 五、结　论

如果说,反垄断法关注的是常规竞争,那么知识产权法则主要关注创新竞争。反垄断法建立在静态常规竞争的基础之上,这种竞争的利器主要是质量与价格;知识产权法建立在动态性创新竞争基础之上,这种竞争的利器是技术创新。竞争法与知识产权法关注重点的歧异在世界贸易组织协议的达成上可略见一斑。如果注重当前的竞争,知识产权的范围就可能划定得小一些,但这会形成知识产权的碎片化,形成通向创新之路上层层叠叠的"收费站",密密麻麻的专利"灌木丛";如果注重未来的创新,知识产权的范围就会被划定得大一些,即"勘探理论"所主张的未来扩展的广袤空间,但这也可能造成医药制造中"明天有药吃"而"今天无药可用"的局面。不可否认,反垄断法和知识产权法两者之间并非截然对立,反垄断法亦容许一定程度的独占行为;而知识产权法也容许一定程度的竞争。知识产权需要竞争才能产生回报,而且它们的目的是通过阻碍模仿以及基于跟随的竞争来推动竞争。竞争法及每项具体的知识产权法都形成了自己的方式,在早期发明人及后续发明人之间实现了平衡。刻意石破天惊常常无果,最打动人心的往往是恰当运用历史传承、表达时代精神的产物。无论是文学还是艺术,无论取前后相继的纵向视角还是同时代的横截断面,都有众多分享相同元素的作品。在后创作稍不留意便会挪用表达,引发侵权顾虑。软件行业甚至为这句名言创设了专门的缩写,称为"OTSOG"(on the shoulders of giants)原则。便利后续创新与保护在先成果同属专利法与著作权法的核心价值。[114] 保护既有创新者的利益,是激发更多创新的手段,而不应成为未来创新的障碍。这一基调需要贯穿创新制度的每一环节。知识产权法既要保护早期发明人为后续发明人奠定的技术发展的基础,也要保护后续发明人在早期发明的基础上作出的改进发明,以实现一种制度内的平衡。如果知识产权所有人可以在行使权利时不受任何限制,这恰是与知识产权法律制度南辕北辙的。专利法与著作权法都有一些对排他权进行限制的措施,如规定权利期限、权利的例外及权利人负有的一些义务,尤其是信息公开的义务。由此可见,

---

[114] 参见蒋舸:《著作权法与专利法中"惩罚性赔偿"之非惩罚性》,载《法学研究》2015年第6期。

这两大部门法都不是授予绝对的排他权。知识产权法与反垄断法必须被理解成一种平衡的机制,即在产权保护与促进竞争之间以及在市场排除与市场进入之间实现平衡。在对知识产权的行使适用竞争法规则的过程中,无论是明示还是暗示,都几乎无一例外地认可了在两大部门法之间存在一种"礼让"关系。对权利内容加以立法上的限制,也就是对权利的"内部限制",是作为财产法的专利法的任务,而不是反垄断法所能做到的,后者无法干预知识产权的存在,只是对权利行使的一种"外部限制"。企图以反垄断法来阻止权利人的专有权本身内容不断扩展的现状,无疑具有手段不达目的的"致命伤"。

Analysis on Abuse of Intellectual Property
Rights and Abuse of Dominant Market Position

Zhang Shiming

**Abstract**: Some scholars often regard the prevention of intellectual property abuse (patent abuse) as an extension of the prohibition of abuse of rights in civil law. They argue that the basis of anti-monopoly is to prohibit the abuse of rights, equate the abuse of intellectual property rights with the abuse of dominant position by intellectual property rights, and even lead to the conclusion that "abuse is the improper use of market dominant rights". However, from the perspective of dependent approach, the "principle of abuse of rights" has emerged and grown up in the civil law system. Although the two concepts of "abuse of intellectual property rights" and "abuse of rights" seem to be closely related, in fact, the abuse of intellectual property rights is not directly related to the abuse of rights in civil law. Although abuse of rights is similar to abuse of market dominance on the surface, in fact, abuse of market dominance is a special concept in anti-monopoly law, and "market dominant position" is not "right". The "micro monopoly" that the intellectual property law gives a specific technical solution or expression to a certain problem does not necessarily bring about market power. Anti-monopoly law is the law to protect the process of competition, while intellectual property law is the law to protect the fruits of competition. The violation of antitrust law in the exercise of intellectual property rights is a kind of the acts of abusing intellectual property rights, which is a sufficient but unnecessary condition for the abuse of intellectual property rights. The legal consequences of patent abuse defense and antitrust litigation are different, which does not lead to the invalidation of patent rights.

**Key words**: right abuse　patent abuse defense　abuse of market dominant position　institutional protection

# 互联网经济下个人信息的反垄断法保护

李　良*

**内容摘要：**

互联网经济的显著特点之一是，对个人信息的深层获取和利用，这对个人信息保护构成了威胁。反垄断法虽然可以在个人信息保护方面发挥积极作用，但是也会在理论基础及如何与各子领域结合方面受到挑战。尽管传统反垄断法理论以经济影响为中心、排斥对个人信息保护等非经济因素的考量，但在互联网领域，新的技术和竞争特征给理论发展提供了基础。在目前的两条理论发展进路——独立价值路径与产品质量路径中，后者对我国来说是更优选择。在后者与各子领域结合的过程中，垄断协议案件的难点是对违法行为的侦查和发现，滥用市场支配地位案件需要关注对剥削性滥用和排他性滥用之间关系的处理，经营者集中案件则要留意审查案件覆盖范围上可能发生的变化，后两者的评估侧重也各有特殊之处。

**关键词：**

反垄断法　互联网经济　个人信息保护　个人信息数据　竞争机制

互联网时代下，个人信息成为企业展开经营和竞争所依赖的关键要素。[1]

---

* 剑桥大学法律系博士研究生。感谢国家留学基金委员会对本人博士学习的资助，本文文责自负。

〔1〕 个人信息，一般是指与个人身份识别相关或反映特定个人活动情况的信息。例如，我国《民法典》中将个人信息定义为“以电子或者其他方式记录的能够单独或者与其他信息结合识别特定自然人的各种信息，包括自然人的姓名、出生日期、身份证件号码、生物识别信息、住址、电话号码、电子邮箱、健康信息、行踪信息等”。欧盟2016年颁布的《通用数据保护条例》中也沿用其1995年的个人数据保护指引，将个人信息定义为“任何与已被识别或可被识别的自然人有关的信息”。参见《民法典》第1034条。Directive 95/46/EC of the European Parliament and of the Council of 24 October 1995 on the Protection of Individuals with Regard

基于个人信息数据,互联网领域涌现了种类繁多的产品和服务(以下统称产品),便利了消费者的工作和生活。与此同时,随着经济利益驱使并借助不断发展的互联网技术,互联网企业对个人信息进行获取和利用的程度持续加深,[2]对消费者的个人信息保护构成了不容小觑的威胁。[3]基于此情况,个人信息的法律保护问题越来越受到重视。从国际立法来看,在国际引起广泛关注的欧盟《通用数据保护条例》基于数据获取的“合法性”和“用户同意”等原则,[4]对数据主体赋予了丰富的权利。[5]就我国立法而言,民事法律领域,我国 2017 年颁布的《民法总则》(已失效)宣示了对自然人的个人信息应当依法获取和使用。[6]2020 年颁布的《民法典》人格权编规定,处理个人信息应当征得该自然人或者其监护人同意,对于在同意范围内合理实施的个人信息处理,不承担民事责任。[7]由此观之,《民法典》对于个人信息是从“意思自治”的角度出发进行规制的。《消费者权益保护法》和专门针对互联网领域的各立法中,虽然也对

to the Processing of Personal Data and on the Free Movement of Such Data 1995, Article 2(1); Regulation (EU) 2016/679 of the European Parliament and of the Council of 27 April 2016 on the Protection of Natural Persons with Regard to the Processing of Personal Data and on the Free Movement of Such Data, and Repealing Directive 95/46/EC (General Data Protection Regulation) 2016.

〔2〕 互联网企业在数据获取的数量、速度、广度、精确度等方面都远远超过了传统企业,对数据的利用也更加广泛和深入。See OECD, “Big Data: Bringing Competition Policy to the Digital Era (Background Note by the Secretariat)”, 2016, p. 5 – 7; Autorité de la concurrence and Bundeskartellamt, “Competition Law and Data” (2016) p. 10 – 11; Liang Li, “Data and Market Definition of Internet-Based Businesses”, 20 *Competition and Regulation in Network Industries* 54 (2019).

〔3〕 参见刘学涛:《个人数据保护的法治难题与治理路径探析》,载《科技与法律》2019 年第 2 期;闫海、韩旭:《互联网定向广告中个人信息安全风险及其法律防范》,载《科技与法律》2019 年第 1 期。

〔4〕 GDPR, Article 5 – 11.

〔5〕 GDPR, Article 12 – 22, 30, 32.

〔6〕 参见原《民法总则》第 111 条。

〔7〕 参见《民法典》第 1035 条、第 1036 条。

个人信息保护的问题有所涉及,[8]但均是通过设定“行为底线”对个人信息予以保护的。就正在制定中的个人信息保护法而言,欧盟《通用数据保护条例》对包括我国在内的各国个人信息保护立法讨论和关注重点产生了重要影响,在立法研究中也被广泛提及。[9] 未来个人信息保护法对用户个人信息的保护,也极可能以“意思自治”和设定“行为底线”为基础。与上述法律不同,反垄断法通过规制竞争间接对消费者利益产生影响,[10]通过反垄断执法机关的主动执法,禁止对个人信息产生不利影响的垄断协议、制止针对个人信息的滥用市场支配地位行为、阻止对个人信息保护产生重大不利影响的经营者集中,促进经营者之间针对个人信息保护力度进行竞争,反垄断法可以给消费者带来“更优”的个人信息保护选项。[11]

研究方面,我国当前针对个人信息保护的讨论多从民法角度出发,围绕个人信息权的权利性质以及个人信息中的隐私信息保护等问题进行讨论,鲜有从反垄断法出发进行分析。就反垄断法角度而言,现有屈指可数的讨论或是立足于权利内涵的演变,强调目前具有市场支配地位的互联网企业的数据挖掘行为

---

〔8〕 其中,我国《消费者权益保护法》从经营者对消费者个人信息收集和利用的合法性、正当性、必要性、安全性和消费者的知情权出发,对消费者的个人信息保护设定了底线。此外,专门针对互联网领域的法律和规范性文件中,也作出了对个人信息保护的收集和使用需遵循合法性、正当性、必要性和安全性等底线性规定。参见全国人民代表大会常务委员会《关于修改〈中华人民共和国消费者权益保护法〉的决定》第 2 条、第 12 条、第 23 条、第 28 条;全国人大常委会《关于加强网络信息保护的决定》第 2 ~ 4 条;《电信和互联网用户个人信息保护规定》第 5 ~ 16 条;《网络安全法》第 22 条第 3 款、第 41 ~ 45 条;《电子商务法》第 5 条、第 23 条、第 25 条、第 32 条;国家标准 GB/T 35273 – 2017《信息安全技术个人信息安全规范》(该标准于 2020 年更新为 GB/T 35273 – 2020)。

〔9〕 参见周汉华:《探索激励相容的个人数据治理之道——中国个人信息保护法的立法方向》,载《法学研究》2018 年第 2 期;齐爱民、张哲:《识别与再识别:个人信息的概念界定与立法选择》,载《重庆大学学报(社会科学版)》2018 年第 2 期。

〔10〕 王晓晔:《反垄断法》,法律出版社 2011 年版,第 4 ~ 8 页、第 26 ~ 27 页;刘继峰:《竞争法学》,北京大学出版社 2016 年版,第 17 ~ 28 页。

〔11〕 关于个人信息反垄断法保护的具体实施问题的讨论,参见下文第三部分。

可能侵害用户隐私,据此提出应当限制互联网企业的网络垄断和市场扩张;[12]或是立足某一特定反垄断法子领域,分析如何具体将隐私保护纳入反垄断法之中。[13] 但二者均未从理论上阐明一个更加根本性的问题,即以"经济性"关注为中心、百余年来并未对个人信息保护(包括隐私保护问题)进行回应,甚至明确表示过排斥的反垄断法,为何现在将此等问题纳入;如果需要纳入,理论层面是否存在不同纳入路径;如有不同路径,适宜采用何种理论路径。域外研究方面,个人信息反垄断法保护的研究虽然已得到广泛重视,但是在上述根本性问题的回应方面,也仍有不足之处,并且因理论不自洽而导致的问题已经开始在执法和司法中暴露,带来了实践层面的困扰。[14] 对我国来说,为避免未来产生同样的情况,这些问题同样值得重视。在此背景下,本文旨在对上述问题进行分析和回答,尤其关注解决基础理论问题,以期为后续在各个子领域进一步开展细化的制度研究提供底层理论支撑。本文第一部分讨论互联网经济下个人信息如何被获取、利用以及面临何种风险;第二部分从理论角度出发,探究以反垄断法进行个人信息保护的理论基础,并基于此讨论适宜我国的最佳理论路径;第三部分从与具体实施结合的角度,讨论上述理论与反垄断法各个子领域结合时需要注意的问题,为今后各子领域的进一步深入讨论提供框架基础。

## 一、对个人信息的利用及存在的问题

互联网经济下,对个人信息的利用显现独特的经济和竞争特征。在利益的驱使和技术的支持下,企业对个人信息进行越来越广泛、深入的收集和利用,给个人信息保护带来了威胁。在展开具体讨论前,值得先对反垄断法语境下的个人信息、个人信息数据和隐私几者之间的关系进行梳理。在互联网领域,信息以数据的形式存在,因此难以脱离个人信息数据讨论个人信息。尽管严格来讲,"信息"与"数据"并不等同,例如,有民法研究指出,二者涉及的法律调整对

---

〔12〕 参见陈剩勇、卢志朋:《互联网平台企业的网络垄断与公民隐私权保护——兼论互联网时代公民隐私权的新发展与维权困境》,载《学术界》2018 年第 7 期。

〔13〕 参见韩伟:《数字经济中的隐私保护与支配地位滥用》,载《中国社会科学院研究生院学报》2020 年第 1 期。

〔14〕 见下文"二(二)"之论述。

象及调整方法不同,[15]但是与民法基于权利性质的研究侧重不同,反垄断法更加关注相关要素在企业的经营和经济活动中如何被具体运用以及会产生怎样的竞争影响。就此,作为信息载体的“数据”与“信息”一般可以交互使用,因为前者是后者在数字时代的二进制表现形式,此等交互使用在包括我国在内的反垄断法的国际研究中广泛存在。[16] 鉴于本文属于围绕反垄断法问题进行的分析,因此也不再对二者进行区分。

对于个人信息和隐私信息,二者是包含与被包含的关系。个人信息涵盖的范围更加广泛,包括但不仅限于隐私信息,[17]例如,姓名一般不被作为隐私信息,但却属于个人信息。民法领域有研究指出,个人信息中包含受到隐私权保护的私密信息,对个人信息的利用可能侵犯隐私权,而如何界定“隐私”一直是民法学界争论的主题之一,至今尚未达成理论共识,在隐私信息和个人信息之间的具体划分上,也存在不同意见。[18] 值得指出的是,从反垄断法的角度而言,在国际上的学术讨论和已有案例中,尽管用词亦时含有隐私(privacy),但实

---

[15] 参见梅夏英:《数据的法律属性及其民法定位》,载《中国社会科学》2016 年第 9 期;纪海龙:《数据的私法定位与保护》,载《法学研究》2018 年第 6 期。

[16] 参见韩伟:《数字经济中的隐私保护与支配地位滥用》,载《中国社会科学院研究生院学报》2020 年第 1 期;European Data Protection Supervisor, “Report of Workshop on Privacy, Consumers, Competition and Big Data” (2014); Autorité de la concurrence and Bundeskartellamt, *Competition Law and Data* (2016).

[17] 例如,我国《民法典》中提及,“个人信息中的私密信息,适用有关隐私权的规定;没有规定的,适用有关个人信息保护的规定”。参见《民法典》第 1034 条第 3 款。

[18] 关于个人信息与隐私二者关系的讨论,参见齐爱民、李仪:《论利益平衡视野下的个人信息权制度——在人格利益与信息自由之间》,载《法学评论》2011 年第 3 期;王利明:《隐私权概念的再界定》,载《法学家》2012 年第 1 期;王利明:《论个人信息权的法律保护——以个人信息权与隐私权的界分为中心》,载《现代法学》2013 年第 4 期;张新宝:《从隐私到个人信息:利益再衡量的理论与制度安排》,载《中国法学》2015 年第 3 期;张里安、韩旭至:《大数据时代下个人信息权的私法属性》,载《法学论坛》2016 年第 3 期;参见高富平:《论个人信息保护的目的——以个人信息保护法益区分为核心》,载《法商研究》2019 年第 1 期。

际涵盖的范围却是互联网企业所收集的“所有个人信息”这一整体。[19] 无论是现有反垄断法理论研究还是案例,都没有单独保护个人信息中的隐私信息、将个人信息中的其他信息排除在外的情况。就实践情况而言,互联网领域的用户条款中往往对包括隐私信息数据和非隐私信息数据在内的“所有个人信息数据”设置统一的数据获取和使用条款,不加以区分。此外,不涉及隐私的个人信息也会对企业的经济活动和企业之间的竞争产生重要影响。鉴于此,除在提及域外情况时为顾及文本翻译的严谨性而使用“隐私”(实质仍是指代个人信息)外,本文将以“个人信息”展开论述,以避免出现对本文讨论涵盖范围的歧义。

(一)个人信息在互联网经济中的运用

个人信息在互联网经济中的重要性日益提升,带来了从产品竞争到营利模式的全方位重塑。[20] 对于已有产品来说,“个性化程度”越来越成为消费者评判和选择互联网产品的重要标准,互联网企业之间围绕产品个性化展开了激烈竞争。[21] 个人信息数据对实现产品的个性化功能至关重要。在其他条件相同的情况下,互联网产品的个性化程度与企业对个人信息数据的掌握程度和利用能力呈正相关。尽管该相关性并不一定呈“直线型”线性相关,即可能在到达一定程度后,数据量的增加对产品个性化提高的贡献度可能减缓甚至停滞,但并不会导致个性化降低。因此,获得更多的用户个人信息数据对企业提高产品质量来说有利无害。个人信息数据对于互联网产品创新来说更关键,尤其是在新

〔19〕 For official studies, See e. g. European Data Protection Supervisor, “Report of Workshop on Privacy, Consumers, Competition and Big Data” (2014); Autorité de la concurrence and Bundeskartellamt, “Competition Law and Data” (2016); OECD, “Considering Non-Price Effects in Merger Control-Background Note by the Secretariat” (2018), Section 4; for cases, See Google/DoubleClick [2008] European Commission Case No. COMP/M. 4731; Facebook/WhatsApp [2014] European Commission Case No. COMP/M. 7217; Microsoft/LinkedIn [2016] European Commission Case M. 8124.

〔20〕 有研究指出,个人信息带来了对产业内部流程和外部链接方式的改变。参见寇宗来、刘雅婧:《数字经济下的监管挑战》,载《财经问题研究》2019 年第 3 期。

〔21〕 例如,欧盟近年的案例分析中多次涉及此点。See Google Search (Shopping) [2017] European Commission Case AT. 39740 [449]; Apple/Shazam (European Commission) [64 - 73].

产品的研发中,可以利用个人信息数据对算法进行改进和测试。以人工智能产品为例,百度提及了其人工智能系列产品的研发是基于其拥有的包括个人信息数据在内的海量数据,[22]在微软公司研发的人工智能对话产品系列中,个人信息数据同样是重要的原材料。[23]

除产品竞争外,个人信息数据在互联网经济的营利模式中也扮演重要角色。在互联网领域,"免费加广告"的营利模式极为常见。在此模式下,互联网企业向用户提供产品时不向用户直接收取货币对价,而是收集用户的个人信息数据,然后在广告市场利用个人信息数据获取经济利益。[24] 上述分析显示,无论是从产品竞争还是从营利模式的角度,个人信息数据在互联网企业的经营和竞争活动中都占据重要地位。

(二)个人信息保护面临的挑战

个人信息的重要性会驱使互联网企业有强烈意愿对个人信息数据进行更加深入的获取和利用,借助计算机和网络技术,互联网企业得以实现这一意愿,这给个人信息保护带来了极大挑战。与货币不同,个人信息数据的价值难以以单位价值进行分割和衡量,这直接带来了在"个人信息数据—互联网产品"这一交换过程中,经营者往往向消费者要求概括性的数据获取授权。一旦获得了用户授权,在信息技术方面的优势可使互联网企业能够快速、大规模、深入地对用

---

[22] "DuerOS 是百度全球领先人工智能技术的重要应用之一,借助百度的信息与服务构成的巨大生态 DuerOS 拥有海量数据,能通过自然语言完成对硬件的操作与对话交流,为用户提供完整的服务链条。"参见《DuerOS 隐私政策》,载百度网,https://developer.dueros.baidu.com/doc/overall/privacy-policy_markdown。

[23] See Jonathan Vanian, "How A Microsoft Research Project Captured the Hearts of Millions", *Fortune*, 10 March 2016;微软亚洲研究院:《微软小冰:人工智能创造三原则》,载微软亚洲研究院官网,https://www.msra.cn/zh-cn/news/features/xiaoice-20170519。

[24] 参见侯利阳、李剑:《免费模式下的互联网产业相关产品市场界定》,载《现代法学》2014 年第 6 期;孙晋、钟瑛嫦:《互联网平台型产业相关产品市场界定新解》,载《现代法学》2015 年第 6 期。

户个人信息数据进行获取和利用。[25] 由于拥有更多的数据对企业来说有利无害,经济利益的驱使很可能导致企业对个人信息的过度获取和不当利用,例如,脸书(Facebook)公司就因利用其市场支配地位对用户个人信息进行过度收集,而在 2019 年 2 月受到德国反垄断执法机构的处罚。[26]

虽然有互联网经营者提出以"不出售用户个人信息数据"的方式对个人信息进行保护,[27] 但是该等保护是极为有限的。其将注意力引向了"向其他企业进行数据的再次转让"这一环节给消费者带来的损害,却未涉及直接获取个人信息数据的企业本身可能存在对个人信息数据过度挖掘和利用的问题。对此,有互联网经营者提出以匿名化处理的方式对用户的个人信息进行保护;[28] 但是,数据分析技术的进步使经营者有能力将匿名化的信息与特定个人重新进行联结,即进行"逆匿名化",并且该能力正在不断提高。[29] 此外,匿名化的关注重点仍停留在如何对个人信息数据展开利用的层面,针对互联网企业对个人信息数据大规模、深入挖掘这一行为本身所带来的问题却避而不谈。以上情况显示,依靠市场自主调节难以解决互联网领域的个人信息保护问题,需要法律的干预和规制。

---

〔25〕 关于互联网领域数据及其被利用特性的分析, see Liang Li, "Data and Market Definition of Internet-Based Businesses", 20 *Competition and Regulation in Network Industries* 54 (2019)。

〔26〕 Administrative Proceedings-Decision under Section 32(1) German Competition Act (GWB) (Facebook) [2019] Bundeskartellamt 6th Decision Division B6 – 22/16.

〔27〕 例如,我国百度、腾讯、阿里巴巴等公司目前并未有公开出售用户数据的情况,其他国际公司如谷歌、脸书、亚马逊、苹果等公司均在其数据政策中明确表明不会出售用户的个人信息数据。

〔28〕 "在收集到您的个人信息后,我们将通过技术手段及时对数据进行匿名化处理。在不泄露您个人信息的前提下,百度有权对匿名化处理后的用户数据库进行挖掘、分析和利用(包括商业性使用)。"参见《DuerOS 隐私政策》,载百度网, https://developer.dueros.baidu.com/doc/overall/privacy-policy_markdown。

〔29〕 参见程啸:《论大数据时代的个人数据权利》,载《中国社会科学》2018 年第 3 期;王利明:《人格权的属性:从消极防御到积极利用》,载《中外法学》2018 年第 4 期;王利明:《数据共享与个人信息保护》,载《现代法学》2019 年第 1 期。

## 二、个人信息反垄断法保护的理论基础

理论是立法和法律实施的基础,在未进行妥善的理论分析前就贸然引入制度,可能导致在执行时产生问题。传统反垄断法理论专注经济影响分析,在面对个人信息保护时存在局限性。目前,存在不同的理论发展进路解决这一问题。本部分将重点对个人信息保护的反垄断法理论基础进行探讨,并讨论基于我国情况所适宜选取的最佳理论路径。

(一)传统反垄断法理论面对个人信息保护问题时的局限性

本文所称的传统反垄断法理论,是指自1890年美国《谢尔曼法》颁布后发展起来的"现代反垄断法"范围内的传统理论。[30] 这些理论以经济利益为核心,围绕价格、质量、创新等要素展开,并排斥对非经济维度的考量。最早产生广泛影响的哈佛学派提出了"结构—行为—市场表现"理论,认为市场结构决定企业在市场中的行为,进而决定市场表现;其中,市场结构以市场集中度衡量,以销售数额和收益等价格指标为基础计算。[31] 其后崛起的芝加哥学派和后芝加哥学派着眼经济效率,围绕最终产品的市场价格建立福利分析理论,认为经营者可以通过产品产量、成本和价格等经济要素对福利分配产生影响。[32] 除上述理论外,基于熊彼特理论关注动态竞争的澳大利亚学派、对欧盟及其成员

〔30〕 关于更早期具有反垄断法性质的法律和理论讨论,见下文"二(三)1."。

〔31〕 See e. g. Attorney General's National Committee of the United States, *Report of the Attorney General's National Committee to Study the Antitrust Laws*, US Government Printing Office, 1955, p. 49; Ariel Ezrachi, *EU Competition Law: An Analytical Guide to the Leading Cases*, 5th edition, Hart Publishing, 2016, p. 128; Alison Jones & Brenda Sufrin, *EU Competition Law: Text, Cases, and Materials*, 6th edition, Oxford University Press, 2016, p. 13.

〔32〕 See Oliver E Williamson, "Economies as An Antitrust Defense: The Welfare Tradeoffs", 58 *The American Economic Review* 18 (1968); Steven C Salop & David T Scheffman, "Raising Rivals' Costs", 73 *The American Economic Review* 267 (1983); Robert H. Bork, *The Antitrust Paradox: A Policy at War with Itself*, The Free Press, 1993, p. 107 – 115。王晓晔:《反垄断法》,法律出版社2011年版,第15～18页。

国产生重要影响的秩序自由主义学派和受其影响的欧洲学派等,也都围绕经济影响分析展开讨论。[33] 在此理论背景下,监管者往往关注企业经营和竞争活动中的经济影响,并排斥对非经济要素的考量。

反映于实践中,各国最初拒绝将个人信息保护问题纳入反垄断法予以考量。例如,欧盟法院早在其2006年涉及个人信息数据的案件判决中就指出,与个人信息保护相关的问题应当由数据保护类法律进行规制,而非以反垄断法进行规制。[34] 在互联网领域,欧盟委员会在2008年的"谷歌(Google)与双击(DoubleClick)公司经营者集中案"中指出,该案所涉的个人信息保护问题应由欧盟数据保护法予以规制。[35] 这一观点在其2014年针对脸书与华沙普(WhatsApp)公司的经营者集中审查中被再次强调,认为对于数据合并所引发的与隐私相关的问题属于欧盟数据法的规制范畴,而不属于竞争法的规制范畴。[36] 与欧盟相似,美国联邦交易委员会在2008年针对谷歌与双击公司经营者集中审查的分析中也曾指出,隐私保护与反垄断问题并不直接相关。[37] 以上分析显示,在严格适用传统理论的情况下,传统反垄断法难以将个人信息保护问题纳入其评估体系。

### (二)理论演进及尚存问题

随着个人信息在企业经营和竞争活动中的作用越来越显著,企业营利与个人信息保护需求间的冲突日益明显,这使理论界和实务界开始反思并尝试将个人信息保护纳入反垄断法中。目前,在理论发展方面,存在独立价值路径和产

---

〔33〕 See Alison Jones & Brenda Sufrin, *EU Competition Law: Text, Cases, and Materials*, 6th edition, Oxford University Press, 2016, p. 24 – 26; Doris Hildebrand, *The Role of Economic Analysis in EU Competition Law: The European School*, Kluwer Law International, 2016, p. 5.

〔34〕 Asnef-Equifax, Servicios de Información sobre Solvencia y Crédito, SL and Administración del Estado v Asociación de Usuarios de Servicios Bancarios (Ausbanc) [2006] Court of Justice of European Union (Third Chamber) C – 238/05 [63].

〔35〕 Google/DoubleClick [2008] European Commission Case No. COMP/M. 4731 [368].

〔36〕 Facebook/WhatsApp [2014] European Commission Case No. COMP/M. 7217 [164].

〔37〕 Federal Trade Commission, "Statement of the Federal Trade Commission Concerning Google/DoubleClick", p. 2.

品质量保护路径两种进路。其中,独立价值路径将个人信息保护视为一种应被反垄断法保护的独立价值。尽管美国联邦贸易委员会在“谷歌与双击公司经营者集中案”中指出,隐私保护不属于反垄断法的规制范畴,但基于委员的意见和出于谨慎考虑,仍对该问题作出分析,并将其与产品质量一同列为非价格层面的要素,二者为并列关系而非包含关系。[38] 基于此,分析路径的理论研究认为,当市场中的竞争者减少时,剩余的竞争者就隐私保护进行竞争的意愿就会降低,从而对消费者的利益产生不利影响。[39]

与独立价值路径不同,产品质量路径是将个人信息保护作为一种产品质量予以看待。以欧盟为例,尽管其在先前的判决和决定中明确将之排除出反垄断法范畴,但实践的发展使欧盟也开始尝试将个人信息保护纳入反垄断案件的分析中。基于其判例法传统和围绕经济分析建立的先例,欧盟委员会选取了“产品质量”这个传统隶属于经济层面的要素作为突破点。在2016年的“微软与领英(LinkedIn)经营者集中案”中,欧盟委员会一改先前做法,指出尽管与隐私相关的问题并不属于欧盟竞争法的规制范畴,但如果消费者将隐私保护视为一项产品质量,并且参与集中的各方就此存在竞争,那么,隐私保护问题就应以产品质量的身份被纳入欧盟竞争法的考量之中。[40] 此观点也得到了理论研究的支持。[41]

---

〔38〕 Federal Trade *Commission*, “Statement of the Federal Trade Commission Concerning Google/DoubleClick”, p. 7, footnote 7.

〔39〕 See Pamela Jones Harbour, “Dissenting Statement of Commissioner Harbour in the Matter of Google/DoubleClick”, p. 10, footnote 25; Testimony of Peter J. Swire, “Submission to the Federal Trade Commission, Town Hall on Behavioral Advertising: Tracking, Targeting, and Technology”, October 18, 2007.

〔40〕 Microsoft/LinkedIn[2016]European Commission Case M. 8124[350].

〔41〕 See e. g. European Commission, “Mergers: Commission Approves Acquisition of LinkedIn by Microsoft, Subject to Conditions”, December 6, 2016; European Data Protection Supervisor, “EDPS Opinion on Coherent Enforcement of Fundamental Rights In the Age of Big Data”, p. 13; Lisa Lovdahl Gormsen, “Digital Consolidation, Citizen and Community, in the Online Markets and Offline Welfare Effects: The Internet, Competition, Society and Democracy”, Selected Contributions from the CCLP Conference Hosted on 22 May 2017, p. 30, 34.

以经营者集中为例,若两个存在横向竞争关系的经营者在个人信息保护方面存在竞争,那么这两个经营者的合并可能会降低对于个人信息保护的竞争压力,就这个角度而言,对于个人信息保护的减损在效果上类似降低产品质量。[42]

尽管从最终目的和效果来看,无论是产品质量路径还是独立价值路径,都是以反垄断法进行个人信息保护的尝试,但是二者的差异不容忽视,且所涉及的问题和产生的影响绝不止步于"个人信息保护"和"产品质量"之间是并列还是从属关系,而是会对传统反垄断法理论和实践产生更加深远的影响。个人信息不仅具有经济属性,[43]还具有显著的人身属性。[44] 而正如上文所述,传统反垄断法理论关注经济影响并排斥对非经济要素的考量,因此,个人信息保护问题的纳入无疑会给理论的自洽性带来冲击,并已经开始致使执法和司法实践中出现冲突。例如,在德国 2019 年的"脸书公司滥用市场支配地位案"中,对于德国反垄断执法机构基于脸书公司因过度收集消费者的个人信息而构成剥削性

---

[42] See UK Competition and Markets Authority, "The Commercial Use of Consumer Data: Report on the CMA's Call for Information", p. 95; Allen P. Grunes and Maurice E. Stucke, "No Mistake about It: The Important Role of Antitrust in the Era of Big Data", Social Science Research Network 2015, SSRN Scholarly Paper ID 2600051 5; Autorité de la concurrence and Bundeskartellamt, "Competition Law and Data" (2016) p. 10 – 11; Liang Li, "Data and Market Definition of Internet-Based Businesses", 20 *Competition and Regulation in Network Industries* 54 (2019).

[43] 已有研究指出,个人信息可以转化为财产,甚至是数额巨大的财产。在实践中,个人信息在欧盟的"谷歌/双击合并案"中也被当认为是一项与竞争相关的重要财产。参见崔建远:《我国〈民法总则〉的制度创新及历史意义》,载《比较法研究》2017 年第 3 期;余筱兰:《信息权在我国民法典编纂中的立法遵从》,载《法学杂志》2017 年第 4 期;王利明:《人格权的属性:从消极防御到积极利用》,载《中外法学》2018 年第 4 期;Damien Geradin & Monika Kuschewsky, "Competition Law and Personal Data: Preliminary Thoughts on A Complex Issue", in Concurrences (ed.), New Frontiers of Antitrust, Bruylant, 2013, p. 96 – 97。

[44] 研究指出,个人信息与自然人个人及其活动情况密切相关,其中包含个人的敏感信息和核心隐私,通过对个人信息的利用,可以对个人生活产生影响。参见王利明:《数据共享与个人信息保护》,载《现代法学》2019 年第 1 期;崔建远:《我国〈民法总则〉的制度创新及历史意义》,载《比较法研究》2017 年第 3 期。

滥用的结论,[45] 德国北威州的州高级法院对其恰当性持怀疑态度,并决定延缓执行德国反垄断执法机构对脸书公司的行政处罚决定。[46] 随后,德国联邦最高法院在该案的上诉案中,又对德国反垄断执法机构的处罚决定予以了肯定。[47] 鉴于此,下文将分别从两个路径出发,探讨两种进路是否具有合理的理论基础,并且探讨二者之中何者更适宜我国。

(三)个人信息反垄断法保护理论再探与我国路径选择分析

1. 独立价值路径:反垄断法目的与功能重探

独立要素路径将个人信息保护独立于传统的价格、质量等经济要素之外,其可行性依赖对"反垄断法是否可以规制非经济影响"这一问题的回答。早在古罗马时期,罗马帝国就曾制定法令,以生活资料(如粮食)为对象,禁止商人以单独囤积居奇、通过建立价格联盟、妨碍供给等方式牟取暴利。[48] 彼时正值古罗马频频面临内外战争之际,保障生活资料供给、增加人口数量是古罗马政府进行上述立法的重要目的。[49] 作为美国《谢尔曼法》制定的重要普通法依据,英国判例法中也包含反垄断和规制竞争的内容。1348 年开始在英国流行的鼠疫导致大量劳动力丧失,当时工业革命尚未发生,劳动力是重要的生产基础,为了保障劳动力供给,英国以促进就业为目的,制定了一系列有关商业活动的立法,适年劳动力不就业甚至被认为是违法的。[50] 在此历史背景下,出现了目前被反垄断法学者认为是英国最早的涉及"排除、限制竞争协议"的判例。[51]

上述分析显示,作为一种政府干预手段,反垄断法在不同的历史时期和历

[45] Administrative Proceedings-Decision under Section 32(1) German Competition Act (GWB) (Facebook) [2019] Bundeskartellamt 6th Decision Division B6 – 22/16 B. II and B. III.

[46] Oberlandesgericht Düsseldorf Beschluss [2019] Dusseldorf Court VI-Kart 1/19 (V).

[47] Bundesgerichtshof bestätigt vorläufig den Vorwurf der missbräuchlichen Ausnutzung einer marktbeherrschenden Stellung durch Facebook (Bundesgerichtshof).

[48] 参见闵策励:《联邦德国的反垄断法》,载《法学研究》1986 年第 6 期;徐国栋:《罗马经济法研究》,载《现代法学》2015 年第 1 期。

[49] 参见徐国栋:《罗马经济法研究》,载《现代法学》2015 年第 1 期。

[50] See Mark R. Filipp, *Covenants Not to Compete*, 1. 02. 4th edition, Aspen Publishers, 2016.

[51] Dyer's Case [1414] CP Y. B Pasch. 2 Hen. v, f. 5, pl. 26.

史背景下,曾被用以实现不同的目的,除经济目的外,也被用以实现非经济目的。因此,虽然当代传统反垄断法理论围绕对经济要素的关注而建立,但是从历史角度观之,独立价值路径并不具有不可逾越的障碍。

2. 产品质量路径:个人信息保护问题在互联网领域的独特性

在传统线下销售等非互联网商业活动中早已对个人信息进行获取和使用,但自 1890 年现代反垄断法诞生以来,百余年来,世界范围内未有将个人信息保护归入质量要素进行竞争影响分析的情况。因此,产品质量路径可行与否的关键在于,探究"将互联网领域的个人信息保护视为产品质量"这一变化是否具有合理性。

该转变的合理性源于技术变革所带来的经营者和消费者双方对消费者个人信息控制能力及方式的转变。在利用互联网进行个人信息(数据)收集前,当经营者寻求获取个人信息时,消费者对其个人信息的"输出"具有较强的掌控能力,处于个人信息控制的主动方。以线下销售为例,当经营者以线下问卷方式寻求消费者的个人信息时,消费者可以选择拒绝告知,也可以选择仅告知部分信息。此外,每次收集信息都需要重新征得用户的同意。但在互联网领域,经营者拥有通过信息技术进行产品控制的能力,并且可以为产品使用设置前置条件。目前,绝大多数经营者都在用户使用其产品前要求用户接受"概括性"的个人信息(数据)收集条款。用户难以就该等条款与经营者进行谈判,只能选择接受或者不接受经营者提供的条款。拒绝接受意味着用户将无法使用互联网产品,而一旦用户接受,经营者便无须再重复询问用户,即可利用其技术优势直接、持续地对用户数据进行获取和利用。上述变化使消费者控制个人信息输出的能力削弱,变为需要依赖经营者提供更优的个人信息保护条款来进行更好的自我个人信息保护。例如,根据欧盟委员会的调查,在脸书公司宣布并购华沙普公司后,许多用户担心个人信息保护会受到不利影响,而用户进行个人信息保护的方式是转而使用其他公司提供的、个人信息保护得更好的产品。[52] 再如,针对德国 2019 年的"脸书公司滥用市场支配地位案",2020 年 6 月,德国联邦最高法院在上诉案的法院意见里指出,该案问题的关键在于脸书公司的用户条款没有给用户留有是选择"允许涵盖非脸书公司产品数据收集的个性化服

〔52〕 Facebook/WhatsApp [ 2014 ] European Commission Case No. COMP/M. 7217, footnote 79.

务”还是选择“仅允许根据脸书公司产品数据进行个性化服务”的余地。[53] 以上情况显示，技术变革使消费者由个人信息的“控制者”转变为面对经营者提供的不同个人信息保护条件的“选择者”。由于产品质量同样是由经营者提供、消费者进行选择，经营者提供的“不同的个人信息保护条件”与“不同的产品质量”具有了相似性。由此观之，将互联网领域的个人信息保护看作一种产品质量具有合理性。

以上分析显示，尽管独立价值路径和产品质量路径均具有可行性，但是二者所依据的理论基础有所不同，需择一而用。作为与经济政策密切相关的法律，不同国家的反垄断法理论既具有共性又具有特性，而最适宜的理论发展路径与一国的法律发展历史和现行法律体系情况密不可分。例如，欧盟委员会在处理反垄断法案件时采取遵循先例的普通法系传统，在上述两条路径之间，理论和实践阻力较小的是将个人信息保护归入具有先例的产品质量保护之下。鉴于我国与欧美等国情况有所不同，下文将立足我国的情况，分析最优理论发展进路。

3. 基于我国情况的最优理论路径选择

从法律文本和法系的角度来看，两种理论在我国均具有可行性。我国《反垄断法》关于立法目的的条文中，[54] 并没有明确将“消费者利益”严格限定为“经济利益”，即未明确排除对非经济影响的考量，具有采取独立价值路径的空间。此外，我国作为成文法而非判例法国家，不受在先判例的束缚，不需要因为遵循先例这一原因而将个人信息保护归入产品质量之下。但是，从历史发展和法律体系稳定考虑，两种路径之中仍是产品质量路径理论更加适合我国。从反垄断法的历史发展来看，我国现行《反垄断法》的诞生与我国的经济体制改革密切相连，主要围绕的也是对经济发展的关注，最初的立法目的在于引入市场竞争机制以改善资源配置、提高经济效率、降低价格、扩大产出、推动创

---

〔53〕 Bundesgerichtshof bestätigt vorläufig den Vorwurf der missbräuchlichen Ausnutzung einer marktbeherrschenden Stellung durch Facebook (Bundesgerichtshof), Entscheidung des Bundesgerichtshofs.

〔54〕 参见《反垄断法》第1条。

新等。[55] 在对境外理论进行批判性借鉴的基础上,在消费者利益方面也主要围绕价格、质量等要素展开。[56] 从现行立法来看,法律规定的具体内容具有很强的经济倾向性;从司法实践来看,公开资料显示,我国目前尚未有超出经济层面、将非经济影响纳入反垄断法分析的情况;从理论研究来看,目前也缺乏对"将非经济要素纳入反垄断法规制"的系统性研究和讨论。独立价值的路径意味着要对反垄断法目的和功能进行根本性重塑,对反垄断法体系的影响巨大。因此,就我国的情况而言,在二者均可行的情况下,为了保持法律体系的稳定性,适宜从二者中选取对现有体系冲击较小的一个,即产品质量路径。

## 三、个人信息反垄断法保护的实施

在明确可以将个人信息保护问题纳入反垄断法的考量后,需要考虑在不同的反垄断法子领域中的适用问题。尽管本文的主旨并非在于就各个子领域中如何进行具体的法律实施而进行逐一分析,但产品质量路径与子领域结合时的理论框架仍因具有重要性而值得搭建,以力求避免理论运用中的偏差。经营者集中、滥用市场支配地位和垄断协议是反垄断法3个重要的执法领域。[57] 其

---

〔55〕 参见曹士兵:《反垄断法研究》,法律出版社1996年版,第12~23页;王晓晔:《反垄断法》,法律出版社2011年版,第18~23页;叶卫平:《反垄断法价值问题研究》,北京大学出版社2012年版,第123~132页;王先林:《从经济理论、法律制度到国家战略——关于反垄断的三维视角》,载《南京大学学报(哲学·人文科学·社会科学)》2018年第3期。

〔56〕 参见2006年6月24日在第十届全国人民代表大会常务委员会第二十二次会议《关于〈中华人民共和国反垄断法(草案)〉的说明》、2007年6月24日在第十届全国人民代表大会常务委员会第二十八次会议《关于〈中华人民共和国反垄断法(草案)〉修改情况的汇报》。关于学者对此的讨论,参见王晓晔:《我国反垄断立法的宗旨》,载《华东政法大学学报》2008年第2期;刘继峰:《竞争法中的消费者标准》,载《政法论坛-中国政法大学学报》2009年第5期;王先林:《从经济理论、法律制度到国家战略——关于反垄断的三维视角》,载《南京大学学报(哲学·人文科学·社会科学)》2018年第3期。

〔57〕 除上述3个领域外,我国反垄断法还禁止滥用行政权力排除、限制竞争,但从此类行为的实施方式来看,其依据的是对行政权力的滥用,从竞争的角度出发直接对个人信息保护形成影响的可能性较小,因此暂时不将其纳入分析。

中，垄断协议适用的是本身违法原则，即禁止具有竞争关系的竞争者之间达成排除或限制竞争的共同意思表示。[58] 不难理解，针对个人信息保护的垄断协议是经营者之间达成共同的意思表示，对个人信息的保护程度进行降低、约定必须遵循保护程度较低的统一标准或者约定不就个人信息保护程度的提升进行竞争等，即排除或者限制对于个人信息保护的竞争。与传统领域相比，互联网领域进行意思联络可能以更隐秘的方式进行，如利用算法进行共谋。[59] 就垄断协议而言，由于行为本身具有违法性，因此，难点主要在于违法行为的"发现"。这需要反垄断执法机构与技术部门密切配合，针对新情况及时进行技术更新。[60] 与此相比，经营者集中和滥用市场支配地位的判定则更加复杂。

（一）滥用市场支配地位

对于滥用市场支配地位，目前已经有以产品质量路径为基础、围绕如何将个人信息保护纳入反垄断法规制的讨论，即对剥削性滥用规则和排他性滥用规则与个人信息保护问题的关联和适用性进行了分析，认为我国目前剥削性滥用规则尚未建立、适宜基于排他性滥用规则对个人信息予以保护。[61] 基于此，该观点认为，《反垄断法》第 17 条第 5 款"没有正当理由，在交易时附加其他不合理的交易条件"之规定，可能是目前最直接的反垄断法依据。[62] 尽管该法第 17 条第 5 款从条文规定上来看，确实是与个人信息保护最相关的条款，但此论点

---

〔58〕 参见《反垄断法》第 13 条第 2 款；刘继峰：《竞争法学》，北京大学出版社 2016 年版，第 81 页。

〔59〕 See Ariel Ezrachi & Maurice E. Stucke, "Artificial Intelligence & Collusion: When Computers Inhibit Competition", 2017 *University of Illinois Law Review* 1775 (2017)；李振利、李毅：《论算法共谋的反垄断规制路径》，载《学术交流》2018 年第 7 期；施春风：《定价算法在网络交易中的反垄断法律规制》，载《河北法学》2018 年第 11 期。

〔60〕 关于互联网领域的法律监管需要加强技术配合的讨论，参见周汉华：《论互联网法》，载《中国法学》2015 年第 3 期；郑智航：《网络社会法律治理与技术治理的二元共治》，载《中国法学》2018 年第 2 期。

〔61〕 参见韩伟：《数字经济中的隐私保护与支配地位滥用》，载《中国社会科学院研究生院学报》2020 年第 1 期。

〔62〕 参见韩伟：《数字经济中的隐私保护与支配地位滥用》，载《中国社会科学院研究生院学报》2020 年第 1 期。

的理论基础——我国尚未建立欧盟意义上的剥削性滥用规则、排他性滥用规则路径更加适宜——值得商榷。

首先,从立法和执法的情况来看,我国并非没有建立国际意义上的剥削性滥用规则。就我国《反垄断法》的条文规定而言,总则第 1 条"维护消费者利益"明确在列,与"保护市场公平竞争"同为目的。从针对滥用市场支配地位的具体规定而言,欧盟是通过《欧洲联盟运行条约》(TFEU)第 102 条,承袭《欧洲联盟条约》(TEU)第 86 条的规定,以(a)项"直接或间接施加不公平的购买或出售价格或者施加其他不公平交易条件"确立的剥削性滥用规则。[63] 而我国《反垄断法》在第 17 条第 1 款第 1 项和第 5 项中也同样有禁止"以不公平的高价销售商品或者以不公平的低价购买商品"和禁止"没有正当理由……在交易时附加其他不合理的交易条件"等规定。从执法情况来看,我国并没有将剥削性滥用排除在外,以"内蒙古自治区阿拉善左旗城市给排水公司滥用市场支配地位案"为例,在该案的损害分析部分除提及排除、限制竞争外,还明确指出了自来水公司针对用户的限制交易行为剥夺了用户的选择权、高于市场同类产品的价格加重了消费者的(价格)负担。[64] 这些内容实质上就是对剥削性滥用的反垄断法评价。在类似案件中,一个违法行为通过剥削性滥用和排他性滥用两条路径,都对消费者构成了损害:前者构成直接的经济损害,后者则通过排除竞争带来间接损害。由此观之,我国《反垄断法》,尤其是第 17 条,对剥削性滥用和排他性滥用二者均有涵盖,剥削性滥用规则在我国现行《反垄断法》下有适用空间,即使从第 17 条第 1 款第 5 项切入,将个人信息保护纳入反垄断法考量,也并不必然排除适用剥削性滥用的可能性,二者均有适用空间。

---

〔63〕 See Treaty on the Functioning of the European Union, "Article 102 Any abuse by one or more undertakings of a dominant position within the internal market or in a substantial part of it shall be prohibited as incompatible with the internal market in so far as it may affect trade between Member States. Such abuse may, in particular, consist in:(a) directly or indirectly imposing unfair purchase or selling prices or other unfair trading conditions..." Also See Alison Jones, Brenda Sufrin & Niamh Dunne, *EU Competition Law*: *Text*, *Cases*, *and Materials*, 7th edition, Oxford University Press, 2019, p. 362.

〔64〕 参见《内蒙古自治区工商行政管理局行政处罚决定书》(内工商处罚字〔2016〕1 号)"五、当事人行为造成的危害"部分。

其次,从理论上讲,以剥削性滥用和排他性滥用进行个人信息的保护也均有可行性。对于剥削性滥用的适用性,有质疑者从理论层面提出:(1)与货币不同,用户向经营者提供个人信息数据的行为,不影响用户向其他经营者再次提供个人信息数据,基于此原因,消费者的经济利益并没有受损;(2)对于个人信息保护损害的问题,大多数用户也都愿意提供个人信息以获得"免费服务",监管者可能需要对愿意与不愿意分享个人信息的用户进行区分评价;(3)用户可能从个人信息的分享中获益,如接收到与自身更相关的广告或者获得更加个性化的服务;(4)对垄断企业进行个人信息保护方面的要求,可能等于以法律强制要求具有支配地位的企业提供更好的产品质量,从而不当干预市场;(5)损害个人信息保护的行为与垄断力量之间的关系不明晰。[65] 这几项理由均值得商榷。概言之,观点(1)混淆了两种滥用的性质,用户可以重复提供个人信息、其他经营者同样可以获取数据是可用以评估排他性滥用存在与否的依据,而从剥削性滥用的角度,关注的重点应当在"特定收集个人信息的经营者—消费者"这一组关系上。此时,若将个人信息保护本身看作一种产品质量,那么当经营者过度获取个人信息时,无论是作为"付出对价(个人信息数据量)的提升"还是"获得服务质量(个人信息保护程度)的下降",对消费者来说都无疑是经济损失。观点(2)与观点(3)则混淆了商品交换中,经济利益付出的"意愿"与付出"量"之间的区别。譬如,在以货币为对价的交易中,消费者也"愿意"支付价款购买商品、不同消费者针对同一产品价格的支付意愿也同样有所不同,但这并未影响通过竞争机制可以提供"更优价格",而在反垄断法理论下,并不需要按照不同消费者支付意愿的高低对其进行区别对待,消费者可以从产品中获益也并非免除反垄断法监管的理由。在个人信息保护问题上同样如此,不必依据消费者对个人信息给付的意愿进行区分评价,此外,消费者可能获益也并非绕过监管的"通行证"。观点(4)同样对两个概念有所混淆,以反垄断法对个人信息进行保护,并不是以法律"强制要求"具有支配地位的企业提供"更好"的产品质量,而是一如质疑者自身提到的,在实践中常常是具有市场支配地位的经营者会要求收集更多个人信息,反垄断法是要求经营者不能仰赖垄断地位实施

---

〔65〕 Justus Haucap, "Data Protection and Antitrust: New Types of Abuse Cases? An Economist's View in Light of the German Facebook Decision", 2 *CPI Antitrust Chronicle* 2019 (2019).

"损害"消费者利益和竞争的行为,如故意降低、提供更差的个人信息保护。关于观点(5)提出的个人信息的侵害与市场力量之间的关系,已经有丰富的学术论述并有案例支持。拥有市场支配地位的经营者面临的竞争压力有限,因此,在市场机制下较难自主形成提高消费者个人信息保护程度的意愿;相反,其可能利用市场支配地位,尤其是消费者对其产品的依赖,设置对消费者个人信息过度获取和使用的条款,以最大限度地实现其经济利益。例如,在德国2019年"脸书公司滥用市场支配地位案"中,脸书公司被指控滥用其脸书产品在社交网络服务的市场支配地位,脸书公司不仅要求用户同意其收集和利用"用户使用其本公司产品所产生的个人信息数据",还要求用户必须同意其对"用户使用其他互联网产品所产生的个人信息数据"进行收集和利用,否则禁止用户使用其社交网络服务。[66] 此外,与之对比,在2014年欧盟委员会处理的"脸书/华沙普并购案"中,在脸书公司宣布并购华沙普公司后,许多用户担心并购后华沙普公司产品的个人信息保护问题,继而放弃使用华沙普转而下载电报(telegram)等对个人信息保护得更好的产品。[67] 尽管"脸书/华沙普并购案"涉及的是经营者集中,但与滥用市场支配地位案件在市场力量的分析理论上是相通的。对比2019年的德国"脸书公司滥用市场支配地位案"可发现,之所以脸书产品可以迫使用户接受对用户极为不利的个人信息收集条款,正是因为基于其脸书产品的市场支配地位、用户不像在WhatsApp产品下有可比的替代产品所致。在"脸书公司滥用市场支配地位案"的上诉案中,德国联邦最高法院也认为,脸书公司的行为构成对用户的"反垄断法意义上的剥削"(eine kartellrechtlich relevante Ausbeutung),因为在缺乏竞争、脸书公司构成垄断的情况下,其数据收集条款使本希望提供较少个人信息的用户因缺乏其他选项而无法如愿。[68] 因此,否认市场力量与个人信息侵害关系的观点难具说服力。综上所述,质疑意

〔66〕 Case summary of Facebook, Exploitative business terms pursuant to Section 19(1) GWB for inadequate data processing[2019]Bundeskartellamt B6 -22/16 2 -3.

〔67〕 Facebook/WhatsApp[2014] European Commission Case No. COMP/M. 7217, footnote 79.

〔68〕 Bundesgerichtshof bestätigt vorläufig den Vorwurf der missbräuchlichen Ausnutzung einer marktbeherrschenden Stellung durch Facebook (Bundesgerichtshof), Entscheidung des Bundesgerichtshofs.

见并不足以从理论上将剥削性滥用排除适用于个人信息保护之外。

以上述论证为基础,在剥削性滥用情况亦有适用空间的情况下,其与排他性滥用之间的适用关系也值得进一步探究。值得指出的是,在当前学者主张适用排他性滥用规则的证成中,经济合作与发展组织的“大数据”研究文件被引作重要辅助论证材料。[69] 尽管严格来说,“大数据”也包含非个人信息数据,但从OECD在该研究中对大数据的定义和论述内容来看,则确实是着重围绕个人信息数据展开的。[70] 围绕互联网时代下大数据与竞争法之间的关系,该研究广泛涵盖了至当时为止有关的国际官方与学术研究,极具重要性。但值得注意的是,该文件的“滥用市场支配地位——排他性滥用行为”一节主要分析的是对个人信息数据经济属性方面的利用所带来的竞争影响,例如,通过限制竞争对手及时获得关键数据、阻止他人分享数据、阻碍数据迁移或排除可能对其数据优势产生威胁的竞争者等。[71] 从行为手段来看,涵盖的主要手段如垄断协议(exclusive contracts)、差别待遇(discriminatory treatment)、搭售(bundling and/or tying)等,[72] 在传统反垄断法理论下均有据可循。但是,对个人信息的过度获取并不属于上述传统手段。在此情况下,OECD本身也对如何将个人信息保护归入反垄断法持谨慎态度,其概括地指出滥用支配地位(并非特指排他性滥用)“可能”以侵犯用户隐私的方式出现,并认为这是一种不明显的且具有争议的方式。[73]

对于是以剥削性滥用、排他性滥用还是二者兼采的方式进行规制更加适

---

〔69〕 参见韩伟:《数字经济中的隐私保护与支配地位滥用》,载《中国社会科学院研究生院学报》2020年第1期。

〔70〕 OECD, “Big Data: Bringing Competition Policy to the Digital Era (Background Note by the Secretariat)”, 2016, paras. 5 – 15.

〔71〕 OECD, “Big Data: Bringing Competition Policy to the Digital Era (Background Note by the Secretariat)”, 2016, para. 66.

〔72〕 OECD, “Big Data: Bringing Competition Policy to the Digital Era (Background Note by the Secretariat)”, 2016, paras. 66 – 68.

〔73〕 由于英文译本“A less evident type”具有多义,此处采用语言冲突时为准的法语文本“Un type... moins flagrant”的含义。See OECD, *Données Massives: Adapter La Politique de La Concurrence à l'ère Du Numérique (Note de Référence Du Secrétariat)*, 2016, para. 70.

宜,OECD并未给出明确或者偏向性的结论。在涉及此问题的两段论述中,其所引的德国反垄断执法机构主席基于"德国脸书公司案"的提议,强调了滥用行为对消费者的直接影响,[74]与"剥削性滥用"相关。在接下来的论述中,OECD围绕是否以及如何将个人信息保护纳入反垄断法之中,提出了两个反垄断执法机构需要注意的"问题"。[75] 第一个需要注意的问题一般性地提示了,该问题应置于反垄断法还是消费者保护类法律之下进行规制,需要根据企业行为的性质谨慎衡量并举例,如果对隐私的侵害会使企业获得或者保持垄断力量,尤其是遇到"数据驱动型网络效应"特性较强的市场时,需要引起反垄断执法机构的注意。[76] 第二个需要注意的问题,涉及对"排他性滥用"的提示,其指出,监管机构需要研究"在什么具体情况下"——通过获取和利用其他竞争者无法获得的个人信息数据排除和限制竞争或者提高市场进入门槛的方式——会使侵害隐私可以被看作排他性滥用行为。[77] 从文件结构上看,第二个问题是基于该部分整体聚焦对排他性滥用的讨论而被提出的,并非对于在个人信息保护问题上采用排他性滥用路径的偏向。

就我国而言,对于反垄断执法机构来说,更迫切的问题可能是如何以《反垄断法》第17条第5款为基础,将这一抽象的条款在实践中具体运用,采用何种标准对相应垄断行为进行判定。无论是剥削性滥用还是排他性滥用,经营者的具体行为是否违反反垄断法无疑需要个案分析。但是,在方向性上,剥削性滥用可以从个人信息收集的"必要性"和"合理性"角度出发进行判定。例如,考虑相关产品的性质和特点、运行产品所必须依赖的个人信息数据范围、产品创

---

〔74〕 OECD, "Big Data: Bringing Competition Policy to the Digital Era (Background Note by the Secretariat)", 2016, para. 69.

〔75〕 尽管该研究的英文版在解读时可能产生歧义,但作为准据语言的法语版清晰地表明了此点。

〔76〕 OECD, *Données Massives: Adapter La Politique de La Concurrence à l'ère Du Numérique* (*Note de Référence Du Secrétariat*), 2016, para. 70.

〔77〕 "Une deuxième question consiste à savoir dans quels cas une violation de la vie privée équivaut à une pratique d'exclusion, du fait de l'extraction de données personnelles inaccessibles à d'autres concurrents et de l'utilisation de ces données pour interdire l'accès des concurrents au marché ou dresser des obstacles à l'entrée." See Id., para. 70.

新和研发所需的个人信息数据的范围、经营者在不同发展阶段和发展规模下对个人信息的收集范围和利用情况、相关产品市场中其他经营者通过收集和利用个人信息数据的一般范围、经营者所设定的用户拒绝个人信息条款的后果和对消费者产生的影响等。排他性滥用方面,OECD 在前述文件中提出的第二个问题,即对"利用个人信息数据阻碍竞争者进入市场或提高市场进入门槛"具体情形的研究需求,对于我国来说同样值得关注,值得在后续研究中,根据不同互联网产品的具体特性进行进一步的细化讨论。

(二)经营者集中

传统反垄断法关注的经营者集中包括横向集中、纵向集中和混合集中,[78]其中都可能涉及个人信息保护评估的问题。从横向看,正如上文针对产品质量路径理论探讨时所进行的分析,[79]当多个经营者都提供某一互联网产品时,对个人信息的保护程度可以成为企业之间展开竞争的重要内容之一,并可被归入针对产品质量的经营者集中分析理论之下,并根据具体的产品特点进行分析。

在纵向集中和混合集中的情况下对个人信息保护产生的影响也不容忽视。尽管集中后在最终产品方面仍然会有来自横向的其他经营者的竞争压力,但是集中可能会对企业收集和使用"个人信息数据"的意愿和能力产生重要影响,进而对个人信息保护的整体情况产生影响。例如,若搜索引擎经营者与互联网广告经营者进行集中,就产品而言,可能仍会面临来自搜索引擎和互联网广告的竞争,但就个人信息而言,二者数据库的合并会使企业拥有的个人信息数据库得到扩展,产品整合带来的新营利路径——利用搜索引擎获得的个人信息数据进行互联网定向广告营利——会增加企业扩大个人信息数据的收集和利用意愿,而技术整合则可能进一步提高集中后企业的个人信息数据挖掘和利用能力。此外,"数据驱动型合并"下,实施集中后产品所涉个人信息的持有者范围可能发生重大变化。例如,欧盟委员会 2017 年针对脸书公司的罚款案中,事实部分提及脸书公司在 2014 年并购了华沙普公司后,修改了华沙普公司的个人信息数据收集条款,变为允许脸书公司及其子公司对消费者使用华沙普产品所

---

[78] 参见刘继峰:《竞争法学》,北京大学出版社 2016 年版,第 193 ~ 195 页。

[79] 参见上文"二(二)2"。

产生的个人信息数据进行获取和利用。[80] 在此“数据共享”的情况下,值得关注经营者之间是否存在个人信息保护政策差异、数据共享后对消费者个人信息受保护的程度是否会有重大减损等问题。

对于混合集中,传统分析仅关注在“最终产品”层面可能产生聚合效应的集中。例如,在针对微软/领英的合并审查中,欧盟委员会在进行聚合效应分析时,考虑了领英的互联网职业社交服务是否有可能被微软公司预安装到其电脑操作系统中,或者将领英的功能添加到微软公司的办公软件系列中,从而形成竞争优势。[81] 但在互联网领域,当最终产品之间不存在聚合效应时,企业集中仍有可能对个人信息保护产生负面影响。这种情况主要是互联网领域的数据可被跨产品使用所导致的,即通过某一产品所获得的数据,可被用于与其完全不具有横向、纵向或者聚合效应的其他产品中。因此,在对互联网领域的集中进行审查和评估时,所关注的范围应当更广,这一新的实践特征目前也已有讨论和分析,此问题在实践中宜予以特别关注。[82] 在进行分析时,值得注意的是,经营者集中审查中对“个人信息保护产生的影响”的评估与对“数据变动对产品竞争和创新产生的影响”的评估有所不同。前者更侧重审查集中对于“消费者的个人信息保护”所产生的影响,而后者则侧重审查集中所产生的数据通过原材料身份对“最终产品”(如互联网广告市场、搜索引擎市场、即时通信市场等)的竞争情况所带来的影响。[83] 二者中前者属于本研究所覆盖的范畴。

经营者集中审查中,在对个人信息保护的竞争影响进行分析时可以从产品特点、集中前的企业和市场竞争情况、集中后的影响三个方面出发,评估包括但

---

〔80〕 Commission Decision of 1752017 Imposing Fines under Article 14(1) of Council Regulation (EC) No. 139/2004 for the Supply by an Undertaking of Incorrect or Misleading Information (Case No. M8228 – Facebook/WhatsApp) (European Commission)[45 – 47].

〔81〕 See Microsoft/LinkedIn[2016]European Commission Case M. 8124[308 – 330].

〔82〕 关于对此问题的详细分析,参见 Liang Li, “Data and Market Definition of Internet-Based Businesses”, 20 *Competition and Regulation in Network Industries* 54 (2019)。

〔83〕 例如,在欧盟委员会 2018 年处理“Apple 与 Shazam 经营者集中案”中就进行数据影响评估,从数据的 4 个特点,即数据的多样性、数据持有量、数据收集的速度和对数据的利用能力出发,考虑进行集中之后的企业是否会拥有其他竞争者无法比拟的“数据优势”。See Apple/Shazam (European Commission)[317 – 329].

不限于:在产品特点方面,与经营者集中相关的互联网产品所涉及的个人信息数据的收集范围,个人信息在相关产品中的使用方式,个人信息数据对相关产品的运行、质量提升和研发而言的重要性,个人信息的跨产品使用情况等;从集中前的企业和市场竞争情况而言,各集中方通过相关产品获取、分析和利用个人信息的技术能力,各集中方的个人信息数据使用范围和方式,各集中方以及提供相关产品的其他经营者在个人信息保护政策方面的差异,针对个人信息保护展开竞争的情况,针对个人信息的相关立法情况和行业规定等;在集中后的影响方面,集中后各方的数据库是否进行合并、集中后新实体加强或降低个人信息保护意愿的倾向,进行集中对个人信息数据收集、分析和利用能力方面的影响,集中后个人信息数据在新实体中可能存在的跨产品使用情况,集中后市场中其他竞争者就个人信息保护进行竞争的意愿和竞争能力对比情况等。[84]

## 四、结　　论

互联网经济下,对个人信息的获取和运用包含对消费者的个人信息保护的潜在损害,对如何依法对个人信息进行保护提出了挑战。反垄断法可以在个人信息保护方面起到积极促进作用。虽然百余年来,传统反垄断法主要关注经济影响,曾明确排斥对个人信息进行保护的考量,且在当前其他国家和地区尝试将个人信息纳入反垄断法保护的实践中,由于基础理论不足所带来的争议业已出现。但事实上,互联网领域新的技术特点和竞争特征为相关理论发展提供了基础。目前,存在独立价值路径和产品质量路径两种可行理论发展进路,二者对理论重塑的方向和对传统理论体系产生的冲击程度不同。其中,独立价值路径涉及对反垄断法目的与功能根本性的重塑,需要论证反垄断法不仅可以规制经济影响,也可以涵盖非经济影响,会对传统反垄断法理论体系产生较大的撼动;产品质量路径下则需论证因为技术变革和竞争特点的变化,导致了不同于以往且具有普遍性的实践情况,即个人信息控制情况的转变,使个人信息保护成为一种由经营者提供、消费者选择的选项,与产品质量具有相似的特征。对

〔84〕 值得指出的是,其中部分内容尤其是对产品特点的分析方面,与“数据变动对产品竞争和创新产生的影响”的评估也有相关性,在进行分析时,可先对产品特点总体分析,以此为基础再对两个评估侧重点予以分别分析。

于我国来说,尽管从条文上未明确将非经济影响排除在反垄断法的功能之外,但《反垄断法》实施以来,仍以对经济影响之评价为中心。在此情况下,选取对理论冲击较小的产品质量路径更加适宜。具体实施方面,经营者集中、滥用市场支配地位和垄断协议所需要关注的侧重有所不同。对于适用本身违法原则的垄断协议来说,判定协议的限制竞争条款是否对个人信息保护形成损害并非核心难点,但在新的技术环境下如何发现该等协议可能具有一定的难度,需要监管机构进行技术方面的提升并加强与技术部门的合作。就滥用市场支配地位而言,剥削性滥用和排他性滥用从我国当前的制度和理论层面而言均具有可行性,适用过程中,对剥削性滥用需要关注产品特性以及个人信息数据条款的必要性、适当性,对用户接受条款意愿的强迫程度等,对于排他性滥用则需围绕“利用个人信息数据阻碍竞争者进入市场或提高市场进入门槛”进行具体情况的识别。就这两方面而言,未来可进一步结合实践,根据不同类别的互联网产品的特性进行细化讨论并归类。对于经营者集中,值得关注审查案件覆盖范围层面需要产生的变化,评估时,宜关注产品特性、集中前不同经营者和市场整体对个人信息保护的情况,以及集中后因竞争结构改变导致的对个人信息保护意愿和能力方面的变化。

## Antitrust Law Protection of Personal Information in the InternetEconomy

Li Liang

**Abstract**: Digging and employing personal information are distinguishing characteristics of the digital economy, which pose great challenge to personal information protection. Antitrust law can make contributions to personal information protection through regulating competition behavior and promoting competition. However, it also faces challenges from basic theories and implementation. For theoretical basis, while conventional antitrust theory focuses on economic influence and excludes non-economic ones, the development of technologies and the competitive traits in the Internet realm provide basis for theoretical development. Of the two available ways, Independent Value and

Product Quality, the latter is a better choice for China. In its implementation, the key to restrictive agreement cases is to spot the existence of the agreement itself. Dealing with the relationship between exploitative and exclusionary abusive conducts is important for abuse of dominance cases. When it comes to concentration, attention should be paid to the possible change of the scope of the cases covered by merger reviews. The key evaluation points of the latter two also have their special traits.

**Key words**: anti-trust law  internet economy  personal information protection  personal information data  competitive mechanism

# 论　　文

# 省、自治区人大常委会的合宪性审查?[*]

## ——以设区的市地方性法规审批为例

邹　奕[**]

**内容摘要:**

在我国,合宪性审查可以从纵向维度分为中央和地方两个层次。除全国人大及其常委会外,省、自治区人大常委会也有权进行合宪性审查,其具体形式为设区的市地方性法规的审批制度。不与《宪法》相抵触是设区的市地方性法规获得批准从而得以公布施行的前提。这一类合宪性审查的直接规范依据包括《宪法》第 100 条第 2 款、《立法法》第 72 条第 2 款和《地方各级人民代表大会和地方各级人民政府组织法》(以下简称《地方组织法》)第 7 条第 2 款。在现阶段,省、自治区人大常委会的合宪性审查具有特殊功效。作为分散式审查,它能够在一定程度上提升工作效能,满足社会各界的现实需求。作为事前型审查,它有助于实现经常性的宪法监督,预先"过滤"掉明显不合宪的地方性法规。作为柔性审查,它一般不会产生"不予批准"的决定,可以减少阻力,比较便宜易行。然而,这一类合宪性审查并不理想,鲜有实例。它存在若干局限,有待于完善和推进。

**关键词:**

省、自治区人大常委会　合宪性审查　设区的市　地方性法规

---

* 本文系四川大学法学院"研究阐释党的十九届四中全会精神"专项研究课题"省、自治区人大常委会的合宪性审查"(课题项目号:sculaw20190209)的研究成果。感谢陈雄、王锴、杨道现、范继增、柴华、田伟、孔德王、王珂、李帆、刘旭、李龙等师友以及《人大法律评论》匿名评审人提出的意见。本文文责自负。

** 四川大学法学院副教授。

## 一、问题的提出

关于合宪性审查的概念,学界始终存在争议。根据比较主流的论说,可以将"合宪性审查"界定如下:特定国家机关根据《宪法》、法律规定的权限及程序,审查其他国家机关及有关组织、个人之规范行为和具体行为的合宪性,就该行为是否符合《宪法》以自己的名义对外作出判断并进行相应处理从而决定其效力的制度。根据我国现行《宪法》第62条第2项和第67条第1项的规定,〔1〕全国人民代表大会及其常务委员会〔2〕有权监督《宪法》的实施。基于这一规定,学界的传统理论将我国的合宪性审查主体限定为"全国人大及其常委会"。〔3〕其中,全国人大常委会是常设性的合宪性审查主体。经过2018年3月局部修宪,作为全国人大专门委员会的"法律委员会"更名为"宪法和法律委员会"。〔4〕2018年10月,全国人大常委会法制工作委员会〔5〕设立了宪法室。上述两个机关将在我国的合宪性审查中发挥重要作用。但就我国的宪制安排来看,二者并非合宪性审查主体,无法以自己的名义独立对外作出合宪与否的正式判断。

言及至此,我们或许可以变换视角,从纵向维度思考如下问题:特定的地方人大常委会可否审查特定地方立法的合宪性?传统理论并不认同我国存在央

---

〔1〕若无特别说明,本文对于我国现行宪法条文及其条款数的引用均根据1988年、1993年、1999年、2004年和2018年《宪法修正案》修正的宪法修正文本,以2018年《宪法修正案》为准。

〔2〕以下将"人民代表大会"和"常务委员会"分别简称为"人大"和"常委会"。

〔3〕参见胡锦光、韩大元:《中国宪法》(第4版),法律出版社2018年版,第142页。

〔4〕根据2018年6月22日通过的全国人大常委会《关于全国人民代表大会宪法和法律委员会职责问题的决定》,宪法和法律委员会在继续承担统一审议法律草案等工作的基础上,增加推动宪法实施、开展宪法解释推进合宪性审查、加强宪法监督、配合宪法宣传等工作职责。不过,这一规定没有也无法赋予该委员会合宪性审查主体的地位。

〔5〕以下将"全国人大常委会法制工作委员会"简称为"全国人大常委会法工委"。

地并行的合宪性审查模式。[6] 但就现行的实定法而言，合宪性审查主体也许并不局限于单一的中央层次，原因在于：在审批设区的市地方性法规的过程中，省、自治区人大常委会有可能充当合宪性审查主体。在“设区的市扩容立法”与“推进合宪性审查工作”的背景之下，本文聚焦于设区的市地方性法规的审批制度：一方面，试图分析这一类合宪性审查的规范依据，它们可见于《宪法》《立法法》《地方组织法》；另一方面，旨在检视其制度机理，作为分散式审查、事前型审查、柔性审查，这一类合宪性审查存在相应的功效和局限。

## 二、省、自治区人大常委会之合宪性审查的规范依据

各省、自治区的“立法条例”或者其他相关立法在不同程度上规定了省、自治区人大常委会的合宪性审查。譬如，《江西省立法条例》第 57 条规定：“省人民代表大会常务委员会对报请批准的地方性法规，应当对其合法性进行审查，同宪法、法律、行政法规或者本省的地方性法规不抵触的，应当在四个月内予以批准；同宪法、法律、行政法规或者本省的地方性法规相抵触的，可不予批准，也可以采取附修改意见的方式批准。”这里明确了省人大常委会应当审查报批的地方性法规是否与《宪法》相抵触。但是，倘若缺乏上位法的支持，诸如此类的规定本身就存在合法性问题甚至合宪性问题，或者说，此种“合宪性审查”在规范意义上无法成立。尽管政学两界鲜有论及，但综观《宪法》《立法法》《地方组织法》的有关规定，我们可以在规范层面证成省、自治区人大常委会的合宪性审查，它的具体表现即设区的市地方性法规的审批制度。考虑到“合宪性审查”与相关范畴存在一定的纠葛，下文首先将进行概念上的界分。

### （一）合宪性审查与相关范畴的界分

从规范意涵来看，“合宪性审查”一方面与“合法性审查”“适当性审查”有

---

〔6〕 早在 1996 年，就有学者专门撰文讨论：地方人大是否具有宪法监督权。这里的“宪法监督权”包括我们今天所说的“合宪性审查权”。该文持“否定说”，其认为“宪法没有赋予（包括默示）”“地方人大及其常委会以宪法监督权”。具体理由详见许崇德、胡锦光：《关于地方人大是否有宪法监督权问题》，载《人大工作通讯》1996 年第 6 期。20 年以来，鲜有学者就此提出不同的见解。

所勾连;另一方面则与“宪法解释”存在牵扯,有必要予以厘清。本文进行的概念界分将围绕省、自治区人大常委会的合宪性审查展开。

1.“合宪性审查”与“合法性审查”“适当性审查”

相对合宪性审查,合法性审查、适当性审查作为省、自治区人大常委会的立法监督制度明显更受关注。区分三者的关键在于它们的审查依据。顾名思义,“合宪性审查”所依据的是“宪”,即宪法典。合宪性审查不仅可以就特定立法作出是否合宪的判断,而且可以基于不合宪的判断实施制裁,该制裁主要表现为否定特定立法的效力。[7] “合法性审查”所依据的是“法”,广义的“法”自然包括《宪法》,而狭义的“法”则排除了《宪法》,专指法律、行政法规、地方性法规等位阶较高的规范性文件。本文是在狭义上使用这一概念的。“适当性审查”也称“合理性审查”,其关注的是科学立法问题而非依宪立法、依法立法问题。特定立法是否“适当”并无确切标准,在很大程度上依靠审查主体的裁量和判断。

从我国现行《宪法》《立法法》《地方组织法》的相关规定来看,设区的市地方性法规的审批制度同时包含了合宪性审查与合法性审查。二者的规范依据出现在同一个条款中,甚至可以说是前后相随。论及全国人大常委会之合宪性审查与合法性审查的关系,林来梵教授坦言:“在现行体制下,合法性审查制度具有吸纳甚至抵消合宪性审查的功能。”[8]笔者认为,这一论断同样适用于省、自治区人大常委会之合宪性审查与合法性审查的关系。受这种规范结构的影响,省、自治区人大常委会在开展合法性审查的实践中有可能有意或者无意地忽视了合宪性审查。其后果就是,合宪性审查几乎被合法性审查所“遮蔽”。而在理论界,部分学者也只是将省级人大常委会的事前批准审查定性为狭义的合

[7] 倘若合宪性审查无须包含实质性的制裁措施,那么,地方人大常委会根据《立法法》第99条第1~2款提出合宪性审查的要求或者建议似乎也可以被视为“合宪性审查”的结果。理由在于:地方人大常委会只有经过“审查”认为特定规范性文件存在违宪嫌疑时,它们才会提出前述要求或者建议。

[8] 林来梵:《合宪性审查的宪法政策论思考》,载《法律科学(西北政法大学学报)》2018年第2期。

法性审查。[9] 尽管如此，若严格从相关规定来看，省、自治区人大常委会的合宪性审查确实应当独立于其合法性审查，鉴于下文还将就此展开，此处不赘。至于适当性审查，综观《立法法》以及有关法律，基本上不属于前述审批制度的内容。[10] 除非报批的设区的市地方性法规与本省、自治区人民政府[11]的规章相抵触，[12]省、自治区人大常委会"对于地方性法规的规定是否适当、立法技术是否完美、文字表述是否优美，不作审查"。[13] 但就笔者了解的情况[14]而言，在前述审批制度的实践中，一些省、自治区人大常委会同时也对设区的市地方性法规进行适当性审查，这当然有悖于《立法法》的制度安排。[15]

2. "合宪性审查"与"宪法解释"

"宪法解释是一种探求宪法规范客观内涵的活动，具体指一定主体对宪法内容、含义及其界限所做的一种说明。"[16] 在具体语义上将其与"合宪性审查"加以界分并非难事。可是，就一般原理和域外实践来看，合宪性审查与宪法解释基本上处于形影不离、难舍难分的黏合状态。从这个意义上说，若有合宪性审查，必有宪法解释，反之亦然。但是，倘若顺着这一逻辑推导，省、自治区人大

[9] 详见郑磊：《省级人大常委会对设区的市地方性法规备案审查权：制度需求与规范空间》，载《政治与法律》2019 年第 2 期。

[10] 《立法法》以及有关法律均未规定省、自治区人大常委会在审批设区的市地方性法规时可以审查其适当性，而《立法法》的立法原意正是要求简化这一审批程序。

[11] 以下将"人民政府"简称为"政府"。

[12] 当这种特殊情况发生时，省、自治区人大常委会需要比较下级地方性法规与本级政府规章相抵触的规定，判断何者更适当，从而作出相应处理。详见全国人大常委会法制工作委员会国家法室编著：《中华人民共和国立法法释义》，法律出版社 2015 年版，第 233 ~ 234 页。

[13] 全国人大常委会法制工作委员会国家法室编著：《中华人民共和国立法法释义》，法律出版社 2015 年版，第 232 页。

[14] 在本文的写作和修改过程中，笔者专门咨询了某省人大常委会和某设区的市人大常委会的工作人员，后者包括设区的市人大常委会主任。

[15] 根据《立法法》第 72 条第 2 款的规定，设区的市的地方性法规在适当性方面接受事后型审查，具体而言，省、自治区人大有权改变或者撤销不适当的地方性法规。这里的审查主体应当是省、自治区人大而非省、自治区人大常委会。

[16] 胡锦光、韩大元：《中国宪法》，法律出版社 2018 年版，第 106 页。

常委会的“合宪性审查”似乎就难以成立,原因在于:现行《宪法》已明确将“解释宪法”的权力授予全国人大常委会,所以,包括省、自治区人大常委会在内的所有其他国家机关均不具有这一权力。

若要消解上述难题,有必要从两个层面来理解“宪法解释”这一概念。从狭义上说,“宪法解释”仅是指专门解释。如果依据《宪法》的明文规定加以限定,“宪法解释”,是指全国人大常委会的专门解释,这种解释并不依附于具体的合宪性审查实践。而从广义上说,“宪法解释”还包括附带解释。省、自治区人大常委会在合宪性审查中对宪法含义的必要说明即属此类。由此观之,虽然省、自治区人大常委会无权进行狭义的“宪法解释”,但它们依然有可能开展合宪性审查。[17] 需要说明的是,附带的宪法解释与合宪性审查依然存在区别,二者不宜混同。尽管前者附随于包括合宪性审查在内的宪法实施,但其任务乃是探求宪法规范本身的意涵,后者旨在检视一般法律规范与宪法规范的一致性。从这个意义上说,前者属于本体论而后者属于关联论。

### (二)《立法法》和《地方组织法》中的规范依据

《立法法》第 72 条第 2 款规定:“……设区的市的地方性法规须报省、自治区的人民代表大会常务委员会批准后施行。省、自治区的人民代表大会常务委员会对报请批准的地方性法规,应当对其合法性进行审查,同宪法、法律、行政法规和本省、自治区的地方性法规不抵触的,应当在四个月内予以批准。”从该条款的前后文来看,这里的“合法性”应该是在广义上使用的,包括“合宪性”。刘连泰教授看到了这一点,他指出,《立法法》“巧妙地将设区的市的地方性法规的部分合宪性问题纳入合法性审查的范围”。[18] 所以,省、自治区人大常委会不仅需要审查报批的地方性法规是否与法律、行政法规以及本省、自治区的地方性法规相抵触,还需要审查其是否与《宪法》相抵触。因此,这一条款可以为省、自治区人大常委会开展合宪性审查提供比较明确的规范依据。虽然它并未明示这种合宪性审查的制裁措施,但我们不难由此推断:对于不合宪的设区的市地方性法规,省、自治区人大常委会有权直接拒绝批准或者采取具有类似效果的措施,在此情形下,这些地方性法规就无法公布施行。应当注意的是,根据

---

〔17〕 基于类似的逻辑,虽然省、自治区人大常委会无权进行狭义的法律解释,但它们依然可以开展“合法性审查”。

〔18〕 刘连泰:《中国合宪性审查的宪法文本实现》,载《中国社会科学》2019 年第 5 期。

《立法法》第72条第5款的规定，自治州的地方性法规在其审批过程中也是省、自治区人大常委会合宪性审查的对象。[19]

无独有偶，《地方组织法》第7条第2款及第43条第2款同样可以支持省、自治区人大常委会针对设区的市地方性法规进行合宪性审查。根据这两款的规定，设区的市人大及其常委会根据本市的具体情况和实际需要，在不与宪法、法律、行政法规和本省、自治区的地方性法规相抵触的前提下，可以制定地方性法规，报省、自治区的人大常委会批准后施行。[20] 可见，不与《宪法》相抵触乃是设区的市最终得以公布施行其地方性法规的前提，而省、自治区人大常委会对此具有监督权。事实上，早在1986年12月，经过修正后的《地方组织法》就有了类似规定。只不过，当时只有省、自治区政府所在地的市和经国务院批准的较大的市才能制定地方性法规。1986年，时任全国人大常委会委员长的彭真提出："从法制方面进行监督，光全国人大常委会不够，要各地人大常委会一齐监督才行。"[21] 应当注意的是，这里所谓的"法制方面"的"监督"并不局限于对法律实施的监督，也包括对宪法实施的监督。[22] 他甚至曾在1983年4月提出："所有违宪都提到全国人大常委会来管，怎么管得了？……有些违宪行为，县、省可以处理，只有重大的违宪行为，由全国人大处理。"[23] 由此可见，这种由特

---

〔19〕《立法法》第72条第5款规定："自治州的人民代表大会及其常务委员会可以依照本条第二款规定行使设区的市制定地方性法规的职权。"从该规定来看，自治州人大及其常委会的地方性法规在审批阶段也需要接受省、自治区的合宪性、合法性监督。

〔20〕根据《地方组织法》第43条第2款的规定，只有在设区的市人大闭会期间，它的常委会才能制定地方性法规。

〔21〕彭真：《关于全国人大常委会的工作》，载全国人大常委会办公厅、中共中央文献研究室编：《人民代表大会制度重要文献选编》，中国民主法制出版社、中央文献出版社2015年版，第680页。

〔22〕彭真的前一句话是："无论是国务院，还是各省、自治区、直辖市的人大和人大常委会，他们制定的法规，作出的决定，如果与宪法和法律有抵触，那就要行使法律监督权，这是宪法规定得很清楚的。"参见彭真：《关于全国人大常委会的工作》，载全国人大常委会办公厅、中共中央文献研究室编：《人民代表大会制度重要文献选编》，中国民主法制出版社、中央文献出版社2015年版，第680页。

〔23〕《彭真传》编写组编：《彭真年谱：1902～1997》（第5卷），中央文献出版社2012年版，第191页。

定地方人大常委会与全国人大常委会“齐抓共管”的宪法实施监督模式早已被立法者所考虑,并且在一定程度上得到了相关立法的体现。

省、自治区人大常委会之合宪性审查的对象应当是严格限定的。然而,依据有限的搜索,[24]至少有10个省、自治区在其现行地方性法规中规定了省、自治区人大常委会对于已经施行之同级政府规章的“合宪性审查”。[25] 这里以《福建省人民代表大会及其常务委员会立法条例》进行例示,根据其第46条第1款的规定,福建省人大法制委员会审查认为,福建省政府的规章同《宪法》相抵触而制定机关不予修改的,应当向人大常委会主任会议提出书面审查意见和予以撤销的议案,由主任会议决定是否提请常务委员会会议审议决定。该规定借鉴了《立法法》第100条第3款的规定。[26] 诚然,省、自治区人大常委会与本级政府规章的关系类似全国人大常委会与行政法规的关系。但是,不同于全国人大常委会,省、自治区人大常委会针对同级政府规章的“合宪性审查”完全得不到《立法法》以及其他相关法律的支持。

---

〔24〕 据以检索的数据库是“北大法律检索数据库”;检索时间是2019年12月1日;被检索文件的发布时间截至2019年9月30日;被检索文件的效力级别限于省、自治区的地方性法规。笔者只是检索了全文中含有“同(与)宪法”“相抵触”的地方性法规,同时剔除了其中与合宪性审查关联不大的地方性法规,此所谓“有限检索”。

〔25〕 由于所进行的检索是“有限检索”,实际上制定了此类地方性法规的省、自治区有可能更多。10个省、自治区具有代表性的地方性法规以及相关条文如下(按照法规名称的拼音字母排序):《福建省人民代表大会及其常务委员会立法条例》第46条、《广东省各级人民代表人会常务委员会法律监督工作条例(试行)》第8条、《贵州省地方立法条例》第63条、《海南省人民代表大会常务委员会审查备案规章的规定》第5条、《黑龙江省人民代表大会及其常务委员会立法条例》第92条、《辽宁省人民代表大会及其常务委员会立法条例》第67条、《青海省人民代表大会常务委员会工作条例》第12条、《陕西省地方立法条例》第87条、《四川省人民代表大会及其常务委员会立法条例》第69条和《新疆维吾尔自治区人大及其常委会立法条例》第50条。

〔26〕 《立法法》第100条第3款的具体表述是:“全国人民代表大会法律委员会、有关的专门委员会、常务委员会工作机构经审查、研究认为行政法规、地方性法规、自治条例和单行条例同宪法或者法律相抵触而制定机关不予修改的,应当向委员长会议提出予以撤销的议案、建议,由委员长会议决定提请常务委员会会议审议决定。”

### （三）《宪法》中的规范依据

《立法法》和《地方组织法》只能为省、自治区人大常委会的合宪性审查提供法律层面的规范依据。严格地说，这些规范依据本身也可能存在合宪性问题。《宪法》第5条第3款规定，地方性法规不得与其相抵触，但通篇都没有使用“合宪性审查”或者类似表述，更遑论明文规定合宪性审查主体。然而，“监督宪法的实施”乃是《宪法》明确赋予全国人大及其常委会的职权。如若将合宪性审查作为监督《宪法》实施的一项主要内容，审查主体无疑应当是全国人大及其常委会。依据“明示其一等于否定其余”的法解释规则，[27]其他任何国家机关均不享有合宪性审查权。但是，“明示其一”规则并非在任何情形之下都是颠扑不破的。在法解释实践中，它的适用主要存在3种例外：第一种情形涉及文义解释，即法律文本指明有关规定系“不完全列举”；第二种情形涉及体系解释，即本法其他条文、上位法或同位法另有列举；[28]第三种情形涉及主观历史解释，即立法史资料表明有关规定系“不完全列举”。

笔者认为，2018年局部修宪使第二种例外情形得以出现，《宪法》有关合宪性审查的授权规定已然不限于第62条第2项和第67条第1项，还包括第100条第2款，该款表述如下：“设区的市的人民代表大会和它们的常务委员会，在不同宪法、法律、行政法规和本省、自治区的地方性法规相抵触的前提下，可以依照法律规定制定地方性法规，报本省、自治区人民代表大会常务委员会批准后施行。”诚然，它没有明确规定省、自治区人大常委会享有合宪性审查的职权。可是，依据“谁批准，谁审查”的一般逻辑，我们可以作出如下推断：当设区的市地方性法规报请省、自治区人大常委会批准后，后者若经审查认为前者与《宪法》相抵触，就可以不予批准或者采取其他类似措施。这应当属于“合宪性审查”的范畴。但遗憾的是，政学两界对此尚未给予充分关注。

需要说明的是，《宪法》第100条第2款仅授权设区的市人大及其常委会制

---

[27] 这一法解释规则可以追溯至古罗马，其意为：法律“表述或者列入某一事项就意味着排除其他事项或者备选项”。See Bryan A. Garner, et al, ed., *Black's Law Dictionary*, Thomson Reuters, 2014, p. 701.

[28] 作为国家的最高法，《宪法》不存在上位法和同位法。所以，在宪法解释实践中，所谓“另有列举”只可能是指《宪法》本身另有列举。

定地方性法规,并没有同时授权自治州人大及其常委会制定地方性法规。[29]这显然有别于《立法法》第 72 条第 2 款的相关规定。如此一来,既然自治州的地方性法规作为一种法的形式整体上缺乏宪法基础,自然也就不需要由省、自治区人大常委会对其进行合宪性审查了。

最后需要研讨的是《宪法》第 99 条第 1 款。根据该条款,地方各级人大在本行政区域内,保证宪法、法律、行政法规的遵守和执行。该条款规定的国家机关是地方各级人大,但应该可以推及其常设机关。因此,县级以上的地方各级人大常委会同样享有职权保证宪法在其行政区域的遵守和执行。这也是《地方组织法》第 44 条第 1 项的明文规定。或许可以说,第 99 条第 1 款在一般意义上增强了省、自治区人大常委会开展合宪性审查的宪法依据。但需要注意的是,依据学界的主流论说,该条款并未全面赋予地方各级人大(以及县级以上地方各级人大常委会)对于规范性文件的合宪性审查权。其一,法律、行政法规等下位法在某种意义上是《宪法》的具体化,地方各级人大主要通过保证法律、行政法规等下位法的实施来保证《宪法》的实施;其二,地方各级人大对《宪法》实施的直接保证主要体现为纠正不合宪的具体行为而非规范行为;其三,规章以下的规范性文件主要存在的是合法性问题而非合宪性问题;其四,即便存在合宪性问题,规章以下的规范性文件也可以通过名义上的适当性审查予以纠正;其五,如若地方各级人大均能针对规范性文件进行合宪性审查,合宪性审查的质量势必难以保证。

## 三、省、自治区人大常委会之合宪性审查的制度机理

如前所述,省、自治区人大常委会对于设区的市地方性法规的合宪性审查现已具备了宪法、法律层次的规范依据。然而,这一类合宪性审查在实务中却一直处于较尴尬的境地。可以说,这一类合宪性审查的践行情况并不理想。一方面,部分省、自治区人大常委会比较关注报批的地方性法规是否与法律、行政

---

〔29〕 笔者目前无从得知:《宪法》对于自治州地方性法规的"遗漏"是出于何种原因。根据民政部发布的数据,截至 2017 年年底,我国的"地级市"共计 294 个,"自治州"共计 30 个。参见中华人民共和国民政部编:《中华人民共和国乡镇行政区划简册 · 2018》,中国社会出版社 2018 年版,第 4 页。二者在数量上的差距是悬殊的,这或许是"遗漏"的原因。

法规、省级地方性法规相抵触,但对其是否与《宪法》相抵触却未给予足够的重视;另一方面,省、自治区人大常委会经审查"不予批准"地方性法规的情况基本上没有可以确证的实例,更遑论具有较大影响力的典型个案。若要分析这一类合宪性审查的现状抑或是评估其前景,我们就有必要检视它本身的制度机理,从而准确地研判其功效和局限。

### (一)作为分散式审查的功效和局限

我国目前有23个省和5个自治区,因而,有权针对设区的市地方性法规进行合宪性审查的省级人大常委会共计28个。[30] 由此观之,这一类"合宪性审查"区别于全国人大常委会的合宪性审查,属于分散式审查,可以在不同的地理空间同时展开。

作为分散式审查,省、自治区人大常委会之合宪性审查的功效主要在于:在一定程度上提升工作效能,满足社会各界的现实需求。在我国现阶段,地方性法规与《宪法》相抵触的情况时有发生,而全国人大常委会的合宪性审查工作必定是有其限度的,它不可能逐一审查所有存在违宪嫌疑的地方性法规。[31] 就这一点而言,省、自治区人大常委会的合宪性审查可以减轻全国人大常委会的工作压力。更重要的是,倘若合宪性审查能够在省、自治区人大常委会全面推开,社会各界的相关现实需求也可以在更大限度上得到回应和满足。[32] 一言以蔽之,若单纯以合宪性审查的工作效能而论,"1+28"明显要大于"1"。

从比较法的视野来看,美国和德国正分别是当今世界"分散式合宪性审查"与"集中式合宪性审查"的代表性国家。包括美国联邦最高法院在内的所有联邦法院均有权依据美国《宪法》进行司法审查。不仅如此,州法院在涉及联邦宪

---

〔30〕 4个直辖市均不辖设区的市,所以,直辖市人大常委会自然无从对设区的市地方性法规进行合宪性审查。

〔31〕 实际上,一些公民和组织已经根据《立法法》的相关规定就地方性法规的合宪性问题向全国人大常委会提出了一定数量的审查建议。但是,全国人大常委会未曾接受其中的任何一条建议而启动合宪性审查。

〔32〕 省、自治区人大常委会的合宪性审查限于设区的市地方性法规的审批阶段。在这一阶段,社会各界提出的合宪性审查动议有可能通过人大常委会组成人员和其他参与机制得以反映。

法问题的个案中同样可以并且应当依据美国《宪法》进行司法审查。[33] 其依据是美国《宪法》第 6 条的至上条款(supremacy clause):“本宪法……为本国之最高法;且不论任何州宪法或法律内容对之有何抵触,各州法官均受其约束。”依照该条款,各州法官不仅拥有权力而且负有义务依据美国《宪法》对本州的《宪法》或者法律进行司法审查。所以,关于特定联邦法或者州法是否符合美国《宪法》,美国联邦最高法院只是最终的而非唯一的裁判者。近年来,美国联邦最高法院每年均收到 7000 多件调卷令申诉,而该法院仅选择其中区区 70 ~ 90 件[34]开庭审理,[35]一个重要原因就在于:下级联邦法院和州法院与其分享合宪性审查权。无独有偶,同样采用普通法院审查制的日本也呈现多层级审查的特点。[36] 日本《宪法》第 81 条规定:“最高法院为有权决定一切法律、命令、规

---

〔33〕 譬如,在美国最近影响较大的“蛋糕店案”中,科罗拉多上诉法院(州法院)不仅审查了《科罗拉多反歧视法》(Anti-Discrimination Act of Colorado)是否符合《科罗拉多宪法》第 2 条的第 4 款(宗教自由条款)和第 10 款(言论和出版自由条款),而且审查了这部州法律是否符合美国《宪法》第 1 修正案的宗教自由条款和言论自由条款。See Craig v. Masterpiece Cakeshop, Inc., 370 P. 3d 272 (2015): 273 – 275.

〔34〕 通过美国联邦最高法院官网相关栏目(https://www.supremecourt.gov/orders/ordersofthecourt/17)进行检索,可以发现美国联邦最高法院在 2016 年、2015 年、2014 年、2013 年、2012 年开庭期审理的案件数量分别为:70 个、81 个、76 个、75 个、79 个,检索时间是 2018 年 4 月 15 日。需要说明的是,这些案件并非都涉及宪法问题,并非都是宪法案件。因此,美国联邦最高法院审理的宪法案件在数量上更加有限。

〔35〕 参见[美]理查德 · D. 弗里尔:《美国民事诉讼法》(上),张利民、孙国平、赵艳敏译,商务印书馆 2013 年版,第 23 页;参见何帆:《大法官说了算:美国司法观察笔记》,中国法制出版社 2016 年版,“序言”,第 7 页;参见张翔:《宪法案件的筛选机制——我国启动宪法解释的技术障碍的排除》,载许崇德、韩大元主编:《中国宪法年刊 · 2012》,法律出版社 2013 年版,第 99 页。

〔36〕 第二次世界大战以后经由日本《宪法》的制定,日本接受了美国式的合宪性审查模式。但直到 20 世纪、21 世纪之交,日本政学两界仍有人主张放弃美国模式转而采取以德国为典范的欧陆模式。季卫东教授将前一种模式称为“分散型(非集中型)宪法审判模式”,将后者称为“集中型宪法审判模式”。而这里的“分散”和“集中”主要是指纵向维度的分散和集中。详见季卫东:《日本宪法保障制度设计的不同思路》,载《交大法学》2017 年第 1 期。但是,日本《宪法》迄今没有修改,前述主张并未实现。

则以及处分是否符合宪法的终审法院。”[37] 在日本,这一规定被解读为:除最高法院外,“下级法院也拥有合宪性裁判权”。[38] 可见,日本最高法院也只是享有最终的合宪性审查权。综上,从美国、日本的实践来看,分散式审查模式确实有助于回应社会各界的合宪性审查诉求。

当然,省、自治区人大常委会的合宪性审查作为分散式审查也有其局限。从立法原意来看,《立法法》设计设区的市地方性法规之审批制度的主要目的乃是维护法制统一。[39] 而“维护社会主义法制的统一”是《宪法》的明确要求。作为国家的根本法,《宪法》具有最高的法律效力,宪法秩序是我国法制统一的基础。可见,合宪性审查有助于从根本上维护我国的法制统一,其进路就是确保包括地方性法规在内的下位法与《宪法》相协调。但是,既然追求的是法制统一,合宪性审查本身也应当是统一的。从这个意义上说,分散式审查模式有可能使同一部宪法典的审查标准生成存在差异的地方版本,从而对我国的法制统一产生负面效果。鉴于此,省、自治区人大常委会的合宪性审查应当统一于全国人大常委会的合宪性审查。

因循这一逻辑推导,我国在中央和地方层次推进合宪性审查的顺序总体上应当是“中央先行”而非“地方先试”。省、自治区人大常委会之合宪性审查实践的相对统一需要权威性的参照标准,这就有待于全国人大常委会进行一定数量的合宪性审查实践。在此之前,考虑到“轻言违宪”和“强言合宪”均有不妥,那么在进退失据之间,省、自治区人大常委会或许只能选择“沉默”,暂且搁置合宪性审查工作。直到 2018 年之后,这种状况仍未发生明显改观。不仅如此,即

---

〔37〕《世界各国宪法》编辑委员会编译:《世界各国宪法》(亚洲卷),中国检察出版社 2012 年版,第 498 页。

〔38〕[日]大石真:《违宪审查机能的分散与统合》,潘迪、穆文秀译,载《浙江社会科学》2010 年第 5 期。

〔39〕《中华人民共和国立法法释义》一书有如下记录:“在此次修改立法法的过程中,也还有一些已经有立法权的较大的市的人大常委会的同志建议,将省、自治区批准较大的市的地方性法规的程序改为备案程序,但是考虑到全面赋予设区的市地方立法权后,立法主体大量增加,为了维护法制统一,还是有必要由省级人大常委会对设区的市的地方性法规进行批准。”参见全国人大常委会法制工作委员会国家法室编:《中华人民共和国立法法释义》,法律出版社 2015 年版,第 232 页。

便全国人大常委会的合宪性审查已然得以充分开展,协调中央与地方的合宪性审查依然存在一定的制度成本。

若将理论视域移向德国等欧陆国家,我们不难发现,中央集中、地方分散、央地并行的合宪性审查模式未必是唯一可选的方案。德国《基本法》第 100 条第 1 款规定:"法院认为裁判案件所依据的法律违反宪法时,应中止审理程序……如该法律违反本基本法,则应征求联邦宪法法院作出的裁判意见。这同样适用于州法律违反本基本法……的情形。"[40] 有德国学者指出:"对于基本法第 100 条第 1 款规定的程序而言,起决定作用的是,对于法规的普遍性效力的有拘束力的判决,被集中于由一个唯一的法院做出;这是关于法律统一性和法律安定性的问题。"[41] 可见,德国的其他联邦法院和各州法院[42] 通常均不直接负责审查联邦法和州法是否符合德国《基本法》。类似美国联邦最高法院,德国联邦宪法法院也只能承担有限的合宪性审查任务,同样需要避免被过多的宪法案件所"淹没"。在每年向其提起的 4000 ~ 5000 件宪法诉愿中,只有大约 2% 会被受理。对于另外大约 98% 的宪法诉愿,德国联邦宪法法院的合议庭将决定拒绝受理,这些决定无须附具理由,并且是不可诉的。[43] 倘若借鉴德国的上述经验,我国可以考虑的基本方案应该是:全国人大常委会适度地开展合宪性审查,而省、自治区人大常委会则完全回避"合宪性审查",将未经前者认定为不合宪的地方性法规推定为合宪。但如此一来,我国就有必要修改《宪法》以及相关的若干法律和多部地方性法规,省、自治区人大常委会的合宪性审查将不复存在。

(二)作为事前型审查的功效和局限

王锴教授提出,我国立法中明确规定的合宪性审查包括 3 种制度:事先批

---

〔40〕《世界各国宪法》编辑委员会编译:《世界各国宪法》(欧洲卷),中国检察出版社 2012 年版,第 191 页。

〔41〕[德]克劳斯 · 施莱希、斯特凡 · 科里奥特:《德国联邦宪法法院:地位、程序与裁判》,刘飞译,法律出版社 2007 年版,第 152 页。

〔42〕这里所称的"各州法院"也包括德国各州的宪法法院。

〔43〕参见[德]克劳斯 · 施莱希、斯特凡 · 科里奥特:《德国联邦宪法法院:地位、程序与裁判》,刘飞译,法律出版社 2007 年版,第 266 页;参见张翔:《宪法案件的筛选机制——我国启动宪法解释的技术障碍的排除》,载许崇德、韩大元主编:《中国宪法年刊 · 2012》,法律出版社 2013 年版,第 99 页。

准制度、事后撤销制度和备案审查制度。显然，省、自治区人大常委会对于设区的市地方性法规的合宪性审查可以归入第一种制度，属于事前型审查。〔44〕 所谓“事前”，是指设区的市地方性法规获得批准之前。在此阶段，它们已经由设区的市人大或者市人大常委会通过，正在接受省、自治区人大常委会的审查。〔45〕 相对于“纠错于已然”的事后型审查，“防错于未然”的事前型审查在理论上和实务中受到的关注较少。尽管如此，它在世界范围内不乏典型范例。譬如，法国的合宪性审查就包括宪法委员会对部分中央立法的事前型审查。〔46〕 有学者指出，“在我国宪法实施监督制度中，积极主动地事前预防和监督是常态，事后纠正违宪现象和违宪行为是一种备用的法律手段”。〔47〕 笔者认为，省、自治区人大常委会对于设区的市地方性法规的审批即为“事前预防和监督”的典型制度。〔48〕 设区的市人大及其常委会不具有完整的地方立法权，一旦认定其报批的地方性法规不合宪，省、自治区人大常委会就有权阻止该地方性法规

〔44〕 详见王锴：《合宪性、合法性、适当性审查的区别与联系》，载《中国法学》2019 年第 1 期。

〔45〕 张翔教授提出，全国人大常委会的合宪性审查可以分为“前端”与“后端”两个层次，“前者是对法律草案在通过前的合宪性控制，而后者是对其他规范性文件的备案审查”。参见张翔：《“合宪性审查时代”的宪法学：基础与前瞻》，载《环球法律评论》2019 年第 2 期。相比之下，省、自治区人大常委会的合宪性审查在层次上比较单一，并无“后端”，至于是否具有“前端”也需要商榷。从时间顺序来看，它应该处于“前端”之后、“后端”之前。

〔46〕 现行的 1958 年《法兰西共和国宪法》第 61 条第 1 款明确规定了这一事前型审查：“组织法在公布前，第十一条规定的法律建议案在提交于公民投票前，各个议院的议事规则在实施前，应提交于宪法委员会。宪法委员会对其合宪性作出决定。”该中文译本参见《法兰西宪法典全译》，周威译，法律出版社 2016 年版，第 348 页。

〔47〕 李林、翟国强：《健全宪法实施监督机制研究报告》，中国社会科学出版社 2015 年版，第 84 页。

〔48〕 邢斌文博士认为，原全国人大法律委员会审议法律草案的过程即存在事前的合宪性控制机制。该委员会“有权依据宪法文本修改或删除草案中与宪法冲突的条款，或者采纳全国人大代表或全国人大常委会组成人员的相关审议意见，修改草案内容，提高草案的合宪性”。参见邢斌文：《论法律草案审议过程中的合宪性控制》，载《清华法学》2017 年第 1 期。笔者赞同此说。但应当看到，原全国人大法律委员会本身并非合宪性审查主体，其合宪性控制机制也不是严格意义上的“合宪性审查”。

公布施行。

作为事前型审查,省、自治区人大常委会的合宪性审查具有预防性和常态性。相应地,它具有两个方面的功效。一方面,它有助于预防不合宪的地方性法规进一步产生不合宪的下级立法和行政行为,而且它有助于避免因撤销不合宪的地方性法规而对法律秩序造成较大冲击。设区的市地方性法规是地级、县级政府及其工作部门制定规范性文件和作出行政行为的依据。倘若这些地方性法规本身就含有不合宪的规定,相关规范性文件以及行政行为的合宪性也难以保证。另一方面,它有助于实现经常性的宪法监督,这种监督是依职权而非依申请开展的。由于可以预先"过滤"掉明显不合宪的设区的市地方性法规,这种事前型审查有可能减轻全国人大常委会事后进行合宪性审查的压力。在《立法法》的制定过程中,曾有建议将省、自治区人大常委会的审批程序改为备案程序,赋予较大的市的人大及其常委会[49]以完整的立法权。但是,这一建议最终未被采纳。一个重要的反对意见是:"备案采取'不告不理'的原则,靠备案审查制度进行监督,容易流于形式。"[50]综上,作为事前型审查,省、自治区人大常委会的"合宪性审查"嵌入设区的市地方性法规的制定过程中,成为该过程的一个必要环节和关键步骤。所以,从理论上说,每一部得以公布施行的设区的市地方性法规都已经历过合宪性审查。

但应当看到,作为事前型审查,省、自治区人大常委会的"合宪性审查"只可能是抽象审查而非具体审查,由于缺乏个案背景,此种审查的针对性较弱,裁量空间较大,标准过高有可能"轻言违宪",标准过低又有可能"强言合宪"。尤其在现阶段,事前型审查的开展基本上缺乏全国人大常委会之宪法解释、合宪性审查的指引,存在实际困难。[51] 有学者通过考察德国的实践指出,"抽象规范

〔49〕 在2015年修正之前,《立法法》仅规定"较大的市"人大及其常委会有权制定地方性法规。

〔50〕 全国人大常委会法制工作委员会国家法室编:《中华人民共和国立法法释义》,法律出版社2015年版,第232页。

〔51〕 在1982年全面修宪及其后的局部修宪过程中,全国人大常委会均是最主要的参与机关之一。所以,相对于省、自治区人大常委会,全国人大常委会能够更加准确地把握《宪法》的精神和原意,它对《宪法》的解读更具权威性。

审查在实践中作用不彰”。[52] 在其看来，这种情况并不意外。一方面，此种审查“脱离了案件和情境，无法体现系争规范的具体解释和实际适用情况”；另一方面，“因为缺乏具体争点，审查机关有时甚至要对系争规范进行逐条逐句的审查，自然无法深入”。[53] 笔者认为，上述理由和结论均适用于我国省、自治区人大常委会的“合宪性审查”。另外，相较事后型审查，事前型审查是常态性、整体性[54]的审查，其工作量更大。如若审查对象为地方性法规中无直接上位法依据的创制性规定，抑或是审查依据为高度抽象的宪法原则或者基本权利条款，事前型审查的难度将明显增大。目前，省、自治区人大常委会自身并不完全具备开展这类合宪性审查的条件。还应当注意的是，《立法法》第 72 条第 2 款将省、自治区人大常委会批准设区的市地方性法规的期限定为 4 个月，稍显仓促。由于一些地方性法规涉及一个甚至多个宪法争议，省、自治区人大常委会必须经过认真研究后方能决定，甚至需要请示全国人大的专门委员会或者全国人大常委会的工作机构，4 个月的期限比较紧张。此外，一旦批准了特定的地方性法规，省、自治区人大常委会即便发现其存在合宪性问题也无权撤回批准或者经由事后型审查予以撤销，只能依据《立法法》第 99 条第 1 款的规定请求全国人大常委会予以审查。

### （三）作为柔性审查的功效和局限

从设区的市地方性法规的审批制度来看，省、自治区人大常委会的合宪性审查应当属于柔性审查。这一论断的理据在于：依据现行的法律规范，省、自治区人大常委会在审批设区的市地方性法规的过程中，即使认为后者与《宪法》相抵触，也不必直接作出“不予批准”的决定，而是可以灵活处理，通过内部的监督

[52] 田伟：《宪法和法律委员会规范合宪性审查的程序类型》，载《华东政法大学学报》2018 年第 4 期。

[53] 田伟：《宪法和法律委员会规范合宪性审查的程序类型》，载《华东政法大学学报》2018 年第 4 期。

[54] 事前型审查必须考虑地方性法规的整个文本而非个别条文是否与《宪法》相抵触，严格地说，这一工作需要字斟句酌、条分缕析。

和纠错机制来确保前述地方性法规的合宪性。[55] 根据一些省、自治区地方性法规的相关规定,“不予批准”之外的具体措施至少包括“附修改意见批准”和“提出意见退回修改”。譬如,《广东省地方立法条例》第76条第1款规定:“省人民代表大会常务委员会认为报请批准的地方性法规与宪法……相抵触的,可以不予批准,也可以附修改意见予以批准或者退回修改后再提请批准。”那么,诸如此类的规定是否符合《立法法》的制度安排?根据该法第72条第2款的规定,对于报批且具有合宪性、合法性的地方性法规,省、自治区人大常委会应当予以批准。至于省、自治区人大常委会究竟应当如何处理与《宪法》相抵触的地方性法规,该条款以及《立法法》的其他条文没有明示,因而,省、自治区人大常委会应当具有一定的裁量空间。由此可见,《广东省地方立法条例》第76条以及相关省级地方性法规的类似规定对《立法法》第72条第2款进行了必要补充。在设区的市地方性法规的审批工作中,对于省、自治区人大常委会来说,“不予批准”并非“予以批准”之外的唯一可选项,它只是备而不用的非常手段。

作为柔性审查,省、自治区人大常委会的合宪性审查将灵活性与原则性相结合,有利于维持省地两级人大立法决策的对外一致性,可以减少阻力,比较便宜易行。在地方人大系统的许多工作人员看来,省、自治区人大常委会经过合宪性审查“不予批准”设区的市地方性法规可谓兹事体大,实属不得已而为之。综观各省、自治区的“立法条例”和立法实践可知,在省、自治区人大常委会全体会议审议报批的地方性法规之前,一般有两个必经程序:省、自治区人大法制委员会提出审查意见并向主任会议汇报,此其一;省、自治区人大常委会主任会议决定列入常委会会议议程,此其二。其中,后者又决定了报批的地方性法规最终是否有机会得到省、自治区人大常委会全体会议的审议。通过这些程序设计不难看出,报批的地方性法规倘若存在明显的合宪性问题,它就很可能无缘进入人大常委会全体会议的审议程序,因而自然不必由该会议决定“不予批准”了。当然,相对于省、自治区人大常委会“不予批准”的决定,委员长会议不列入

[55] 在这一点上,省、自治区人大常委会的合宪性审查与全国人大常委会的合宪性审查具有相似性。根据《立法法》第100条的规定,当行政法规、地方性法规、自治条例和单行条例被全国人大的专门委员会或者全国人大常委会的工作机构认为与《宪法》相抵触,它们的制定机关可以对其进行及时和必要的修改,在此情形下,全国人大常委会通常不会行使撤销权。

人大常委会会议议程的决定所产生的影响较小，仅限于地方人大系统内部。

基于柔性审查的机制设计，在目前的环境下，即使报批的地方性法规确实存在合宪性问题，省、自治区人大常委会也通常不会作出“不予批准”的决定，而是倾向采取“附修改意见批准”“提出意见退回修改”或者其他类似措施。如此一来，作为省、自治区人大常委会之合宪性审查的制裁措施，“不予批准”的决定势必难以出现，[56]这就有可能令人产生“合宪性审查”形同虚设的不良观感。应当看到，“附修改意见批准”“提出意见退回修改”等措施在实践中属于地方人大系统内部的监督和纠错机制，具有较强的封闭性，一般不对外公开，这就使这一类合宪性审查的下列局限更加突出：其一，不利于为设区的市制定地方性法规的合宪性问题提供反面示例；其二，不便于使省、自治区人大常委会的“合宪性审查”实践获得有效监督；其三，不足以让社会各界切实感知和体认我国合宪性审查工作推进的实效。笔者认为，倘若能够将上述审查意见予以公开，至少也可以使社会公众基本了解省、自治区人大常委会是否以及在何种程度上进行了合宪性审查。

## 四、结　　论

在我国，合宪性审查作为一项系统工程存在中央和地方两个层次。除全国人大常委会外，省、自治区人大常委会也有权进行合宪性审查，具体表现为设区的市地方性法规的审批制度。不与《宪法》相抵触是这些地方性法规获得批准的前提。这一类地方层次的合宪性审查尚未受到政学两界的充分关注，然而，它不仅可以得到《立法法》第 72 条第 2 款和《地方组织法》第 7 条第 2 款的支持，也可以得到《宪法》第 100 条第 2 款的支持，完全具有宪法、法律层次的规范依据。另外，各省、自治区的“立法条例”或者其他相关的地方性法规均在《宪法》和法律的基础上就这一类合宪性审查作出了更加具体的规定。

尽管如此，省、自治区人大常委会之合宪性审查的践行并不理想。作为这

---

〔56〕 根据笔者对某设区的市人大常委会主任的访谈，对于该市报批的地方性法规，上一级人大常委会从未因合宪性问题或合法性问题而作出“不予批准”的决定。不仅如此，他也不曾听闻其他设区的市（包括同一个省级行政区的和不同省级行政区的设区的市）报批的地方性法规有此遭遇。

一类合宪性审查的制裁措施,省、自治区人大常委会"不予批准"设区的市地方性法规基本上缺乏可以确证的实例。从具体的制度机理来看,这一类合宪性审查可以被定位为分散式审查、事前型审查和柔性审查,具有自身的功效和局限。作为分散式审查,省、自治区人大常委会的合宪性审查能够在一定程度上提升工作效能,满足社会各界的现实需求。但是,各个省、自治区人大常委会基于同一部《宪法》进行审查时有可能衍生不同的标准,这将在一定程度上影响合宪性审查的统一性。作为事前型审查,省、自治区人大常委会的合宪性审查有助于实现经常性的宪法监督,而且它也有助于预防不合宪的地方性法规进一步产生不合宪的下级立法和行政行为。但是,直接依据宪法规范进行抽象审查存在现实困难,此外,4个月的审查期限偏短。作为柔性审查,省、自治区人大常委会的合宪性审查有利于维持省地两级人大立法决策的对外一致性,可以减少阻力,比较便宜易行。然而,由于具备了灵活处理的空间,即便报批的地方性法规存在明显的合宪性问题,省、自治区人大常委会也通常会避免作出"不予批准"的决定,这在很大程度上削弱了这一类合宪性审查的存在感和影响力。

完善和推进这一类合宪性审查的路径有三:第一,全国人大常委会应当适时开展专门的宪法解释和合宪性审查,为省、自治区人大常委会的合宪性审查工作提供权威而统一的指引。第二,省、自治区人大常委会的"合宪性审查"应该先易后难、循序渐进,在现阶段重点审查设区的市地方性法规与相对具体的宪法规则或者国家机构条款是否冲突,如此可以暂时控制合宪性审查工作的难度。第三,《立法法》等法律可以强行规定,如果省、自治区人大常委会认为特定的设区的市地方性法规存在特定的合宪性问题,必须直接作出"不予批准"的决定;不仅如此,相关法律还可以明确要求:省、自治区人大常委会认为报批的地方性法规存在合宪性问题而采取"附修改意见批准""提出意见退回修改"或者类似措施时,应当将有关的具体意见向社会公布,从而提高审查结果的公开性和透明度。

## A Constitutionality Review of People's Congress Standing Committee of a Province or Autonomous Region? —An Investigation of the Examination and Approval System of Local Regulations of Cities Divided into Districts

Zou Yi

**Abstract**: From the vertical perspective, China's constitutionality review could be divided into central level and local one. In addition to the National People's Congress and its standing committee, the people's congress standing committee of a province or autonomous region also have the authority of constitutionality review, the concrete form of which is the examination and approval system of local regulations of cities divided into districts. A precondition for local regulations of cities divided into districts to be promulgated for implementation is that it does not contravene the Constitution. The direct legal basis of this constitutionality review includes Paragraph 2 of Article 100 of the Constitution, Paragraph 2 of Article 72 of the Legislation Law and Paragraph 2 of Article 7 of the Organic Law of the Local People's Congresses and Local People's Governments. At this stage, the constitutionality review of people's congress standing committee of a province or autonomous region has special effects. As a decentralized review, to some extent it could improve the work efficiency and meet the community's practical demand. As a prior review, it helps to realize the routine constitutional supervision and "filter" apparently unconstitutional local regulations. As a soft review, it hardly results in decisions "refuse to approve", moreover, it faces less resistance so it is easier to be carried out. However, the constitutionality review is not well implemented and has few examples. It has some limitations so it must be improved and promoted.

**Key words**: people's congress standing committee of a province or autonomous region　constitutionality review　city divided into districts　local regulation

# 航班时刻纳入航空运输合同制度建构

王锡柱*

**内容摘要：**

航班时刻对于航空运输合同订立、履行均具有重要意义，但考虑到航空运输的特殊性，航班时刻并未被明确规定为航空运输合同的内容。因缺乏明确法律规定，承运人往往借助运输总协定将航班时刻排除于航空运输合同之外，严重损害了旅客权益。根据我国法律体系和民航局发布的统计报告所显示的实证数据，航空运输的特殊性并不构成航班时刻纳入航空运输合同的实质障碍。为保障旅客利益，应将航班始发时刻与到达时刻作为航空运输合同法定要素予以规范，明确违反航班时刻的法律后果，严格限定变更或排除航班时刻条款适用的条件。此外，为保证航班时刻契约化的可行性，可将航班延误中以行政处罚为主的制度转变为以民事补偿为主的制度，完善承运人责任减免、第三人责任、延误保险等制度。

**关键词：**

航班时刻　航空运输合同　旅客权益　违约责任

航空器具有其他运输工具无法比拟的速度优势，它能在较短时间内将旅客或者货物运达目的地。然而，航空承运人并未在时间要素上完全满足旅客预期，从而使航空运输中涉及航班时刻的纠纷屡见不鲜。

最高人民法院在2015年4月15日公布的第51号指导案例中，案件诉由即为航空公司航班延误，法院在判决中指出，航空公司不能剥夺旅客乘坐航班按时抵达目的地的权利。[1] 然而，指导案例未能阻止纠纷的再发生。2016年6

---

* 北京航空航天大学法学院博士后。

[1] 详细信息请参阅最高人民法院在2015年4月15日公布的指导案例51号："阿卜杜勒·瓦希德诉中国东方航空股份有限公司航空旅客运输合同纠纷案"。

月判决的阳某状告厦门航空的案件中同样涉及航班时刻问题。初审法院认定，阳某比规定时间晚 3 分钟，属于误机，而航班始发时刻延误 11 分钟，并不对此产生影响。2017 年 8 月 28 日，长沙市中级人民法院终审判决认定，阳某延误办理乘机手续，属于严重违约行为，航空公司可提出反诉要求阳某支付退票费用。但是，法院在判决中仍回避了航空公司航班始发时刻延误对旅客违约行为的影响问题。〔2〕

现行立法未将航班时刻作为航空运输合同要素，由此导致旅客权益频频受损、难以保障。现有研究多跳过航班时刻在航空运输合同中的效力而直接谈论航班延误，导致航班时刻在运输合同中的地位的问题一直未得到充分重视。自 2017 年起施行的《航班正常管理规定》第 6 条明确规定："承运人应当按照获得的航班时刻运营航班。"《2019 年航班正常考核指标和调控措施》规定了对航空公司的处理措施，但是这些规定更多的是在行政处罚角度进行处理，航班时刻是否属于运输合同的内容仍然不明。对航班延误问题的研究并不能解决航班提前起飞的问题，也无法解释旅客误机需承担退票费用的问题。现阶段，如何将航班时刻纳入航空运输合同中以保护航空旅客权益，是合同法以及航空法研究中不得不考虑的问题。

## 一、航班时刻在航空运输合同中的价值分析

航班时刻也称航班起降时刻，是指在某特定机场，为使航空器在某一特定日期起降和飞行得以实现而分配的进离港的预定时间。〔3〕 这是航班时刻的传统定义，这一定义是从航空公司角度来理解的，侧重航空公司对于航班时刻这一资源的使用。然而，对于航班时刻的关注不应只停留在这一层面，还应认识到航班时刻对于航空运输合同的重要价值。

首先，在合同订立目的上，航班时刻具有重要参考价值。航空运输合同的订立需要双方意思表示一致，而之所以能形成一致的意思表示，合同主体的订

---

〔2〕 详情请参见湖南省长沙市中级人民法院就"阳某与厦门航空有限公司等航空旅客运输合同纠纷上诉案"作出的终身民事判决书，案件字号：(2016)湘 01 民终 5009 号。

〔3〕 参见郝秀辉：《中国航班延误赔偿责任司法认定的困境与实践》，载《当代法学》2016 年第 5 期。

约目的必然在考虑之列。当然,这里的目的不是指最终目的,那是一种偶然性事项,而是指预期目的,这是一种可以预期规划的事项。[4] 在此层面上,航空承运人的目的在于获取经济利益,旅客则注重航空公司安全并及时地完成运送任务。因此,能够获得航空承运人安全、及时的运输服务正是旅客与航空承运人签订航空运输合同的预期目的,也是推动航空运输合同订立的重要因素。

其次,航班时刻是旅客选择特定航空承运人的决定性因素之一。消费者选择某一特定航班而非其他航班,其原因之一,是在其他条件相同的情况下,其所选择的航班最为符合消费者的时间安排。旅客乘坐航班是出于到达目的地参与活动的派生需求,而活动安排决定了旅客的出发和到达时间,从服务角度来看,承运人是在满足旅客的时间偏好。[5] 各个航空公司也深知航班时刻的重要性。在航空服务竞争中,争取航班时刻是诸多竞争内容中十分重要的一项。[6] 正是基于消费者对于航班时刻重要性的预期,航空公司才竞相争取优质的航班时刻,以期获得最大化的经济利益。因此,在航空运输合同的订立中,航班时刻的重要性是合同双方都能够认识到的重要因素,是旅客选择特定航班的决定性因素之一。

再次,在航空运输合同的履行中,航班时刻是航空承运人与旅客作出诸多安排的重要依据。正因为航空运输合同存在始发时刻与到达时刻,航空旅客及承运人才能作出安排与规划。航空承运人需要按照航班时刻进行正常的运营,航空旅客则需要遵循航班时刻作出或者调整出行安排。旅客需在航班始发时刻前的一段时间内到达机场完成安检、登机等手续。同时,还依据航班到达时刻安排目的地的交通、食宿以及人员接待等事项。

最后,航班时刻在航空运输合同中的重要性还体现在整个航空运输法律体系中的诸多法律术语皆以航班时刻为基础,合同主体的权益需要借助航班时刻来维护。在航空运输中,与航班时刻相关的两个常见术语为航班延误与误机。航班延误,是指飞机应在离站时间起飞而没有起飞,“离站时间”是“航班旅客登

---

[4] 参见[英]边沁:《论一般法律》,毛国权译,上海三联书店2013年版,第40页。

[5] See K. Proussaloglou, F. S. Koppelman, “The Choice of Air Carrier, Flight, and Fare Class”, 5 *Journal of Air Transport Management* (1999), p. 195.

[6] See Stephen Breyer, *Regulation and Its Reform*, Cambridge: Harvard University Press, 1982, p. 198.

机后,关机门的时间",也是指客票或班期时刻表上注明的出发时间。[7] 旅客误机,是指购票旅客不能在规定的时间完成检票登机。航班延误和误机是航空公司和旅客违反航班时刻所导致的后果,如果不以航班时刻为航空运输中的时间标准,则航班延误与旅客误机的认定将缺乏前提,难以得到有效解释。此外,只有借助航班时刻才能够保障遵循航班时刻一方主体的正当性权益,航班提前起飞或者延误对旅客造成的损失以及旅客误机对航空公司造成的损失才能得到法律的支持。

综上,时间因素是运输合同的重要内容,航班时刻在航空运输合同之中十分重要,其价值应得到重视。若无特殊情况,理应将其作为航空运输合同的要素,并在法律上予以明确。

## 二、航班时刻纳入航空运输合同面临困境的辩解

航班时刻的重要性毋庸置疑,然而,国际航空运输协会至今也没有把航班时刻表作为航空运输合同的组成部分。[8] 我国也是如此,与此同时,国内航空公司往往借助其运输总协定单方面将航班时刻排除在航空运输合同之外,[9] 形成"航班时刻非契约条款"。具有重要性的航班时刻却未被作为运输合同组

〔7〕 参见贺富永:《航空运输延误及判断依据》,载《河北法学》2016 年第 5 期。

〔8〕 参见胡超容:《中国民航几个热点问题的法学解析》,四川大学出版社 2006 年版,第 61 页。国际航协在《客票——合同条件》(1972 年第 275b 号决议)第 9 条中规定:"承运人承诺尽力以合理的快速运载旅客与行李。载于班期表或其他场所的时刻,并无保证,也并非合同的组成部分……时间表可不经通知而予以变更,承运人对联程的接衔不承担责任。"

〔9〕 中国国际航空公司在其《国内旅客、行李运输总条件》第 9.1.1 条中直接明确了其对航班时刻不予保证,而且航班时刻不构成运输合同的组成部分。同样,东方航空和南方航空也在其运输总条件中表述了相似的内容,其中,东方航空《国内旅客、行李运输总条件》第 9.2 条规定,航班时刻表或其他地方所显示的航班时刻或机型,仅是预定的时间和机型而非确定的时间和机型,该航班时刻或机型不构成东航与旅客之间运输合同的组成部分。南方航空《国内旅客、行李运输总条件》第 9.1.3 条规定,航班时刻表中载明的航班时刻或机型,在其公布之日与旅客实际开始旅行之日期间将可能发生变动,南方航空对该航班时刻或机型不予保证,而且该航班时刻或机型也不构成南方航空与旅客之间运输合同的组成部分。

成部分,这是由于航班时刻契约化存在困境。具体而言,航班时刻纳入航空运输合同的部分困境在于,航班时刻的全面履行存在诸多客观条件的限制,如航班时刻成为合同要素后将大大加重航空承运人的责任。

首先,人的生命权、健康权可以说是最具根本性的人身权利,在航空运输中,安全也是最主要的议题。安全和准时运输都是航空承运人应当履行的契约义务,但是两者相互冲突时,安全运输作为第一要素就应优先于准时运输。[10] 安全从来都是,而且将永远是航空业中最重要的因素。[11] 航空器在空中运行时的诸多因素并不能被承运人掌控,不可抗力的存在、恐怖分子劫持航空器以及旅客滋扰航空器运行等情形都可能危害航空安全。鉴于航空运输的风险,造成航班延误的因素很多,为了保证航空安全,有些误点是难以完全避免的。[12] 在航空运输中,稍有不慎,机组人员与旅客的生命安全,甚至是地面不特定第三人的人身安全都可能遭到威胁,相较人身安全,航班时刻的重要性只能退居其后。不确定的因素将危害航空安全,进而影响航班时刻的履行,这被认为是航班时刻契约化面临的最大困境。

其次,航空业属于技术密集型产业,航空器对运行环境要求很高。但是,技术的发展尚未解决航空运输中的所有问题,面临不利气候影响、空域利用的限制等外在阻力,技术依旧无能为力。诚然,航空承运人希望能够突破环境及技术的限制,但在天气因素以及流量控制因素的影响下,航空承运人按照航班时刻运输实际上处于"非不为也,是不能也"的尴尬境地。所以,技术及环境因素的制约是航班时刻纳入航空运输合同面临的又一困境。

最后,航空运输是一个系统工程,造成延误的原因很多,包括天气、航空公司、航班时刻安排、军事活动、空管、机场、联检、油料、离港系统、旅客、公共安全等。每一次延误的产生,可能是其中一个原因或数个原因综合所致的。[13] 所以,航班时刻的实现需要各个主体在各个环节之间相互配合,任何主体的不合

---

〔10〕 参见杨惠、高乐鑫:《"航班时刻非契约条款"辨析》,载《法律科学(西北政法学院学报)》2013年第5期。

〔11〕 See Paul Stephen Dempsey & Ram S. Jakhu, *Routledge Handbook of Public Aviation Law*, London: Routledge, 2017, p. 85.

〔12〕 参见赵维田:《国际航空法》,社会科学文献出版社2000年版,第351页。

〔13〕 参见贺富永:《航空运输延误及判断依据》,载《河北法学》2016年第5期。

作都可能导致航班时刻难以按时履行。无论是航空旅客“霸机”、航空器未达到适航条件,还是机场跑道清理不及时、机场净空领域内存在扰乱航空飞行的因素,抑或是空中交通管理部门未及时提供交通管制服务,都将导致航空公司不能按照航班时刻履行合同。因此,仅凭航空承运人一己之力难以保证航班运输的准时性。

综上所述,无论是安全因素、环境制约抑或是航空运输系统内多主体协调问题,最终都将致使航班时刻难以全面履行。如果将航班时刻要素法定化,承运人则需严格遵照航班时刻运输。旅客运送人之义务,不仅在乎依契约之内容将旅客运送至目的地,且须“安全”及“准时”始可。[14] 然而,影响航班时刻实现的因素众多,航班时刻要素法定化将导致航空公司违约成为常态,进而导致航空承运人面临沉重的经济负担。若航空公司为追求眼前利益,忽视安全因素、环境因素,在不满足适航条件时强行按照航班时刻运输,造成航空事故的概率将大大增加,同样损失惨重。所以,航班时刻法定化将导致承运人在运输中处于“两难”境地。

## 三、航班时刻纳入航空运输合同存在困境的质疑

航班时刻非契约化作为国际惯例一直存在,但这一惯例导致的问题层出不穷。航空公司难以保证航班及时到达的条款常常是引发诉讼的条款之一。[15] 辨明航空运输的特殊性对航班时刻契约化的影响极为重要。航班时刻纳入航空运输合同的困境在总体上可分为两大类:一类为外在困境;另一类为内在困境。外在困境,是指航班时刻全面履行的客观限制;内在困境,是指航班时刻纳入航空运输合同之后,航空公司的经济压力过重。但从近些年公布的《民航行业发展统计公报》来看,外在困境并不足以对航班时刻纳入航空运输合同形成实质制约,这可以将 2011 ~2018 年的《民航行业发展统计公报》中的数据为基础进行证成。从法律制度的整体性来看,航空的公司经济压力也不足以作为制

〔14〕 参见郑玉波:《民法债编各论》,台北,三民书局 1981 年版,第 618 页。

〔15〕 See Richard Ritorto & Stephan A. Fisher, “Exploring Airline Contracts of Carriage and European Union Flight Delay Compensation Regulation 261 (EU 261)—A Bumpy but Navigable Ride”, 82 *Journal of Air Law and Commerce*, 2017, p. 562.

约航班时刻纳入航空运输合同的因素,这可以从航班时刻纳入航空运输合同之后可以发展的或者应用的配套制度进行证成。

首先,从现行技术、设施以及服务能力来看,航班时刻作为航空运输合同的法定要素具有可行性。航班时刻并非任意分配,而是在科学分析的基础上进行的分配。换言之,航班时刻的履行对于航空公司是具有可行性和可操作性的,随着航空业发展及其空中管理水平的提升,航班时刻的实现在现行技术条件下得到了较充分的保障。根据2011~2018年《民航行业发展统计公报》所公布的数据,8年间,我国全国客运航空公司平均航班正常率分别为77.2%、74.83%、73.10%、69.09%、68.90%、76.76%、71.67%、80.34%。由此可见,近年来我国航班平均正常率维持在70%,这为航班时刻嵌入航空运输合同提供了可能,30%的航班延误率不足以否定航班时刻嵌入运输合同的可行性。〔16〕

其次,随着现代社会的发展,航空安全稳步推进,而且随着航空器制造技术和机场安全检查手段的改进,航空安全已经成为常态。从2011~2018年《民航行业发展统计公报》中的表述来看,除2011年公报表述为“民航绝大多数运行单位安全形势平稳”外,其后6年的表述皆为“民航安全形势平稳”,2018年表述为“民航安全运行平稳可控”,这主要是由于近年来的通用航空安全事故减少,问题并未出现在公共航空运输领域。实际上,2012~2018年全行业未发生运输航空事故,而且2018年公报指出:“自2010年8月25日至2018年底,运输航空连续安全飞行100个月,累计安全飞行6836万小时。”〔17〕与航班时刻最密切相关的正是公共航空运输,将航空安全作为航班时刻法定化的最大困境存在夸大之嫌。

再次,航班时刻的实现需要多方配合并无异议,但航班时刻不能履行在很大程度上是出于航空公司自身的原因。2011~2018年航空公司自身原因导致的航班延误分别占到总航班延误数的37.1%、38.5%、37.4%、26.4%、9.1%、9.54%、8.62%、21.14%,而且其他由于空管、机场、旅客等第三人原因造成的航班延误也占极大比例,《民法典》第593条明确了第三人原因造成违约的,并不排斥违约责任。所以,航空公司本身并非不可追责,航班时刻实现需要多方

〔16〕 相关数据来自中国民用航空局公布的2011~2018年的《民航行业发展统计公报》,公报可在中国民用航空局官方网站搜索并下载。截至2020年5月10日,2019年《民航行业发展统计公报》暂未发布。

〔17〕 参见中国民航局发布的《2018年民航行业发展统计公报》。

配合不能否定将航班时刻作为航空运输合同的内容予以规范。

最后,航班时刻嵌入航空运输合同无疑将对航空公司造成沉重的经济负担,但是这并不意味着航空公司必然承担最终责任。其一,航空公司只是在未按照航班时刻运输时才承担责任,而航班时刻正常率达到70% ~80%,航班时刻要素法定化使承运人承担责任的最大范围只是30%左右,随着技术、管理方法的优化,航班正点率将得到提升,2018 年的航班正常率达到了 80%以上说明了这一趋势。其二,航空承运人不按照航班时刻运输只构成违约,而构成违约承担责任尚需要被延误旅客受有损失,然而,并不是所有旅客都会因航班延误受有损失。因此,违约责任的承担制度可以减轻承运人的压力。其三,只有法律认可的损失才会予以赔偿,对于航班延误造成的非法律认可的损失并不属于赔偿范围。其四,航班时刻的不能履行可以按照不可抗力等相关法律事由减免责任。其五,在由于第三人造成的航班延误中,航空公司赔偿旅客损失后,可以依照《民法典》第 593 条的规定向第三人追偿。其六,航空保险制度的建立可以帮助航空承运人分散风险,降低风险成本。所以,实际上,航班时刻纳入航空运输合同之后,承运人面临的经济困境可以通过相应的法律制度予以缓解。

所以,航班时刻迟迟未被作为合同要素的主要原因并不在于航空安全、环境因素制约以及众多主体配合困难,亦不在于其作为法定合同要素将对航空公司造成毁灭性打击,而在于航空公司及其代理人希望免除自身航班延误的责任,以追求自身利益最大化。航空公司作为经济实体,其追求利益并无不当,然而其通过排除旅客的重要权利实现此种目的,此种选择有失妥当。一方面,航空公司排除旅客权利;另一方面,航空公司将各种责任限制纳入其运输总条件的趋势日益明显。例如,一些航空公司已经设定了责任限制期,有些航空公司明确自身的责任期限只有 6 个月,甚至有航空公司规定在其负全责的情况下,对人身伤害承担限额责任。[18] 一些航空公司明确,因机务维护、航班调配、机组等自身原因造成的航班在始发地延误或取消,其不承担责任。[19] 另外,航空

---

〔18〕 Richard Ritorto & Stephan A. Fisher, "Exploring Airline Contracts of Carriage and European Union Flight Delay Compensation Regulation 261 (EU 261)—A Bumpy but Navigable Ride", 82 *Journal of Air Law and Commerce* 563 (2017).

〔19〕 参见郝秀辉:《论"航空运输总条件"的合同地位与规制》,载《当代法学》2016 年第 1 期。

公司利用自身优势单方排除航班时刻在合同中的适用,却规定旅客误机需承担高昂的退票和换票费用,也表明了航空公司将航班时刻排除在法律之外属于维护自身利益的霸王条款。为了保障旅客利益,正确的路径在于将航班时刻作为航空运输合同的要素予以规范,切实将航班时刻明确为航空运输合同的组成部分,平衡航空承运人与航空旅客之间的风险利益分配关系。

## 四、航班时刻纳入航空运输合同的制度构建

### (一)航班时刻应当以作为航空运输合同内容为原则

航班时刻纳入航空运输合同具有法律和事实上的可行性。航班时刻嵌入航空运输合同有两种路径:一是由法律直接规定,无相反约定时即将其作为航空运输合同要素;二是法律不作明确规定,航班时刻契约化须由双方明确约定。相较之下,第一种路径更适宜。

首先,旅客往往凭借生活常识将航班时刻作为航空运输合同的组成部分。时间的重要性是相对于环境因素而言的,货物运送合同或者船舶及车辆运送货物的合同中,时间更可能被认为至关重要。迟延可能更重要且当事人也习惯于这样看待。[20] 旅客和货物托运人选择航空运输,是因为其速度和时间。[21] 根据INTRAMAR的调查,在12个影响乘客选择航班的因素中,最重要的因素是准时。[22] 将航班时刻作为航空运输合同的内容更符合旅客心理预期。

其次,在我国的法律体系中,合同的履行时间一直是合同的重要内容。《民法典》第820条规定,承运人应当按照客票载明的时间运输旅客。《民用航空法》第95条规定,公共航空运输企业应当保证航班正常。《中国民用航空旅客、行李国内运输规则》第8条第2款第5项将航班号、日期和离站时间等内容作为客票内容。《国际运输规则》也有类似规定。因此,航空运输虽具有特殊性,

---

〔20〕 参见[美]A. L. 科宾:《科宾论合同》(下册),王卫国等译,中国大百科全书出版社1998年版,第124页。

〔21〕 I. H. Ph. Diederiks-Verschoor, *An Introduction to Air Law*. New York: Wolters Kluwer Law& business, 2012, p. 175.

〔22〕 See Ruwantissa Abeyratne, *Aeronomics and Law*, Switzerland: Springer, 2012, p. 105.

但是将航班时刻作为航空运输合同的内容符合我国法律。

再次,将航班时刻由法律规定为航空运输合同内容与协商后将其作为合同内容属于明显不同的风险分配方式。在法律将航班时刻作为航空运输合同条款时,航空公司按时运送旅客属于法律认定的旅客的重要权益,航空公司不可以通过不恰当的格式条款损害消费者的权益,也不得免除由此产生的责任。在法律不直接规定这一要素时,航空公司承担的只是“尽力”运送义务,航空公司可轻易排除航班时刻的适用,航班时刻成为有名无实的权益。

最后,在法律未将航班时刻作为航空运输合同的要素时,航空承运人往往可能借助其优势损害航空旅客的权益。例如,航空公司虽然设置了航班时刻的非契约条款,但是,其并未免除旅客遵循航班时刻的责任。旅客只能被动承认航空公司的格式条款,单方面遵循航班时刻。航空公司与旅客违反航班时刻的效果迥异,航空运输合同中的利益与风险的均衡性受到严重破坏。若法律直接将航班时刻作为合同要素予以规范,则能矫正风险利益失衡的状态。

### (二)航班时刻包含始发时刻与到达时刻

航班时刻包括始发时刻与到达时刻,在对航班时刻要素予以规范时,将哪一时刻作为合同内容需要予以明确。邱聪智教授指出,旅客运送之运送人,应准时运送(包括起运及运送完成)。[23] 林诚二教授则认为,运送人对旅客负有安全准时到达义务。[24] 两者都强调运送中的时间因素,不同的是,前者认为运输中的准时包含起运与运送完成时间,而后者则只是强调了准时到达义务。在航空运输中,始发时刻与到达时刻都具有重要意义。

在航空客运合同中,始发时刻具有重要价值。旅客必须提前到达机场以配合机场以及航空公司完成安检、登机等程序。对于航空承运人来说,始发时刻同样具有规范必要性。一方面,航班始发时刻变更给旅客造成损失的情形时有发生。例如,2016 年,黄某打算乘坐的 Sky Ba-hamas 航空公司的航空器提前起飞就对黄某造成了经济损失。[25] 另一方面,航空公司在编制其航班计划时,已

---

〔23〕 参见邱聪智:《新订债编各论》(中),中国人民大学出版社 2006 年版,第 393 ~ 394 页。

〔24〕 参见林诚二:《民法债编各论》(中),中国人民大学出版社 2007 年版,第 341 页。

〔25〕 参见李晓明:《航班提前起飞误机,保险公司拒赔称不在理赔范围》,载人民网,http://pic. people. com. cn/n1/2016/0831/c1016 - 28679859. html。

经引进了延误允差("航班计划补白"),例如,从机场A的登机口到机场B的登机口时间为90分钟,航空公司可能计划其航班为100分钟。[26] 因此,纵使始发时刻晚点两小时,依然可能会正点到达,但是旅客可能因而增加食宿费用。此外,旅客可能因始发时刻延误而解除合同,此时旅客不再乘坐航空器,亦不存在到达时刻。所以,在航空运输合同之中,航班始发时刻具有独立价值,应将其作为航空运输合同的内容。

航班到达时刻亦具有重要价值。准时起飞的航班会因多种原因返航或降落其他地点,在到站机场空中盘旋等待降落乃至复飞、备降等情况,都会导致该航班不能准时到达目的地港。[27] 因此,航空器按照始发时刻飞行并不能保证其按照到达时刻降落。更重要的是,人们选择一种运输服务,其目的在于到达目的地处理事务,即到达时刻一般是旅客最关心的内容。例如,人们乘坐航空器或是为了观看体育赛事、文艺演出,或是洽谈商业项目,又或是运送有效期极短的医药用品,航班若不能依照到达时刻正点到达很可能使旅客的投资化为泡影,造成旅客的损失。因此,需要将航班到达时刻作为航空运输合同中的重要内容予以规范。

综上所述,航空运输合同包含了从订票之后到航空器到达目的地落地之前的整个期间。延误可以发生在登机前,也可能发生在航行过程中或者着陆时。[28] 简言之,航班延误就是承诺的离开或者到达时间的变更。[29] 只有将两者组合起来才是航空运输合同中完整的航班时刻。一旦运输合同约定了日期和航班且双方达成一致,合同履行的任何迟延都将引发延误损害的赔偿问题。

---

〔26〕 参见[美]彼得·贝罗巴巴、阿梅迪奥·奥多尼、辛西娅·巴恩哈特:《全球航空业》,赵维善译,上海交通大学出版社2010年版,第340页。

〔27〕 参见郝秀辉:《中国航班延误赔偿责任司法认定的困境与实践》,载《当代法学》2016年第5期。

〔28〕 See George N. Tompkins, *Liability Rules Applicable to International Air Transportation as Developed by the Courts in the United States: From Warsaw* 1929 *to Montreal* 1999, New York: Kluwer Law International, 2010, p. 229.

〔29〕 See Adejoke O. Adediran, "Current Regulation of Air Carriers'Liability and Compensation Issues in Domestic Air Carriage in Nigeria", 81 *Journal of Air Law and Commerce* 17 (2016).

合同开始时的迟延与结束时的迟延是一样的。[30]

（三）航班时刻纳入航空运输合同的法律效果

航班时刻纳入航空运输合同之后，成为其法定要素，航空公司需要按照航班时刻履行运输义务。此外，旅客需要按时到达机场完成登记手续的办理。例如，安第斯共同体（哥伦比亚、秘鲁、玻利维亚和厄瓜多尔）在2005年通过的第619号决议就规定了旅客需要准时办理登机手续等义务。[31] 如果航空公司及旅客不能按航班时刻履行义务，构成对航班时刻条款的违反，而且鉴于航班时刻的重要性，误机或者航班延误都是对重要合同义务的违反，旅客不能按照航班时刻登机或者航空公司不能按照航班时刻运送旅客都将构成违约。然而，违约并不意味着必定承担违约责任。违约责任的承担必须具备一方未按照航空运输合同履行义务以及相对方受有损失两方面要素，否则有违民法中的填平损失原则。

违约责任的承担首先要存在违约行为。一旦航班时刻作为航空运输合同内容被予以规范，航班延误或者误机就是违约。但是，航班延误却并不必然导致航空承运人承担责任。如果延误对旅客或货主未造成任何法律认可的"损害"，仅仅是运输中的"延误"是不会带来责任承担的问题的。换言之，"延误"本身是无法赔偿的，只有"延误"造成的"损失"经当地法律认可后，才可赔偿。[32] 同样，误机也是如此处理。但是，若航班时刻的延误超过了一定时段，即使旅客不存在实际的损失或者不能证明自身损失，法律也应当基于利益均衡原则，在赔偿额中适当考虑旅客的周转劳顿以及时间的机会成本，对旅客进行适当补偿。当然，这种补偿额度应有所限制，不宜过高。在非物质赔偿和赔偿额度限制方面，印度尼西亚已经处理了一些关于航班延误和拒绝登机的案件，在这些案件中，非物质损害的赔偿是主要的诉讼请求，但法院不一定会完全支

〔30〕 See George N. Tompkins, *Liability Rules Applicable to International Air Transportation as Developed by the Courts in the United States: From Warsaw* 1929 *to Montreal* 1999, New York: Kluwer Law International, 2010, p. 229 - 230.

〔31〕 See Correia, Vincent & Rouissi, Noura, "Global, Regional and National Air Passenger Rights-Does the Patchwork Work?", 40 *Air & Space Law* 135 (2015).

〔32〕 See George N. Tompkins, *Liability Rules Applicable to International Air Transportation as Developed by the Courts in the United States: From Warsaw* 1929 *to Montreal* 1999, New York: Kluwer Law International, 2010, p. 225.

持赔偿数额。[33]

合同解除权亦是违反航班时刻的后果之一。如果债务人在特定的时间或者特定的期间内没有给付,并且当债权人在合同中所享有的给付利益与给付的及时性相联系时,可以直接解除合同。[34] 在航空公司不能按照航班时刻运行航班,而导致航空旅客的目的落空时,应当赋予航空旅客解除合同的权利。在航班提前起飞时,承运人如已经提醒旅客,旅客有权选择退款或者重新选择路线。[35] 而如果旅客购买机票意在去目的地参与活动,因航班晚点导致已无乘坐航空器之必要,亦应赋予旅客合同解除权。

为保障航班秩序,应赋予航空公司相应的权利,将故意扰乱航班秩序导致承运人无法正常履行航班时刻的旅客带离航空器或者机场,使其能够按照航班时刻运行。在航空公司因超售导致旅客不能正常运输旅客时,应当帮助旅客安排适当航班,在造成旅客损失时应予以赔偿。但是,因旅客不予配合等自身原因导致损失扩大时,航空公司不予赔偿。

(四)航班时刻要素的排除适用

航空运输合同是私法主体之间的合同,属于私法自治范畴。基于私法自治,作为个别规范的法律行为,效力来自行为人的意志。[36] 在航空运输合同中,当事人可以通过适当方式将航班时刻排除于航空运输合同之外。

航班时刻约束合同双方,旅客需按时到达机场办理登机手续,航空公司则需按照航班时刻运输。双方都可能因航班时刻的排除而免于承担相应的责任,从而使通过约定排除航班时刻具有了可能性。旅客可以约定在其未能及时到达机场时,可寻求免除或者降低高昂的改签或者退票费用,航空公司则可以寻

〔33〕 See Ridha Aditya Nugraha & Lalin Kovudhikulrungsri, "Aviation Legal Issues in Indonesia and Thailand: Toward Better Passengers'Rights in ASEAN", 7 *Indonesia Law Review* 31(2017).

〔34〕 参见[德]迪尔克·罗歇尔德斯:《德国债法总论》(第7版),沈小军、张金海译,中国人民大学出版社2014年版,第255页。

〔35〕 See Kinga Arnold, "EU Air Passenger Rights: Assessment of the Proposal of the European Commission for the Amendment of Regulation (EC) 261/2004 and of Regulation (EC) 2027/97", 38 *Air & Space Law* 419 (2013).

〔36〕 参见朱庆育:《民法总论》,北京大学出版社2013年版,第119页。

求免于承担因其航班延误造成的旅客损失。

航班时刻毕竟属于航空运输合同中的重要内容,航班时刻的排除或者变更应受到一定的限制,尤其是禁止航空公司单方面以格式合同排除责任。在航班时刻要素法定化的原则下存在一个假定,即在无特殊约定的情形下,航班时刻属于航空运输合同内容。排除航班时刻的适用时,航空公司应告知旅客,并征得其同意,否则航班时刻并不会得到排除。在现行方式中,航空公司多通过运输总协定排除航班时刻,这一方式欠妥的原因不在于其排除航班时刻的适用,而在于旅客的知情权与意思自治及其有效表示受到了损害。

如果航空公司并未尽到合理的通知义务,则航班时刻不能被排除。在通知的具体形式上,航空公司应选择适当的方式,不能将这一不利于旅客的条款隐藏于条文繁多的运输总协定中;同样,也不能仅仅是写到格式合同中,而是需要保证旅客在一般情况下能够知晓这一内容。合同的约束力并不仅仅源于同意,而更基本的是,他们是否看到并明白其含义。[37] 我国航空运输消费者知悉权内容应当涵盖以下内容:与航空运输合同订立、履行、变更、终止的相关事项,航空运输消费者所享有的权利以及应当承担的义务。[38] 航班时刻被作为航空运输合同的内容之后,承运人在订立合同时对航班时刻的排除应当告知旅客。所以,不能在旅客不知晓的情形下拟制出双方的合意,这是对旅客权益的损害。

考虑到公共航空运输企业所从事的运输服务面向社会大众,旅客对于能够签订航空合同怀有正当性期待,《民法典》合同编也明确了公共承运人的强制缔约义务。以合理的条件订立契约,应包括在强制缔约制度之内。倘若负担缔约义务者得任意提出缔约条件,致相对人难以接受,强制缔约义务制度将尽失其意义。[39] 因此,若旅客不同意将航班时刻排除,航空公司不得以此为由拒载乘客,航班时刻的排除合意因未能达成而继续作为合同的组成部分。

### (五)航班时刻纳入合同后的承运人保护

航班时刻成为航空运输合同的法定要素将导致航空承运人承受更沉重的负担,为了减轻承运人负担,增强航班时刻契约化的可操作性,可配合相应的制

---

〔37〕 See E. Allan Farnsworth & William F. Young & Carol & Sanger, *Contract: Cases and Materials*, New York: Foundation Press, 2008, p. 477.

〔38〕 参见李晨丹:《航空运输消费者知悉权保护研究》,载《河北法学》2014 年第 1 期。

〔39〕 参见王泽鉴:《债法原理》,北京大学出版社 2013 年版,第 114 页。

度保护承运人。

首先,将以行政处罚为中心的航班时刻保障机制转变为以旅客权益为中心的航班时刻保障机制。现行法律多采取行政罚款的措施进行航班延误治理,规定了大量行政罚款的事由。如果在其承担过重行政罚款的同时再承担对旅客的赔偿义务,航空公司将面临重大的经济压力。为此,可以减少行政罚款事项,将资金用于赔偿航班延误造成的旅客损失。

其次,明确航班延误的责任减免事由。航空运输中发生"延误"的原因多种多样,承运人对某些难以克服的外在因素缺乏控制能力。因此,"延误"造成损害赔偿责任就不能实行"无过错责任制"。不问原因追究航空承运人的责任,对承运人来说显失公平。[40] 为使运输风险得以均衡,可将不可抗力等事项作为承运人责任的减免事由。

再次,在航班延误由第三人造成时,可将第三人作为责任主体。《航班正常管理规定》中规定了承运人、机场管理机构、空管部门、地面服务代理人及其他服务保障单位保证航班正点运营的义务。已有学者提出,空中航行服务者的法律责任是需要研究的重要课题。[41] 在此基础上可进一步思考,空管部门、机场等机构在航班时刻保障中的责任。

最后,将航班延误险作为责任分散的手段。虽然航空承运人的责任会因不可抗力、第三人责任等情形得到减免,但是其依旧可能面临沉重负担,鼓励承运人投保航班延误险成为可供选择的路径之一。航空承运人可以根据实际情况选择是否投保,以在必要时分散风险。

## 五、结　论

航班时刻包括航班始发时刻与航班到达时刻,两者在航空运输合同的订立、履行中皆具有重要价值,航班延误与旅客误机的界定皆需以承认航班时刻属于航空运输合同内容为前提。从法律体系与实证数据分析,航班时刻履行难

〔40〕 参见刘伟民:《论航空运输延误和"超售"拒载的违约责任》,载《北京航空航天大学学报(社会科学版)》2011 年第 6 期。

〔41〕 See Lazar Vrbaski, "Liability of Air Navigation Service Providers: Towards An International Solution", 38 *Air & Space Law* 45 (2013).

题不足以构成航班时刻契约化的实质障碍,航班时刻应作为航空运输合同的内容在法律中直接明确。旅客应依据航班始发时刻办理登机手续,航空公司则应按照航班时刻履行运输义务,未按航班时刻履行义务的一方给对方造成损失的,应承担赔偿责任。航班时刻属于航空运输合同的重要内容,只有航空公司与旅客双方达成合意后才可排除航班时刻的适用。在未就航班时刻的排除适用达成合意时,航空公司不得以此为理由行使拒载权,而是应遵循强制缔约义务运送旅客,航班时刻依然属于双方应遵守的合同义务。航班时刻契约化对航空公司造成的经济压力可通过其他途径予以解决。

Flight Schedule as a Content of Air Transport Contract:
Dilemma Analysis and System Construction

Wang Xizhu

**Abstract**: The flight schedule is very important in the air transport contract. However, taking into account the particularity of air transport, the flight schedule is not clearly defined as the content of the air transport contract. Due to the lack of clear legal provisions, carriers often use the General Agreement on Transport to rule out the legal effect of flight schedule and seriously damage the interests of passengers. According to China's legal system and the statistical report issued by the Civil Aviation Administration, the particularity of air transportation is not sufficient to negate the inclusion of flight schedule into air transport contracts. To protect the interests of passengers, the origination and arrival time should be regulated as the statutory elements of the air transport contract, clearly in violation of the legal consequences of the flight, and strictly limit the conditions for changing or excluding the conditions of the flight schedule. In addition, in order to ensure the feasibility of the contractualization of flight schedules, it may be included in the carrier's responsibility for deductions, the third party's responsibility, and the focus of administrative fines should be on civil compensation, and the development of a flight delay insurance system.

**Key words**: flight schedule  air transport contract  passengers' rights  liability for breach of contract

# 规范目的比较下的“行刑”区界与出罪路径[*]

## ——以“行刑”衔接下的违反管理秩序型行为为视角

崔志伟[**]

**内容摘要：**

对于行政违法与刑事犯罪的区分标准，“量(程度)的区别说”占据主流，这种区分理论在实践中难免会遭遇说理上的障碍且不利于具有普遍适用性的教义学规则的形成。规范目的系以目的解释为中心，又容纳了客观解释、体系解释的优势，相较单纯的法益理论，能够为司法出罪提供更多元的视角和更坚实的理据，也有助于从内、外双层视角确定具体法益的性质，进而更好地指导构成要件解释。将“行刑”两法置于体系性比较下才能更好地诠解各自的规范目的指向，在内部封闭的视阈下理解刑法规范，容易陷入“唯分类论”的形式泥沼从而对规范目的作出不妥适的解读。通过外围视角的横向比对可以得出结论，规制“行刑”衔接下的违反管理秩序型行为，“两法”存在规范目的上的“质”的差异，行政规范目的在于维护某种既成的行政管理秩序，而刑法规范则意在保护该秩序背后的与人相关的具体权益；罪状文义所描述的行为类型如果没有形成对这种具体权益的抽象危险，便缺乏成立犯罪的实质根据，应当据此排除构成要件该当。在“秩序”与这种具体权益处于重叠状态的个别情形下，便应从“可罚的违法”及“可罚的有责”上寻找“行刑”区分的“量”的根据。

**关键词：**

规范目的　法益　违反管理秩序型行为　出罪

---

* 本文系上海市浦江人才计划资助“刑事公正司法与‘反向排除’犯罪认定模式研究”(2020PJC096)的研究成果。

** 上海师范大学哲学与法政学院讲师。

## 一、问题的提出

2014年10月党的十八届四中全会《关于全面推进依法治国若干重大问题的决定》中提出要“健全行政执法与刑事司法衔接机制……坚决克服有案不移、有案难移、以罚代刑现象,实现行政处罚与刑事处罚无缝衔接”。首先,与以罚代刑现象相比,同样应当引起重视的是以刑代罚、重刑轻行,对本来完全可以且应当予以行政处罚的行为,由于对刑法构成要件的理解过于机械,以致对前置法的规范认定唯命是从,从而导致刑法侵蚀了前置法的规制领地;其次,行政处罚与刑事处罚的无缝衔接既是一个程序命题也是一个实体问题,程序上的合作机制暂且不谈,实体上判断某一行为类型究竟属于行政规范还是刑法规范的规制对象,既是分配行政执法权和刑事司法权的当然要求,也是实现无缝衔接的前提所在。

由于我国施行的是行政处罚与刑事处罚并行的二元处罚体制,对于行政违法与刑事犯罪区分标准的讨论由来已久,整体来看,“量(程度)的区别说”占据主流,[1]但这种区分理论在实践中难免会遭遇说理上的障碍且不利于具有普遍适用性的教义学规则的形成。例如,在“王某军无证收购玉米案”中,最高人民法院第97号指导案例在该案基础上提供了一种原则性指引,“判断违反行政管理有关规定的经营行为是否构成非法经营罪,应当考虑该经营行为是否属于严重扰乱市场秩序。对于虽然违反行政管理有关规定,但尚未严重扰乱市场秩序的经营行为,不应当认定为非法经营罪”。由此肯定了“严重扰乱市场秩序”相较“违反行政管理有关规定”的相对独立性,其中主要涉及如何理解“严重扰乱”。我们显然不能说如果王某军涉案数额巨大或者涉及地域较广便当然具备刑事可罚性。再如,“陆某案”之后,最高人民法院、最高人民检察院出台司法解释为类似代购仿制药情形预留了一小部分的豁免空间,《关于办理危害药品安

---

〔1〕 参见关振海:《中外行政犯罪与行政违法行为界分模式述评》,载《刑法论丛》2012年第4卷,第379页;陈少青:《法秩序的统一性与违法判断的相对性》,载《法学家》2016年第3期;田宏杰:《行政犯的法律属性及其责任——兼及定罪机制的重构》,载《法学家》2013年第3期;田宏杰:《知识转型与教义坚守:行政刑法几个基本问题研究》,载《政法论坛》2018年第6期。

全刑事案件若干问题的解释》(以下简称《药品解释》)第 11 条第 2 款规定,销售少量根据民间传统配方私自加工的药品,或者销售少量未经批准进口的国外、境外药品,没有造成他人伤害后果或者延误诊治,情节显著轻微危害不大的,不认为是犯罪。但是这种"量"的区分依然难以避免继后类似案件的尴尬境遇。在"蔡某销售丙肝药案"中,被告人为赚取差价,通过 QQ 与一名自称为印度人的男子取得联系,以每瓶 500 ~ 1500 元不等的价格多次购进索非布韦(sofosbuvir)和达卡他韦(daclatasvir)等用于治疗丙肝的药品,再以 700 ~ 1700 元不等的价格将上述药物销售给 10 余名丙肝患者。有证据表明,其所售价格便宜且具有良好的疗效。辩护人以《药品解释》第 11 条第 2 款作为辩护依据,但法院认为,被告人销售上述药品金额累计 8 万余元,获利约 15,000 元,已超出该解释中规定的"少量"的范畴,应当以销售假药罪追究其刑事责任。[2] "陆某案"最显性的问题表征就是刑事案件处理结果的"情法"冲突,这一核心问题在"蔡某案"中依然未得到解决。由此可见,行政不法行为仅因量的增加便转化为刑事不法的理论和实践是应当引起质疑和反思的。[3] 相比之下,另一种可行的路径是将刑法与行政法置于整个法体系框架下,从刑法应然的自身定位出发,寻求刑法规范与前置性行政规范的目的性差异,在此基础上觅得一条说理顺畅且能够形成一种裁判规则的出罪路径。

根据刑法分则的形式分类,传统理论[4]一般认为,第 3 章、第 6 章中具体

〔2〕 参见"蔡某 1、蔡某 2 销售假药案",河南省汝州市基层人民法院(2017)豫 0482 刑初 229 号刑事判决书。

〔3〕 参见魏昌东:《行刑鸿沟:实然、根据与坚守——兼及我国行政犯理论争议问题及其解决路径》,载《中国刑事法杂志》2018 年第 5 期。《药品管理法》的修订恰恰能够说明这点。从前置法层面削减"假药"的范畴仅仅是为了迎合刑法层面的假药认定问题,而不影响行政法层面的违法认定,进口未经批准的境外新药仅仅是不予刑事处罚,但仍不能完全豁免其行政违法责任。也就是说,《药品管理法》的修订恰恰否定了"行刑"两法不法判断的"量"的区分标准。由于生产、销售假药罪以及该司法解释极具典型性,最高人民法院、最高人民检察院也并未废止该司法解释,因此,即便新《药品管理法》已经改变了该罪的适用现状,本文依然选择该罪名和司法解释作为分析对象。

〔4〕 本文所指的传统理论是以高铭暄与马克昌主编的《刑法学》教材为依据的。参见高铭暄、马克昌主编:《刑法学》,北京大学出版社、高等教育出版社 2014 年版。

罪名侵犯的客体或主要客体是某种管理制度或秩序,即便发生"法益论"的学理转换之后,学者也会认为,"近现代国家的刑法分则,一般根据犯罪所侵犯的法益内容对犯罪进行分类"。[5] 因此,以罪名所处的体系位置按图索骥地认识刑法意在保护的法益,便似乎成为一个没有争议的常识,在实践中也大多是以这种秩序或制度型法益为核心进行刑事不法的实质判断。[6] 笔者将这类学理和实践中惯以管理秩序为(主要)保护法益的罪名称为违反管理秩序型犯罪。但问题是,这种管理秩序的维护是立法者设立刑法规范的目的还是设立行政规范的目的,抑或是两者的共同指向？换言之,在"行刑"衔接下,违反这种管理秩序的行为类型究竟属于行政法规范还是刑法规范的规制对象,这便是本文欲以重点说明的内容。[7] 在"两法"衔接的罪刑设置中,单纯从刑法体系内探讨条文的实质内涵和规范指向可能较困难,这就需要站在一个横向比对的外围视角进行推敲论证。

## 二、规范目的及其在出罪评价中的意义

### (一)与相关概念比较下的规范目的

"作为人类的行为规范,法律的制定或接受既然本来便是'有所为'而来,则在法律之制定、接受或甚至在探讨时,人们对之莫不'有所期待',希望借助着法律,能够达到'所为'的目的。"[8]并且,这种规范目的的形成并非随着立法活动的结束而宣告终结,而是延展至法律适用过程中,在理解相关法律概念时,尤其不能忽视文本的规范目的。换言之,规范目的是通过立法者意志与法官意志的

---

[5] 张明楷:《法益初论》,中国政法大学出版社2000年版,第236页。

[6] 需要说明的是,制度和秩序在作为受侵犯的对象上,并不存在大的语义差异,且理论上和实践中也未将二者严格区分,为了论述方便,本文将两者等同看待。

[7] 本文之所以以违反(行政)管理秩序类型行为作为分析视角,是因为:其一,涉及"两法"规范衔接的领域较广,如侵犯他人人身财产权利的行为也会涉及行政规范(治安管理处罚法)与刑法规范的衔接,而这并不涉及规范目的的比较问题。其二,我国《刑法》分则第3章、第6章罪名体量很大,无论是在立法形式分类体系上还是传统学理上抑或司法实践中,惯常将这些罪名的法益界定为管理秩序,这有质疑的空间和论证的必要。

[8] 黄茂荣:《法学方法与现代民法》,中国政法大学出版社2001年版,第45页。

不断调适来实现的,[9]无论在立法上还是司法中规范目的均具有先导性功用。通过与相关概念的比较可以进一步明晰规范目的的内涵。

1. 规范目的并不等同于主观解释中的立法原意。“法律规定的生活事实可能有一个不能预见和充分估计的发展过程”,为了避免立法者意志与时代发展的脱节,只有法律适用者对最初的规范目的进行探究甚至修正,才能最大限度地避免这种不合理现象的存在。[10] 鉴于此,立法者意志便不是理解规范目的唯一的决定性因素,基于规范目的理解法律条文便属于主观解释和客观解释的糅合,当两种解释方法出现冲突时,规范目的能够合理地容纳后者而非偏执于前者。举例来说,1997年《刑法》颁布之际,全国人大常委会法工委刑法室关于非法吸收公众存款罪的官方立法说明论道:“……一些单位或个人为了筹集资金……不择手段地把公众手中的钱集中到自己手中,与银行争资金,从而造成大量社会闲散资金失控,不利于国家集中有限的资金用于国家急需的项目,发挥资金的最佳效益。”[11]这种立法原意非常明显,系对国家金融垄断地位的维护。这种初衷具有计划经济的色彩,随着金融市场改革的深入,继续将本罪的规范目的定位为维护国家金融管理秩序就会显得不合时宜,此时就有必要结合新的刑事政策赋予该条文新的规范目的。就此而言,在对规范目的的理解上,司法者并非完全处于被动接受地位,而是积极参与规范目的之发现、塑造与形成。当然,这种积极性不可突破立法者所设的文义“射程”,而是在字义所划定的解释界限内,基于对规范目的的认识,理解规定与其他规定之间的意义脉络。[12]

2. 刑法规范目的实际上是通过规制某一类型的行为达到法益保护的目的,但不宜笼统地将规范目的界定为法益保护。关于刑法规范目的与法益的关系,

---

〔9〕 参见[德]魏德士:《法理学》,丁晓春、吴越译,法律出版社2005年版,第311~312页。

〔10〕 参见[德]魏德士:《法理学》,丁晓春、吴越译,法律出版社2005年版,第398~399页。

〔11〕 李淳、王尚新主编:《中国刑法修订的背景与适用》,法律出版社1998年版,第209页。

〔12〕 参见[德]卡尔·拉伦茨:《法学方法论》,陈爱娥译,商务印书馆2003年版,第221页。

学界存在两种截然不同的观点：一种观点将两者等同起来，认为行为规范的目的就是在于保护法益；[13]另一种观点却认为，两者在本体和功能上均存在区别。[14]笔者认为，应当从两个方面看待两者的关系。第一，我们绝不可否认立法者设立某一具体刑法规范的目的在于保护特定法益，否则其立法正当性便值得质疑，这就是法益之立法批判机能。即便是在目的解释上主张以规范目的替代法益理论的学者，也不能否认“法益才是刑法真正要保护的东西”。[15]因此，在理解刑法某一罪名的规范目的时，不可脱离法益这种核心要素，否则在界定规范目的时便是无的放矢。在此意义上，“法益是对法律目的最为简洁的表述”。[16]第二，规范目的不宜笼统地表达为法益保护，而是在这种核心目的基础上的细化，而这种细化主要是通过对行为的类型化限定实现的。在“两法”衔接的行政犯中，由于前置法与刑法（甚至说所有法）都意在保护法益，刑法意义上的法益与前置性行政规范意在保护的法益是否相同，如果不同，根据何在，如果相同，如何合理划定刑法的保护范围？这便不是法益理论本身能够说明的，就需要结合“两法”规范目的的比较衡量来得出结论。如果纯粹以法益理论为视角分析违反管理秩序型行为，这种行为类型也侵犯了法益，成立犯罪就似乎不存在实质障碍，其合理性也就无法得以验证。相较“法益”这种核心目的，规范目的在其基础上赋予了法规范更多的实质内容，因此，也可以说规范目的是一种具体目的。

3. 刑法规范目的与体系解释存在密切关系。在“两法”衔接的行政犯中，对于刑法规范目的需要进行体系性解读。无论是对具体罪名保护法益的认知还是保护范围的确定，都不是刑法体系内能够完成的，而是放置在整个法体系下对“两法”进行比对。“各具体规范只是庞大的、具有整体统一性的和计划性的法律秩序的基本粒子……具体规范的评价标准通常超越了规范本身而以法律秩序的价值评价计划为导向。”“通常只有了解法律规范在规范群、法典、部分领

〔13〕 参见［德］乌尔斯·金德霍伊泽尔：《风险升高与风险降低》，陈璇译，载《法律科学（西北政法大学学报）》2013年第4期。

〔14〕 参见李波：《规范保护目的：概念解构与具体适用》，载《法学》2018年第2期。

〔15〕 李波：《规范保护目的：概念解构与具体适用》，载《法学》2018年第2期。

〔16〕 ［德］乌尔斯·金德霍伊泽尔：《法益保护与规范效力的保障——论刑法的目的》，载《中外法学》2015年第2期。

域或者整个法律体系中的地位,才能对规范内容进行切合实际的理解。”[17] 尤其是在我国二元处罚体制下,欲实现“两法”妥善的衔接又避免过度的重叠,更需要在整个法体系中对整体性的行政规范和刑法规范予以恰当定位。刑法的二次违法属性和谦抑性、法益保护辅助性均决定了其整体性的规范性目的不可能与行政规范等同,否则就失去了其在法体系中的独立性。当具体罪刑规范需要援引前置性行政规范时,如何实现定罪之“有据”与“合理”的统一,也需要这种体系定位差异性的指引。就此而言,规范目的其实是吸纳了体系解释的价值内核。

在整个法体系中结合刑法的体系定位,推敲立法者设立罪刑规范的用意,有利于对保护法益的认识,即“规范保护目的有助于确定具体规范所保护的法益”,[18] 避免对法益的理解陷入自说自话;反过来,一旦对所保护的法益有了清晰且较一致的认知,也有利于法规范的正确适用。因此,规范目的与法益处于一种“互助”协调的关系中,不宜将两者剥离开来。

(二)刑法规范目的在出罪评价中的意义

在罪刑规范的理解与适用中,注重规范目的的考察绝不是为证立犯罪(入罪)提供积极的依据,而是为限制刑法适用范围、避免侵蚀前置法的规制领地提供理论支撑。也就是说,其理论价值主要体现在出罪维度。这种价值主要体现在三个方面。第一,对刑法规范予以与时俱进的“灵活解释”。在刑法分则中,尤其是第3章“破坏社会主义市场经济秩序罪”中,仍存在一些带有计划经济色彩的“半统治、半市场”色彩的罪名如非法经营罪、骗取贷款罪、非法吸收公众存款罪等,[19] 无论从当初立法者原意还是罪名所处的分则位置来看,这些罪名均意在维护某种经济管理秩序,但随着经济社会的发展,该类罪名如果仍不折不扣地加以适用,对市场经济的消极影响将是显著的。在立法仍旧保留这些罪名的前提下,司法者所能做的就是基于某种法理根据对其适用范围进行限缩,而

---

[17] [德]魏德士:《法理学》,丁晓春、吴越译,法律出版社2005年版,第68页、第320页。

[18] 劳东燕:《价值判断与刑法解释:对陆勇案的刑法困境与出路的思考》,载《清华法律评论》编委会编:《清华法律评论》第9卷第1辑,清华大学出版社2017年版,第144页。

[19] 参见何荣功:《社会治理“过度刑法化”的法哲学批判》,载《中外法学》2015年第2期。

规范目的恰恰能够吸纳客观解释中的合理因素，从而赋予此类罪名以与时俱进的活力。此外，众所周知，我国行政性法律法规数量众多，有些与时代发展不相符合的规定可能未得到及时清理，在这种情形下，如果依然将这种前置性规定照搬到刑法领域，会使这种不合理性无端放大。例如，“王某军收购玉米案”中，有学者认为，正是由于现存制度和社会发展的脱节，导致王某军无证收粮行为合情却不合法，出现了法律与情理间的冲突。[20] 但是，这种行政制度何以径行进入刑事不法的评价领域从而成为入罪的依据？显然是对刑法规范缺乏“变通”理解所致的。通过对规范目的的解读可以在既定的文本语义内引导对该文本作出“变通”理解，而非坚守一种法条主义的机械化立场和思维方式。第二，增强刑事评价中的价值判断。当下刑事司法中的法条主义、缺乏实质性价值判断、用刑机械化现象已经引起学界的重视，[21] 这种“入罪容易出罪难”的现象与司法者的解释不无关系，“推究其原因，主要地当在于‘事不关己’，犯不着为它舍‘三段论法’之形式思维，而去探讨法律所追求之目的或价值”。[22] 因此，在刑法解释中应不断诉诸法规范的目的，不仅关注“实然”之规定，也应关注“应然”之价值，思维在“实然”和“应然”间不断穿梭，将法规范所追求的目的、价值注入解释当中。第三，能够迎合“行刑”两法的属性差异。整体来看，行政法与司法法的属性并不相同，前者是一种社会管理法，其属性可归结为管理和效率，而刑法作为司法法，偏重公正和客观，[23] 这决定了即便对构成要件中的同一概念也可能作出不同的解读。典型的如赵某华等涉枪类案件，将问题解决的途径诉诸改变前置法显然过于理想化，并且从行政法规范的目标来看，前置性规定也不存在明显问题，此时便只能通过“两法”体系性定位的差异来探求刑法不同于前置法的规范目的。

---

〔20〕 参见魏莉：《内蒙古农民王力军无证收购玉米案引发法律界讨论》，载内蒙古新闻网，http://inews.nmgnews.com.cn/system/2017/02/20/012271026.shtml。

〔21〕 参见劳东燕：《法条主义与刑法解释中的实质判断——以赵春华持枪案为例的分析》，载《华东政法大学学报》2017 年第 6 期；张明楷：《避免将行政违法认定为刑事犯罪：理念、方法与路径》，载《中国法学》2017 年第 4 期。

〔22〕 黄茂荣：《法学方法与现代民法》，中国政法大学出版社 2001 年版，第 46 页。

〔23〕 参见赵运锋：《行政违法行为犯罪化的检视与应对》，载《政法论丛》2018 年第 2 期。

## 三、规范目的存异与“行刑”界分

通过以上论述可见,规范目的系以目的解释为中心,又容纳了客观解释、体系解释的优势,相较单纯的法益理论,能够为司法出罪提供更多元的视角和更坚实的理据,也有助于从内、外双层视角确定具体法益的性质,进而更好地指导构成要件解释。由于法益保护是刑法规范的核心目的,主张“将目的解释从法益解释中独立出来”,拒绝承认法益的方法论机能,从而将解释的重任委托于规范目的,[24]是一种将规范目的与法益无端剥离的体现。其实,更多情形是,规范目的通过廓清法益内涵进而借助后者发挥解释功用。在“行刑”衔接领域,前置法所保护的法益与刑法保护的法益是否具有同质性,即行政性法益能否直接上升为刑法层面的法益,直接关系构成要件的解释以及刑法规制的范围。将“行刑”两法置于整个法体系中,对其功用予以整体比对,是理解各自法益性质的关键。

### (一)“行刑”区分方式的现有观点

如何区分行政不法与刑事犯罪,关系如何划分行政执法权与刑事司法权,对此,学理上存在较大争议。

1.“质的区别说”

“质的区别说”认为,行政不法与刑事不法存在本质区别,需要借此把握“两法”的界限。作为该理论的首倡者,戈尔德施密特(Goldschmidt)从一种目标(Zweck)和手段(Mittel)的冲突,意志自由(Wollendürfen)与福利(Wohlfahrt)的对立,引申出他的区分理论。[25] 福利是一种绝对的最高理想性完善(Vervollkommung),没有特定的时空色彩,是一种未企及的目标,为了实现这个目标,行政处于一直运作的状态。由于行政是具有创造性的,在选择达成目标

〔24〕 参见李波:《规范保护目的:概念解构与具体适用》,载《法学》2018年第2期。

〔25〕 James Goldschmidt, Das Verwaltungsstrafrecht: Eine Untersuchung der Grenzgebiete zwischen Strafrecht und Verwaltungsrecht auf rechtsgeschichtlicher und rechtsvergleichender Grundlage, Carl Heymanns Verlag. Berlin, 1902, S. 529.

的手段上便具有十足的独立性。[26] 在戈尔德施密特看来，由于公共福利只是一种目标而非结果，使该目标落空并非一种对结果的损害，而是对促成目标的不作为而已；对其妨碍也不是一种已发生的损害，而是对一种未发生的、设想的有利结果的损害，基于这种原因，所有的（对行政不予配合的）真正不作为不是法律不法（Rechtsdelikte），[27] 即将扰乱或者不予配合行政运作的行为定性为“行政违反”（Verwaltungswidrigkeit），以此与法律不法相区别。[28] 根据他的见解，法益必须与意志主体的权利发生关联，侵犯此法益的行为才是真正的不法；对于行政行为的妨碍，仅是对预期目标（福利）的实现造成了妨碍，尚未与意志主体发生实际关联，这种行为仅是一种行政“抗命”，只能通过行政制裁的方式予以纠正。

埃里克·沃尔夫（Erik Wolf）认为，实施危害法益这种刑事不法的行为人，违反了法律框架下的最低限度伦理，他轻视或未注意一般性的社会禁止规范，违背了法整体所确立的内在道德信念，是一种不合群的、反社会的、具有人身危险性的人；而危害福利（行政）利益的行为系一种行政不法，他仅是缺乏社会热情和社会慈善，实际上不是一种不法，而仅是不良、不适，只是没有遵守法整体的禁止规范或没有履行相应的义务，不具有反社会性和危险性，属于一种普通的轻率。[29]

2.“量的区别说”

晚近的学者开始转为“量的区别说”，如戈勒（Göhler）指出，当时只限于经

---

〔26〕 James Goldschmidt, Das Verwaltungsstrafrecht: Eine Untersuchung der Grenzgebiete zwischen Strafrecht und Verwaltungsrecht auf rechtsgeschichtlicher und rechtsvergleichender Grundlage, Carl Heymanns Verlag. Berlin, 1902, S. 533.

〔27〕 James Goldschmidt, Das Verwaltungsstrafrecht: Eine Untersuchung der Grenzgebiete zwischen Strafrecht und Verwaltungsrecht auf rechtsgeschichtlicher und rechtsvergleichender Grundlage, Carl Heymanns Verlag. Berlin, 1902, S. 545.

〔28〕 James Goldschmidt, Das Verwaltungsstrafrecht: Eine Untersuchung der Grenzgebiete zwischen Strafrecht und Verwaltungsrecht auf rechtsgeschichtlicher und rechtsvergleichender Grundlage, Carl Heymanns Verlag. Berlin, 1902, S. 548.

〔29〕 Erik Wolf, Die Stellung der Verwaltungsdelikte im Strafrechtssystem, Festgabe für Reinhard von Frank zum 70. Geburtstag, J. C. B. Mohr, 1930, S. 525.

济法方面的违反秩序法其实已经拓展到其他各个领域,包含了具备抽象危险(为早期的警察法所调整)的行为类型,说明违反秩序法也是服务于个人法益保护的。就此而言,刑事不法与违反秩序法之间就不是质的区别,而是量的差异。[30] 罗克辛也认为,刑事行为与违反秩序行为并不能通过有无法益侵害来加以区分,因为两种类型均侵犯了法益。因此,两者之间并不存在可行的质的区分标准。例如,道路交通法中的违反秩序行为便有很大一部分是对人的生命、健康具有抽象危险的,绝不是体现为对行政命令的纯粹不服从。[31] 鲍曼(Baumann)等学者也认为,在刑事不法与违反秩序行为之间仅存在量的差异,轻微的抽象危险行为通常由违反秩序法所规制,而具有危害倾向以及具体危险的行为则由刑法规制。[32]

上文已述,在我国绝大多数学者采取"量的区别说"。例如,有学者认为,对于行政犯的认定应坚持"前置法定性+刑事法定量"的模式,"犯罪行为的危害实质和违法本质,或者犯罪行为性质的认定,取决于前置法而非刑事法的规定","两者的区别主要在于违法程度即量的不同,而非违法实质即侵害法益上的差异"。[33]

3."质、量相结合说"

该论者一般将刑法分为核心领域与边缘领域,核心领域的行为如谋杀、绑架、抢劫等,由违反秩序法所规制是无法想象的,这种行为具有高度的伦理非难性以及明显的损害性,属于刑法专属领域,此时"两法"便存在质的区别;[34] 但在一些非核心领域,如《德国刑法典》第248a条便规定,实施盗窃、侵占行为而动产价值轻微者,须告诉乃论,可以作为违反秩序行为予以规制;[35] 再如,"一

---

〔30〕 Erich Göhler, Ordnungswidrigkeitengesetz, Verlag C. H. Beck München, 2006, S. 12.

〔31〕 Roxin, Strafrecht Allgemeiner Teil, Band 1, C. H. Beck, 2006, S. 58.

〔32〕 Baumann/Weber/Mitsch, Strafrecht Allgemeiner Teil, Verlag Ernst und Werner Gieseking, 2003, S. 49.

〔33〕 田宏杰:《行政犯的法律属性及其责任——兼及定罪机制的重构》,载《法学家》2013年第3期。

〔34〕 Vgl. Roxin, Strafrecht Allgemeiner Teil, Band 1, C. H. Beck, 2006, S. 59.;林山田:《论刑事不法与行政不法》,载《刑事法论丛(二)》1997年3月,第31~52页。

〔35〕 Vgl. Roxin, Strafrecht Allgemeiner Teil, Band 1, C. H. Beck, 2006, S. 59.

些违反经济、卫生、环保等行政制度的损害集体法益的犯罪方面，刑事不法与行政不法之间存在的只是量的区别”。[36] 德国联邦宪法法院也采纳了此见解，认为所有重大不法构成要件均属刑法核心领域，这是立法者也不能自主选择的，但立法者可以将非重大之轻罪构成要件行为转换为违反秩序行为，[37] 后一情形中才会出现“两法”的交叉。在现行法中，属于刑法专属规制的罪名毕竟占小部分，随着法定犯的扩容，越来越多的原本仅是行政不法的行为类型被纳入刑法规制范畴，这也是为何持“质、量结合区别说”的学者大都主张量的区分为主、质的区分为辅的原因。[38] 但是，现行法中存在一些法定犯自然犯化的现象，伦理区分标准愈加模糊，也就使“核心领域”的范畴更加难以界定。并且该理论所主张的“核心领域”由刑法专属规制与前置法存在质的差异，也是从立法层面来说的，在司法层面，既然系刑法专属规制也就不存在“行刑”衔接的问题，根本不会影响罪刑规范的理解与适用。

（二）秩序背后的与人相关权益：违反管理秩序型罪名应然之“质”

有学者认为，行政不法行为与刑事犯罪行为的侵害法益（“质”）均是特定的秩序。[39] 初步分析这种观点便存在 4 个问题。

其一，刑法作为一种制裁最严厉的行为规范，其正当性的前提在于内在的“德性”，秩序型法益的问题便借由个案得以凸显。例如，在生产、销售假药罪中，药品本身是针对治病救人的，即与个人权益（包括特定个体以及不特定个体即集体）是密切相关的，如果脱离这种个人权益单独评断所谓的“秩序”，是否“有害”就显得完全多余。但在普通民众角度，最关注的还是药品的治疗功效，这也是药品的原始含义。当一种药品违反了行政命令却无害于甚至有利于疾病克制，将这种行为认定为犯罪，民众会质疑司法公正甚至怀疑法律本身是否

---

〔36〕 王莹：《论行政不法与刑事不法的分野及对我国行政处罚法与刑事立法界限混淆的反思》，载《河北法学》2008 年第 10 期。

〔37〕 BVerfGE 22,49(80f).

〔38〕 这种观点在德国占据主流。Vgl. Roxin, Strafrecht Allgemeiner Teil, Band 1, C. H. Beck, 2006, S. 59. 在我国也有学者主张，参见孙国祥：《行政犯违法性判断的从属性和独立性研究》，载《法学家》2017 年第 1 期。

〔39〕 参见孙国祥：《行政犯违法性判断的从属性和独立性研究》，载《法学家》2017 年第 1 期。

为恶法。因为,在这种情形下,秩序本身过于空洞,民众并未切实感受到行为的危害,即对危害性的事实依据缺乏体认,对此类行为予以刑事处罚便难以取得公众对法规范的信赖,反而容易导致对刑法德性的质疑。当刑法规定得不到公众法意识的支持,人们的法意识非但得不到强化反而会遭到削弱。[40] 此时,行为规范便沦为纯粹的威慑。其二,作为裁判规范,其主要功能是为司法者提供罪与非罪、此罪与彼罪的裁判指引,在“量的区分说”当中,刑事犯罪与行政不法的区别只能诉诸行为的严重程度,但是,“对秩序的侵害程度则不可计量”,[41] 在“秩序”这种抽象的概念之上建立可量化的标准便难以实现。现实中,为了区分严重程度,司法者要么纯粹依赖自身的自由裁量,要么转为唯数额(量)论。其三,将行政法与刑法的规范目的完全等同会使刑法成为前置法的纯粹的情节(或结果)加重犯,刑法的目的就沦为单纯惩治严重的行政不法,刑法成为行政法的工具,将“面临沦为保护纯粹行政利益的风险”。[42] 其四,在刑法中,由于刑罚的严厉性、节俭性以及罪责刑相适应的要求,对某一行为进行处罚需要存在实际的不法根据,单纯以对秩序的违反作为这种不法根据过于单薄。在刑事评价中,“关于作为保护客体的法益的理论,要求我们必须精确地说明,值得处罚的损害性侵害或危险究竟存在于何处”,[43] 而“秩序的概念具有多样性,其内容也非常抽象和宽泛”,[44] 难以说明损害性的具体指向,必须结合背后的具体权益予以说明。就此而言,在规制违反管理秩序型行为上,刑法与行政法应有不同侧重,即刑法应当有不同于前置法的规范目的。

1. 行政规范目的应是管理秩序维护

以规范目的为视角审视“行刑”规范,必然面临一个“两法”规范目的究竟是趋同还是存异的问题。总体来看,行政规范志在维护一种行政性管理秩序。

---

[40] Hans-Heinrich Jescheck/Thomas Weigend, Lehrbuch des Strafrechts Allgemeiner Teil, D&H, 1996, S. 52.

[41] 魏昌东:《行刑鸿沟:实然、根据与坚守——兼及我国行政犯理论争议问题及其解决路径》,载《中国刑事法杂志》2018年第5期。

[42] 何荣功:《社会治理“过度刑法化”的法哲学批判》,载《中外法学》2015年第2期。

[43] [德]乌尔斯·金德霍伊泽尔:《法益保护与规范效力的保障——论刑法的目的》,陈璇译,载《中外法学》2015年第2期。

[44] 张明楷:《法益初论》,中国政法大学出版社2000年版,第173页。

例如,从前置法相关规定来看,对涉枪行为的规制范围并不仅限于人身伤害性,而是在此基础上拓宽了自身的规制范围,只要枪口比动能达到某种硬性标准便属于违法。[45] 从立法宗旨来看,《枪支管理法》的宗旨为“加强枪支管理,维护社会治安秩序,保障公共安全”,那么,为何在行政不法判断中可以脱离“公共安全”这一要素?按照戈尔德施密特权利与福利相区分理论进行分析,《枪支管理法》中的“保障公共安全”属于一种“理想性的绝对状态”,一种“未企及的目标”,为了达成这个目标,行政行为一直处于运作的状态,且其手段具有创造性和独立性,只要对这种运作状态造成干扰,无须判断对这种理想性状态的影响如何,可以直接认定为行政不法,即手段已然独立于目的而获得了绝对的受保护性。笔者完全赞同这种行政规制手段具有独立的受保护性的见解。上文已述,行政法本质上属于一种社会管理法,其属性可归结为管理和效率,保障行政管理的顺利进行是行政法效率性原则的当然要求,[46] 行政违法也就表现为“单纯的不服从”本身。[47] 换言之,行政违法性判断的重心在于,是否违反强制性的行政命令(规制手段本身),而不会深究实际上是否有碍该管理秩序目的的实现,这正是效率性原则的当然要求。在违反管理秩序型罪名中,会呈现一种现象:只要符合了与前置法相关联的罪状描述,就可以评价为对相关秩序的违反。

这是因为,一方面,是否违反管理秩序是从行政规范层面所作的形式化判断;[48] 另一方面,刑法罪状所确立的构成要件必须首先依照其所违反的有关行政管理法规予以确定。[49] 由此,“刑法形式化的构成要件描述”“有关行政规

---

〔45〕 2006 年公安部《关于对以气体等为动力发射金属弹丸或者其他物质的仿真枪认定问题的批复》中指出:“对不具有杀伤力但符合仿真枪认定规定的,应认定为仿真枪;对非法制造、销售此类仿真枪的,应当依照《中华人民共和国枪支管理法》的有关规定,予以处罚。”

〔46〕 参见王成栋:《论行政法的效率原则》,载《行政法学研究》2006 年第 2 期。

〔47〕 参见刘艳红:《“法益性的欠缺”与法定犯的出罪——以行政要素的双重限缩解释为路径》,载《比较法研究》2019 年第 1 期。

〔48〕 参见刘艳红:《“法益性的欠缺”与法定犯的出罪——以行政要素的双重限缩解释为路径》,载《比较法研究》2019 年第 1 期。

〔49〕 参见刘艳红:《法定犯与罪刑法定原则的坚守》,载《中国刑事法杂志》2018 年第 6 期。

范”与“管理秩序违反”就处于一致状态。例如,只要生产、销售的“药品”未经主管部门审核批准就违反了药品管理秩序;只要行为所涉枪支被公安机关鉴定为“枪支”,即便没有产生对人身安全的实际威胁,也是违反了国家枪支管理秩序;只要提供的贷款资料不完全属实,即便对信贷资金的归还不产生实际影响,也违反了贷款管理秩序;只要开具了与实际交易不符的增值税专用发票,即便客观上无法申请抵扣税款,也扰乱了国家发票管理秩序;等等。由于行政违法的结果必然是秩序违反,对于某种行为是否属于违反管理秩序类型,只进行前置法的判断足矣。这也决定了行政执法主体在进行不法判断时只需严格依法办事,只要符合了构成要件的形式描述基本就可认定为对行政管理的不服从或对管理秩序的侵犯,从而成立行政不法,无须具体判断违反规范的行为是否具备针对他人的实质危害。[50] 行政规范中对于“枪支”认定的具体数值,无疑是出于枪支管控的便利性和有效性的考虑,虽然《枪支管理法》的立法宗旨为“保障公共安全”,即其终极目的也在于人身权益保护,但这更类似一种立法初衷或设想,也是一种绝对性的前提,为了更好地实现这种立法目的,行政规范往往较严格,进而形成一种不可违反的秩序格局,在具体适用中不再与危害人身安全与否实际挂钩,只要触犯了这种“格局”,就可认定为行政违法。由此,行政违法的门槛往往较低、规制较严密、惩治较提前。[51] 也就是说,在司法中,可以将行政规范的保护目的定性为管理秩序,这本就是行政执法意在实现的法律效果。虽然行政手段也受到比例原则的限制,但多体现在规则设置上,在执行规则中,完全可以规范的形式判断推导出违法与否,无须过多考虑规范背后的“理想性的绝对状态”,违法的最直接后果便是对管理秩序的侵犯。因此,在行政规范层面,这种管理秩序维护相较该秩序目的的实现已然取得了独立的保护必要性。

总之,前置性的行政认定便完全可以推导出行为违反管理秩序与否,刑法

〔50〕 正因如此,有学者将行政命令违反界定为形式犯。参见[日]松宫孝明:《刑法总论讲义》,钱叶六译,中国人民大学出版社2013年版,第45页;刘艳红:《“法益性的欠缺”与法定犯的出罪——以行政要素的双重限缩解释为路径》,载《比较法研究》2019年第1期。

〔51〕 劳东燕教授也指出,涉枪类行政规范与涉枪类罪刑规范在保护目的上也存在不重合的另一面。涉枪类行政规范,其保护目的主要在于通过严格地控制枪支的流转与分布,而将枪支威胁社会治安的危险扼杀在萌芽状态。参见劳东燕:《法条主义与刑法解释中的实质判断——以赵春华持枪案为例的分析》,载《华东政法大学学报》2017年第6期。

则是在此基础上的进一步补充性的、相对独立的评价。虽然行政规范的终极(或间接)目的均是实现与公众有关的实体利益,但其手段相较这种目标具有十足的独立性,即在认定违法性上,只需判断是否达到了行政命令或要求,无须判断对目标的达成是否产生实际影响。这也决定了行政违法完全可停留于构成要件的形式判断,只要符合构成要件的硬性要求,便是行政不法,也是对管理秩序的侵犯。

2. 刑法规范目的应是保护秩序背后的与人相关的具体权益

由于学理上和实践中惯常将违反管理秩序型罪名的保护法益界定为“秩序”,而行政不法几乎等同于违反秩序,便从根本上导致了“两法”的过度重叠以及边界模糊;在“行刑”衔接下,违反管理秩序型行为究竟属于行政规范还是刑法规范的规制对象就变得纠结不清。传统的“客体划分论”将分类上的意义过于绝对化,即只要位于《刑法》分则第3章、第6章,就一概将客体定性为管理秩序并上升为“犯罪性质”,进而用以指导构成要件的解释。由于所谓的“秩序”总会比具体权益内涵更宽泛,以此为指导,极易导致罪刑规范的适用扩张。

(1)将“两法”规范目的共同定性为秩序维护,转而借助“量”的区分标准,在个罪适用中极易得出不合理的结论。

在生产、销售假药罪中,《药品解释》显然是认可了在“少量”范围内,以人身安全作为认定犯罪的标准,如果未造成他人伤害或延误诊治的后果,便排除了行为的犯罪性质;但是,一旦超出“少量”标准,这种人体健康权益便不再起决定作用,回归到以管理制度决定犯罪与否的局面。也就是说,“少量”之内采取的是“人身”标准,“少量”之上采取的则是“制度”标准,在犯罪的认定上,衡量标准不具有统一性和一贯性。实践表明,超过“少量”标准,“危害性”的缺失也会得出不合理的结论。《药品解释》的初衷虽好,但不能为类似“陆某案”的行为类型提供一以贯之的教义学裁判规则,也不能从根本上解决裁判结果的“情法”冲突。这主要是由于其内在的矛盾立场,并且掩盖了真正的教义学出罪理由。就此而言,需要对本罪的规范目的及其正当化根据进行进一步的推敲和论证,既往的秩序型法益观点欠缺合理性。

学界对于这种秩序型法益的反思也散见于其他罪名当中。例如,针对“王某军无证收购玉米案”,有学者认为,“即使认为王某军的行为侵害了粮食收购秩序这一公法益,也需要进一步判断,这种法益能否还原为个人法益”。王某军的行为不构成犯罪的真正理由在于,其行为并没有侵害值得刑法保护的法益。[52] 针对现实中一些虽有形式上的"虚开"增值税专用发票行为,但不以套取国家税收为目的,也没有向国家申请抵扣税款的客观行为,该如何定性的问题,最高人民法院法官认为,这种行为虽然客观上也破坏了增值税专用发票的管理制度,但与以骗取国家税款为目的虚开增值税专用发票行为相比,已具有质的区别,本罪必须要有通过虚开骗取国家税款的目的。[53] 针对"河南新野耍猴艺人无证运输猕猴案",有学者认为,法律规定国家重点保护野生动物运输许可制度,是保护珍贵、濒危野生动物的原栖息地和生存环境的手段,其本身并非值得刑法保护的法益。[54] 再如,针对骗取贷款罪的适用乱象,有学者认为,"将骗取贷款罪的法益定位于类似'金融管理秩序'这种抽象的表述,就实际效果而言,往往易造成定罪扩大化的后果,因为没有危及信贷安全的所有瑕疵贷款行为,都可以被以保护金融秩序之名纳入该罪规制的范围"。[55]

以上所述表明,在某些个罪中,已然不宜再坚持"秩序型法益",应当在秩序背后探寻设立这种管理秩序的真正规范目的,只是这种"发现"仅在个罪中展开,未上升至整个违反管理秩序型罪名。在这类犯罪中,"'泛秩序化'的犯罪化立场模糊了刑事罚和秩序罚的边界,违反了刑法谦抑性和法定犯的犯罪化原理",[56] 在"秩序"的指导下进行构成要件解释导致的不仅是刑法适用的扩张,还有解释上的空洞化以及说理上的乏力。

(2)合比例原则的要求决定刑法规范有维护秩序之外的其他目的。

理论上一般认为,比例原则包括手段的有效性、规制的必要性以及手段与

---

[52] 参见张明楷:《避免将行政违法认定为刑事犯罪:理念、方法与路径》,载《中国法学》2017年第4期。

[53] 参见姚龙兵:《如何解读虚开增值税专用发票罪的"虚开"》,载《人民法院报》2016年11月16日,第6版。

[54] 参见冯锦华:《犯罪的本质是法益侵害——河南新野耍猴艺人无证运输猕猴案判决后的思考》,载《森林公安》2017年第1期。

[55] 孙国祥:《骗取贷款罪司法认定的误识与匡正》,载《法商研究》2016年第5期。

[56] 钱小平:《中国金融刑法立法的应然转向:从"秩序法益观"到"利益法益观"》,载《政治与法律》2017年第5期。

结果衡量下的效益最大化。[57] 首先,从手段的“有效性”来看,由于刑法最严厉的威慑性,同样的问题动用刑罚可能比行政处罚更快捷、有效,也最有利于秩序的构建,这也正是中国古代法律以刑为主的原因。所谓“禁奸止过莫若重刑”正是基于刑法的有效威慑功用。在醉驾入刑之后,人们以醉驾案件的下降纷纷称道危险驾驶罪的效果,[58]但习惯了“猛药去疴”并不利于社会肌体的长远发展,刑法对自身的定位也不可能止于“有效”。其次,在违反管理秩序行为类型中,大量存在这种情形:行为仅仅违反了某种行政禁令,但对秩序背后的具体权益未造成实际的损害或威胁。这类行为充其量仅仅停留在行政不法的层面,不法性的根据仅仅在于“行政抗命”。这种仅仅冲击管理秩序的行为交由行政性法律法规处理便完全能够达到预定目标,此时如果动用刑法便不甚符合规制的必要性要求。因此,“行为仅侵害行政管理秩序时,即使在行政法上被认为侵害了公法益,但如果没有最终侵害个人法益的,就只是行政违法行为,而不可能成为犯罪行为”。[59] 最后,针对手段的“效益最大化”,在以刑法保护法益时需要考虑刑罚的投入可能带来的负面效应,并与实现的法益保护目的进行比较衡量,即在计算刑法适用的“效益”时,不应仅着眼取得的保护法益的效果,还应考虑为此付出的社会成本。尤其在经济生活中,科技发展日新月异,各方面创新层出不穷,刑法规制呈现一定的滞后性。例如,目前刑法对非法吸收公众存款罪的认定便在一定程度上造成了互联网金融刑事违法的必然性,但是,动辄以刑法制裁未经审批的互联网或民间金融行为进而保持金融监管秩序的绝对高压态势,显然不利于金融创新。这便促使我们反思,传统理论以金融秩序作为非法吸收公众存款罪的保护法益并不合适,刑法在秩序背后的终极目的在于维护公众的资金安全。如此,对金融创新的负面影响便会最大限度地降低,进而在“保护目的”(收益)与“可能损害”(成本)之间才会符合“效益最大化”原则。

(3)“秩序”的过度抽象化决定了其不宜直接上升为刑法上的法益。

“秩序”概念的抽象化决定了难以在此之上设立可行的量化标准,极易模糊

---

[57] 参见张明楷:《法益保护与比例原则》,载《中国社会科学》2017年第7期。

[58] 参见孙万怀:《违法相对性理论的崩溃——对刑法前置化立法倾向的一种批评》,载《政治与法律》2016年第3期。

[59] 张明楷:《避免将行政违法认定为刑事犯罪:理念、方法与路径》,载《中国法学》2017年第4期。

“两法”的界限进而造成刑法适用的扩张。从法益概念的初衷来看,“经典的法益侵害仅指具体的生活法益,不包括被抽象化、精神化了的法益概念”。[60] 即便在法益外延呈现扩张化的德国,也有学者主张“不可把握的抽象保护客体不能认作法益”,[61]“如果某种规定只保护特定的秩序,而不去避免具体的损害,那这些规定在刑法中就没有任何地位”。[62] 对于这种抽象性的“秩序”型法益,需要还原为服务于个人发展的某种具体权益,“只有当它最终服务于个体的国民时,这种公众法益才是合法的”。[63]

笔者认为,在大量的违反管理秩序型罪名中,传统理论上的“客体划分论”仅是一种形式上的分类标准,其作用主要在于表明法典设置的章法、确定犯罪的所属领域以及确认与前置法的衔接关系,有助于认识犯罪的表面特征,但这种“秩序型客体”尚不能直接上升为刑法保护的法益,进而发挥指导构成要件解释的方法论机能。刑事司法实践所呈现的规制扩大化以及处罚不合理,在很大程度上源于对“秩序型法益”概念的误识。

总之,将“行刑”两法置于体系性比较下才能更好地诠解各自的规范目的指向,在内部封闭的视阈下理解刑法规范,容易陷入“唯分类论”的形式泥沼从而对规范目的作出不妥适的解读。在“行刑”衔接下,刑法的规制领域皆经过前置法的筛选,在评价标准上,两者存在重叠,但前者也有超出后者的“自留地”。在此衔接下理解某种违反管理秩序型行为的法律性质(究竟是行政违法还是刑事犯罪),问题的焦点不在于行为是否侵犯了某种管理秩序或制度,而是在于是否对此秩序背后的、与人相关的具体权益形成了侵害或威胁。由此,在解读刑法规范和行政规范时,就存在两种不同的解释方向,行政违法判断更注重法条本身的文义分析和逻辑判断,注重规则至上、严格依法;刑事违法判断则需要摒弃

〔60〕 刘军:《为什么是法益侵害说一元论?——以法益的生成与理论机能为视角》,载《甘肃政法学院学报》2011年第3期。

〔61〕 [德]克劳斯·罗克辛:《刑法的任务不是法益保护吗?》,樊文译,载《刑事法评论》2006年第2期。

〔62〕 [德]乌尔斯·金德霍伊泽尔:《法益保护与规范效力的保障——论刑法的目的》,陈璇译,载《中外法学》2015年第2期。

〔63〕 [德]克劳斯·罗克辛:《刑法的任务不是法益保护吗?》,樊文译,载《刑事法评论》2006年第2期。

这种法条主义思维，注重从刑法规范目的的角度来反复审视构成要件的应有含义。通过对行政规范和刑法规范置于整个法体系下进行整体分析可以得出结论，对于“行刑”衔接下的违反管理秩序型行为，“两法”存在规范目的上的“质”的差异，行政规范目的在于维护某种行政管理秩序本身，而刑法规范则意在保护该秩序背后的与人相关的具体权益。

## 四、规范目的比较下的出罪路径构建

### （一）规范目的存异下的抽象危险犯解读与出罪空间

在《刑法》分则第3章、第6章违反管理秩序型罪名中，根据罪状描述中是否指明（或暗示）行为所针对的实体权益，可以将其分为两类。其一，刑法罪状明确交代了秩序背后的具体权益，如妨害清算罪、虚假破产罪（债权人或者其他人利益），或者虽未直接交代，但根据该罪名的性质可直接推断其意在保护秩序背后的实体权益，如强迫交易罪（他人的交易自主权）及毒品类犯罪（他人健康权）。其二，未指明秩序背后的具体权益，单纯通过文义解读和分则分类，极易将其规范目的理解为维护特定管理秩序，这又可分两种情形：“裸的行为”类型（如擅自设立金融机构罪、虚开增值税专用发票罪、伪造身份证件罪等）以及行为基础上附加情节或结果（如骗取贷款罪、非法经营罪、组织、资助非法聚集罪、扰乱国家机关工作秩序罪等）。对于第一类罪名，不会因对规范目的的误识而导致刑法适用范围的扩张；但对于第二种类，尤其是“裸的行为”类型，极易将其作为行为犯予以对待而根本不去细究背后的规范目的；并且，对于“行为附加型”的罪量认定也是以认清罪质为前提。因此，本文所阐述的规范目的作为区分“两法”的依据，其意义主要在于第二种类，该类犯罪在违反管理秩序型罪名中明显占了绝大部分。

其实，无论是“裸的行为”还是“行为附加”罪状，罪刑规范适用的核心在于对行为类型的理解，而这以对规范目的的认识为前提。[64] 在很多情况下，刑法分则的具体罪状虽未对秩序背后的目的指向予以说明，但这并不能成为该罪名系行为犯甚至形式犯的充足理据。例如，虽然《刑法修正案（八）》删除了第141

〔64〕 参见付立庆：《行为犯概念否定论》，载《政法论坛》2013年第6期。正因如此，笔者对此两种情形一并予以探讨。

条生产、销售假药罪罪状中“足以严重危害人体健康”的规定,但这并不表明只要存在相关行为便可一律入罪,也不能表明立法者将规范目的从人身安全转移为对药品管理秩序的维护。这种立法模式仅是出于更周全保护公众人身健康的考虑,因此,将其理解为以他人人身健康为保护法益的抽象危险犯较合适。我们可以由此推及其他罪名,即违反管理秩序型行为成立相关犯罪的依据在于对秩序背后的与人相关权益的抽象危险。一方面,于形式来说,违反管理秩序型罪名立法模式与抽象危险犯的立法设置相协调,即立法者鉴于危险的“一般性”而在罪状中省略了危险要素;另一方面,于实质来说,这种法益观更符合刑法规范目的的自身定位。

对于这种抽象危险在刑事评价中的作用,存在截然相反的两种观点。一种观点认为,抽象危险犯就是行为犯,所谓的抽象危险只是出于立法者的拟制,只要具备了相关行为便可直接认定抽象危险的存在,行为人没有基于抽象危险阙如而出罪的空间;[65] 另一种观点认为,抽象危险应理解为立法者的推定,既然是推定就应为此预留一定的基于反证而出罪的空间。[66] 笔者更赞同后一种观点。如果将抽象危险犯理解为行为犯,在理解行为类型时便容易剥离保护法益的性质从而陷入僵化、孤立,类似一元的行为无价值论的产物,进而使行为犯进一步演变为形式犯,这与“两法”规范目的的差异性原则并不相符。因此,抽象危险犯只是意味着立法者基于行为类型化的总结,认为这种行为本身在一般情况下存在侵害法益的危险,因此省却了罪状描述中的危险要求。但是由于过度类型化以及入罪门槛的放低,势必导致一些具有特殊情由的个案也落入其文义“射程”,而不加区分地一律处罚会导致个案非正义、处罚不合理。因此,不能拦阻个别情形下的出罪空间。由此,可引申出 3 条基本的出罪路径。

---

〔65〕 Vgl. Roxin, Strafrecht Allgemeiner Teil, Band 1, C. H. Beck, 2006, S. 426.; Hans-Heinrich Jescheck/Thomas Weigend, Lehrbuch des Strafrechts Allgemeiner Teil, D&H, 1996, S. 264.

〔66〕 参见劳东燕:《价值判断与刑法解释:对陆勇案的刑法困境与出路的思考》,载《清华法律评论》编委会编:《清华法律评论》第 9 卷第 1 辑,清华大学出版社 2017 年版,第 149 页;付立庆:《应否允许抽象危险犯反证问题研究》,载《法商研究》2013 年第 6 期;毛玲玲、崔志伟:《风险刑法理论与刑事法治的疏离与博弈——立足于抽象危险犯的考察》,载《河南财经政法大学学报》2015 年第 6 期。

1. 通过对“指涉规范目的的概念”的“另类”诠解而出罪

“普通用语的规范意义,除了应当以用语本身所具有的客观含义为依据外,还需要根据刑法所描述的犯罪类型的本质以及刑法规范的目的予以确定。”[67]但在罪状描述中往往存在多个概念,所谓“指涉规范目的的概念”,是指某一构成要件要素的功用与规范目的的实现密切连接,该概念往往能够说明犯罪类型的本质,如生产、销售假药罪中的“假药”、非法持有枪支罪中的“枪支”,一旦能够认定此“核心概念”的成立,通常便能肯定法益危害性的实质。从修订前的《药品管理法》第 48 条的规定来看,假药主要包括两种情形:成分上与规定不符,是就药品的“质”而言的,即不具备真药所具备的相关治疗功效;按假药论处的药品则偏重未经行政审批、检验,即侧重一种行政性药品管理秩序。后一情形正是针对行政规范目的而非刑法规范目的而言的,因此应当经过刑事不法评价层面的过滤。《刑法》第 141 条第 2 款一直是刑事司法照搬行政鉴定结论的最直接根据,为了解决刑法层面的处罚合理性问题,立法者采取了修改前置法的方式。在笔者看来,完全可以不借助修法而是通过恰当的解释方法达到这一目的。

一方面,通过修正前置法来转变刑法的适用格局,这其实是一种根深蒂固的违法一元及刑法绝对依附前置法的立场。对于现实中不断涌现的具体案件中的入罪认定欠合理现象,不可能事事求诸修改前置法,基于刑法自身的立场及规范性质,在司法论层面进行刑事不法的相对独立性评价才是解决问题的关键。另一方面,2019 年《药品管理法》对于代购境外新药的行为依然保留了行政处罚的规定,实际上仍是在“行刑”两法层面上贯彻不同的“假药”处罚标准,前置法的修订调整的其实不是自身的处罚范围,而是刑法的处罚范围,既然如此,就不如将假药认定标准权限交付给刑事司法者。司法解释完全可以不设置“少量”的限制,这其实并不违反刑法的基本语义。

2019 年对代购境外新药的行政处罚规定中的“是指”二字,其实是为刑法上的假药认定指定了最大的参照范围:一方面,构成本罪意义上的“假药”必须是于《药品管理法》有据的,所谓“是药三分毒”,医药生产在伴随治疗疾病的同时也内含一定的无法消除的风险,这种风险是法所容许的,只要经过相关的行政审批,即便最终证明对人体的副作用很大,也不能认定为假药;另一方面,并

---

〔67〕 张明楷:《刑法分则的解释原理》(下),中国人民大学出版社 2011 年版,第 811 页。

非所有未经行政审批、检验的药品均是犯罪意义上的“假药”。因此,修订前的《药品管理法》上的“假药”只是本罪中“假药”的必要而非充分条件。对于“枪支”的理解也是如此,《枪支管理法》第 4 条授权公安部门行使的只是枪支的行政管理工作,〔68〕即行政法意义上的枪支认定是为了维护枪支管理有效性的考虑,而刑法意义上的枪支认定则是维护公众的人身安全,规范目的的差异决定了相同的概念可能有不同的外延。由于这种“核心概念”与行为法益侵害的性质密切相关,抽象危险的阙如可以通过对此类概念的诠解而实现出罪,即通过抽象危险的排除而否证罪状中相关“核心概念”的成立。

2. 通过对构成要件要素的增补而出罪

在某些类型罪名中,难以对罪状中的概念进行刑法上的“另类”解读,但可以结合刑法的规范目的而补充某一不成文的构成要件要素。该要素需与规范目的存在紧密关联,如果某一行为缺乏此要素,便可据此否定法益侵害的行为性质。以虚开增值税专用发票罪为例,不以骗取税款为目的,客观上也不可能造成国家税收实际损失,但开票内容与实际交易确实存在不符的“虚开”行为。该类行为确实侵犯了增值税专用发票的行政性管理秩序,但并未对秩序背后的与人相关的具体权益(国家税收)造成实际威胁,即明显不存在法益侵害的抽象危险。但是,所开发票确系增值税专用发票,由于所开发票与实际交易确实存在出入,也难以否定行为的“虚开”性质,由此便可考虑能否通过增补构成要件要素的方式来实现构成要件符合性判断与规范目的的对接。现实案件已然表明,如果通过案件客观事实排除了行为人骗取国家税款的主观目的,便往往不具备造成税收损失的抽象危险,以本罪规范目的为指引,该主观目的便属于本罪不成文的构成要件要素。

3. 通过综合判断抽象危险的有无而出罪

在刑法罪状可容纳的文义“射程”内,当前两种解释方法均难行得通时,抽象危险的判断便可作为一种“兜底”方式实现出罪。例如,传统理论认为,非法运输珍贵、濒危野生动物罪的客体是国家珍贵、濒危野生动物保护制度,〔69〕如

〔68〕 参见劳东燕:《法条主义与刑法解释中的实质判断——以赵春华持枪案为例的分析》,载《华东政法大学学报》2017 年第 6 期。

〔69〕 参见高铭暄、马克昌主编:《刑法学》,北京大学出版社、高等教育出版社 2014 年版,第 580 页。

此,只要未经主管部门批准而实施运输行为就违反了这种保护制度。"鲍某等人非法运输珍贵野生动物案"中,[70]行为人确实违反了相关野生动物运输管理规定,符合构成要件的"非法"要素,并且难以否定客观上的"运输"行为,此时为了避免处罚不合理现象,就需结合该罪刑规范的目的,判断是否对法益形成了实际危险。该罪名处于破坏环境资源保护罪中,就应当将野生动物的生存环境作为本罪的保护法益,即本罪的规范目的应当是通过严格的运输管理制度来保护野生动物赖以生存的栖息环境。[71] 在该案中,所运输的猕猴虽然系野生保护动物,但由于民间艺术的表演性质,已然对特定的栖息环境失去了依赖,异地运输行为也就不可能对其栖息环境造成现实危害,既然通过案件事实能够排除法益侵害的抽象危险,便失去了犯罪成立的实质根据。

再如,在伪造身份证件罪中,如果将本罪的客体定性为国家对居民身份证的管理制度,[72]对于实践中出现的行为人提供自己真实身份信息委托他人办理身份证件的行为,[73]依然侵犯了公安机关颁发身份证件的管理制度,又符合了"伪造""身份证件"的概念描述,出罪的空间便十分有限。其实,通过"两法"规范的仔细比较便可以探明,刑法设立此罪刑规范的目的并非限于保护前置性

〔70〕 耍猴艺人鲍某等人在没有办理野生动物运输证的情况下,从河南省新野县携带6只国家二级保护野生动物猕猴,到黑龙江省牡丹江市街头表演猴戏,一审法院判定定罪免罚,二审法院认为,被告人的行为违反了国家有关野生动物保护法规关于运输、携带国家重点保护野生动物出县境必须经省级人民政府野生动物行政主管部门或者其授权单位批准的规定,但鉴于猴艺表演系河南省新野县的传统民间艺术,4名上诉人利用农闲时间异地进行猴艺表演营利谋生,客观上需要长途运输猕猴,在运输、表演过程中,并未对携带的猕猴造成伤害,情节显著轻微,危害不大,可不认为是犯罪。参见(2014)黑林刑终字第40号刑事判决书。

〔71〕 值得补充说明的是,野生动物生存环境并非与人无关的利益,"环境保护——即保障水、土地和空气的洁净——涉及的是对人类生活基础的长期维护"。参见[德]乌尔斯·金德霍伊泽尔:《法益保护与规范效力的保障——论刑法的目的》,陈璇译,载《中外法学》2015年第2期。相较之下,单纯的运输管理制度则偏重于一种行政利益。

〔72〕 参见高铭暄、马克昌主编:《刑法学》,北京大学出版社、高等教育出版社2014年版,第527页。

〔73〕 参见"朱某伪造居民身份证罪案",广州市中级人民法院(2014)穗中法刑一终字第290号刑事判决。

身份证颁发管理制度,而是通过公安机关对身份证颁发的绝对控制以实现更高效的社会管理、及时查处潜在的违法犯罪,避免冒用他人身份信息给他人造成不法侵害。由此,将本罪的侵害法益认定为他人社会生活的安全较合适。[74]即本罪名主要规制的是伪造他人身份证件以掩饰自己真实身份的行为。行为人提供自身真实信息伪造身份证件不会造成公安机关查处身份上的"混淆",也不会对他人合法权益形成任何威胁。既然能够排除对法益侵害的抽象危险,就应借助法益指导构成要件解释的方法论机能认定为构成要件不该当,从而作出罪处理。

(二)规范目的重叠下违法与有责"量"的综合考察

由以上论述可见,前置法层面的行政不法与刑法层面的法益侵害并不存在直接对等或关联,这也决定了刑事不法评价不宜完全从属于前置法。因此,在"行刑"衔接的违反管理秩序型行为规制方面,"两法"的规范目的差异是客观存在的。只是,在一些个别罪名或行为类型当中,[75]由于秩序本身与其背后的具体权益近乎融为一体,在违法性评价上,对于秩序本身的侵犯便对这种具体权益造成了侵害或威胁,在这种情况下,寻求质的区分方式便显得没有意义,需要在刑事不法及有责的"量"上寻求刑事可罚性的依据。但是,即便在这种情形下,也并非表明"两法"规范目的发生了混淆或者刑法规范目的改为维护某种管理秩序,而是说,"两法"在各自的规范目的识别路径上发生了个别重叠,并不影响各自规范目的的理解。[76] 例如,在一些非法经营类案件中,如烟草、食盐买卖、粮食收购,严格来说,固然触犯了相关的国家限制买卖、经营的管理制度,但这种行为并不必然导致对他人人身财产权益的侵犯,此时通过刑法法益指导下的构成要件实质解释可以排除一部分犯罪。但在另外一些类型的非法经营行

---

〔74〕 参见崔志伟:《"但书"出罪的学理争议、实证分析与教义学解构》,载《中国刑事法杂志》2018 年第 2 期。

〔75〕 之所以称为"个别",通过上文罪名及案例列举便已说明,"两法"规范目的在多数情况下是不可重叠的,即违反行政性管理秩序并不当然会危害秩序背后的与人相关权益。

〔76〕 在笔者看来,这种具备侵害法益通常性的行政不法行为因具备了自然犯自体恶(相对于禁止恶)的特征,而呈现法定犯自然犯化的趋势,对于这种犯罪类型也就难以彻底厘清究竟是自然犯还是法定犯,但相较整个法定犯群体而言,这种犯罪类型毕竟是少数的。

为中,如未经许可经营汽油,从事客运经营,生产、销售“伪基站”等,在违反相关管理制度的同时也对公众人身财产安全产生了现实危险,即两种不同的规范目的发生了重叠。究竟是通过质的区分否定构成要件该当还是通过量的区分予以出罪,“是需要根据专营、专卖物品以及限制买卖的物品的性质进行判断的”。[77]

当下,司法实践既有的出罪模式仅限于《刑法》第13条“但书”,但何谓“情节显著轻微危害不大”往往不予进一步说明,导致了适用上的错乱。[78] 在三阶层的犯罪论体系中,可以将违法及有责的“量”的评价融入“但书”当中,责任与不法一样都是一种能够量化的概念。[79] 因此,“但书”便可细化为可罚的违法与可罚的有责等教义学规则。目前,日本学界关于可罚的违法性的判断基准基本上采取一种综合性的判断方式,即将法益侵害性与行为上的违法性结合起来考察。[80] 因此,在运用量的区分标准时,不应仅限于行为涉及的数量或数额,还应考虑行为本身僭越社会相当性的程度。[81] 在德国,对于责任内容的认识,经历了心理责任论到规范责任论再到功能责任论的转变,有责的内涵愈加丰富,在出罪评价中也发挥愈加重要的作用。当然,任何“量”的判断均面临一个“边界”的问题,“但书”固有的模糊性、表述的笼统性,决定了其不宜作为刑法出罪的唯一说理依据。但是,可容纳可罚的违法、违法性认识、期待可能性、预防必要性等国外据以出罪或降罚的教义学知识,从而可以为个别情形下的量的区分标准提供更坚实的依据。

---

[77] 张明楷:《避免将行政违法认定为刑事犯罪:理念、方法与路径》,载《中国法学》2017年第4期。

[78] 参见崔志伟:《“但书”出罪的学理争议、实证分析与教义学解构》,载《中国刑事法杂志》2018年第2期。

[79] Hans-Heinrich Jescheck/Thomas Weigend, Lehrbuch des Strafrechts Allgemeiner Teil, D&H, 1996, S. 426.

[80] 参见于改之:《可罚的违法性理论及其在中国的适用》,载赵秉志主编:《刑法论丛》第12卷,法律出版社2007年版,第32页。

[81] 参见王昭武:《犯罪的本质特征与但书的机能及其适用》,载《法学家》2014年第4期;崔志伟:《“但书”出罪的学理争议、实证分析与教义学解构》,载《中国刑事法杂志》2018年第2期。

## 五、结　语

认清构成要件所包含的法益,不仅是最重要且应优先处理的刑分各法条法律解释的问题。[82] 但如果局限于刑法体系内部理解特定罪名的保护法益,容易陷入"唯分类论"的形式泥淖。将行政性管理秩序认定为刑法上的法益实际上是将刑法视为贯彻行政规范的工具,因此,刑法分则的分类意义不宜绝对化、扩大化。规范目的在以法益为核心的基础上(目的解释),将"行刑"两法置于整个法体系中进行比较,容纳了体系解释的合理内核,并且能够实现与客观解释的融通,对罪刑规范进行灵活解释。此外,这种规范目的在刑事司法中的意义侧重出罪而非入罪。在违反管理秩序型行为规制层面,应当承认"两法"规范目的存在差异,行政规范的目的侧重维护某种既成的管理秩序,而刑法规范目的则侧重保护秩序背后的、与人相关的具体权益。罪状文义所描述的行为类型如果没有形成对这种具体权益的抽象危险,便缺乏成立犯罪的实质根据,应当据此排除构成要件该当;在个别情形下,对于秩序的侵犯本身便对这种具体权益形成了抽象危险,便应从"可罚的违法"及"可罚的有责"上寻找"行刑"区分的"量"的根据。

The Boundary of the "Administrative-criminal"
Law and the Path of Decriminalization Under
the Comparison of Normative Purpose:
From the Perspective of the Behavior of Violating Management
Order under the Connection of Administrative Law and Criminal Law

Cui Zhiwei

**Abstract**: For the standard of distinguishing administrative violation and criminal offence, the difference of quantity (degree) is the mainstream, this

[82] 参见[德]许迺曼:《法益保护原则——刑法构成要件及其解释之宪法界限之汇集点》,何赖杰译,载许玉秀、陈志辉编:《不移不惑献身法与正义——许迺曼教授刑事法论文选辑》,台北,新学林出版股份有限公司 2006 年版,第 228 页。

distinction theory inevitably encounters theoretical obstacles in practice and is not conducive to the formation of doctrinal rules with universal applicability. Normative purpose is centered on purpose interpretation, and it also accommodates the advantages of objective interpretation and systematic interpretation, compared with the simple theory of legal interests, it can provide more diverse perspectives and more solid grounds for judicial decriminalization, is also helpful to determine the nature of specific legal interests from both internal and external perspectives, and to better guide the interpretation of constituent elements. Only by comparing the "administrative-criminal" two laws in a systematic way can we better interpret their respective normative purposes, understanding the criminal law norms from the perspective of internal closure is apt to fall into the form of "categorization-only theory" and make inappropriate interpretation of the norm purpose. Through the horizontal comparison of peripheral perspectives, it can be concluded that there are differences in the "quality" of normative purposes between the "two laws" in order violating crimes, administrative norms aim at maintaining an established administrative order, while criminal norms aim at protecting the specific rights and interests related to people behind the order; if the act described in the law text do not form an abstract danger to such specific rights and interests, there will be no substantial basis for the establishment of a crime, and the constitutive elements should be excluded accordingly. In the exceptional case where "order" overlaps with such specific rights and interests, we should find the "quantity" basis from "punishable illegality" and "punishable responsibility" to distinguish "administrative-criminal" law.

**Key words**: normative purpose legal interests the behavior of violating management order decriminalization

# 认罪认罚从宽模式的转型*

## ——以从宽的正当性根据为切入点

亢晶晶**

**内容摘要：**

以从宽的正当性根据为切入点，可以抽象概括出两种认罪认罚从宽模式。我国当前的认罪认罚从宽模式属于“权力治理模式”，该模式以供给国家实现节约权力运行成本、对犯罪有效治理的需求为目标，而缺乏对被追诉人权利需求的积极回应，“权利需求模式”则强化被追诉人认罪认罚的伦理动机，从宽属于被追诉人的“应得”，认罪认罚与从宽之间呈现一种比例关系。该模式以回应被追诉人的权利需求为逻辑起点，尊重和保障被追诉人的程序主体地位，契合了我国当前刑事司法改革的本质要求，有利于增强被追诉人对认罪认罚从宽制度的认同感和公正感，从而激发认罪认罚从宽制度的内在生长动力。

**关键词：**

认罪认罚从宽　权力治理模式　权利需求模式　真诚悔罪

## 一、问题的提出

2014 年，《中共中央关于全面推进依法治国若干重大问题的决定》中提出“完善认罪认罚从宽制度”，随后我国先行开始了为期 2 年的刑事速裁程序试点工作，2016 年 9 月决定进行认罪认罚从宽制度的试点，11 月试点工作正式启动。2018 年《刑事诉讼法》修改正式确立认罪认罚从宽制度。2019 年 10 月 11

---

* 本文系 2020 年国家社科基金青年项目“刑民交叉案件中证据交互使用问题研究”（项目编号：20CFX034）的阶段性成果。

** 上海财经大学法学院讲师。

日,最高人民法院、最高人民检察院、公安部、国家安全部、司法部印发了《关于适用认罪认罚从宽制度的指导意见》(以下简称《指导意见》),《指导意见》的出台对全面推进和落实认罪认罚从宽制度产生了深刻影响。

从实践情况看,认罪认罚制度取得了较好成效,但是也存在一些问题:其一,认罪认罚从宽制度适用率虽然大幅提升,[1]但是该制度的适用主要还是依靠外力驱动,一些地方为了推动认罪认罚从宽制度的适用,将其纳入绩效考评的范围。[2] 其二,适用的案件范围相对集中,案件性质结构失衡,虽然根据《刑事诉讼法》的规定,认罪认罚从宽制度的适用案件范围基本没有限制,既可以适用于轻罪案件,也可以适用于重罪案件,但从实践情况看,认罪认罚从宽制度还主要适用于3年以下的轻罪案件,而各地对于重罪案件适用认罪认罚从宽制度仍采取保守的态度,重罪案件适用该制度的比例较低。[3] 其三,适用的程序类型过于集中,根据最高人民检察院发布的数据,2019年1~9月,认罪认罚从宽适用普通程序审理占比14.5%,适用简易程序审理占比49.8%,适用速裁程序审理占比35.6%,[4]适用简化程序处理认罪认罚案件的比例达到95.4%,远远高于普通程序的适用比例,这在另一个侧面也反映出,我国当前认罪认罚从宽制度试点并没有跳出之前刑事速裁程序的试点框架,相较刑事速裁程序,其在试点适用案件的广度和深度上并没有发生实质变化。

---

〔1〕 2019年6月,检察环节认罪认罚从宽制度适用率只有38.4%,到2019年12月单月,全国检察机关认罪认罚从宽制度适用率超过80%。参见李雪雁:《认罪认罚从宽一年间:适用率从三成到八成》,载新浪网,http://news.sina.com.cn/sf/news/fzrd/2020-05-08/doc-iircuyvi1944813.shtml。

〔2〕 B市M区检察院为了倒逼检察官积极履行主导责任,提高认罪认罚从宽制度适用率,将认罪认罚从宽制度适用率作为基础项业务考核指标纳入部门、部门主任及检察官考核体系。例如,认罪认罚适用率达到70%可获得基础分,否则不得分。参见高歌:《认罪认罚适用率73.15%,量刑建议采纳率96.62%》,载搜狐网2019年12月21日,https://www.sohu.com/a/361879216_118060。

〔3〕 参见闵春雷:《回归权利:认罪认罚从宽制度的适用困境及理论反思》,载《法学杂志》2019年第12期。

〔4〕 参见樊崇义:《刑事诉讼模式的转型——评〈关于适用认罪认罚从宽制度的指导意见〉》,载《中国法律评论》2019年第6期。

笔者认为,之所以出现上述问题,与我国认罪认罚从宽制度当前的模式定位有直接关系,认罪认罚从宽制度的逻辑起点偏离了其本质,而产生这一问题的根源在于,对认罪认罚从宽制度的合理性和正当性缺乏一定的质疑和思考,尤其是从宽的正当性依据问题。进一步追问即为什么要对认罪认罚的被追诉人进行从宽处罚?从宽的正当性基础是什么?基于此,本文尝试以从宽的正当性依据的阐释为切入点,[5]抽象概括出两种认罪认罚从宽模式,明确不同模式的价值选择,分析我国当前模式在正当性上面临的挑战,进而提出我国认罪认罚从宽模式的方向,以夯实认罪认罚从宽制度的理论基础,并回应司法实践中的问题。

## 二、认罪认罚从宽的两种模式

依据从宽的正当性根据的不同,笔者抽象出两种认罪认罚从宽模式:"权力治理认罪认罚从宽模式"(以下简称"权力治理模式")和"权利需求认罪认罚从宽模式"(以下简称"权利需求模式")。

### (一)从宽的正当性根据与"权力治理模式"

关于从宽的正当性根据,其中一种观点主张是"节约司法资源奖励说"。该学说强调的是对被追诉人进行从宽处罚是对其在节约国家司法资源方面所发挥积极作用的一种奖励,即被追诉人认罪认罚放弃了一些程序性权利,减轻了公、检、法机关的办案负担,为国家节省了权力运行成本,为了回馈被追诉人,给予其量刑上的"优惠"。[6]

还有一种观点主张"权利放弃对价说",由于被追诉人在明知且自愿的前提下主动放弃全部或者部分诉讼权利,国家可以采取省略乃至简化诉讼环节的方式,从而少受或者免受复杂且高成本的烦琐程序带来的部分压力,国家据此对

[5] 对于认罪认罚从宽的模式来说,其实可以有多个角度的切入点,如可以参与主体之间的关系为角度,或者以从宽类型和幅度为角度等。本文之所以选择将从宽的正当性根据作为切入点,主要是因为从宽是认罪认罚从宽制度中的核心问题,对于认罪认罚从宽制度的适用来说,归根结底是如何对被追诉人进行从宽处罚的问题,而这都涉及从宽的正当性根据问题。

[6] 参见陈卫东:《认罪认罚从宽制度研究》,载《中国法学》2016年第2期。

被追诉人从宽处罚,被追诉人还可因此少遭诉累,取得彼此互赢的结果。[7] 笔者认为,此种学说中之所以对被追诉人进行从宽,主要是基于被追诉人放弃权利从而简化乃至省略部分程序环节,即节约了司法资源的投入。因此,其本质上还是与"节约司法资源奖励说"一致的。上述两种学说归根结底体现了"功利主义"的思想,出于功利后果考虑,在有限的司法资源内实现国家对犯罪的有效治理。

根据"节约司法资源奖励说"和"权利放弃对价说"的内容,笔者抽象概括出"权力治理模式",即以节约国家权力运行成本,提高诉讼效率,实现国家对犯罪的有效治理为核心构建的认罪认罚案件处理程序体系,该模式集中体现了认罪认罚从宽制度的工具价值。[8] 具体言之,"权力治理模式"具有以下几个方面的特点:

1. 在"权力治理模式"中,国家是认罪认罚从宽制度的供给者和需求者,就供给者而言,中央提出"完善认罪认罚从宽制度",组织推行试点工作,最后在《刑事诉讼法》中正式确立认罪认罚从宽原则。当然,需要明确的是,"权力治理模式"并非完全不重视对被追诉人权利的保障,《刑事诉讼法》以及 2019 年《指导意见》等也强调对被追诉人获得律师帮助权、上诉权等权利的保障,只是相对国家所致力实现的提供诉讼效率、节约司法资源的目标而言,是居于第二位的。

2. 在"权力治理模式"中,国家之所以对被追诉人进行从宽处理,主要的缘由在于被追诉人通过认罪认罚,适用简化程序,节约了司法资源。而被追诉人获得从宽处罚也被视为国家对被追诉人的"恩惠"或者"奖励"。从宽幅度的设

---

[7] 参见赵恒:《论从宽的正当性基础》,载《政治与法律》2017 年第 11 期。

[8] 有学者指出,当前这种效率化的改革取向在我国当前的刑事司法现状是十分危险的,并主张完善认罪认罚从宽制度本质上应当遵循"权利化"的改革逻辑,以加强被追诉人实体权利和程序权利供给为角度展开,防止相关改革设计与相关举措过度追求效率。(左卫民:《认罪认罚何以从宽:误区与正解——反思效率优先的改革主张》,载《法学研究》2017 年第 3 期。)对于此问题,周光权教授也指出,"设立认罪认罚从宽制度的初衷,不排除有案件分流、节约司法资源方面的考虑,但这只是一方面,另一方面特别重要的考虑是要实体性地给予被告人一些优待,使其能享受到一些实体上的利益——即从宽处罚,使案件处理结论获得被告人的实际认同,减少社会对立面"。参见周光权:《论刑法与认罪认罚从宽制度的衔接》,载《清华法学》2019 年第 3 期。

定以及判定对被追诉人如何从宽的出发点主要在于被追诉人的认罪认罚在节约司法资源方面的重要作用,主张根据被追诉人认罪认罚的时间早晚,设定不同的从宽处罚幅度,以激励被追诉人尽早认罪认罚。[9] 这在 2017 年最高人民法院《关于常见犯罪的量刑指导意见》对于量刑幅度的规定中可以得到明显体现:对于在不同阶段认罪的,在量刑优惠上予以差别对待,如对于自首或者坦白的,可以从宽的幅度达到 40% 或者 50%;而对于到了审判阶段才当庭自愿认罪的,才可以减少基准刑的 10%。2019 年《指导意见》中规定的"在刑罚评价上早认罪优于晚认罪"也是上述观点的体现。

3. 在"权力治理模式"中,从实体上看,被追诉人认罪认罚被视为一项应有的义务,如我国《刑事诉讼法》中规定的"如实回答义务",被追诉人如果坚持不认罪认罚,那么将很可能面临的是有罪判决,甚至可能面临遭受更严厉惩罚的风险,这主要与我国当前无罪判决率偏低有密切关系。根据最高人民法院 2014~2017 年的工作报告,2013~2016 年我国的无罪判决率分别为 0.071%、0.065%(公诉案件 0.044%)、0.084%(公诉案件 0.054%)、0.088%(公诉案件 0.053%)。[10] 在无罪判决率偏低的情况下,对于被追诉人来说,除认罪认罚外,没有其他更理性的符合自身利益最大化的选择。从程序上看,对于被追诉人认罪认罚之后,适用何种程序,被追诉人并无真正意义上的程序选择权,适用简化程序已经是被追诉人认罪认罚之后的必然结果,公、检、法机关鼓励被追诉人认罪认罚的主要目的其实就是要尽可能适用更加简化的程序,以节约办案时间。

4. 在"权力治理模式"中,由于追求提高诉讼效率和节约司法资源的目标,司法机关往往忽视对认罪认罚自愿性的实质性审查。在司法实践中,为了达到法律效果和社会效果的统一,法官主要根据被追诉人在犯罪后的表现,如积极供述自己的犯罪行为,积极向被害人赔礼道歉,积极退赔退赃的,就将其行为认

[9] 此种观点在认罪认罚从宽制度试点工作中已经得到较明显的体现,一些试点单位的实施细则中都明确规定,根据被追诉人认罪认罚阶段的不同,设定分级激励的从宽幅度,即被追诉人在侦查阶段自愿认罪认罚的,可获得的从宽处罚高于审查起诉阶段或者审判阶段,差别在于具体的从宽的幅度,有的最高设定为 50%,而有的最高设定为 30%。

[10] 参见史立梅:《认罪认罚从宽程序中的潜在风险及其防范》,载《当代法学》2017 年第 5 期。

定为自愿认罪认罚。因此,对被追诉人认罪认罚自愿性更多是根据被追诉人的客观行为进行认定的,缺乏对被追诉人认罪认罚的伦理动机和是否有利于实现刑罚目的的更深层次的考察。[11]

（二）从宽的正当性根据与“权利需求模式”

关于从宽的正当性根据,另外两种观点是“刑罚目的说”和“伦理说”:

1.“刑罚目的说”。该学说强调的是,对被追诉人进行从宽处理考虑的是对于刑罚目的实现的作用。被追诉人通过认罪认罚,积极赔偿被害人的损失,表明其人身危险性的降低,因此获得减轻处罚也是应有之义。[12] 德国刑法学家曾指出,“行为人积极对损害进行赔偿,预示着行为人已经承认自己的罪责,不需要再采取额外的措施防止其再次犯罪,简而言之就是从多方面降低甚至是抵消了对其进行处罚的必要性”。[13] 菲利也曾经指出,“对刑事司法程序中的认罪者给予刑罚轻缓化之本质理由并不在于诱使其尽快认罪,而在于这种协商正体现出了犯罪嫌疑人的悔罪表现和改造可能性,从而其人身危险性相对于未认罪者相对较低,从而应当给予刑罚轻缓化的处遇措施,以有利于对犯罪人的教育改造,达到刑罚特殊预防之效果”。[14]

2.“伦理说”。该学说的主要观点是,对自愿认罪认罚的被追诉人进行从宽处罚,体现的是追求伦理上的一种善。被追诉人实施犯罪行为是其人格的体现,而被追诉人认罪认罚其实在一定意义上就是对自己人格的否定,并对自身

〔11〕 有学者通过研究发现,在司法实践中,对于适用认罪认罚从宽的案件,只要被告人能够口头表示认罪并且赔偿了被害人,一般都能够获得从轻处罚。有了被告人的认罪表态和“积极赔偿”,法官往往并不会花费太多精力去分析被告人的真实内心想法(也不易印证被告的真实想法),只要达到赔偿的效果,就按认罪从宽对待。参见王瑞君:《“认罪从宽”实体法视角的解读及司法适用研究》,载《政治与法律》2016年第5期。

〔12〕 参见熊秋红:《认罪认罚从宽的理论审视与制度完善》,载《法学》2016年第10期。

〔13〕 [德]汉斯·海因里希·耶赛克、托马斯·魏根特:《德国刑法教科书》,徐久生译,中国法制出版社2001年版,第1068～1069页。

〔14〕 [意]恩里科·菲利:《实证派犯罪学》,郭建安译,中国人民公安大学出版社2004年版,第311页。

人格的一种修复,相对没有认罪认罚的被追诉人而言,展现了一个更好的人格。[15] 被追诉人认罪认罚,体现的是知错能改,也体现了其善的一面,被追诉人通过"真诚悔罪"实现自己人格的"逆转",此种"逆转"需要得到肯定,而获得从宽处罚主要是对被追诉人在人格上转变的一种积极肯定的回应,以体现正义的本质要求。基于此,有必要对其进行从宽处理,以体现制度的"善",保障"每个人得到自己应得的份额"。[16] 在此学说之下,被追诉人认罪认罚强调的是基于"真诚悔罪"作出的意思表示,被追诉人从内心深处认识到自己的犯罪行为所产生的社会危害性,认识到自己的错误,并且下决心悔改。因此,缺乏"真诚悔罪"的单独认罪认罚并不能成为量刑减轻的原因。

细细分析,"伦理说"和"刑罚目的说"之间有较大的关联性,两者都强调被追诉人获得从宽处罚出于被追诉人的"应得",是其内在需求,符合被追诉人自身利益最大化的原则。此外,"伦理说"强调的被追诉人"真诚悔罪",其实就是在一定意义上表明被追诉人人身危险性的降低,进而减少了对其处罚的必要性,因此两者有重合的部分;但存在的差别是,"刑罚目的说"中对于认罪认罚自愿性的判断标准可能并非强调被追诉人"真诚悔罪",有刑法学者明确反对将伦理观念过多运用到刑法规范判断中,认为其不利于法益的保护。[17]

根据"伦理说"和"刑罚目的说"的内容,笔者抽象概括出"权利需求模式",即以保障和满足被追诉人的权利需求为核心而构建的认罪认罚案件处理程序体系,该模式强调被追诉人的程序主体地位,认罪认罚从宽制度的推行从本质上是为了满足被追诉人不同的权利需求,同时也是认罪认罚从宽制度构建的出发点和落脚点,这也是其与"权力治理模式"的本质区别之处。

具体言之,"权利需求模式"的特点可以概括为以下几个方面:

1. 在"权利需求模式"中,被追诉人是认罪认罚从宽制度的主要需求者,是认罪认罚从宽制度适用的内在驱动者,获得从宽处罚符合被追诉人实现自身利益最大化的需求。被追诉人作为程序主体一方,与国家处于平等地位,有权实质参与认罪认罚从宽制度的适用过程,与控方进行平等协商,表达自己的权利

---

〔15〕 See Jeffrie G. Murphy, "Well Excuse Me-Remorse, Apology, and Criminal Sentencing", 38 *Arizona State Law Journal* 371(2006).

〔16〕 [德]伯恩·魏德士:《法理学》,丁晓春、吴越译,法律出版社 2013 年版,第 161 页。

〔17〕 参见周光权:《论中止自动性判断的规范主观说》,载《法学家》2015 年第 5 期。

诉求,从而获得对该认罪认罚从宽制度的认同感和公正感。因此,对于认罪认罚从宽制度的适用来说,被追诉人的权利保障居于核心地位,但需要强调的是,"权利需求模式"并不是完全忽略节约国家权力运行成本,而只是主张提高诉讼效率和节约司法资源是认罪认罚从宽制度在适用过程中可能产生的积极效果,并不属于其价值内核,因此是第二位的。[18]

2. 在"权利需求模式"中,对被追诉人进行从宽处罚的正当性根据在于被追诉人"真诚悔罪"以及有利于实现"刑罚目的",是被追诉人的"应得"利益和内在需求,获得从宽处罚应被视为被追诉人的一项权利。因此,从宽幅度的设定以及判定如何对被追诉人进行从宽的主要考量因素是被追诉人是否"真诚悔罪","人身危险性"是否降低,从刑罚预防目的的角度衡量被追诉人的认罪认罚行为是否值得奖励,并主张认罪认罚与从宽之间呈现一种比例关系,而诉讼效率的提高和司法资源的节约与是否获得从宽处罚以及获得多大的从宽处罚并无直接联系。正如有学者认为,程序法上所谓的程序简化,是保障被追诉人速审权利的重要制度体现,不能认为对被追诉人适用简易程序审理就是一种"从宽"。[19]

3. 在"权利需求模式"中,被追诉人作为程序主体一方,具有完全的意思自治,是否认罪认罚是被追诉人所享有的一项权利,被追诉人有权平等地与检察机关进行协商。即使被追诉人选择不认罪认罚,也不会面临遭受更严厉惩罚的危险;同时,对于被追诉人认罪认罚之后,是否适用简化程序也是被追诉人行使程序选择权的结果,即使被追诉人认罪认罚,也有权选择适用普通程序,认罪认罚和程序简化之间不具有直接必然的联系。总体来说,在"权利需求模式"中,被追诉人作为程序主体,享有真正意义上的自由,被追诉人不仅可以自由选择认罪认罚,并选择适用简化程序,而且在不认罪认罚的同时有其他理性选择的可能性。

4. 在"权利需求模式"中,强调被追诉人认罪认罚的自愿性,正如前文指出,被追诉人应该"真诚悔罪",而"真诚悔罪"强调的是被追诉人"良心"上的悔改,是对自己曾为的某些不良或不法行为进行反思、难过、自责或进行补救,并决定

---

〔18〕 参见左卫民:《认罪认罚何以从宽:误区与正解——反思效率优先的改革主张》,载《法学研究》2017 年第 3 期。

〔19〕 参见卢建平:《刑事政策视野中的认罪认罚从宽》,载《中外法学》2017 年第 4 期。

以后不再为此种行为,即良心发现的过程,是依据自己所认同的道德规范对自己行为的道德性质的自我意识。[20] “真诚悔罪”属于“自律”而非“他律”,是否选择“真诚悔罪”,属于被追诉人的内心自由,对于被追诉人的认罪认罚或者选择适用简化程序来说,是不允许被“强制”的,这是认罪认罚从宽制度中最为核心的基础。正如有学者认为,“如果行为人的认罪是真实的,因其人身危险性降低,可以作为从宽处罚的理由,这与鼓励罪犯悔改、节约司法资源的所谓功利性的目的和做法是一致的,这种情况下,行为人真诚认罪、悔罪,不仅在实体法上具备从宽处罚的依据,并且在客观上会带来节约司法成本、提高诉讼效率的法律效果,因此,建立在真诚认罪基础上的从宽,是有其合理根据的”。[21]

## 三、“权力治理模式”面临的挑战

根据认罪认罚从宽制度的相关规定和实践情况分析,我国当前的认罪认罚从宽制度属于“权力治理模式”,[22] 其在提高诉讼效率、节约司法资源方面确实发挥了一定的作用,但此种模式却面临一些挑战。

### (一)“权力治理模式”的正当性基础不足

无论是“节约司法资源奖励说”还是“权利放弃对价说”,都过于强调被追诉人认罪认罚对节约司法资源所产生的积极效果,将被追诉人认罪认罚时间的早晚与从宽幅度直接关联起来,这样可能会产生更多的非自愿认罪认罚;同时,也可能使被追诉人沦为实现相关社会政策的工具,这显然不符合被追诉人的程序主体性,同时也可能使认罪认罚从宽制度丧失其自身的法治属性。此学说通

---

〔20〕 参见王海明:《新伦理学》,商务印书馆 2001 年版,第 562 页。

〔21〕 王瑞君:《“认罪从宽”实体法视角的解读及司法适用研究》,载《政治与法律》2016 年第 5 期。

〔22〕 有学者认为,“认罪认罚从宽本质上是权力主导下的程序加速机制,是为缓解案多人少状况而对我国传统刑事诉讼模式的局部改造,其缺少辩诉交易中以被告人为平等交易主体的精神内核,相对于辩诉交易,认罪认罚从宽保留了权力对诉讼进程的主导力,在权力掌握大局下对犯罪嫌疑人、被告人意愿适度吸纳,因此提高效率是认罪认罚从宽制度的核心追求”。参见秦宗文:《认罪认罚从宽制度的效率实质及其实现机制》,载《华东政法大学学报》2017 年第 4 期。

过认罪认罚从宽制度所产生的效果去证成其正当性,有些本末倒置。

此外,我国目前的实际是刑事程序已经相当简化,尤其是审判程序,其进一步简化的空间已然不大,目前对于我国刑事司法来说,缺乏的是正当程序保障机制。在此背景下,如果在认罪认罚从宽制度的适用过程中单纯致力实现程序简化,虽然可能获得诉讼效率提高的短期收益,但从长远来看,将可能会破坏我国刑事司法体系的根基。[23] 更有甚者,以量刑折扣激励被告人选择简易、速裁程序,在司法实践中将会产生诸多弊端,最主要的是,无辜的被追诉人可能基于尽早从刑事诉讼程序中脱离出去而选择"自愿认罪认罚",从而违背了实质真实的原则;[24] 同时,也违背了我国认罪认罚从宽制度所坚持的"公正为本"的改革精神,因此是十分危险的。[25]

(二)"权力治理模式"保障被追诉人基本权利不足

在司法实践中,只要被追诉人如实供述自己的犯罪事实,并同意接受相应的刑罚处罚,就自动归入了适用简化程序的行列,适用简化的程序似乎已经成为被追诉人认罪认罚的理所当然的结果。因此,如果法官认定对被追诉人进行从宽处罚的原因在于,被追诉人选择适用刑事速裁程序或者刑事简易程序,那么,在一定意义上正当程序就是一种负担,在实质上意味着被追诉人的权利正在被所谓的效率和效益所减损,这显然是有违法理的。[26] 此外,对于没有认罪认罚的被追诉人来说,会倾向把判决结果看作强加给那些到法庭上行使权利的人的一种惩罚,对判决结果感到不公正,进而对认罪认罚从宽制度产生抵触感,导致其很难改过自新。[27]

众所周知,获得公正审判权是被追诉人的基本权利,正当程序保障对被追诉人来说是一种"必要的善",在任何时候都不能为了追求所谓的节约办案时间

---

〔23〕 参见左卫民:《认罪认罚何以从宽:误区与正解——反思效率优先的改革主张》,载《法学研究》2017 年第 3 期。

〔24〕 参见熊秋红:《认罪认罚从宽的理论审视与制度完善》,载《法学》2016 年第 10 期。

〔25〕 参见陈卫东:《认罪认罚从宽制度研究》,载《中国法学》2016 年第 2 期。

〔26〕 See Richard Klein, "Due Process Denied: Judicial Coercion in the Plea Bargaining Process", 32 *Hofstra Law Review* 1349 (2004).

〔27〕 参见[英]麦高伟、杰弗里・威尔逊主编:《英国刑事司法程序》,刘立霞等译,法律出版社 2003 年版,第 337 页。

而对其进行限制,除非经被追诉人明确表示同意。简言之,被追诉人不能因为行使宪法赋予的基本权利而获得更严厉的惩罚。[28] 正如学者指出,刑事被告人有权要求对指控以法定方式审判,无论认为有罪证据多么有力。不能将刑事审判看作不受欢迎的负担,而是程序的合乎逻辑的正当结果。因此,惩罚坚持审判的被告人,或者以坚持审判就会有不利后果相威胁,只会偏离制度的目标。[29] 因此,"权力治理模式"将被追诉人认罪认罚和适用简化程序直接关联,显然违反了保障基本权利的精神。

(三)"权力治理模式"导致认罪认罚从宽制度在国家和被追诉人之间的供需关系不平衡

认罪认罚从宽制度的改革目标应该与我国刑事司法体系的整体方向一致,这是我们研究问题的出发点和起点,也是落脚点和归宿。近年来,我国刑事诉讼改革在不断强化对被追诉人人权的保障,随着我国控辩式改革和"审判中心主义"改革的推行,被追诉人的权利诉求越来越强烈。但不能否认的事实是,长期以来,我国被追诉人在刑事诉讼程序中的主体地位并未得以确立,相应的权利保障机制较薄弱,在当前的背景下,被追诉人需要更多的是对其权利的保障,尤其是正当程序的保障。

此外,认罪认罚从宽制度贯彻的是合作性司法理念,不同于传统的对抗性司法理念,这是国家推行认罪认罚从宽制度过程中一直强调的,学者对此也基本达成一致。但是,在社会民众的认知层面,它尚未获得足够的支持和了解。[30] 换言之,被追诉人尚未有与权力机关进行协商合作的强烈需求,也并没有真正认识到认罪认罚从宽制度对其权利保障有所增益,可能产生的问题是认罪认罚从宽制度在国家和被追诉人之间的供需关系严重失衡,也难以从

[28] Rowe, Chris, "Criminal Law-A Plea of Guilty-A Criminal Defendant's Right to Withdraw A Guilty Plea before Sentencing", 79 *Tennes See Law Review* 669 (2012). Bush, Ellen Parker, Criminal Law-The Questionable Value of the Not Guilty Plea in Determining Lack of Remorse for the Purpose of Sentence Recommendation-State v. Farnham, 479 A. 2d 887 (Me. 1984).

[29] 参见[美]哈特·L.帕克:《刑事制裁的界限》,梁根林等译,法律出版社2008年版,第221页。

[30] 参见赵恒:《量刑建议精准化的理论透视》,载《法制与社会发展》2020年第2期。

根本上激励被追诉人真正地认罪认罚,而这恰恰是认罪认罚从宽制度的内在生长动力。

(四)"权力治理模式"可能产生过度依赖口供现象

受到当前侦查技术的限制以及侦查破案的激励,在司法实践中侦查机关有较强烈的口供情结,"口供中心主义"理念根深蒂固,虽然近几年来部分案件对口供的依赖程度正在逐渐下降,如毒品犯罪案件。但从总体上看,口供依赖的程度还是较高的,尤其是贪污贿赂案件,"由供到证"的色彩非常浓厚,一方面,可能滋生刑讯逼供现象,侵犯被追诉人的人权;另一方面,可能影响发现案件真相,同时也与"审判中心主义"改革的精神相背离。因此,我国目前致力实现侦查模式的转型,即"由供到证"转向"由证到供",扭转过分依赖被追诉人的口供、迷信言词证据功能的理念,从而在具体办案手段层面广泛采用各种侦查措施,注重实物证据的收集运用,为法院审判环节准备合法有效的证据材料。[31]

"权力治理模式"强调,被追诉人认罪认罚对节约司法资源的积极效果,同时法官对被追诉人认罪认罚自愿性的判断主要依据的是被追诉人的口供。不可否认,被追诉人的认罪认罚,可以节约司法资源,尤其是节省侦查机关侦查取证的时间以及减轻检察机关的证明负担。因此,为了促使被追诉人积极认罪认罚,将进一步加剧公安司法机关对被追诉人口供的依赖,这不仅与我国当前侦查模式的改革方向相背离,而且在我国当前的刑事司法现状中是有较大风险的,即可能产生口供主导刑事司法运行的局面。[32]

## 四、"权利需求模式"的正当性证成及内容展开

以上分析表明,当前的"权力治理模式"难以满足我国认罪认罚从宽制度在司法实践中的目标需求,同时,由于其自身的结构缺陷导致认罪认罚从宽制度

---

〔31〕 参见陈卫东:《"以审判为中心"与审前程序改革》,载《法学》2016 年第 12 期。

〔32〕 有学者专门对认罪认罚的实体法意义和程序法意义作了区分研究,指出认罪认罚在刑事实体法中主要是作为量刑的一个情节;而在刑事程序法中,认罪认罚主要应作为一种证据,一种对刑事诉讼程序的运行有重要作用且对定罪、量刑有重要作用的证据。此外,当认罪认罚作为一种证据时,其在不同阶段的刑事程序中的价值也不相同。参见王敏远:《认罪认罚从宽制度疑难问题研究》,载《中国法学》2017 年第 1 期。

的适用效果并不理想,重构其模式已经成为一项重要任务,比较可行的路径是选择“权利需求模式”。对于“权利需求模式”来说,力图通过保障被追诉人的权利,使其实质性地参与到程序中,激发被追诉人认罪认罚的伦理动机和“自律”性,淡化从国家治理角度对被追诉人认罪认罚的激励,即弱化“他律”色彩,赋予被追诉人更多的积极能动性,以增进被追诉人对认罪认罚从宽制度的认同和公平感知,从而增强对认罪认罚从宽制度的内在需求。

(一)“权利需求模式”的正当性证成

根据上文阐释,“权利需求模式”的正当性基础在于“伦理说”和“刑罚目的说”,当然,这两种学说也可能面临一些质疑,尤其是“伦理说”。

1. 对于“伦理说”来说,此种学说遭受的质疑:一方面,表现为过分强调被追诉人认罪认罚的伦理动机,而被追诉人基于何种动机认罪认罚体现的是被追诉人的内心活动,道德色彩较浓厚,将其引入规范判断中,会限制对被追诉人自愿认罪认罚的认定范围,难以激励被追诉人积极自愿地认罪认罚。有观点指出,悔罪是一个道德意味十足的行为,一旦进入诉讼场域,这种道德性就丧失掉了。显然,如果诉讼证据规则或者法官把一个人的悔罪视为对其违法行为的坦白,那么,来自法律制裁的威胁会阻碍犯罪人真诚地悔罪。[33] 因此,将此根据作为从宽处理的正当性基础,可能产生相反的效果,因为对于一个实施了犯罪行为的人来说,很难将其一下子转变成道德上的“善”人,这个目标是很难实现的,而如果将其作为从宽处理的正当性根据,则很容易将“真诚悔罪”沦为华丽的摆设,毫无实际的制约作用,如果过于强调真诚悔罪,可能会贬低其自身真正的道德价值,难以对主流的社会价值观趋向作出正确的导引,同时也将对刑事司法体系本身产生诸多不利影响。[34]

另一方面,表现为对“真诚悔罪”本身的质疑,被追诉人是否真诚地认识到自己的错误,并下决心改正,即其认罪认罚是否出于“真诚悔罪”是非常不容易界定的,缺乏明确标准,而且“真诚悔罪”很容易造假,被追诉人知道所获得的量刑优惠幅度越大,伪装和造假的可能性和动机就会越大,这个问题在美国辩诉

[33] 参见王立峰:《论悔罪》,载《中国刑事法杂志》2016年第3期。

[34] See Jeffrie G. Murphy, “Well Excuse Me-Remorse, Apology, and Criminal Sentencing”, 38 *Arizona State Law Journal* 371(2006).

交易制度中也存在。[35]

2. 对于“刑罚目的说”来说,其面临的质疑在于,过分夸大被追诉人单一的认罪认罚行为与人身危险性降低之间的关系。简言之,被追诉人一次认罪认罚并不一定意味着其再次犯罪的可能性就相应降低了。此外,如何判断被追诉人的人身危险性其实是一直以来都未解决的难题。人身危险性是对被追诉人未来行为的预测,具有抽象性、主观性、不稳定性和难以预测性。“危险性”到底指的是什么,每个人可能有不同理解,正是这种抽象性导致了其自身的非规范性,而且对其缺乏明确的判断标准,这样的特性也决定了人身危险性实际影响的有限性,束缚了它有更多机会进入大众视野的机会,进而导致它不可能以傲人架势“登堂入室”,更不可能有太多的空间让其大展身手并释放其应有的内在功能。[36] 如果将被追诉人人身危险性的降低作为对其从宽的依据,一方面,可能导致此种标准形同虚设,难以发挥作用;另一方面,可能导致较大的量刑差异,违反形式正义,让被追诉人和社会公众感受到不正义。

3. “基于伦理的刑罚目的说”的提倡

笔者认为,上述质疑有一定的合理性,但是对于“权利需求模式”的正当性来说,离不开上述两种学说。基于此,笔者提倡“基于伦理的刑罚目的说”,将两者紧密结合起来,相互补充。

首先,2019 年《指导意见》已经明确将“真诚悔罪”明确规定为被追诉人认罪认罚的实质内涵。有学者指出,“刑罚的核心关键在于,阐明行为人所犯罪行,使犯罪人认识到其罪行并非以赔偿被害人的方式即可了结,而是应当接受社会的否定,刑罚要求犯罪人赎罪并不得重复实施犯罪行为”。[37] 考夫曼曾言,“法律最终根据的正当性在于,保障每一个人作为一个人他所应得之物:各得其份”。[38] 对认罪认罚的被追诉人进行从宽处罚,应该在犯罪人“应得”的范

[35] 参见[美]伟恩·R. 拉弗尔、杰罗德·H. 伊斯雷尔:《刑事诉讼法》,卞建林、沙丽金等译,中国政法大学出版社 2003 年版,第 1039 页。

[36] 参见陈伟:《人身危险性研究》,法律出版社 2010 年版,第 16 ~ 17 页。

[37] [英]威廉姆·威尔逊:《刑法理论的核心问题》,谢望原、罗灿、王波译,中国人民大学出版社 2015 年版,第 66 页。

[38] [德]阿图尔·考夫曼:《法律哲学》,刘幸义等译,法律出版社 2004 年版,第 293 页。

围内。“应得的概念是处罚和正义之间的唯一联接。只有当一个刑罚是应得或不应得时,我们才能说它是正义的或者不正义的。”[39] 如果缺乏对“真诚悔罪”的强调,那么就难以回答什么才是被追诉人“应得”,难以回答为什么对被追诉人进行从宽处罚是正当的。

其次,我国以往的刑事和解其实也体现了认罪认罚从宽的精神,但是其正当性却一直遭受较大质疑即“花钱买刑”,导致刑事和解在司法实践中的效果并不理想。因此,对于认罪认罚从宽制度来说,如果不强调被追诉人“真诚悔罪”,那么将会使当前的认罪认罚从宽制度丧失其自身的价值内涵,而沦为“政策”的工具。此外,不能因为对“真诚悔罪”难以判断和认定,就否定其重要作用,“真诚悔罪”其实在从宽根据中扮演的是“标杆”作用,其代表认罪认罚从宽制度所追求的“善”的一面,因此是必不可少的,只有这样,才能将认罪认罚从宽制度更加普遍地适用于所有类型的案件,尤其是重罪案件,只有强调“真诚悔罪”,才能打破社会公众对可能产生的“花钱买刑、权钱交易”的质疑。[40]

此外,“真诚悔罪”已经在我国刑事立法中有所体现,将其作为从宽处罚的主要考量因素,如《刑法》第 383 条第 3 款规定:“犯第一款罪,在提起公诉前如实供述自己罪行、真诚悔罪、积极退赃,避免、减少损害结果的发生,有第一项规定情形的,可以从轻、减轻或者免除处罚;有第二项、第三项规定情形的,可以从轻处罚。”此外,根据《刑法》第 72 条的规定,缓刑的适用条件之一为被追诉人有悔罪表现,没有再犯罪的危险。因此,将“真诚悔罪”解释被追诉人认罪认罚的内在要求既有法理基础,也有规范依据。

对于“刑罚目的说”来说,笔者同样认为,不能因为人身危险性自身的抽象性而否定其应有作用,而且对于人身危险性的判断,虽然很难确立明确的标准,但是依据法官的经验法则还是可以进行有效判断的。为此,有学者指出,当法官面对一个刑罚刚执行完毕的累犯时,不仅会认为他再犯罪的危险性大,而且会认为他的刑罚感受力差;反之,当法官面对一个明显悔悟、期待从宽处罚的初犯时,则会认为他再次犯罪的危险性小,而且会因为他期待从宽处罚而认为他

---

[39] [美]詹姆斯·P. 斯特巴:《实践中的道德》,李曦、蔡蓁等译,北京大学出版社 2006 年版,第 51 页。

[40] 参见胡铭:《超越法律现实主义——转型中国刑事司法的程序逻辑》,法律出版社 2016 年版,第 103 页。

的刑罚感受力可能很强。[41]

而之所以将“伦理说”和“刑罚目的说”结合起来，主要是因为两者可以互相补充，对于被追诉人从宽处罚的认定，如果只坚持“伦理说”，将可能会在实践效果上限制认罪认罚从宽制度的适用，对于有些案件，虽然难以判断被追诉人到底是否“真诚悔罪”，但从实现刑罚目的的角度考量，根据被追诉人的行为表现对其进行从宽处罚，符合特殊预防和一般预防的要求；反之，对于有些案件，虽然被追诉人真诚悔罪，但从实现刑罚目的的角度考量，对其进行从宽处罚也难以实现特殊预防和一般预防的要求，即其行为是不值得“奖励”的。因此，可以根据“刑罚目的说”对其进行限制。

（二）“权利需求模式”的内容展开

1. 强化被追诉人“自律”层面的认罪认罚自愿性

顾名思义，认罪认罚自愿性，是指被追诉人认罪认罚出于本人的真实意愿，是被追诉人内心的真实意思表示，被追诉人既可以选择认罪认罚，也可以选择不认罪认罚，并且不会因为不认罪认罚而遭受更加严厉的惩罚。“权利需求模式”强调被追诉人的主体地位，强调被追诉人在“自律”层面而非单纯地在“他律”层面进行认罪认罚，即从“他律”逐渐转向“自律”，强化被追诉人认罪认罚的伦理动机，使被追诉人有权自主去设定自己和他人、自己和社会未来的关系，防止国家基于惩罚犯罪和保障公共安全的理由去克减和限制被追诉人的权利。[42] 那么，何为“自律”层面的认罪认罚自愿性？其实质内涵是通过“真诚悔罪”的强调，激发被追诉人的道德感，实现良心和人格的“逆转”，而非被动地单纯依据获得较轻的刑罚等“他律”层面的激励作出认罪认罚的意思表示。[43]

当然，考虑到我国司法资源以及提高诉讼效率的现实需求，要求在所有的

---

〔41〕 参见张明楷：《责任刑与预防刑》，北京大学出版社 2015 年版，第 50 ~ 51 页。

〔42〕 有观点专门将“认罪”与“悔罪”作区分，并主张两者所带来的效益是不同的，因此，有必要根据两者所产生效益的大小，设定不同的从宽幅度。因此，根据该作者的观点，没有“真诚悔罪”的认罪也是应该获得从宽处罚的。参见赵恒：《论从宽的正当性基础》，载《政治与法律》2017 年第 11 期。

〔43〕 参见魏晓娜：《背叛程序正义——协商性刑事司法研究》，法律出版社 2014 年版，第 157 页。

案件中对被追诉人从宽处罚都必须基于"真诚悔罪"也是不太现实的,同时也可能违背公正与效率相统一的价值追求。为此,笔者认为,有必要结合案件性质的轻重加以区分,即对于轻罪案件来说,考虑到被追诉人罪行较轻,主观恶性较小,是否对其进行从宽处罚主要考虑的是其是否自愿如实供述自己的罪行,对指控的犯罪事实没有异议,并愿意接受处罚,认可检察机关的量刑建议,自愿签署认罪认罚具结书;对于重罪案件来说,考虑到被追诉人罪行较重,主观恶性较大,也正是因为可能遭受的刑事处罚较严厉,所以被追诉人"真诚悔罪"的难度更大,是否对其进行从宽处罚应该全面考量真诚悔罪的所有要素,尤其是被追诉人是否从内心深处表示悔过,并保证以后不再实施犯罪行为。[44] 也就是说,在重罪案件中,对于被追诉人认罪认罚的认定必须是真诚悔罪,以及决心不再犯罪,这是必备因素,缺少这个因素,被追诉人不可以被原谅,且不可以被宽容对待。[45]

那么,该如何判断追诉人的认罪认罚是否基于"真诚悔罪"? 这不仅是理论上的难题,也是司法实践中的难题。笔者认为,对于被追诉人认罪认罚的真诚与否来说,其判断的关键点并不在于被追诉人在客观上实施了哪些看似真诚悔罪的行为,而是应该透过现象看到本质,被追诉人是否有悔罪的态度,是否可以被评价为人格"逆转"。[46] 基于"真诚悔罪"自身的特点,在具体案件适用中,法官心证的作用尤为重要,需要法官运用经验法则,并从有利于被追诉人的角度考量是否"真诚悔罪",即被追诉人如果不是较明显地进行"虚假认罪",或者不是明显地表现为了获得从轻处罚而将认罪作为权宜之计,那么,在一般情况下都可认定为"真诚悔罪"。

---

〔44〕 See Stephanos Bibas & Richard A. Bierschbach, "Integrating Remorse and Apology into Criminal Procedure", 114 *Yale Law Journal* 85 (2004). Judy Eaton and Anna Theuer, "Apology and Remorse in the Last Statements of Death Row Prisoners", 26 *Justice Quarterly* 327 (2009).

〔45〕 See Ringero, "Between Due Process and Forgiveness: Revisiting Criminal Statutes of Limitations", 61 *Drake Law Review* 423 (2013).

〔46〕 参见周光权:《论中止自动性判断的规范主观说》,载《法学家》2015年第5期。

2. 保障被追诉人的量刑建议协商权和程序选择权

认罪认罚从宽制度的有效适用需要激发被追诉人对该制度的内在需求，让被追诉人实质参与其中，并对案件的结果产生实质影响。“权利需求模式”下的认罪认罚从宽制度强调对被追诉人权利需求的回应，主要包括量刑建议协商权和程序选择权。目前主流观点认为，认罪认罚从宽体现的就是保障被追诉人的程序主体地位，使其实质地参与到刑事诉讼程序中，通过自身诉讼权利的行使，来影响诉讼方式、影响诉讼进展、影响诉讼结果，〔47〕实现定罪量刑结果由“国家独断型”向“协商决定型”的重大转变，〔48〕可以说，控辩协商是认罪认罚从宽诉讼程序的本质内核。〔49〕认罪认罚从宽制度的重点是建立控辩协商机制，量刑建议是控辩双方协商一致达成的合意。〔50〕为了保障被追诉方实质地参与到量刑建议形成过程，《刑事诉讼法》以及《指导意见》规定了检察机关在提出量刑建议之前需要“听取意见”，〔51〕以期通过“听取意见”的程序设置，保障被追诉方实质地参与到量刑建议形成过程中，以制约检察机关的裁量权。

但是，由于“听取意见”程序设置的不完善，导致真正意义上的控辩协商机制尚未建立，制约了其功能的实现，因此，未来应进一步细化“听取意见”的程

〔47〕 参见卞建林：《认罪认罚从宽制度赋予量刑建议全新内容》，载《检察日报》2019 年 7 月 29 日，第 3 版。

〔48〕 参见胡云腾：《正确把握认罪认罚从宽　保证严格公正高效司法》，载《人民法院报》2019 年 10 月 24 日，第 5 版。

〔49〕 参见胡铭：《认罪协商程序：模式、问题与底线》，载《法学》2017 年第 1 期。

〔50〕 参见魏晓娜：《结构视角下的认罪认罚从宽制度》，载《法学家》2019 年第 2 期。

〔51〕 《刑事诉讼法》第 173 条第 2 款、第 3 款规定：“犯罪嫌疑人认罪认罚的，人民检察院应当告知其享有的诉讼权利和认罪认罚的法律规定，听取犯罪嫌疑人、辩护人或者值班律师、被害人及其诉讼代理人对下列事项的意见，并记录在案：（一）涉嫌的犯罪事实、罪名及适用的法律规定；（二）从轻、减轻或者免除处罚等从宽处罚的建议；（三）认罪认罚后案件审理适用的程序；（四）其他需要听取意见的事项。人民检察院依照前两款规定听取值班律师意见的，应当提前为值班律师了解案件有关情况提供必要的便利。”《指导意见》第 33 条规定：“犯罪嫌疑人认罪认罚的，人民检察院应当就主刑、附加刑、是否适用缓刑等提出量刑建议。人民检察院提出量刑建议前，应当充分听取犯罪嫌疑人、辩护人或者值班律师的意见，尽量协商一致。”

序,通过公开方式听取意见,对于重大的案件,可通过听证会的形式听取意见,检察机关要详细阐释对被追诉方意见采纳或者不采纳的理由。此外,检察机关应履行一定的诉讼关照义务,全面告知被追诉人享有的权利、认罪认罚后的风险、检察机关所掌握的案件信息以及提出量刑建议所依据的量刑情节和具体理由,以保障被追诉人的量刑建议协商权。

此外,程序选择权关涉被追诉人能够有效参与被追诉人认罪认罚案件的处理程序,与程序的结果有利害关系或者可能因该结果蒙受不利影响的人,都有权参加该程序并得到提出有利于自己的主张和证据以及反驳对方提出之主张和证据的机会,这就是正当程序原则最基本的内容或要求,也是满足程序正义的最重要的条件。[52] 也就是说,从当事人的角度出发,为满足当事人的个性化利益需要,由当事人在发现真实与促进诉讼之间权衡并依照自己的意志自主选择程序或程序事项的权利。[53] 赋予被追诉人真正意义上选择程序的自由,也是"权利需求模式"的内在要求。需要注意的是,对于保障被追诉人的程序选择权来说,需要明确不能因为被追诉人拒绝适用刑事速裁程序或者简易程序,就否定被追诉人认罪认罚的真诚性,即真正意义上的程序选择权应该是被追诉人既有选择简化程序的可能性,在不选择简化程序的同时也可以获得相应的程序保障,并不会因为此种选择遭受某种不利后果。[54]

具体言之,一方面,需要切断被追诉人认罪认罚与当然适用简化程序之间的关系,尊重被追诉人的选择意愿,切断被追诉人认罪认罚和适用简化程序之

---

〔52〕 参见[日]谷口安平:《程序的正义与诉讼》,王亚新、刘荣军译,中国政法大学出版社1996年版,第12页。

〔53〕 参见肖建国:《回应型司法下的程序选择与程序分类——省略民事诉讼程序建构与立法的理论反思》,载《中国人民大学学报》2012年第4期。

〔54〕 对于有学者提出的"只要被追诉人认罪认罚,就同意适用简化程序"观点,笔者是不赞同的,上述观点主要还是基于"权力治理模式"得出的结论,仍是对诉讼效率的过分追求。参见陈海峰:《认罪认罚从宽制度中的程序性问题探析》,载《政治与法律》2018年第4期。

间的必然联系。[55] 另一方面,需要设置真正差异化和多元化的程序,建构本质上相互区分的程序,满足被追诉人的多种需求,保障被追诉人有权根据自身意愿选择适用不同程序,但从目前来说,我国尚未真正建构起多元化的程序,刑事速裁程序、刑事简易程序和普通程序之间的本质差异并不明确,难以满足被追诉人的不同利益需求,未来如何构建多元化程序还需要进一步研究和探讨。

3. 保障被追诉人获得有效律师帮助权

"权利需求模式"离不开辩护律师的实质参与,辩护律师参与认罪认罚从宽制度可以帮助被追诉人作出理性决定和选择,保障被追诉人真正有能力进行选择。获得有效律师帮助是被追诉人的一项权利,国家则负有相应的保障义务。《刑事诉讼法》虽然确立了值班律师制度,但是该制度自身在理论上还面临一些争议,最核心的就是值班律师的角色问题,值班律师是否就等同于辩护律师?有学者提出,应该将值班律师定位为法律援助制度下的特殊辩护律师,赋予值班律师以辩护人的法律地位,同时还要保障值班律师提供有效的辩护。[56] 有学者甚至提出,不仅明确值班律师是辩护人的定位,而且建议赋予辩护律师讯

---

〔55〕 在认罪认罚从宽制度试点过程中,一些试点单位已经注意到了这个问题,因此在试点的相关规定中明确排除此种因素的影响。《G 市刑事案件认罪认罚从宽制度试点工作实施细则(试行)》第 25 条规定:"被告人认罪认罚,但不同意适用速裁、简易程序审理的,不影响对被告人认罪认罚的认定。"《D 市中级人民法院　D 市人民检察院刑事案件认罪认罚从宽制度试点工作实施办法(试行)》第 4 条第 3 款规定:"犯罪嫌疑人、被告人不同意适用速裁程序、简易程序的,不影响认罚的认定。"《C 市关于开展刑事案件认罪认罚从宽制度试点工作的实施细则》第 2 条第 3 款规定:"犯罪嫌疑人、被告人对检察机关建议判处的刑罚种类、幅度及刑罚执行方式没有异议,但不同意适用速裁程序、简易程序的,不影响认罚的认定。"上述实施细则都强调了被追诉人是否选择适用简化程序并不影响对其进行从宽处罚,这对于司法实践中可能出现的公、检、法机关为了节约办案时间而让被追诉人选择适用简化程序具有十分重要的意义。

〔56〕 参见姚莉:《认罪认罚程序中值班律师的角色与功能》,载《法商研究》2017 年第 6 期;祁彪:《认罪认罚从宽改革中如何构建值班律师制度?》,载搜狐网 2017 年 7 月 3 日,http://www.sohu.com/a/154047629_786866;祁彪:《值班律师到底是不是法律援助律师?》,载民主与法制网 2017 年 7 月 5 日,http://www.mzyfz.com/index.php/cms/item-view-id-1278604?verified=1。

问时在场的权利。[57]

但是《刑事诉讼法》对此问题没有明确,而《关于开展法律援助值班律师工作的意见》则规定,"法律援助值班律师不提供出庭辩护服务"。[58] 值班律师在角色定位上的争议,也导致其职责不明。虽然《指导意见》第 12 条规定,值班律师享有会见权、阅卷权,但有学者通过调研发现,在各地实践中,值班律师和法律援助律师仍然被区别对待。例如,在实践中,看守所的值班律师会见被追诉人会被拒绝,理由就是值班律师不是法律援助律师。[59] 此外,在司法实践中,一名值班律师往往负责多件认罪认罚案件,在每个案件中投入的时间和精力是有限的。那么,在此种情形下,值班律师又如何保证为每一个被追诉人提供实质有效的帮助?

笔者认为,无论是完善刑事法律援助制度,还是借鉴强制辩护或者是完善值班律师制度,在理论上面临争议或者在实践中难以推行的主要理由都在于担心耗费过高的司法成本,与预期的提高诉讼效率的目标相违背,这其实是"权力治理模式"中难以避免的问题,同时也是难以解答的难题。但是如果转变视角,在"权利需求模式"中,被追诉人获得有效律师帮助是一项权利,认罪认罚从宽制度的首要目标是满足被追诉人的权利需求,通过保障被追诉人获得有效律师帮助,可以保障被追诉人认罪认罚从宽制度的自愿性和真诚性。虽然可能增加司法成本,加大整个刑事司法的整体负担,但从长期来看,这是维系认罪认罚从宽制度正当性的必要代价。

因此,对于"权利需求模式"中被追诉人获得有效律师帮助的保障来说,可以尝试分三步走:第一步,在我国当前司法资源有限的情况下,应首先完善值班律师制度,明确值班律师的职责定位,赋予值班律师相应的诉讼权利,保障值班律师能够实质地参与到认罪认罚程序中。第二步,将值班律师制度在规范层面

---

〔57〕 参见魏晓娜:《结构视角下的认罪认罚从宽制度》,载《法学家》2019 年第 2 期。

〔58〕 《关于开展法律援助值班律师工作的意见》第 2 条规定,在认罪认罚从宽制度改革试点中,法律援助值班律师的工作职责是为自愿认罪认罚的犯罪嫌疑人、刑事被告人提供法律咨询、程序选择、申请变更强制措施等法律帮助,对检察机关定罪量刑建议提出意见,犯罪嫌疑人签署认罪认罚具结书应当有值班律师在场。

〔59〕 参见祁彪:《值班律师到底是不是法律援助律师?》,载民主与法制网 2017 年 7 月 5 日,http://www.mzyfz.com/index.php/cms/item-view-id-1278604? verified=1。

融入刑事法律援助制度，并据此扩大刑事法律援助的适用范围，完善刑事法律援助制度。第三步，在条件成熟的情况下，最终还是应该引入强制辩护，保障每一个认罪认罚的被追诉人都能够获得律师的实质有效的帮助。当然，可能有学者会对引入强制辩护提出质疑：在适用普通程序审理的被追诉人不认罪认罚的案件中尚未引入强制辩护制度，而对于被追诉人认罪认罚，控辩双方的对抗不存在的情况下，适用强制辩护制度是否有违比例原则？此外，在被追诉人认罪认罚的简单轻微案件中借鉴强制辩护，是否与追求诉讼效率的目标相违背？基于此，可先在重罪案件中引入强制辩护进行试点，再推广到所有的刑事案件。[60]

4. 基于"应得"的从宽幅度的设定

在"权利需求模式"中，从宽幅度的设定依据是被追诉人是否真诚悔罪以及是否有利于实现刑罚预防目的，那么，从规范层面该如何设定具体的从宽幅度？由于被追诉人认罪认罚的早晚与其悔罪程度以及再犯罪可能性的高低难以绝对画等号，[61]因此，对于从宽幅度的设定应该和被追诉人的内心意思表示与客观表现之间成一定比例，而非单纯根据认罪认罚时间的早晚。具体言之，首先，被追诉人既"真诚悔罪"，积极向被害人赔礼道歉、赔偿损失，又对指控的犯罪事实和量刑建议没有异议的，应该给予最大限度的从宽，即可获得50%的从宽处罚；被追诉人虽然"真诚悔罪"，积极向被害人赔礼道歉、赔偿损失，但是对指控的犯罪事实或者量刑建议有异议的，根据"基于伦理的刑罚目的说"也应给予从宽处罚，但是从宽幅度应该降低，即可获得40%的从宽处罚等，以此类推，设定差异化的从宽幅度，以激励被追诉人真诚地自愿认罪认罚。

此外，在司法实践中，应避免将被追诉人能否赔偿被害人与从宽幅度的设定直接等同，因为不是所有的犯罪人在事后都有能力给予赔偿，有相当多的犯罪人也许只有认赔的意愿或者认赔的努力，而未必能达到赔偿的效果，但这并不意味着犯罪人就丧失了从宽的机会，基于犯罪人有认罪认罚的情节，同样可能对其从宽处罚。[62] 也就是说，虽然从客观上没有能力对自己的犯罪行为造成的损害进行弥补，但是其确实表现出了悔罪的动机和强烈意愿，对其从宽处

〔60〕 参见熊秋红：《比较法视野下的认罪认罚从宽制度——兼论刑事诉讼"第四范式"》，载《比较法研究》2019年第5期。

〔61〕 参见熊秋红：《认罪认罚从宽的理论审视与制度完善》，载《法学》2016年第10期。

〔62〕 参见卢建平：《刑事政策视野中的认罪认罚从宽》，载《中外法学》2017年第4期。

罚也能实现刑罚目的,那么,也应该在决定是否对其从宽处罚方面进行宽松认定;反之,对于被追诉人虽然口头表示"我认罪,认罚",积极向被害人赔偿损失,积极退赃,但是通过评估其人身危险性,发现其再次犯罪的可能性较大,并且在主观上并没有内疚和悔改之意,则应该严格限制对其从宽。简言之,如果被追诉人"真诚悔罪"的表现非常明显,占了较大比例,那么相应的从宽处罚幅度应该比较大;反之,如果被追诉人虽然在客观行为方面表现较积极,弥补损失,但是综合其情况,"真诚悔罪"方面表现非常薄弱,甚至没有,那么对此种情形,则应该谨慎适用从宽。

## 五、结　　语

我国当前认罪认罚从宽制度的主要目的是回应国家节约司法资源、提高诉讼效率的需求,而非被追诉人的权利需求,因此,从整体上看,当前的认罪认罚从宽模式并不属于"权利需求"。认罪认罚从宽制度在一定意义上被定位为国家实现有效治理的工具,而忽视了作为其根基的被追诉人权利的保障,导致认罪认罚从宽制度在制度供需上存在不平衡现象,制约了认罪认罚从宽制度作用的发挥。"权利需求模式"以保障被追诉人的自由为出发点,为被追诉人理性选择认罪认罚或者适用简化程序的自由提供实质意义上的保障,促使被追诉人"自觉"选择适用认罪认罚从宽制度,有利于培植认罪认罚从宽制度的内在生长动力,同时也与我国刑事诉讼的整体价值追求相契合。

在"权力治理模式"中,认罪认罚与从宽幅度设定之间的实质联系被割裂,从宽幅度设定的依据主要是被追诉人认罪认罚时间的早晚对节约司法资源所作的贡献,而对作为认罪认罚实质内核的"真诚悔罪"却缺乏重视,如何跨越这个"鸿沟",实现"真诚悔罪"和从宽幅度设定之间的直接关系是"权利需求模式"致力解决的问题。

未来,我国应致力实现"权利需求模式",当然,在这个过程中也会遇到一些难题,如对于"真诚悔罪"在司法实践中如何判断,将道德色彩浓厚的"真诚悔罪"引入刑事司法体系会带来怎样的改变,在司法实践中如何判断被追诉人是否"真诚悔罪"是面临的一大难题,还需要进一步探索和研究。但不可否认,通过引入"真诚悔罪",强调被追诉人认罪认罚的伦理动机,将会大大增强被追诉人对认罪认罚从宽制度的认同感和公正感,同时也将推动认罪认罚从宽制度在发挥作用的深度上更进一步,真正体现并贯彻宽严相济刑事政策的精神,发挥繁简分流的作用。

The Transformation of the Mode of Leniency Based on Admission of Guilty and Acceptance of Punishment:
Taking the Justifiable Basis of Leniency as the Breakthrough Point

Kang Jingjing

**Abstract**: According to the difference of the legitimacy of the leniency, we can abstractly generalize the two modes of leniency based on admission of guilty and acceptance of punishment. The goal of the system of leniency based on admission of guilty and acceptance of punishment is mainly in the supply of national power operation cost saving and effective management of the crime demand, neglecting the response to the needs of the accused. The imbalance between supply and demand lead to the system of leniency based on admission of guilty and acceptance of punishment in practice is a tool, losing its law attribute, restricting its role. The "right demand" mode strengthens the ethical motives of the accused's admission of guilty and acceptance of punishment, and advocates that it is lenient to the "deserved" of the accused. There is a proportional relationship between admission of guilty and acceptance of punishment and leniency. The logical starting point "right demand" mode is to respond to the accused's needs, to respect and protect the defendant's status of the main program, coinciding with the essential requirements of the current criminal justice reform, which will contribute to enhance the accused's sense of justice in the system of leniency based on admission of guilty and acceptance of punishment, so as to stimulate the inherent dynamic growth of the system of leniency based on admission of guilty and acceptance of punishment.

**Key words**: the system of leniency based on admission of guilty and acceptance of punishment "power governance" mode "right demand" mode sincere repentance

# 公诉案件无罪判决：趋势与阐释
## ——基于1440份无罪判决的分析

叶燕杰*

**内容摘要：**

大数据分析结果显示，近年来，我国公诉案件无罪判决呈现一些新的趋势和特征，如公诉案件无罪被告人数量稳步递增、检察机关对无罪判决包容性增强、二审法院逐渐承担更大的无罪裁判责任以及“法定无罪”在实践中的普遍性适用等。上述趋势与特征的出现，与无罪裁判环境、发回重审规则、法官理性偏好等因素的作用密不可分。当前，我们对无罪判决指标关注过多，忽视了无罪判决与司法人权保障内在的逻辑关联，甚至将无罪判决指标作为单纯衡量和评价司法公正性程度、理性化水平的标尺，这无疑会扭曲无罪判决本身所承载的错案治理功能，进而产生负面后果。此外，由于无罪判决的制度压力依然存在。所以，司法理念的更新、技术变革措施等可能都无法充分因应冤假错案的治理需求。为此，未来可能需要探寻更具制度效益的错案治理长效机制。

**关键词：**

公诉案件　无罪判决　冤假错案　趋势　阐释

近年来，司法领域冤假错案频发，无罪问题受到了全社会的高度关注。为了进一步防范冤假错案，切实保障无辜的人不受错误的刑事追究，中央政法委、最高人民法院、最高人民检察院相继发布系列指导性文件，大力推动证据裁判、无罪推定等原则在刑事司法领域的贯彻运用，取得明显成效。在这样的背景下，本文拟对2013～2019年发布在中国裁判文书网的1440份公诉案件无罪判

* 西南大学法学院讲师。

决[1](并结合历史数据)展开实证分析,探讨公诉案件无罪判决的趋势与特征,在此基础上展开理论阐释。

在此之前,学界已经围绕无罪问题展开了诸多研究。但梳理发现,大多数研究都完成于2013年以前,而其后的研究则相对偏少,且主要聚焦重大冤假错案。[2] 在笔者看来,近年来无罪判决的环境已经发生了深刻变化,因而那些基于特定历史时期的无罪问题研究可能存在解释力方面的不足。此外,在样本选择上,既有研究主要立足于中、小样本,[3]而缺乏对大样本无罪案例的充分关照。少有的中样本研究还面临数据老旧、数据分散等问题(如往往掺杂自诉无罪

[1] 本文的数据收集分为两部分:2013～2017年的数据为数据公司挖取,即以判决结果"无罪"为检索内容进行自动筛选,共收集到公诉案件无罪判决有效样本1083份。2018年、2019年的数据为补充收集的数据,系直接由中国裁判文书网手动下载整理,符合条件的无罪案件约有357件,由此,本文的总样本达到了1440件。其中,2013～2017年的数据统计时间截至2018年4月3日,2018年、2019年的数据统计时间截至2020年3月23日。需要说明的是,本文收集的样本难免可能存在某种遗漏。对统计结果的分析,则借助了SPSS分析软件。感谢成都星云律例科技有限公司提供的数据挖掘技术支持,感谢朱蕾翰、吴逢雨、李菊、马艺源、孙雨轩协助统计和整理了本文的数据。

[2] 参见郑磊、陈对:《冤错案平反中的救济权实现状况分析——以新一轮司法改革中23起冤错案为样本》,载《浙江大学学报(人文社会科学版)》2016年第6期;陈永生、邵聪:《冤案难以纠正的制度反思——以审判监督程序为重点的分析》,载《比较法研究》2018年第4期;邓子滨:《冤案的偶然与必然》,载《中外法学》2015年第3期;邓辉、徐光华:《影响性刑事冤假错案的产生、纠错、追责与民意的关联考察——以22起影响性刑事冤假错案为主要研究范本》,载《法学杂志》2018年第4期;等等。

[3] 例如,谢进杰等在《无罪的程序治理:无罪命题在中国的艰难展开》一书中所选取的样本数量为240起。参见谢进杰等:《无罪的程序治理:无罪命题在中国的艰难展开》,广西师范大学出版社2016年版;李杨在《论影响我国无罪判决的关键性因素——对百例无罪判决的实证分析》一文中选取的样本数量为100起。参见李杨:《论影响我国无罪判决的关键性因素——对百例无罪判决的实证分析》,载《政法论坛(中国政法大学学报)》2013年第7期;高通在《论无罪判决及其消解程序——基于无罪判决率低的实证分析》一文中所选取的样本数量为14起。参见高通:《论无罪判决及其消解程序——基于无罪判决率低的实证分析》,载《法制与社会发展》2013年第4期等。

案件),[4]从而导致研究方法可能不够科学、研究焦点不够集中,在一定程度上影响了研究成果的可推论性。基于此,有必要进一步展开相关研究。

本文以公诉案件无罪判决的"基本情况考察—趋势与特征—理论阐释—前景展望"为主线,着重考察了近年来公诉案件无罪判决的基本情况、总体趋势与特征,并对这种趋势与特征进行了理论阐释。在笔者看来,相比过去,公诉案件无罪判决数量稳步递增、检察机关对无罪判决包容性增强、二审法院判决无罪案件比重上升、"法定无罪"(又称"确定无罪")在实践中的普遍性适用以及"轻刑化处理被告人"在无罪被告人中占据主体等。前述趋势与特征的出现,原因在于外部环境的制度支撑、发回重审规则的完善、法官对"法定无罪"案件的偏爱、疑罪案件的"从轻化"处理逻辑以及错案纠偏的选择性等。笔者认为,应当更加理性地看待公诉案件无罪判决。在这样的背景下,理性看待判决外的其他无罪"消解"机制,探寻更具制度效益的错案治理机制或许应当成为未来努力的一个方向。此外,当前认罪认罚案件中也出现了一些无罪判决的情形。因此,如何防止认罪认罚案件走偏,进而出现刑事错案,亦需引起更多的思考和关注。

## 一、公诉案件无罪判决基本情况考察:2013～2019年

本文依托中国裁判文书网,收集了2013～2019年公布在中国裁判文书网上的1440份公诉案件无罪裁判文书。年度的划分标准是文书案号和裁判作出时间均在同一年度内,这部分无罪判决的基本情况如下所示。

### (一)无罪案件的年度分布及被告人的数量

表1统计了不同年份的无罪判决数量,其中,2013年115件、2014年285件、2015年272件、2016年232件、2017年179件、2018年212件、2019年145件,共计1440件。这1440份无罪判决书共涉及被告人1418名(不包含单位作为被告人的案件)。其中,1195件案件有1名被告人,约占比83%;149件案件

[4] 例如,谢进杰等在《无罪的程序治理:无罪命题在中国的艰难展开》一书中即融合了公诉、自诉无罪案件。参见谢进杰等:《无罪的程序治理:无罪命题在中国的艰难展开》,广西师范大学出版社2016年版;最高人民法院研究室2012年所作的研究报告也同样包含了公诉和自诉案件的无罪判决,参见胡云腾主编:《宣告无罪实务指南与案例精析》,法律出版社2014年版,第10～38页。

有2名被告人,约占比10.3%;有3名及以上被告人的案件数量则相对较少,不到7%(见表2)。总体上来看,约八成案件只有1名被告人,而有约两成案件则涉及2名以上被告人(共同犯罪案件)。

**表1 不同年份抽取无罪判决样本**

| 年份 | 无罪案件数量/件 | 比重/% |
|---|---|---|
| 2013 | 115 | 8.0 |
| 2014 | 285 | 19.8 |
| 2015 | 272 | 18.9 |
| 2016 | 232 | 16.1 |
| 2017 | 179 | 12.4 |
| 2018 | 212 | 14.7 |
| 2019 | 145 | 10.1 |
| 合计 | 1440 | 100.0 |

**表2 无罪被告人数量**

| 个案无罪被告人数量/人 | 案件数量/件 | 百分比/% | 累计百分比/% |
|---|---|---|---|
| 1 | 1195 | 83.0 | 83.0 |
| 2 | 149 | 10.3 | 93.3 |
| 3 | 60 | 4.3 | 97.6 |
| 4 | 21 | 1.5 | 99.1 |
| 5 | 7 | 0.5 | 99.6 |
| 6 | 4 | 0.2 | 99.8 |
| 7 | 2 | 0.1 | 99.9 |
| 10 | 1 | 0.05 | 99.95 |
| 11 | 1 | 0.05 | 100.0 |
| 总计 | 1440 | 100.0 | |

### (二)无罪案件的地域分布

有关无罪案件的地域分布问题,根据统计(见图1),31个省份均有数量不等的无罪判决。从省份来看,河北无罪判决数量最多,达到了 244 件,占所统计无罪判决的 16.9%。广东仅次于河北,为 160 件,占比 11.1%。辽宁、四川、山西、湖北、河南等省份的无罪判决也比较多,均在 60 件以上。湖南、山东、黑龙江等 7 个省份的无罪判决数量在 40 ~ 50 件不等。陕西、福建、江苏等 10 个省份的无罪判决数量在 20 ~ 40 件不等。广西、新疆、宁夏等 7 个省份的无罪判决数量在 20 件以下,最少的是上海,仅有 4 件。从地域来看,东部地区的无罪判决数量最多,达到了 692 件,占比 48.1%。中部地区次之,总数为 468 件,占比 32.5%。西部地区无罪判决数量最少,仅为 280 件,占比 19.4%(见表 3)。

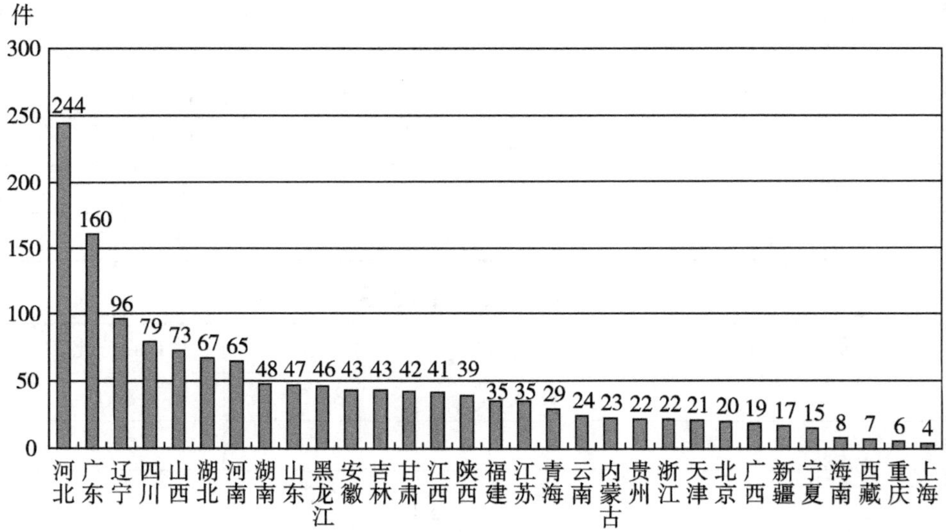


**图 1　各省份公诉案件无罪判决数量**

**表 3　无罪案件地域分布情况**

| 所属地域 | 所涉省份 | 无罪案件数量/件 | 百分比/% |
| --- | --- | --- | --- |
| 东部地区 | 广东、辽宁、山东、江苏、福建等 11 个省份 | 692 | 48.1 |
| 中部地区 | 河北、山西、湖北、河南、吉林等 10 个省份 | 468 | 32.5 |
| 西部地区 | 四川、陕西、甘肃、青海、贵州等 10 个省份 | 280 | 19.4 |
| 合计 | — | 1440 | 100.0 |

### (三)无罪案件的审理程序

由表4可以看到,在全部无罪判决中,775件案件由基层人民法院作出,占比53.9%。有588件案件由中级人民法院作出,占比40.8%,高级人民法院作出的无罪判决数量最少,仅约有5.3%。再看无罪判决的审理程序,根据统计,按照一审程序作出的无罪判决有723件,占比50.2%。由二审、再审程序作出的无罪判决分别为494件、223件,分别占比34.3%、15.5%。值得注意的是,中级人民法院作为二审法院审理的无罪案件达到了448件,远远高于其作为一审以及再审法院审结的无罪案件数量。再看表5,其统计了全部无罪案件的启动程序,[5]可以看到,有534件案件只经历了一次审判,占比37.1%。有584件案件在经过上诉后获得无罪判决,占比40.6%,抗诉案件有62件,占比4.3%;同时,上诉、抗诉的案件有48件,占比3.3%。申诉案件有135件,占比9.4%。决定再审的案件有45件,占比3.1%。指令再审、再审检察建议以及无法确定的占比不到1%。由数据可知,一审判决生效的无罪案件与上诉后判决无罪的案件比重大致相当,各占四成左右,申诉后被判决无罪的仅有约一成不到。这说明,上诉是导致被告人被宣告无罪的主要自救机制,相比之下,申诉的功能则相对弱化,至于人民法院自发性的决定再审、指令再审等,则更显微不足道。

**表4 审理程序和法院层级交叉**

单位:件

| 审理程序 | 法院层级 | | | 合计(%) |
|---|---|---|---|---|
| | 基层人民法院 | 中级人民法院 | 高级人民法院 | |
| 一审 | 664 | 59 | 0 | 723(50.2) |
| 二审 | 2 | 448 | 44 | 494(34.3) |
| 再审 | 109 | 81 | 33 | 223(15.5) |
| 合计(%) | 775(53.9) | 588(40.8) | 77(5.3) | 1440 |

[5] 这里的启动程序,是指直接引起无罪判决的案件启动机制,包括上诉、抗诉、申诉等。

**表 5 无罪案件的启动程序**

| 无罪案件的启动程序 | 频数/件 | 百分比/% |
| --- | --- | --- |
| 一次审理即告终结 | 534 | 37.1 |
| 上诉 | 584 | 40.6 |
| 抗诉 | 62 | 4.3 |
| 同时上诉、抗诉 | 48 | 3.3 |
| 申诉 | 135 | 9.4 |
| 决定再审 | 45 | 3.1 |
| 指令再审 | 11 | 0.8 |
| 再审检察建议 | 13 | 0.9 |
| 发回重审 | 6 | 0.4 |
| 无法确定 | 2 | 0.1 |
| 总计 | 1440 | 100.0 |

(四)无罪案件所涉罪名及类型

从无罪案件所涉及的罪名及类型来看,共涉及七大类 105 个罪名。从案件类型来看(见表 6),侵财类案件无罪判决数量最多(328 件),其次是侵犯公民人身权利、民主权利罪(281 件),破坏社会主义市场经济秩序罪为 124 件,贪污贿赂罪案件数量则略少于破坏社会主义市场经济犯罪,为 113 件。无罪判决数量排名后 3 位的分别是渎职罪(94 件)、妨碍社会管理秩序罪(87 件)以及危害公共安全罪(49 件)。从具体罪名来看,故意伤害罪、诈骗罪、合同诈骗罪、玩忽职守罪以及贪污罪位列前 5。其中,故意伤害罪数量最多,达到了 259 件,占比 18%,远远高于其他罪名。诈骗罪则仅次于故意伤害罪,为 108 件,占比 7.5%。合同诈骗罪、玩忽职守罪、贪污罪数量也较多,分别为 85 件、61 件、60 件。除此之外,盗窃罪、非法经营罪、毒品犯罪等 17 种罪名涉及的案件数量也都超过了 15 件(比重超过 1%),另有 83 个罪名涉及无罪案件数量在 15 件以下,总和约为无罪案件总数的 26.6%。

**表6 无罪案件罪名及类型统计**

| 序号 | 罪名 | 频数/件 | 百分比/% | 犯罪类型 | 频数/件 | 百分比/% |
|---|---|---|---|---|---|---|
| 1 | 交通肇事罪 | 33 | 2.3 | 危害公共安全罪 | 49 | 3.4 |
| 2 | 危险驾驶罪 | 16 | 1.1 | | | |
| 3 | 合同诈骗罪 | 85 | 5.9 | 破坏社会主义市场经济秩序罪 | 124 | 8.6 |
| 4 | 非法经营罪 | 39 | 2.7 | | | |
| 5 | 故意伤害罪 | 259 | 18.0 | 侵犯公民人身权利、民主权利罪 | 281 | 19.5 |
| 6 | 故意杀人罪 | 22 | 1.5 | | | |
| 7 | 诈骗罪 | 108 | 7.5 | 侵犯财产罪 | 328 | 22.8 |
| 8 | 职务侵占罪 | 58 | 4.0 | | | |
| 9 | 盗窃罪 | 48 | 3.3 | | | |
| 10 | 故意毁坏财物罪 | 37 | 2.6 | | | |
| 11 | 挪用资金罪 | 21 | 1.5 | | | |
| 12 | 抢劫罪 | 20 | 1.4 | | | |
| 13 | 信用卡诈骗罪 | 19 | 1.3 | | | |
| 14 | 敲诈勒索罪 | 17 | 1.2 | | | |
| 15 | 走私、贩卖、运输、制造毒品罪 | 37 | 2.6 | 妨碍社会管理秩序罪 | 87 | 6.1 |
| 16 | 寻衅滋事罪 | 32 | 2.2 | | | |
| 17 | 非法占用农用地罪 | 18 | 1.3 | | | |
| 18 | 贪污罪 | 60 | 4.2 | 贪污贿赂罪 | 113 | 7.9 |
| 19 | 受贿罪 | 27 | 1.9 | | | |
| 20 | 挪用公款罪 | 26 | 1.8 | | | |
| 21 | 玩忽职守罪 | 61 | 4.2 | 渎职罪 | 94 | 6.5 |
| 22 | 滥用职权罪 | 33 | 2.3 | | | |
| 23 | 其他(占比1%以下) | | | | 364 | 25.2 |
| 合计 | | — | — | | 1440 | 100 |

(五)无罪案件发回重审情况

根据统计(见表 7),在 1440 起无罪案件中,有“撤销原判、发回重审”情形的案件共计 538 件,占全部无罪案件的 37.4%。其中,476 件案件发回重审 1 次,占发回重审案件数量的 88.5%,50 件案件发回重审 2 次,占比 9.3%,发回重审 3 次及以上的案件约有 12 件,约占全部案件的 2.2%。进一步结合上诉情况来看(见表 8),有 164 件案件上诉 1 次、发回重审 1 次,有 271 件案件上诉 2 次、发回重审 1 次(在第二次上诉中二审法院作出了无罪判决)。上诉 2 次、发回重审 2 次以上的情形并不多见。明显,受新《刑事诉讼法》发回重审次数的限制,二审法院不得不被动地对发回重审后再次上诉的案件进行裁判,实际上使二审法院必须直面更多的潜在无罪判决。

**表 7　撤销原判、发回重审情况统计**

| 撤销原判、发回重审次数 | 案件数量/件 | 百分比/% | 累计百分比/% |
|---|---|---|---|
| 1 | 476 | 88.5 | 88.5 |
| 2 | 50 | 9.3 | 97.8 |
| 3 | 11 | 2.0 | 99.8 |
| 4 | 1 | 0.2 | 100.0 |
| 总计 | 538 | 100.0 | — |

**表 8　上诉和撤销原判、发回重审交叉**

| 上诉次数 | 撤销原判、发回重审次数/次 | | | | |
|---|---|---|---|---|---|
| | 1 | 2 | 3 | 4 | 总计 |
| 1 | 164 | 4 | 0 | 0 | 168 |
| 2 | 271 | 19 | 0 | 0 | 290 |
| 3 | 0 | 26 | 5 | 1 | 32 |
| 4 | 0 | 1 | 6 | 0 | 7 |
| 总计 | 435 | 50 | 11 | 1 | 497 |

(六)宣告无罪前的刑罚适用情况

为了了解被告人无罪宣告之前的刑罚适用情况,笔者对相关数据进行了统计。统计发现(见表 9),在被宣告无罪前,被告人已经被判处刑罚的情况较普遍。根据统计,在被宣告无罪的1851名被告人中,已经有1179名被告人被科处了不同类型的刑罚,占比63.7%。在这部分被科处刑罚的被告人当中,又有超过一半(54.9%)的被告人被判处了较轻刑罚。具体而言,有411名被告人被宣告了不满3年的刑罚,占比34.9%。有168名被告人被认定有罪但免于刑事处罚,占比14.2%。另有4.4%、0.8%、0.6%的被告人分别被判处了拘役、管制以及单处罚金等刑罚。值得一提的是,有46名被告人在之前的判决中被宣告无罪。而在3年以上有期徒刑的适用方面,根据统计,首先,有期徒刑3年以上不满7年的数量最多,共有189名被告人,占比16.0%。其次,有期徒刑10~15年的,数量为83名,占比7.0%。最后,有期徒刑7年以上不满10年的,数量为34名,占比2.9%。其他的数量较少,在此就不一一列举。而在缓刑适用方面,根据统计,约有163起案件的被告人被宣告缓刑(见表10),比重约占到了符合缓刑适用条件案件总量(约480起)的1/3。总体来看,在这部分无罪案件中,相关被告人的原判刑罚较轻,"轻刑化"[6]现象较突出。由此可以认为,"轻刑化处理"被告人构成了当前无罪被告人的主体。

**表9 宣告无罪前的刑罚适用情况**

| 序号 | 原判结果 | 被告人数量/名 | 百分比/% | 合计/% |
|---|---|---|---|---|
| 1 | 原判结果无罪 | 46 | 3.9 | 3.9 |
| 2 | 单处罚金 | 7 | 0.6 | 54.9 |
| 3 | 管制 | 10 | 0.8 | |
| 4 | 拘役 | 52 | 4.4 | |
| 5 | 定罪免刑 | 168 | 14.2 | |
| 6 | 有期徒刑不满3年 | 411 | 34.9 | |
| 7 | 有期徒刑3年以上不满7年 | 189 | 16.0 | 18.9 |
| 8 | 有期徒刑7年以上不满10年 | 34 | 2.9 | |

〔6〕 所谓"轻刑化"问题,在有论者看来,主要包括判处3年以下有期徒刑、拘役、管制、单处罚金、免于刑事处罚或者判处缓刑的刑事案件。参见赵志华、鲜铁可:《轻刑化问题实证研究——以轻刑化趋势和犯罪态势的内在平衡为视角》,载《中国刑事法杂志》2011年第9期。

续表

| 序号 | 原判结果 | 被告人数量/名 | 百分比/% | 合计/% |
|---|---|---|---|---|
| 9 | 有期徒刑 10~15 年 | 83 | 7.0 | 9.1 |
| 10 | 无期徒刑 | 6 | 0.5 | |
| 11 | 有期徒刑 20 年 | 1 | 0.1 | |
| 12 | 死刑(死立执+死缓) | 18 | 1.5 | |
| 13 | 认定有罪但无法确定刑罚 | 154 | 13.2 | 13.2 |
| 总计 | — | 1179 | 100.0 | 100.0 |

**表 10　宣告无罪前的缓刑适用情况**

| 宣告缓刑 | 频数/件 | 百分比/% |
|---|---|---|
| 全案被告人宣告缓刑 | 151 | 92.6 |
| 部分被告人宣告缓刑 | 12 | 7.4 |
| 总计 | 163 | 100.0 |

(七)无罪判决的宣告理由

根据笔者的统计(见表 11),被告人不构成犯罪的原因包括两大类。其中,在前文所述 1440 件案件中,有 995 件案件属于“法定无罪”的情形(不符合犯罪构成要件的情形),占比 69.1%。有 445 件案件属于“存疑无罪”的情形,约占比 30.9%。具体来看,在“法定无罪”案件中,有 544 件案件“不符合犯罪构成该当性”,有 82 件案件“不满足有责性”,57 件案件不满足“违法性”要求,有 55 件案件按照从旧兼从轻的原则,依法不构成犯罪。另有 64 件案件“不属于刑法调整范畴”,这几种类型案件约占全部无罪案件的 64.3%。此外,尚有 20 余种“法定无罪”的具体适用理由,总和约占全部案件的 4.8%,囿于篇幅限制,在此就不一一列举。相比之下,“存疑无罪”(又称“证据不足无罪”)案件的数量明显少得多。如表 12 所示,判决中采用此种表述模式的案件仅有约 445 起,约占全部无罪判决的 30.9%。其中,“未形成完整证明体系/不能排除合理怀疑”在“存疑无罪”中出现的频率最高,为 175 件,占全部无罪案件的 12.1%;“客观证据不足/证据无法相互印证”的案件有 81 件,占比 5.6%;而“相关证据不能作为定案根据”的有 61 件,占比 4.3%。采用“事实不清,证据不足”这一模糊性表述的,占比 4.1%。事实或证据发生变化的,占比 1.3%。值得一提的是,仅有

42件案件在判决理由中明确提到了“疑罪从无”(包括疑罪利益归于被告人等类似表述),占比仅为2.9%。总体来看,在实践中“存疑无罪”案件数量远远低于“法定无罪”的案件数量。

**表11 宣告无罪的理由(一)**

| 序号 | 无罪理由 | | 具体理由 | 频数/件 | 百分比/% | 合计/% |
|---|---|---|---|---|---|---|
| 1 | 不符合犯罪构成该当性 | 不符合犯罪构成要件(笼统型) | 不符合犯罪构成要件 | 294 | 20.4 | 46.3 |
| 2 | | 欠缺危害结果 | 无法确定损害后果(伤情/犯罪数额/涉案金额) | 46 | 3.2 | |
| 3 | | | 没有造成危害后果(危害不大/没有实际损害) | 34 | 2.4 | |
| 4 | | | 涉案财物并非刑法分则所规定的特定物品 | 14 | 1.0 | |
| 5 | | 欠缺刑法上的因果关系 | 不具有/未能证明存在刑法上的因果关系 | 67 | 4.7 | |
| 6 | | 欠缺刑法意义上的危害行为 | 没有实施犯罪行为(没有参与犯罪/没有实施危害行为) | 46 | 3.2 | |
| | | | 犯罪数额未达到入罪标准 | 43 | 3.0 | |
| | | | 情节显著轻微(包括55件轻微伤/不构成轻伤,未达到情节严重的标准/情节轻微,可免于刑事处罚) | 105 | 7.3 | |
| 7 | | 欠缺行为主体 | 犯罪主体不适格 | 16 | 1.1 | |
| 8 | 不满足有责性 | 欠缺责任要素 | 不具有犯罪的主观故意(不具有非法占有的目的/主观方面证据不足) | 82 | 5.7 | 5.7 |

续表

| 序号 | 无罪理由 | | 具体理由 | 频数/件 | 百分比/% | 合计/% |
|---|---|---|---|---|---|---|
| 9 | 不满足违法性 | 违法阻却事由 | 正当防卫 | 36 | 2.5 | 4 |
| 10 | | | 正常履职行为 | 11 | 0.8 | |
| 11 | | | 合法行为 | 10 | 0.7 | |
| 12 | 刑法适用原则 | 从旧兼从轻原则 | 根据新法,不构成犯罪 | 56 | 3.9 | 3.9 |
| 13 | 不属于刑法调整范畴 | 不属于刑法调整范畴 | 属于民事法律调整/民事纠纷/民事侵权 | 48 | 3.3 | 4.4 |
| 14 | | | 属于行政法调整范畴 | 16 | 1.1 | |
| 15 | 适用法律错误 | — | 原审适用法律错误 | 20 | 1.4 | 1.4 |
| 16 | 其他(占比 1%以下的) | …… | …… | 51 | 3.4 | 3.4 |
| 合计 | | | | 995 | 69.1 | 69.1 |

**表 12 宣告无罪的理由(二)**

| 序号 | 无罪理由 | 具体理由 | 频数/件 | 百分比/% | 合计/% |
|---|---|---|---|---|---|
| 1 | 未形成完整证明体系/不能排除合理怀疑 | 证据存在矛盾或者疑点,不能排除合理怀疑/不能得出唯一结论 | 113 | 7.8 | 12.1 |
| 2 | | 证据未能形成完整证明链条/未能形成完整证明体系 | 51 | 3.5 | |
| 3 | | 不能排除他人作案 | 7 | 0.5 | |
| 4 | | 关键涉案人员未到案 | 4 | 0.3 | |
| 5 | 疑罪从无 | 疑罪从无(裁判文书中明确提出) | 42 | 2.9 | 2.9 |

续表

| 序号 | 无罪理由 | 具体理由 | 频数/件 | 百分比/% | 合计/% |
|---|---|---|---|---|---|
| 6 | 客观证据不足/证据无法相互印证 | 以言词证据为主且存在矛盾(客观证据不足) | 27 | 1.9 | 5.6 |
| 7 | | 证据不能相互印证 | 23 | 1.6 | |
| 8 | | 只有被害人陈述,没有其他客观证据印证 | 12 | 0.8 | |
| 9 | | 只有被告人供述,没有其他客观证据印证 | 13 | 0.9 | |
| 10 | | 被告人供述不稳定或前后矛盾,没有其他客观证据印证 | 5 | 0.3 | |
| 11 | | 孤证 | 1 | 0.1 | |
| 12 | 相关证据不能作为定案根据 | 鉴定意见(相关检测结果)不能作为定案根据 | 33 | 2.3 | 4.3 |
| 13 | | 原审证据系伪造 | 14 | 1.0 | |
| 14 | | 侦查活动违反法定程序(证据系非法取得),不能作为定案根据 | 10 | 0.7 | |
| 15 | | 交通事故责任认定书不能作为定案根据 | 3 | 0.2 | |
| 16 | | 侦查实验笔录无法作为定案根据 | 1 | 0.1 | |
| 17 | 事实不清,证据不足 | 事实不清,证据不足(无具体理由) | 24 | 1.7 | 4.1 |
| | | 证据不足 | 31 | 2.2 | |
| | | 事实不清 | 2 | 0.1 | |
| | | 公诉机关认为事实不清,证据不足 | 2 | 0.1 | |

续表

| 序号 | 无罪理由 | 具体理由 | 频数/件 | 百分比/% | 合计/% |
| --- | --- | --- | --- | --- | --- |
| 18 | 事实或证据发生变化 | 事实或证据发生变化 | 18 | 1.3 | 1.3 |
| 19 | 事实清楚,证据确实充分 | 原审事实清楚,证据确实充分,法律适用正确(应予维持) | 9 | 0.6 | 0.6 |
| 合计 | | | 445 | 30.9 | 30.9 |

## 二、公诉案件无罪判决的趋势与特征

通过上文数据的整理和分析,笔者发现,我国的公诉案件无罪判决事实上呈现一些趋势与特征,这些趋势与特征反映出我国公诉案件无罪判决所面临的一些新情况、新问题,具体阐释如下。

### (一)公诉案件无罪被告人数量稳步递增

党的十八大以来,公诉案件无罪判决数量较上一个 5 年度(2008 ~2012 年)稳步增加。[7] 由表 13 可以看出,2008 ~ 2012 年,公诉案件无罪被告人数量显呈逐年下降趋势。从数量上来看,除 2008 年外,其他年份公诉案件无罪被告人数量均低于 600 人。在这 5 年间,公诉案件无罪被告人数量由 2008 年的 671 人急遽下降到 2012 年的 346 人,2008 年与 2009 年、2009 年与 2010 年、2011 与 2012 年之间甚至出现了百人之差。而在 2013 年之后,公诉案件无罪被告人数量不仅快速回升,在某些年份甚至还呈现稳步递增之势。从收集到的数据来看,2014 年的无罪被告人数量就已经超过了 2010 年、2011 年、2012 年 3 年的数据,2015 年、2016 年的无罪被告人数量甚至双双突破了 600 人。虽然目前暂无法获得 2013 年、2017 年无罪被告人的具体数据,但基本上可以确定:公诉案件无罪判决实现了稳步递增。这种变化与 2008 ~2012 年逐年递减趋势形成了鲜明对比,是近年公诉案件无罪判决的一个显著趋势。事实上,有论者也对这一趋势表达了类似看法,“在过去几年的时间里,中国的生效无罪判决呈现了一定增长态势”。[8]

---

〔7〕 之所以没有选择本次样本中的抽样数据,原因在于抽样数据不具完整性,所以笔者选择以最高人民法院发布的数据来作说明。

〔8〕 孙皓:《论非典型性无罪》,载《国家检察官学院学报》2019 年第 2 期。

表13　2008～2018年无罪被告人数量统计

单位：人

| 年份 | 公诉 | 自诉 | 合计 | 年份 | 公诉 | 自诉 | 合计 |
| --- | --- | --- | --- | --- | --- | --- | --- |
| 2008 | 671 | 702 | 1373 | 2014 | 518 | 260 | 778 |
| 2009 | 572 | 634 | 1206 | 2015 | 667 | 372 | 1039 |
| 2010 | 494 | 505 | 999 | 2016 | 656 | 420 | 1076 |
| 2011 | 479 | 412 | 891 | 2017 | 无法确定 | 无法确定 | 1156* |
| 2012 | 346 | 381 | 727 | 2018 | 517 | 302 | 819 |
| 2013 | 无法确定 | 无法确定 | 825 | 合计 | 3460 | 2233 | 5693 |

*根据最高人民法院2018年的工作报告，最高人民法院在2013～2017年共对2943名公诉案件被告人和1931名自诉案件被告人依法宣告无罪。

（二）检察机关对于无罪判决包容性增强

通过前文的数据分析，笔者意识到，检察机关对无罪判决的包容性增强。这一判断主要是基于两方面原因。

一方面，公诉案件无罪判决的“被抗诉”境遇有所改善。近年来，越来越多的一审案件因未遭抗诉而直接生效。根据笔者的统计（见表5），在1440件无罪判决中，有534件一审无罪案件未受抗诉而直接生效，约占无罪案件总量的37.1%。只有110件案件因为抗诉而启动了二审，其中，单纯由检察机关提起的抗诉案件62件，占比4.3%；同时上诉、抗诉的案件48件，占比3.3%，两者之和约占比7.6%。对抗诉情况作进一步统计后发现（见表14），当前无罪判决的整体抗诉频率并不高。在全部案件中，共有143件案件存在抗诉情形，约占全部无罪判决案件的10%。其中，抗诉1次（同一案件中）的案件有125件（主要是不利于被告人的抗诉），占比87.4%；抗诉2次的有16件，占比11.2%；抗诉3次、4次的情形则非常少见，不到2%。而在之前，公诉案件无罪判决普遍面临抗诉的问题。有学者通过对240件无罪案件的统计后发现：“公诉案件判决无罪后抗诉率较高，达到了37.9%。其中因‘证据不足’判决无罪的公诉案件抗诉率为43.5%，而‘法定无罪’公诉案件抗诉率也达到了34.1%。”[9]最高人民

〔9〕谢进杰等：《无罪的程序治理：无罪命题在中国的艰难展开》，广西师范大学出版社2016年版，第100页。

法院研究室对部分法院的调查结果也显示,"一审宣告无罪的案件中,50% ~ 70% 的案件经过抗诉进行了二审"。[10] 对比新旧数据,可以大致得到这样一个结论:公诉案件无罪判决的抗诉频率有所降低,公诉案件无罪判决的普遍抗诉境遇有所改善。

**表 14　检察机关抗诉情况统计**

| 抗诉次数/次 | 频数/件 | 百分比/% |
|---|---|---|
| 4 | 1 | 0.7 |
| 3 | 1 | 0.7 |
| 2 | 16 | 11.2 |
| 1 | 125 | 87.4 |
| 合计 | 143 | 100.0 |

另一方面,在越来越多的二审或再审案件中,检察机关能够提出有利于被告人(上诉人)的出庭意见等。据笔者统计,在约 155 件案件中出庭公诉人即明确提出了"改判原审被告人无罪"的出庭意见(占全部无罪案件的 10.8%,见表 15),在判决结果很大程度上受指控意见约束的背景下,要求改判被告人无罪的出庭意见无疑会客观上直接导致被告人被判决无罪的结果。上述事实或可说明,在对待无罪判决方面,检察机关的态度日趋客观、理性、开放,彰显了检察机关在无罪问题上更大的包容性和接受度。

**表 15　公诉机关出庭意见(二审、再审程序)**

<table>
<tr><th>序号</th><th>出庭意见类型</th><th>公诉机关出庭意见</th><th>频数/件</th><th>百分比/%</th><th>合计/%</th></tr>
<tr><td>1</td><td rowspan="4">维持意见<br>(有罪)</td><td>建议维持原判</td><td>186</td><td>35.3</td><td rowspan="4">52.0</td></tr>
<tr><td>2</td><td>坚持原有罪指控</td><td>58</td><td>11.0</td></tr>
<tr><td>3</td><td>原审事实清楚,证据确实充分</td><td>29</td><td>5.5</td></tr>
<tr><td>4</td><td>上诉/申诉理由不成立</td><td>1</td><td>0.2</td></tr>
</table>

〔10〕 胡云腾主编:《宣告无罪实务指南与案例精析》,法律出版社 2014 年版,第 13 页。

续表

| 序号 | 出庭意见类型 | 公诉机关出庭意见 | 频数/件 | 百分比/% | 合计/% |
|---|---|---|---|---|---|
| 5 | 改判意见（有罪） | 原审认定事实及（或）适用法律错误 | 31 | 5.9 | 13.1 |
| 6 | | 原判量刑过（畸）轻 | 12 | 2.3 | |
| 7 | | 原审被告人构成其他罪名 | 6 | 1.1 | |
| 8 | | 无罪判决失当 | 8 | 1.5 | |
| 9 | | 原判量刑过（畸）重/建议从轻处罚 | 9 | 1.7 | |
| 10 | | 缓刑适用失当 | 3 | 0.6 | |
| 11 | 改判意见（无罪） | 事实不清，证据不足，建议法庭查清事实后依法改判 | 65 | 12.3 | 29.6 |
| 12 | | 建议改判无罪 | 48 | 9.1 | |
| 13 | | 法律修改/变动 | 13 | 2.5 | |
| 14 | | 原审证据系伪造的 | 4 | 0.8 | |
| 15 | | 事实或证据出现变化 | 12 | 2.3 | |
| 16 | | 犯罪行为另有他人 | 2 | 0.4 | |
| 17 | | 未达到追诉标准 | 4 | 0.8 | |
| 18 | | 社会危害不大 | 3 | 0.6 | |
| 19 | | 没有犯罪事实发生 | 3 | 0.6 | |
| 20 | | 不构成本罪 | 1 | 0.2 | |
| 21 | 发回重审意见 | 建议发回重审 | 10 | 1.9 | 1.9 |
| 22 | 无明确意见 | 无明确意见 | 19 | 3.4 | 3.4 |
| 合计 | | — | 527 | 100.0 | 100.0 |

（三）二审法院判决无罪案件比重上升

如前文所述，近几年的无罪判决有超过一半的由一审法院作出，约有1/3的无罪判决由二审法院作出，通过再审程序作出的无罪判决仅有约15.5%。然而，就近几年一审审结刑事案件与二审审结刑事案件的比例来看，全国法院二审刑事案件数量只占到了一审案件数量的 12% 左右(见表 16)。上述数据在一定程度上说明,公诉案件无罪判决在一审、二审法院之间的分配与刑事案件的总体负担情况并不匹配。质言之,二审法院实际上承担了与其案件负担量不相适应的无罪裁判任务。事实上,有论者通过对 S 市 2013 ~ 2017 年 49 件无罪案件审理程序的统计发现,S 市甚至有高达 57.1% 的案件由二审法院作出(包括维持一审无罪判决)。〔11〕 对于前述结果,无论二审法院是主动为之还是被动为之,都足以说明二审法院承担较大的无罪裁判责任。然而,这种无罪裁判格局并非一贯如此,而是经历了某种变迁。事实上,最高人民法院研究室 2012 年在对河南法院无罪判决审理程序所作的调查中发现,该省 2012 年一审宣告无罪的案件占全部无罪案件的 48%,二审改判无罪的占 16%,再审改判无罪的占 36%。对此,最高人民法院研究室的调研报告认为:"再审改判无罪比例较高既反映出审判监督程序纠错力度加大,也表明一审基础作用和二审把关作用尚未发挥。"〔12〕 如果以最高人民法院的调研数据作为比较对象,那么,大致可以得出这样一个结论:在无罪判决的生成路径上,一审法院的基础性作用有所强化,二审法院的把关功能显著提升,相应地,再审程序的重要性则有所下降。

**表 16 全国审结刑事一审、二审案件数量**

| 年份 | 一审审结/件 | 二审审结/件 | 二审审结刑事案件占一审审结刑事案件的比重/% |
|---|---|---|---|
| 2013 | 953, 976 | 102, 991 | 10.8 |
| 2014 | 1, 023, 017 | 118, 915 | 11.6 |
| 2015 | 1, 099, 205 | 141, 155 | 12.8 |
| 2016 | 1, 115, 873 | 148, 441 | 13.3 |
| 2017 | 1, 296, 650 | 154, 277 | 11.9 |
| 2018 | 1, 198, 383 | 154, 391 | 12.9 |
| 合计 | 6, 687, 104 | 820, 170 | 12.3 |

注:相关数据参见最高人民法院 2013 ~ 2018 年《全国法院司法统计公报》。

〔11〕 参见孙皓:《论非典型性无罪》,载《国家检察官学院学报》2019 年第 2 期。

〔12〕 胡云腾主编:《宣告无罪实务指南与案例精析》,法律出版社 2014 年版,第 14 页。

(四)"法定无罪"案件在实践中的比重扩大

根据前文对被告人无罪判决理由的分析可以看到,"法定无罪"案件数量明显多于"证据不足"案件数量,两者的比重约为7∶3。这一比重说明,"法定无罪"案件是当前无罪案件的主体。在判决说理方面,大多数的无罪判决仍然侧重对被告人是否符合犯罪构成要件进行分析和论证,而分析证据合法性、充分性方面的判决则相对偏少。而在此之前,最高人民法院研究室的相关调研报告显示,"存疑无罪案件与确定无罪(法定无罪)案件的比例相当","因为控方证据不足不能认定被告人有罪而宣告无罪的占49.79%",而"依据法律规定不认为是犯罪或不负刑事责任而宣告无罪的占50.21%"。[13] 上述报告揭示,"存疑无罪"案件与"法定无罪"案件在无罪案件中比重大体相当,二者"难分伯仲"。然而,本文的统计数据却表明,在实践中"存疑无罪"案件远远少于"法定无罪"案件。这里就出现了一个有意思的现象:社会公众呼吁"疑罪从无","存疑无罪"似乎也在政法系统之间凝聚了更多的共识,但在具体认定被告人是否构成犯罪的问题上,审判人员似乎仍然高度青睐那些不符合法定构成要件的无罪案件,而对证据存有疑点的案件抱持谨慎态度。那么,这一问题是否反映出,"疑罪从无"在话语与实践层面存在"两张皮"现象?审判人员在面对"存疑无罪"问题时其实也是"叶公好龙"吗?

(五)"轻刑化处理被告人"在生效判决中占据较大比重

正如前文所述,当前仅有约一半案件的被告人在一审程序中被宣告无罪(判决生效),另有约一半的案件在二审或再审程序中被宣告无罪。在这部分二审或再审程序中被宣告无罪的被告人当中,又有约55%的被告人被科处低于3年的徒刑、拘役、管制以及定罪免刑等。其中,34.9%的被告人被科处不满3年的有期徒刑,14.2%的被告人被判处"定罪免刑",另有4.4%、0.8%、0.6%的案件分别判处拘役、管制以及单处罚金。值得一提的是,有161件案件的被告人(全案或部分被告人)被附加了缓刑,约占可适用缓刑情形的1/3。总体来看,当前无罪案件的被告人呈现两方面的典型特征:一方面,无罪案件被告人已普遍地被判处了某种刑罚(约占全部无罪被告人的63.7%);另一方面,已经判处的刑罚总体较轻,呈现明显的"轻刑化"趋势。

[13] 胡云腾主编:《宣告无罪实务指南与案例精析》,法律出版社2014年版,第13页。

## 三、对公诉案件无罪判决趋势及其特征的解读

上文分析了近年来我国公诉案件无罪判决的一些趋势和特征,包括无罪被告人数量稳步递增、检察机关对无罪判决包容性增强、二审法院判决生效的无罪判决增多以及“法定无罪”判决的比重扩大等。上述趋势、特征的出现,笔者认为是受到无罪环境、发回重审规则以及法官理性偏好等因素的影响。就此问题,笔者将展开进一步的阐释。

(一)外部环境为无罪判决提供了强有力的制度支撑

从外部环境来看,良好的社会舆论环境为无罪判决提供了有利的外部条件,确保公诉案件无罪判决能够获得稳定的政策支持。近年来,伴随冤假错案的出现与纠正,证据裁判、疑罪从无这些“沉睡”的刑事司法原则重新受到社会的关注并获得更多的认同。其中,主流媒体无疑发挥着至关重要的推动作用。主流媒体积极、深入地参与冤假错案的讨论,使社会公众能够更加全面地看待冤假错案、更理性客观地正视无罪判决。事实上,正如聂某斌被判无罪后,申诉人张某枝所说的那样,司法改革一步步在进步,这点我体会到了。司法环境在改变,在聂某斌案子上体现出来了。[14]

受外部环境的影响,各级司法机关均适当地调整了应对无罪判决的策略,以更好适应冤假错案治理的现实。

其一,对法院来说,社会公众对冤假错案的高度关注要求其必须在无罪问题上“保持着高度政治动员的状态和持续有效的注意力分配”。[15] 一方面,人民法院必须积极动员下级法院开展冤假错案的预防和治理。近年来,最高人民法院每年均会向全国人民代表大会汇报预防和纠正冤假错案的情况,以此“作为自身业绩良好的佐证”。[16] 受此影响,下级法院也因之高度重视无罪判决问题。一个典型的例证是河北法院。可以看到,在 31 个省级行政区中,河北法院

---

〔14〕 李强、刘婧、荆龙:《“我给最高法院点个赞”——聂树斌再审案宣判侧记》,载《人民法院报》2016 年 12 月 3 日。

〔15〕 周雪光:《中国国家治理的制度逻辑:一个组织学研究》,生活·读书·新知三联书店 2017 年版,第 10 页。

〔16〕 孙皓:《论非典型性无罪》,载《国家检察官学院学报》2019 年第 2 期。

统计到的公诉案件无罪判决数量最多。其中的原因,莫不与无罪问题受到主要领导的高度重视有直接关联。事实上,在近年召开的人民代表大会会议上,河北省高级人民法院院长均重点汇报了预防和纠正冤假错案的情况。[17] 在下级司法机关的活动总是围绕上级司法机关的中心工作展开的背景下,上级法院对无罪问题的重视无疑会促使下级法院在纠正冤假错案问题上倾注更多的时间和精力,正是在这样的政策效应下,河北法院的无罪判决才远远领先于其他省份。当然,也从另一个侧面表明,当前的公诉案件无罪判决受"外生性"因素的影响还比较大,存在严重依赖外部政策的问题。另一方面,为了更好地应对冤假错案问题,人民法院必须在处理无罪问题上与检察机关保持适度距离,并展示必要的"强硬"姿态。在过去,一些事实不清、证据存有疑点的案件,往往在控审双方的合力下勉强下判,进而导致案件走偏。正如有论者指出的,"我国目前一审中对有罪证据存疑案件进行'留有余地'的有罪判决的现象较为常见"。[18] 特别是"对于那些法院认为无罪,检察院又不同意判无罪又不愿意撤诉的案件,法院在多数情况下不会判无罪而是判免刑,以达到各方面均能接受的结果"。[19] 但在无罪环境发生变化,法院又对无罪判决存在"刚需"的情况下,法官若要在疑似无罪案件中放弃自身利益与控方进行"协商"乃至最终作出妥协,势必将承担更大风险。事实上,一些检察人员就已经意识到法院在处理疑似无罪案件时态度较以往更坚决。例如,某检察官即谈到,无罪可能成为刑事诉讼的新常态。在其看来,以前的诉、审私下好商量变得没商量,以前的"疑罪从轻"可能被"疑罪从无"所替代。"判有罪但免刑"或"关多久判多久"等"给面子"的判决也会越来越少,公诉人可能会经常面对法官的如下宣告——本案事实不清、证据不足,公诉机关指控的罪名不成立。

其二,从检察机关来说,近年来频繁曝光的冤假错案,也同样导致检察机关的合法性危机。为此,检察机关也在不断地调适其应对冤假错案的方式。2014年,时任最高人民检察院副检察长朱孝清曾撰文指出,"坚持疑罪从无原则,态

---

〔17〕 详细内容可以参见河北省高级人民法院历年工作报告。

〔18〕 徐阳:《我国刑事诉讼中无罪化机制的过程性失灵及应对》,载《现代法学》2015年第2期。

〔19〕 袁小刚:《无罪裁判研究》,人民法院出版社2014年版,第37页。

度要坚决,方法要过细”。[20] 2017年,在十二届全国人大第五次会议上,最高人民检察院检察长曹建明亦曾指出,“2016年,检察机关直面问题、有错必纠,持续监督纠正冤错案件。严格落实罪刑法定、疑罪从无等原则”。[21] 这种基于对冤错案件的深刻反思,促使检察机关加强在防范冤错案件方面的制度建设。例如,2013年9月,最高人民检察院制定下发了《关于切实履行检察职能防止和纠正冤假错案的若干意见》,提出“完善防止和纠正冤假错案的工作机制,深化检察官办案责任制改革,建立健全办案质量终身负责制”。[22] 2015年,最高人民检察院出台《关于完善人民检察院司法责任制的若干意见》,该意见第34条第1款即将“使无罪的人受到刑事追究的”列为检察人员在司法办案中应当承担司法责任的情形。[23] 不仅如此,2015年,最高人民检察院公诉厅对2014年全国检察机关无罪案件进行分析研究,促进提高公诉案件质量。[24] 2016年,最高人民检察院公诉厅也曾对人民法院作出无罪判决的公诉案件进行逐案剖析通报。[25] 前述活动对转变检察人员办案理念、强化办案人员风险意识无疑起到了积极效果,客观上增强了检察机关对无罪判决的包容性。与此同时,在中央

---

〔20〕 朱孝清:《冤假错案的原因和对策》,载《中国刑事法杂志》2014年第2期。

〔21〕 李瑾:《最高检对聂树斌案成立专案组深入调查　明确提出无罪意见》,载最高人民检察院官网2017年3月12日,http://www.spp.gov.cn/zdgz/201703/t20170312_184944.shtml。

〔22〕 王治国:《切实履行检察职能　防止和纠正冤假错案》,载《检察日报》2013年9月7日。

〔23〕 参见《关于完善人民检察院司法责任制的若干意见(全文)》,载最高人民检察院官网2015年9月28日,http://www.spp.gov.cn/ztk/2015/sfzrz/qw/201509/t20150928_105289.shtml。

〔24〕 参见《中国法律年鉴》(2016年),载《检察工作》(公诉工作),第175页。

〔25〕 参见《中国法律年鉴》(2017年),载《检察工作》(公诉工作),第154页。

政法委的敦促和指导下,[26]检察机关也适时取消了有罪判决率考核指标,这在客观上也为无罪判决的存在提供了更大的制度空间。正如有论者谈到,有罪判决率考核指标的取消"意味着有罪判决率以后将不再成为司法机关的考核压力"。[27]

(二)刑事诉讼规则的改变强化了二审法院的无罪裁判责任

在笔者看来,二审法院宣告无罪判决比重的上升,在很大程度上是受2012年新《刑事诉讼法》有关以"事实不清、证据不足"为由发回重审规则的影响。根据1996年旧《刑事诉讼法》的规定,对于事实不清、证据不足的上诉案件,二审法院享有直接改判或发回重审的选择权(但没有限定发回重审的次数)。[28]在实践中,二审法院为了规避错案裁判责任,往往将可能判决无罪的案件发回一审法院重审。正如有论者指出的,"二审法院不敢作出'证据不足的裁判',而大量地采取发回重审的方式"。[29] 陈瑞华教授也谈道:"二审法院对于证据不足的案件很少直接进行改判,而是反复地、无休止地发回原审法院重新审判,并在内部发回重审提纲中指出各种各样的证据问题。"[30]基于同样的错案责任顾虑,对于发回重审的案件,一审法院常常维持或者减轻对被告人的处罚,试图以此实现案件的"终了",这就导致了疑似无罪案件的不断上诉以及反复发回重

〔26〕 2013年中央政法委出台的《关于切实防止冤假错案的规定》即提出了"建立健全科学合理、符合司法规律的办案绩效考评制度,不能片面追求破案率、批捕率、起诉率、定罪率等指标"。2015年1月,中央政法委再次要求中央政法单位和各地政法机关"对各类执法司法考核指标进行全面清理,坚决取消刑事拘留数、批捕率、起诉率、有罪判决率、结案率等不合理的考核项目"。参见王硕:《中央政法委:取消有罪判决率、结案率等考核指标》,载中国新闻网,http://www.chinanews.com/fz/2015/01-21/6991423.shtml。

〔27〕 谢进杰等:《无罪的程序治理:无罪命题在中国的艰难展开》,广西师范大学出版社2016年版,第166页。

〔28〕 1996年《刑事诉讼法》第189条第3项规定:"原判决事实不清楚或者证据不足的,可以在查清事实后改判;也可以裁定撤销原判,发回原审人民法院重新审判。"

〔29〕 郑未媚:《刑事二审程序司法职权优化配置之思考——以发回重审制度为视角》,载《法律适用》2010年第4期。

〔30〕 陈瑞华:《留有余地的判决——一种值得反思的司法裁判模式》,载《法学论坛》2010年第4期。

审,从而导致案件久拖不决。正是看到二审法院在"发回重审权"方面的权力滥用,2012年《刑事诉讼法》及其司法解释才将以"事实不清、证据不足"为由发回重审的次数限定为一次。根据新法,"原判事实不清、证据不足,第二审人民法院发回重新审判的案件,原审人民法院重新作出判决后,被告人上诉或者人民检察院抗诉的,第二审人民法院应当依法作出判决、裁定,不得再发回重新审判"。对于这一新规定,有观点认为,"把程序违法以外的'事实不清,证据不足'案件发回重审限定一次,堵塞了二审法院推卸责任的机会,从理论上讲会增加一、二审法院的无罪裁判"。[31] 如今看来,对二审法院发回重审权力的限制无疑发挥了作用,客观上使二审法院对疑似无罪案件承担了更多的裁判义务。

因此,可以看到,在一些可能判决无罪的案件中,尽管检察机关请求"发回重审",但审判机关还是坚持裁判原则直接对被告人进行了无罪处理。例如,在"杨某某犯盗窃罪案"中,法院即认为"杨某某之行为不符合盗窃罪的犯罪构成要件,故对'发回重审'的意见不予支持"。[32] 又如,在"孙某某拒不支付劳动报酬案"中,法院同样以"现有证据能够证实上诉人在该工程项目中没有能力支付劳动者的劳动报酬,无补充侦查和发回重审的必要"为由对检察机关"撤销原判,发回重审"的出庭意见不予支持。[33]

### (三)法官理性和风险偏好导致对"法定无罪"案件的偏爱

前文谈到,当前的公诉案件无罪判决中,"法定无罪"案件明显多于"存疑无罪"案件。在笔者看来,这一现象的产生,与法官的风险偏好密切相关。作为控辩审三方激烈博弈的产物,无罪判决的作出须最大限度地平衡诉讼各方的诉求,实现"案结事了"。在这种背景下,作为"理性经济人"的法官自然会考虑无罪判决的潜在风险以及可能出现的连锁反应。对法官来说,对被告人判处较轻的刑罚或者允许相关案件程序"倒流"(撤回起诉等)要比作出无罪判决容易得多。与此同时,这种无罪判决意味着"罪犯"没能伏法,被害方因此容易对司法行为的公正性产生怀疑,甚至认为司法机关在故意放纵罪犯。[34] 也有论者指

〔31〕 袁小刚:《无罪裁判研究》,人民法院出版社2014年版,第39页。

〔32〕 参见河北省沧州市中级人民法院(2017)冀09刑终311号刑事判决书。

〔33〕 参见吉林省长春市中级人民法院(2016)吉01刑终327号刑事判决书。

〔34〕 参见姚显森:《论证据不足无罪判决的特殊救济》,载《法商研究》2015年第4期。

出,无罪化机制可能引起被害人不满,对案件无罪化处理可能引发司法信任危机。[35]

对于一些法官来说,在不愿办理但又不得不"出产"更多无罪判决的背景下,法官办理无罪案件自然务求"办实"、务求"经得起实践的检验"。考虑到"法定无罪"案件较之"存疑无罪"案件在证明严格性、判决结果确定性、稳定性方面所具有的优势,当法官力求更稳妥地处理案件时,"法定无罪"案件自然更受到法官的青睐。对法官来说,判决欠缺犯罪构成要件的案件无罪,是既能满足法院无罪判决"刚需"又能较好地平衡各方诉求、实现自我保护的一种途径,毕竟"法官判处法定无罪比判处证据不足无罪判决承受的压力要小得多"。[36]因此可以看到,从笔者的统计情况来看,无论是一审法院还是二审法院,其办理的"法定无罪"案件数量均明显多于"存疑无罪"案件数量。根据统计,一审法院判决的723件无罪案件中,"法定无罪"案件501件,占比69.3%。二审法院办理的494件无罪案件中,"法定无罪"案件达到了355件,占比71.9%。二者比重竟相差无几!

上述事实说明,比较而言,存在法定无罪情形的确比证据不足情形更受到法官的"偏爱"。质言之,"不符合犯罪构成要件"情形比"证据不足"情形更容易导致案件获得无罪处理,而不是相反。这种现象并没有因为无罪环境的变化而出现实质性的变化,充分反映了"存疑无罪"在实践中适用的艰难性。这说明,受办案习惯、法官理性以及风险偏好的影响,法官更愿意选择以对自身影响最小、确定性程度更高的方式去回应当事人诉愿、社会关切与组织吁求。在此意义上,"法定无罪"案件数量远多于"存疑无罪"案件数量不仅具有相当的合理性,似乎也是一种必然。

### (四)疑罪案件的"从轻化"处理逻辑和错案纠偏的选择性

当前无罪判决中之所以会出现"轻刑化处理被告人"为重要宣告对象,在笔者看来可能是由以下两方面的原因导致的:其一,在此之前,大量疑似无罪案确实存在"疑罪从轻"处理的问题。原最高人民检察院副检察长朱孝清曾对"疑罪

---

〔35〕 参见徐阳:《我国刑事诉讼中无罪化机制的过程性失灵及应对》,载《现代法学》2015年第2期。

〔36〕 谢进杰等:《无罪的程序治理:无罪命题在中国的艰难展开》,广西师范大学出版社2016年版,第199页。

从有从轻”提出了批评,认为“这是导致冤假错案的直接原因之一”。结合本文的数据,笔者认为,此前对疑罪案件的处理主要体现为“疑罪从有”,而“疑罪从有”进一步具体化为“疑罪从轻”。在从轻的类型中,不满 3 年有期徒刑(附加缓刑)适用最多,定罪免刑次之,拘役复次之,管制和单处罚金的情形较少见。

其二,在笔者看来,以轻刑化处理被告人为重要宣告对象,一方面反映出被宣告无罪的案件可能本身存在事实不清、证据不足而勉强下判的问题(疑罪从轻案);另一方面,也反映出这部分案件本身即可能存在情节轻微、危害不大的问题(小案)。[37] 事实上,对这一判断也有相应的数据予以佐证。从表 11 中我们可以看到,宣告无罪的案件中,“构成轻微伤/不构成轻伤”的即有 55 件,“犯罪数额未到追诉标准”的有 43 件,不属于刑法调整范畴的案件有 64 件[其中,“属于民事法律调整的(民事纠纷/民事侵权)”的案件有 48 件,“属于行政法调整范畴”的案件有 16 件],“没有造成危害后果(危害不大/没有实际损害)”的案件有 34 件。这部分案件大多数可能并不存在重大、疑难、复杂的问题,纠偏难度、纠偏所将面临的实际阻碍可能相对较小,属于错案纠正当中的“善类”。这种类型的案件数量如此之多以致我们不得不怀疑,当前的无罪判决,在某种程度上更侧重对“小案”“简案”的错案纠偏,而非基于对难案、大案、要案的纠偏。这反映出当前的错案纠偏可能具有某种“选择性”,即在一定程度上的有意识的筛选过程。基于此,笔者推测,在未来一段时期,简单案件、小案、控辩审争议不大的案件被宣告无罪的可能性会增大,数量也会因此而更多。而案情复杂、争议较大的存疑案件被宣告无罪的难度依然很大。

## 四、我国公诉案件无罪判决的前景展望

本文分析了近年来我国公诉案件无罪判决的若干趋势与特征,并就这种趋势和特征背后的原因进行了阐释。在笔者看来,这些趋势与特征的出现,与当前无罪环境不断优化、冤假错案防治机制日趋完善、刑事司法活动渐趋理性等

---

[37] 事实上,根据有论者对 S 市 2013 ~ 2017 年无罪案件的统计发现,该市 5 年共宣告无罪案件 49 件 55 人,其中严重暴力犯罪仅有 2 件,其余均为“难以唤起公众强烈的激愤共鸣”的普通刑事案件。参见孙皓:《论非典型性无罪》,载《国家检察官学院学报》2019 年第 2 期。

因素密不可分。上述趋势和特征表明,在预防和纠正冤假错案、保证无辜的人不受错误刑事追究的时代背景下,司法机关能够更加理性、更加文明、更加规范地面对和处理无罪问题,这无疑是一种巨大进步。然而,也应当看到,当前公诉案件无罪判决也存在问题,一些问题甚至还较突出,亟须引起重视,特别是如何理性看待公诉案件无罪判决的问题、公诉案件无罪判决高度依赖政策支持的问题、"存疑无罪"案件在实践中适用率偏低的问题等。在笔者看来,为了更好地推进无罪判决,未来必须思考以下问题。

其一,如何理性看待公诉案件无罪判决的问题?一直以来,理论界似乎存在这样的认知,即无罪判决总是"善的","无罪判决越多越好"。一时间,无罪判决指标的高低几乎等价于刑事司法的公正性程度、理性化水平,前者甚至一度成为后者的主要衡量和评价指标。但是,若深入地看,无罪判决指标与刑事司法活动之间并不具有正向或反向的关联:没有无罪判决指标或无罪判决指标较少,并不意味着司法人权保障问题未受到重视。在笔者看来,只要无罪判决仍然具有不可置疑的制度正当性,只要无罪判决仍然是单纯衡量司法机关回应性、司法人权保障水平的关键指标,司法机关就有合力"生产"无罪判决的动力,无罪判决可能就难以真正诉讼化、正常化。不仅如此,对无罪判决这一面上指标的过多关注,还可能使我们忽略那些与无罪判决本身紧密相关的问题。例如,一些法院可能人为"制造"一些无罪判决,[38]或基于政策需要而选择性地判决部分被告人无罪,甚至有意降低办案标准将不符合无罪条件的被告人判定为无罪[39]等,从而使无罪判决本身承载的错案治理功能出现扭曲。事实上,由表17、表18即可以看到,除少部分法院判处较多数量(10件以上)的无罪判决外,大多数法院判处的无罪案件数量仍然极其有限,在全国3200多个法院中,有2500家左右的法院并没有作出无罪判决,约占全国法院数量的70%。

---

〔38〕 例如,在一些案件中,被告人之所以被判决无罪,主要的原因竟然是"公诉机关认为事实不清,证据不足"。参见周某强职务侵占罪再审刑事判决书(2014)泰中刑再初字第0001号,肖某刚贪污罪再审判决书(2015)阳刑再字第1号,等等。

〔39〕 例如,有论者就对疑罪案件的单一化评价提出了批评,在其看来,"疑罪从无"原则不能成为在处理疑罪问题时必须遵循的"金科玉律",无视刑事司法实践中案件的复杂多样性可能存在极大风险。参见韩轶:《疑罪价值一元化反思》,载《法商研究》2019年第2期。

**表17　无罪判决数量排名前10的法院**

| 序号 | 法院名称 | 无罪案件数量/件 | 百分比/% | 累计百分比/% |
|---|---|---|---|---|
| 1 | 河北省唐山市中级人民法院 | 27 | 1.9 | 1.9 |
| 2 | 广东省广州市中级人民法院 | 15 | 1.0 | 2.9 |
| 3 | 河北省承德市中级人民法院 | 15 | 1.0 | 4.0 |
| 4 | 河北省高级人民法院 | 12 | 0.8 | 4.8 |
| 5 | 山西省忻州市中级人民法院 | 12 | 0.8 | 5.6 |
| 6 | 广东省佛山市中级人民法院 | 11 | 0.8 | 6.4 |
| 7 | 广东省高级人民法院 | 11 | 0.8 | 7.2 |
| 8 | 广东省深圳市中级人民法院 | 11 | 0.8 | 7.9 |
| 9 | 广东省惠州市中级人民法院 | 10 | 0.7 | 8.6 |
| 10 | 广东省深圳市福田区人民法院 | 10 | 0.7 | 9.3 |
| 11 | 辽宁省大连市中级人民法院 | 10 | 0.7 | 10.0 |

**表18　无罪判决数量分布情况统计**

| 无罪案件数量/件 | 法院数量/家 | 合计/件 | 百分比/% |
|---|---|---|---|
| 10件及以上 | 11 | 144 | 10.0 |
| 9 | 2 | 18 | 1.3 |
| 8 | 5 | 40 | 2.8 |
| 7 | 7 | 49 | 3.3 |
| 6 | 12 | 72 | 5.0 |
| 5 | 12 | 60 | 4.1 |
| 4 | 33 | 132 | 9.2 |
| 3 | 63 | 189 | 13.1 |
| 2 | 135 | 270 | 18.8 |
| 1 | 466 | 466 | 32.4 |
| 合计 | 746 | 1440 | 100.0 |

其二,如何厘清中级、基层人民法院的无罪裁判责任？2012年《刑事诉讼

法》修改将以“事实不清,证据不足”为由发回重审的次数限于1次,这一规范的出台在相当程度上重塑了当前的无罪判决生成模式,事实上使二审法院承担更大的无罪裁判责任,这一规则的确立对于避免疑似无罪案件在上下级法院之间循环流转、致使案件久拖不决起到了较明显的“控制作用”,前文的分析已经充分说明了这一点。然而,前述规则也为下级法院上交无罪裁判矛盾提供了可能。针对这一问题,当务之急是要进一步完善疑似无罪案件的认定程序、判断标准以及审理机制等。事实上,有论者就谈到,《刑事诉讼法》明确规定了“证据确实充分”的认定标准,要求“证据查证属实,一一印证”,却没有明确规定“证据不足”的认定标准。为此,该论者建议,对“证据不足”的标准进行界定。例如,犯罪构成要件事实缺乏证据证明,定罪证据存在疑问或无法查证属实,定罪证据之间、证据与案件事实之间存在矛盾等。[40] 在笔者看来,确有必要对“证据不足”的情形进行总结和界定,并明确上升为规范依据,以为各级法院办理无罪案件提供更有力的指导,促进一审法院在无罪判决生成机制中承当更大的裁判责任。与此同时,进一步明晰无罪案件的办案责任,加强对恶意上交裁判矛盾行为的监督,确保一审法院在无罪裁判体系中的中心地位。

其三,公诉案件无罪判决如何走出过度依赖“法定无罪”的问题?如同前文所述,“法定无罪”判决在当前仍然占据无罪判决的主流,构成要件仍然是判断被告人有罪与否的主要内容。这说明,审判人员仍然高度青睐确定稳妥的办案机制,同时也说明,无罪判决的制度压力一如既往地存在,这种压力并没有因为人权保障刑事司法政策的调整而完全消失。这启示我们,无罪判决并不能完全超脱于法官的办案习惯、理性选择和风险偏好,单纯的司法观念的更新并不完全足以因应冤假错案的治理需求。基于上述原因,技术性的变革措施如非法证据排除、庭审实质化以及绩效考评体系的调整等,都可能在实质上推动无罪判决生成方面存在某种缺陷。在这样的背景下,探寻更具制度效益的错案治理机制或许应当成为未来的一个方向。

事实上,上文分析已经表明,无罪判决依然是一种成本较高的无罪化机制,在此背景下,其他的无罪消解机制也“大行其道”,以撤回起诉和不起诉最典型。以撤回起诉为例,有论者对某直辖市A市2012~2017年公诉案件撤回起诉制度运行现状的研究发现,撤回公诉在相当程度上降低了无罪判决率。该论者指

〔40〕 参见姚显森:《论证据不足无罪判决的特殊救济》,载《法商研究》2015年第4期。

出,申请撤回起诉已异化为检察机关规避无罪判决的手段。根据该论者的统计,2012~2017年,A市各级检察院共撤回起诉案件157件,每年撤回起诉的案件数约占了全年公诉案件数量的1%,其中,2017年的相对数约为2012年的2.15倍,呈现较大幅度的上升趋势。而就撤诉原因来看,除法律和司法解释发生变化外,主要集中在"事实、证据发生变化"和"事实不清、证据不足"这两大类原因。[41] 有论者通过对L省检察机关撤诉案件的分析也发现,2011~2015年,L省检察机关共撤回起诉296件,489人次,撤诉率为0.2%。其中,"证据不足"案件比重最高,约为61.7%,是最多见的一种撤诉。此外,"被告人不在案""法律、司法解释发生变化导致不应当追究被告人刑事责任"也是重要的撤诉理由。[42] 对上述撤诉理由的分析发现,诸多上述理由恰好也是无罪判决的宣告理由。与此同时,在审查起诉阶段,公诉机关也进一步强化了案件的证据审查标准,进而使相当数量的嫌疑人获得了事实上的无罪处理结果。根据相关文献的披露,2016年,全国检察机关对不构成犯罪或证据不足的,不起诉26,670人,其中因排除非法证据不起诉169人,保障无罪的人不受刑事追究。[43] 2017年,全国检察机关对不构成犯罪或证据不足的不起诉30,000人,其中因排除非法证据不起诉200余人。[44]

不难看出,判决外的其他渠道实际上"消解"了大量的疑似无罪案件,较好地维护了嫌疑人、被告人的合法权益。相比之下,无罪判决则艰难许多,成本也高昂得多。因此,在被告人同意的情况下,未来判决外的其他无罪消解机制是否可以从"幕后"走向"前台"?似乎可以成为无罪判决生成机制的一个关注重点。

其四,认罪认罚从宽制度是否会催生更多的刑事错案?有论者指出,无罪判决率畸低可能导致虚假认罪的高风险。在该论者看来,如果获得无罪判决的希望渺茫,从理性经济人的角度出发,很少会有人不去选择能带来较轻量刑的

---

〔41〕 参见魏炜:《公诉案件撤回起诉权的限制与规范——以审判权对公诉权的制约为视角》,载《安徽大学学报(哲学社会科学版)》2019年第2期。

〔42〕 参见杨明:《公诉案件撤诉问题实证研究》,载《北方法学》2018年第1期。

〔43〕 参见《中国法律年鉴》(2017年),载《检察工作》(公诉工作),第154页。

〔44〕 参见《中国法律年鉴》(2018年),载《检察工作》(公诉工作),第170页。

认罪程序。[45] 从本文的研究来看,实践中的确存在被告人自愿认罪认罚,但被法院判决无罪的情形。例如,在"张某甲故意伤害罪案"中,被告人在一审程序中自愿认罪,但原审判决作出后,被告人提出上诉,请求改判其无罪。二审法院认为,在该案中,原审被告人虽在原审程序中自愿认罪,但在原审法院认定其构成故意伤害罪并决定适用缓刑后,即向法院提出上诉,请求改判其无罪,表明原审被告人对认罪产生的法律后果认知并不明确,因此,不能以其在原审程序中自愿认罪,而作为认定其构成犯罪的理由。[46] 又如,在"王某志非法占用农用地罪案"中,虽然被告人自认有罪,请求从轻处罚,但一审法院认为,被告人"非法占用农用地的行为是否造成耕地种植条件严重毁坏,无相关证据材料证实",故"不宜定罪处罚,对其相关意见亦不予采纳"。[47] 此外,在实践中亦存在一些认罪认罚的案件,后被证实相关被告人的供述存在虚假的(串供)问题,最终被判决无罪,如"项某走私、贩卖、运输、制造毒品罪再审案""潘某光容留他人吸毒罪再审案""王某林容留他人吸毒罪再审案"[48]等。但总体上看,认罪认罚案件中被告人被判决无罪的情形并不太多。在这方面,最高人民检察院的相关资料也能证实。2017 年,最高人民检察院制定了《人民检察院认罪认罚案件法律文书格式样本(试行)》,上线运行统一业务应用系统认罪认罚模块。自试点以来,人民法院适用该制度审结的刑事案件中,未出现无罪判决。[49] 但无论如何,认罪认罚案件本身可能存在的致错风险,也需引起更多的重视(特别是鉴别被告人的虚假供述方面)。

---

〔45〕 参见史立梅:《认罪认罚从宽程序中的潜在风险及其防范》,载《当代法学》2017 年第 5 期。

〔46〕 参见河北省承德市中级人民法院(2018)冀 08 刑终 116 号刑事判决书。

〔47〕 参见甘肃省定西市安定区人民法院(2018)甘 1102 刑初 253 号刑事判决书。

〔48〕 以上内容分别参见浙江省玉环市人民法院(2019)浙 1021 刑再 1 号刑事判决书、浙江省玉环市人民法院(2019)浙 1021 刑再 3 号刑事判决书、浙江省玉环市人民法院(2019)浙 1021 刑再 2 号刑事判决书,等等。

〔49〕 参见《中国法律年鉴》(2018 年),载《检察工作》(公诉工作),第 170 页。

Innocent Judgment in Public Prosecution Cases: Trends and Interpretation: An Analysis Based on 1440 Acquittals

Ye Yanjie

**Abstract**: The results of big data analysis show that in recent years, there are some new trends and characteristics in the acquittal of public prosecution cases in China. For example, the number of innocent defendants in public prosecution cases is increasing steadily, the procuratorial organs are more inclusive of acquittal judgments, and the courts of second instance gradually assume greater responsibility. The duty of innocent referee and the universal application of "legal innocence" in practice. The emergence of the above trends and characteristics is inseparable from the role of the innocent referee environment, the return of retrial rules, and the judge's rational preferences. At present, we pay too much attention to the indicators of acquittal, ignore the inherent logical relationship between acquittal judgment and judicial human rights protection, and even use the acquittal judgment index as a yardstick for simply measuring and evaluating the degree of judicial justice and rationalization. It will distort the wrong case governance function carried by the acquittal judgment itself, and then have negative consequences. In addition, because the institutional pressure of acquittal is still existing, the renewal of judicial concepts and technological change measures may not fully meet the governance needs of false and wrong cases. To this end, in the future, it may be necessary to explore a long-term mechanism for the management of misjudged cases with more institutional benefits.

**Key words**: public prosecution cases acquittal judgment false and wrong cases trend explanation

# 残障研究嵌入法学的必要性与价值*

崔凤鸣**

**内容摘要：**

本文分三个部分，从比较角度分别介绍残障研究的发展、相关核心概念及其对法学领域的价值。在残障研究的发展方面，本文涉及残障研究在国际上的专业确立、课程和专业的发展以及推动这种发展的因素等方面；在相关核心概念方面，介绍残障的不同模式以及残障研究基于的模式基础和残障研究的发展与残障模式的演变之间的关系；残障研究的法律价值方面，探索残障研究与整个法学领域之间契合的必要性与价值。

**关键词：**

残障研究　核心概念　残障模式　残障研究法学

残障研究作为一个多学科和跨学科的领域，其最初的发展主要依赖社会学研究，后来又与宪法、人权法关系密切。2006 年 12 月，《残疾人权利公约》（以下简称《公约》）和《残疾人权利公约任择议定书》在联合国大会通过，这对残障研究和法律都带来了深远的影响。

残障研究中提出的“社会模式”对法学研究影响巨大，特别是为当代社会法学发展提供了有启发意义的理论和实践。残障群体客观上无疑是社会中的弱势群体，长期以来被当作享受国家福利和社会慈善的对象。残障研究提出的“社会模式”为我们客观认识以福利和慈善为主导的残障传统模式打开了一个新思路，指出了通过排除环境中的客观和主观障碍以实现残障人平等权的方向。这无疑对当前社会法概念、性质和基本原则方面的讨论具有启发性意义。

---

* 本文系国家社科基金项目“残疾人基本公共服务供需匹配及政策优化研究”（18BRK008）的阶段性成果。

** 哈佛大学法学院残障发展项目中国部主任、南京特殊教育师范学院特聘教授。

我国残障法的立法和实践与残障研究极为相关。无论是我国作为主要起草国家之一加入《公约》,还是随后对《残疾人保障法》等相关法规的修改,都受到残障研究领域的社会模式和人权框架构建趋势等研究成果的影响。了解残障研究的发展、相关核心概念及其对法学领域的意义,对我国残障法发展意义重大。

## 一、残障研究的发展

残障议题长期处于边缘化状态,曾被认为是有关所谓"不正常"群体的特殊学科,与医学和心理学之外的其他学科不具有普遍相关性,因而主要在医学和心理学领域才获得研究者的一定程序的重视。在不足20年时间里,残障研究迅速发展并为社会各界所关注。然而,把残障议题研究特殊化对待的现象依然普遍存在。

20世纪中期,人类文明经历了一段纠正残障悲剧化、异常化和绝对医疗化的历史,残障的"社会模式"作为现今残障研究的基础和框架被揭示。[1] 自此,残障研究开始迫切要求诸如社会学、历史学、人类学、法学、政治学、社会管理学、语言学、设计学、美学等各类学科纠正其过去褊狭的认识,以各自的学科视角对与之交叉的残障议题认真研究,并审视这些领域过往忽略残障议题的历史。纵使涉及残障的褊狭的学科思维已被逐渐抛弃,但其至今依然有很深的社会影响。在生命权、教育、就业等重大方面,都能看见它在继续制约残障群体和社会总体的发展。残障群体在社会中被边缘化的处境,恰恰与残障议题在各学科领域的边缘化现象密切相关。然而,仅仅是认识到上述问题的严重性还远远不够。

### (一)20世纪70年代之前:社会的无知与"残障化"

对残障的认识、态度和应对手段与机制建立在历史上错综复杂。概括地说,在20世纪70年代之前主要表现在对残障的无知、妖魔化、恐惧感和排斥上,以及在这些态度基础之上的,基于遗传学和优生优育策略,试图消除残障和对残障群体在社会和制度层面隔离和边缘化的做法。这些认识和相应的做法被残障者及其家庭、社会各界残障权利促进者,尤其是残障研究领域的学者称为"残障化"(disablement)或"再度残障"的过程。笔者认为,简言之,"残障化"

---

〔1〕 关于残障的社会模式,笔者会在本章节的下一个部分详细论述。

就是由残障人所处环境中各种基于对残障的错误认识，褊狭的能力、健康、美等学说，褊狭的学科思维（将残障议题视为只与医学或心理学有关的错误学科认识）等不良外力，通过系统的设置和干预不断地否定和剥夺残障人能力的过程。

此时，尚不存在正式、系统的残障研究，有的只是一些对残障议题有兴趣的人在空余时间自发进行的零星探究，这类探究的主题多是有关残障人的贫困状态或有关其失去自由处境等问题的制度性追问，而进行探索的主体则多数是残障者。当时的著作还有一个突出的特点：它们着重对个体残障人励志经历的描述和展示。事实上，这种做法至今仍然很普遍。这些论述在此点到为止，为的是让读者把残障研究在各个历史时期所侧重的议题和当时的环境状况中突出的问题结合起来。

（二）20世纪70年代以后：残障研究诞生

伴随20世纪六七十年代的各种涉及种族、性别、残障、退役军人等反歧视权利运动的浪潮，残障研究诞生并发展。最早的残障研究从英国、〔2〕美国兴起，〔3〕后来不断拓展到加拿大、〔4〕澳大利亚〔5〕和新西兰等国家。〔6〕 在这个过程中，各种由残障者主导的残障机构应运而生，它们积极努力地发声，大大地推进了残障研究的发展，并逐渐成为残障研究的主导力量。正如一波又一波性别和种族权利运动的发展在很大程度上得益于妇女研究和少数族裔研究的发展一样，残障研究的发展也经历了类似路径。这些研究的推进和成熟为不同群体的权利运动提供了专业的保障、引领和支撑，同时也明显地呈现主体参与的特

〔2〕 See *generally* Len Barton & Michael Oliver eds. , *Disability Studies*: *Past*, *Present*, *and Future*, Leeds: Disability Press, 1997.

〔3〕 See *generally* Gary L. Albrecht, Kathrine Seelman, and Michael Bury eds. *Handbook of Disability Studies*, London: Sage, 2001.

〔4〕 See *generally* Michael Oliver, *The Politics of Disablement*, Basingstoke: Macmillan, 1990.

〔5〕 See *generally* Norman J. Smith & Helen C. Smith, *Physical Disability and Handicap*: *A Social Work Approach*, Melbourne: Longman Cheshire, 1991.

〔6〕 See *generally* Martin Sullivan & Robyn Munford, "The Articulation and Practice: the Critique and Resistance in Aotearoa New Zealand", 13 *Disability and Society* 183 (1998).

征。在残障领域,这些研究首先为残障概念的去医疗化和全面科学界定提供了哲学的基础框架和逻辑支撑。

(三)当代:残障研究的积极发展和法学渗透

正如前面所讨论的,长期积累下的褊狭学科观以及对残障群体的系统性隔离使很多残障研究领域的讨论没能充分地被社会所吸收。纵使残障研究对涉及残障和非残障群体的法律和政策应有相当深远的影响,实践已经充分地表明,当下这种影响的维度和层面仍极为有限。特别是法律和政策相关研究领域中残障研究的成果仍经常性地被忽视、误解、边缘化。〔7〕

残障研究"社会模式"的提出改变了法律与残障之间的关系,自此,残障研究应像一面镜子,去折射长久以来在法律领域中残障议题的缺失,协助法律从业者们去了解有关残障权利保护立法的发展和不足,并帮助我们审视法律是否切实地保护了残障群体的权利。残障研究要与法学研究相结合,确保两个领域相互促进、弥补空白、避免偏差。雪城大学的残障研究项目在这方面起到了积极作用:自其创办美国第一个残障研究项目以来,它陆续建设了关注残障领域的文理本科、硕士和博士等多个学位和项目。

《公约》颁布以后,把一个具有创新性的"基于残障的歧视"的概念引入国际法,并郑重地指出:"基于残障的歧视"包括"拒绝提供合理便利"。〔8〕同时,《公约》特别重视和保护残障人的参与权,在第 29 条和第 30 条特别规定了残障人参与政治和公共生活以及文化、娱乐、休闲和体育活动。《公约》也非常注重保护残障人及其代表机构在残障权利保护的研究和实践中的主体作用。这些都是残障研究的重要特点。确切地说,残障人及其代表机构在推进残障权利保护中占主导作用的概念贯穿了《公约》的始终。

## 二、残障研究的核心概念和基本问题

残障研究以残障的社会模式为基本原则框架,起始于对残障的概念界定研

〔7〕 See Michael Waterstone, "Disability Constitutional Law", 63 *Emory Law Journal* 527 (2014).

〔8〕 Theresia Degener, "Disability in a Human Rights Context", 35 *Laws* (*MDPI*) 1 (2016);同时参见《残疾人权利公约》第 2 条"定义"部分。

究。残障的定义、观念以及残障研究的内涵、外延和方向是不断变化的,这两者相互作用,不断丰富和修正彼此。

关于残障的概念界定,最大的冲突来自“损伤”(impairment,类似“残疾”)这一着重个体的身心状态受限的思维范式与“残障”(disability)这一着重个体在生存、发展和参与过程中与所处社会环境障碍相互作用的思维范式之间的本质对立。在此基础上,需要指出的是,还有一个巨大的研究空间,讨论概念如何既客观涵盖个体平等参与社会所遇到的障碍的意义,又能够用词中性、尊重、积极,具体体现在是否应该使用“残”这个字。笔者目前通篇使用“残障”这个词,主要原因是,其对本概念的社会构成能够属性清楚、完整地体现在适当语境中。下文中,凡涉及将残障理解为个体的身心功能状态缺陷的论述皆用“损伤”来表示;反之,承认残障是一种社会范畴问题的论述,则以“残障”称之。

### (一)残障研究的定义

传统的损伤或者缺陷研究是一种以医学、物理、社会地位、政治等视角专门研究相关人群的学科。当代残障研究与传统的损伤研究不同,它是一种新的学术领域,而非某种特定的学科。残障研究依托多种不同的学科,借助它们的学科基础,开辟出与其他学术研究均不相同的全新领域。其宗旨是解答以往一直被忽视的社会问题——残障人在社会中的“位置”。残障研究的目的就是为残障群体恢复他们在社会空间与认识环境中的位置提供理论支撑,而且既然强调残障是一个社会概念,那么,解决“残障人群体在社会中的位置”这一问题应由包括残障者在内的社会共同体承担。残障研究作为一个新的领域,为还原残障的社会身份开辟了新路径。若不能客观地承认残障的社会属性,那么相关研究只能局限于对损伤的研究,残障研究这个专业领域也就无从谈起。而在这个追求交叉学科研究的时代,残障概念的界定不清晰,会导致其他学科的研究与残障研究相关联的部分无法顺利进行或者无法相互适应,这应是研究的缺失。

### (二)残障概念的界定

关于残障的概念界定是残障研究的初始问题,也是所有残障研究的基本点;这一点,我们从以上残障研究的界定中能够清楚地看到。围绕残障概念界定这一议题的讨论存在两种普遍的原则对立、边界交叉的立场:(1)残障是纯粹的个人问题,如认定残障是一种功能损伤、缺陷、不正常状态或悲剧,因而主要需要医学诊疗的干预、治疗和修复来将之改变;(2)残障是属于社会、文化和政治范畴,需要综合地关注个体在一定的文化、社会和政治环境参与过程中所受到的阻碍、不利因素或非正义现象。

在把残障归咎于个人和绝对依赖医疗手段的意识和做法长期占主导地位的历史过程中,因为人们潜意识中预设了所谓“人”有且只有“正常人”一种,社会普遍存在一种想当然的共识,即残障者的外表、思想、不能动、失聪、盲等现象使他们丧失作为常人和全人的资格,因而把残障者当作常人之外的“另一类”。当人们建构的残障概念和属性中个人和病理属性占主导地位时,其目的和实践的路径便自然而然地形成,即此类“非正常的人”只有得到治疗趋于“正常”,方能获得一种与所谓“正常人”一样的生活机会和社会身份。所有的“非正常人”要么被矫正,要么被永久划为“非正常人”或“有缺陷的人”,从而被隔离和排斥。

在讨论和澄清残障的个人属性和社会属性的过程中,最大的困难常常不在于如何界定和说明残障的社会属性。令人惊讶的是,最大的困难事实上在于非残障者们对于残障社会属性这一观念的拒绝。许多人试图死守残障是一种个人的病态或者悲剧,这种奇怪的现象恰恰是残障的社会、文化和政治现象的纯粹表现。因此,针对残障属于个人范畴还是社会范畴的讨论,不是简单的语义之争,而是从事残障研究的人们对社会和各学科的严肃提醒:要注意对残障的个人属性进行超越,并反省、鉴别和区分这两种属性的界定背后可能具有的深刻含义和对包括残障群体在内的所有人的影响。

同处一定的社会、文化和政治环境中,残障群体的经历是这种环境中不同身份的人的经历的叠加。忽略残障群体所遭遇的社会问题,等于在忽略潜在的深层问题。所以,残障概念的界定所关注的深刻含义和影响既包含针对残障的,也包含针对更广泛社会的,特别是那些经常随意地给具有不同功能差异的人一种所谓无关紧要的称谓的领域:理论研究、政策导向、社会实践和公众意识。对于广泛的社会来说,在残障研究领域强化的同时,那些不断深化的对残障如何在社会中演变的认识又反过来促进我们对社会总体的研究,推动社会、文化和政治历史的发展。从无障碍、合理便利到通用设计的发展就是一个简单明了的例子,还有从残障者所遭受的制度性隔离来审视社会普遍的融合程度、对多样性的态度,以及对平等参与的制约等。

(三)残障模式

残障模式的种类包括个人模式、医疗模式、慈善模式、福利或管理模式、少数群体模式、社会模式、经济模式、文化模式和人权模式等。[9] 需要说明的是，很多残障领域的人在谈论残障模式时，往往会将残障的“医疗模式”代替“个人模式”。在“个人模式”的框架下，医疗干预被认为是解决残障问题的主要手段，这样就赋予了“个人模式”绝对的医疗特征。然而，医疗救助作为从残障“个人模式”视角切入而采取的主要干预功能损伤的手段，不足以独树一帜地构成一种能够称为模式的“医疗模式”。[10] 笔者认为，与此类同的还有残障的“慈善模式”和“福利模式”等。

从残障“个人模式”的逻辑来推断，那些能够被医疗手段修复的残障人(如果有)有机会摆脱所谓“不正常的”状态，回归非残障的人组成的主流。而那些不能被修复的残障人就会失去进入“正常人”行列的机会，被归类为受慈善和福利系统照顾的对象。而这一点也就是福利或慈善模式被提出的缘由。诸如此类模式，其实是个人模式下的局部做法或产出。值得注意的是，无法被修复的残障人占残障人的绝大多数。

笔者认为，任何一种可以被独立定义的残障模式，都当包括三个方面的基本问题，即对残障的界定和诠释、对解决残障问题的环境系统的构建及其影响和上述两个方面与残障人经历的适当性关系。按照这样的标准，残障模式由“个人模式”和“社会模式”这两种最基本的对立模式开始，向下呈树杈状的分解状态。在“个人模式”下，社会隔离是针对整个残障群体的，而不是其中一些、一类或个别人的。残障模式涉及的是一个群体在一定社会中的基本状况。因此，残障的“个人模式”和“社会模式”是两种最基本和重要的残障模式。在这里主要对这两种模式进行阐述。

1. 残障的个人模式

首先，个人模式对残障的界定。如前所述，个人模式定义残障是一种悲剧

[9] See Arlene S. Kanter, *The Relationship between Disability Studies and Law*, in Kanter, A. S. & Ferri, B. A., eds., Righting Educational Wrong: Disability Studies in Law and Education, Syracuse: Syracuse University Press, 2013, p. 1 - 37; Barbara Altmann, *Disability Definitions, Models, Classification Schemes, and Application*, in Handbook of Disability Studies, Thousand Oaks: Sage Publication, 2001, p. 97 - 122.

[10] See Michael Oliver, *Understanding Disability: From Theory to Practice*, New York: Palgrave Macmillan, 2009, p. 45.

和个体有缺陷和非正常状态,需要得到治疗和修复;个人的缺陷和非正常状态导致残障人的不利处境,残障者个人或家庭为其处境负主要责任,也就是将残障人参与日常生活受阻和他们无法发挥自我价值的主要原因归咎于他们肢体、感官、心理、认知上的减损。

其次,在个人模式下解决残障问题的系统是如何建构的。个人模式通过医学的侧重给残障者划分一个标准,能正常的和不能正常的,解决残障问题的目的在于把所谓"不健全"或"不正常"的人通过医疗的干预最大限度地减少甚至治愈,使他们从中"恢复"到或者趋于正常状态,参与到生活和工作中。那些无法通过治疗或"修复"达到"正常"状态的人则归化到等待慈善的帮扶和救济的范围。因此,以个人模式为主导的解决残障问题的系统构建自然地具有医疗手段占绝对主导特点和慈善救济的兜底。这种医疗主导的特点进一步影响系统的各方面,主要包括以治疗和康复为主的法律政策制定和实施、资源的分配和服务的设计与提供以及专业的设置和专业人员的培养,自上而下的隔离系统建立。

最后,残障人的经历和角色作用。在个人模式下,残障者是在人格、能力和身份各方面被排斥和否定的对象,在法律面前的主体性无法获得平等承认,始终处于被专业人员按照既定的所谓"正常"目标治疗和修复的被动客体地位。他们切身的经历不被重视,他们的发展特色和个性化需求被忽略,他们没有机会参与对自身和社会事务相关的决策。

2. 残障的社会模式

而残障的社会模式,涵盖的是与个体差异相关的外部环境中的各种因素。1976 年,英国的肢体障碍反隔离联盟(Union of Physically Impaired against Segregation)发布了《残障的基本原则》(The Fundamental Principles of Disability)这一重要的纲领性文件,指出:"残障是强加在我们的功能局限之上的因素,通过隔离和排除的手段,使我们无法全面参与社会。"这句话涵盖了两个关键的要素,即功能局限和环境中隔离、排斥的途径。在一个动态的个体参与社会的过程中,因为忽略甚至违背残障群体愿望的情况导致了一个超越损伤的综合结果——残障。这个事件确立了残障作为一个非个人、悲剧和病理的范畴的地位,要求人们不能忽视在个人的功能局限之外的、错误地造成隔离和排斥的各种社会现象,表明残障作为社会范畴的属性,同时也开启了残障的社会模式。[11]

《残障的基本原则》的发布，作为引入残障"社会模式"的开端，使残障研究领域有关残障模式的讨论日益丰富和深入，引发了一场有关认识残障和了解残障的思维变革。这种变革的深刻意义在于，它通过揭示错误的称谓与残障者本身经历的不一致性和负作用，真实和诚恳地挑战了聚焦在个人功能损伤上的传统认识和定义的褊狭；它激发和促进了对残障的客观综合的了解，积极地探索这些对残障的定义是否与残障者切身经历契合以及有关残障的政策和服务是否符合残障者需求的问题，并进一步推进了残障与社会如何互动发展的讨论。残障的社会模式对残障研究的意义之重大，以致残障研究的著名学者强调，"没有残障的社会模式就没有残障研究"。[12]

自社会模式被提出之后，解决残障问题的努力重心从"个体"自身的功能局限修复转移到了对限制个体能力发展的"社会、文化和政治环境"中的障碍的发现和消除。社会模式要求改变旧的观念意识、全面系统地分析残障与可持续发展问题、不断地消除阻碍平等参与的环境和态度障碍并充分肯定各种个体所需的医疗、康复等支持。残障的社会模式从最初被提出到今天，在各种讨论、批判和精确化的进程中，不断地丰富和发展。可以从以下三个方面来讨论社会模式：

第一，社会模式如何定义残障。社会模式定位残障为一种社会现象，确认它是处在一定社会、文化和政治环境中的、有功能差异或障碍的群体在参与和发展的过程中与环境相互作用的综合产物和社会必然组成部分。社会模式提出，唯有客观地通过社会和文化的框架，才能全面了解和定义残障，而那些把残障处境归咎于个体的功能局限的说法均是片面的。换言之，社会模式确认了残障是人类常态和多样性的一部分，并认为有关残障的问题是社会对个人局限的回应所造成的，正是环境中的障碍和错误态度才导致了残障者遭遇许多不必要

---

〔11〕 See Michael Oliver, *The Social Model in Action: If I Had a Hammer*, in Colin Barnes and Geof Mercer, eds., Implementing the Social Model of Disability: Theory and Research, Leeds: The Disability Press, 2004, p. 9 – 28.

〔12〕 Colin Barnes, *Understanding the Social Model of Disability*, in Nick Watson, Alan Roustone & Carl Thomas eds., Routledge Handbook of Disability Studies, London and New York: Routledge, 2012, p. 24.

的隔离和边缘化。

第二,社会模式如何建构解决残障问题的系统。社会模式的主要目的是通过消除障碍保障平等参与来改善残障群体和社会之间的关系,创建和不断完善残障人以主体身份参与式的、基于循证的系统。残障既然是社会构成,那么社会应当承担消除障碍、改变落后观念、维护残障人权利的义务和责任,提升残障人及其代表机构作为残障事物主体的认识并提供制度性的保障。因此,残障的问题就应该在多学科和跨学科的专业发展路径下,由包括各类专业人员在内的综合系统来承担,以残障人为主体,在尊重和了解残障群体的特性和需求的科学基础上,作系统的安置。用平等的机会和保障让残障人享有独立的、有尊严的生活。允许他们以各种不同的方式和能力表达、参与和贡献,促成一个对人人有益的融合社会。

第三,社会模式如何看待残障人的经历。社会模式注重残障群体的普遍经历和个体的不同经历,并且以这些经历为基础,进行循证的和以残障人的发展成果为导向的政策推进和实践,进行对学科和跨学科的专业发展和专业队伍的建设,进行个性化的服务设计和提供,保障残障人的参与。社会模式强调,解决残障问题要关注残障人和充满歧视的社会之间的关系。[13] 最通俗的道理是,一个充满排斥和限制的环境,会无限制地放大功能的障碍对个体的影响;而一个不断完善无障碍和合理便利的环境和能力建设机制会让有差异性的个体找到丰富多样的参与和贡献方式,进而消除人类可持续性发展和不平等现象之间的矛盾。它并不否认残障者的功能局限和不同特点,充分地理解残障者个体的痛苦和对治疗、康复和支持的需求,提出消除社会障碍,包括全面综合地评估残障者的个性需求和特点,进而为他们的平等参与提供更大的空间和可能性。它强调个人的功能局限丝毫不应当减损他们选择与掌管自己生活和全面参与和贡献社会的权利和义务。为了充分保障他们的权利,他们应当成为社会经济、政治、社会、文化和教育主流中平等的一分子。

可以说,社会模式和个人模式的对立主要体现在责任归属上,个人模式将改变的责任放置在残障者身上,社会模式则将改变的责任确定为整个社会。在不同的责任基础上,解决残障问题的机制建立便造成了方向性的区别,对残障

〔13〕 See Barnes, *Exploring Disability: A Sociological Introduction*, Malden, MA: Blackwell, 1999, p. 72.

人的生命体验也就采取了完全不同的态度。需要注意的是,社会模式把残障归属于社会问题,不是排除了残障者自身的责任,而是更加明确了他们作为主体的责任。给社会的要求是客观承认他们的不同能力和贡献,提升他们的能力,保护他们的参与。社会模式中的归责对象不是单一的,因为“社会”同时包括了非残障主体和残障主体,社会承担的责任也自然要由这两个群体共同承担:两者都对制约和阻碍残障主体的障碍之形成负有责任,也对障碍的消除和残障主体能够行使自己选择权的后果负有责任。社会模式的核心,是将残障归责于残障现象所处的环境,即社会环境、文化环境、政治环境、经济环境,人文环境等“可改变的”“人为的”的环境。相反,个人模式把残障归属于个人问题,即残障人所面临的社会不平等、社会地位劣势等问题是由残障个体在身体、心理上不健全导致的一种结果,自负其责。

从责任归属和责任落实的逻辑上来说,个人模式是一个非常自相矛盾的现象:一方面,它把残障的责任归咎于个人,也就是归责于不可抗力、意外、不幸、命运等事件性因素,这些事件性因素的本质特征是“不可改变的”“造化弄人的”,是一种自认倒霉的归责方式;另一方面,它从机制和态度上使残障人无法行使自己的责任和义务。正如笔者的学生在课程主题反馈中所言,当把责任归属于命运之不幸时,残障主体承受被隔绝的后果就是遵从“自然因果律”的必然结果。此时,由于责任主体具有客观不可追责性,因而责任的承担被无限推延。由于法外之地只能依赖道德,所以非残障主体对于残障主体的任何所作所为就会以“社会帮扶”的形式出现,即使是强制医疗,在此时也会占据绝对的“正义感”。残障者很有可能陷入对福利的依赖,将“比惨”和“比残”作为残障者自身和其家庭获得福利、寻求出路的契机。

采取何种残障模式取决于我们如何定位残障人相对不利地位的根源,这决定了我们在解决残障人所面对的挑战上的思维方式,以及基于此思维方式的政策导向。“社会模式”将国家、社会对残障人的保护由传统的关爱照顾转变为国家社会的一种责任义务,这不仅更合理,也在诸如《公约》等文件中被逐渐确认。

## 三、残障研究对法学的价值

基于以上对残障研究的发展和一些基础概念的介绍,接下来探讨这个问题:在何种意义上残障研究的方法和视角可以应用于法学研究整体,而不仅是残障法这一专门领域。鉴于残障研究与法学各个领域的研究的契合之广泛,本文列举 3 种基本但有力的答案来说明。首先,对于法学教学者和学习者来说,残障研究有助于他们更合理也更深入地了解和讨论法的核心问题;其次,对于法学研究者来说,残障研究提供了强有力的工具,能够帮助他们更好地探索法的前沿问题并掌握更好的方法;最后,对于国家、社会和一切法的参与者来说,残障研究在当前社会有被法包容的必要性,对于未来的社会关系也有极强的指导意义。

### (一)残障研究的法学教育价值

残障研究在法学教育领域中之所以其有重要性,是因为它有助于法学教学者和学习者更合理也更深入地探索法的核心问题。这一部分可以分两部分讨论,即为何"更合理"和为何"更深入"。

残障研究能使法学核心问题的讨论更合理的一个原因,是它推翻了一个法学领域常见的错误假设,即"残障是残障者的问题、是少数人的问题"。坎特教授指出,残障不是"他们"的问题,而是我们共同的问题。[14] 按照世界卫生组织的估算,残障者占世界总人口的 15%,[15]这样一个为数众多的群体作为人类多元化的一部分,在一定社会文化环境中,无论以什么样的方式来参与和发展,都与其他人所依赖的社会系统建构休戚相关。社会、法律建构的社会关系应当全面地考虑每个参与者,重视和吸收多元的视角和经验。既然客观的事实告诉我们,残障者的生存、发展和参与受制于社会中的各种障碍,那么,作为在同一个社会环境中生存发展的所有人,无论残障与否,作为总体社会规范的学习者、研究者和制定者共同参与到障碍解决的过程,不仅是合理的,也是必要的。

残障研究能使法学核心问题的讨论更合理的另一个原因是,它建构了一种人与人之间的强共情能力。通过一种包括残障研究的视角在内的多元和交叉视角,法律从业者将谈论法律问题的角度客观地切入了日常的生活和切实的改变,能够深谙世事,读懂人性,充分理解法律所治理的对象面临的困境。同时,

---

〔14〕 See Arlene S. Kanter, "The Law: What's Disability Studies Got to Do with It or An Introduction to Disability Legal Studies", 42 *Columbia Human Rights Law Review* 403 (2011).

〔15〕 See World Health Organization, "World Report on Disability, World Health Organization", https://www.who.int/disabilities/world_report/2011/report/en/, last access on April 23, 2019.

残障研究贡献了一种绝佳视角，让学习者在进入社会后参与制定、施行的法更可能是一套倾听人们声音的良法。不同于法学时常从一种俯瞰的视角讨论问题，残障研究更加强调细致多样的个体经验和循证的研究和实践。因此，残障者在什么方面具体受到什么样的法的细节的影响这样的问题，可以被带有残障研究视角的法律从业者更好地捕捉和了解，形成一种融合的世界观，而非纯粹的管理者视角。在这方面更重要的体现是，残障者作为法律从业者的参与和专业引领。

残障研究能使法学核心问题的讨论更深入的原因，是它在本质上是法学的核心问题。何为包容和多元？何为平等？何为公平？何为歧视？何为人权？何为尊严？甚至，何为法？这些问题都可以在纳入残障研究的法学教育中得到更深刻的讨论。它们都是横跨整个法律系统的宏大问题，任何形式的社会治理和规范都必然绕不开这些问题，纳入了残障研究的法学教育能使这些问题得到更深入的分析。如前面所提到的，残障研究强调个体经验，这让所有的讨论可以被细化和具象化。探讨歧视的种类和方式时，残障者的经验让法学教育领域的人能聚焦到极为鲜活易懂的个案中；探讨如何保护人权和人的尊严时，残障者面临的困境亦能激发所有参与讨论的人更辩证地思考；探讨教育或就业资源如何分配等议题时，也都是如此。正如雷蒙娜·L. 佩措尔德强调，残障研究为理解所有的反歧视法提供了一个统一的框架，“……为我们理解残障和（背后的）结构，比如社会关系和权力分配都提供了一个宽泛的哲学视角”。[16]

毫无疑问，残障研究对于法学的学习者和教学者来说，既有助于在法学课堂中纠正既有的褊狭或错误认知、协助建立融合性的思维框架，也有助于深化有关法学核心问题的理解和讨论，这些都使残障研究具有法学教育的价值。

### （二）残障研究的法学研究和方法论价值

除对法学课堂有直接的帮助外，对于法学领域的科研人员来说，残障研究也有重要价值。如福柯所言，残障者是法的边界、法律的最前沿，他们“虽然是违［反自然的］法……但它在法律那一边却没有引起法律的回应”。[17] 法律难以处理的领域往往有残障者的身影，从他们的法律能力到权利边界，无一不给

〔16〕 Ramona L. Paetzold, "Why Incorporate Disability Studies into the Teaching Discrimination Law", 27 *Journal of Legal Studies Education* 61 (2010).

〔17〕 ［法］米歇尔·福柯：《不正常的人》，钱翰译，上海人民出版社 2003 年版，第 59 页。

法律带来重大课题。法学领域中最基本的、最富争议性和最前沿的问题,往往绕不开残障者这一重要角色。现实中,残障者角色在这些方面问题中的缺失,本身就是残障社会视角缺失所导致的。这也意味着,要进一步推动法哲学、法社会学、法制史学、法学方法理论的发展,残障研究可以是一个重要的切入点,它促使法学的研究人员转换思维,也协助他们更积极地去探索处于法的最前沿、最边界的那些未被探索过的问题。事实上,国际上已经有大量的法社会学者在探索残障者与法、与社会之间的互动模式,[18]分析与探索社会环境与残障之间联系的实然与应然也越发成为法理学探究的一个必然和基础命题。[19] 残障研究作为法学研究的议题之一,已经在许多地方引起了重视。

此外,残障研究亦能给法学的科研人员带来具有建构意义的法学思维,这使他们能以更富建设性的眼光去讨论应然法(法律应该长什么样)的样貌。人们都希望法是善的、社会是公正的、世界是正义的。如何构建一个这样的法、社会和世界,残障研究的视角能够有具体的帮助作用,因为这样的法、社会和世界离不开残障者的参与,而残障者本身的属性也使通过判断他们的处境能准确地判断出这样的法、社会和世界存有哪些不善、不公正或不正义的问题,从而使应然法的建构者能够在更符合真实社会情景的前提下构建出具有价值的讨论。事实上,由于现行的法律在残障研究的视角下或多或少都存在值得批判之处,掌握残障研究方法的法学研究者便具有了天然优势,体现在:由于他们对残障研究有足够的掌握,他们可以敏锐地识别出众多现行法的有关问题,并且对应地提出一些有益的建议;同时,由于他们能够避免一些早已为残障研究证明带有缺陷的设计或论述,在塑造属于自己的、更完整的理论时,他们的理论建构也是更综合和客观的。与之相反的是,那些没有将残障研究视角纳入考虑的法或法学理论,似乎总会留下值得从残障研究视角进行批判的缺陷,因为几乎所有的法或法学理论都会在某种程度上牵涉残障者的权益,作为受其影响的残障群体的视角如果没有经过充分考虑,该法或该理论便难以在其论证或应用的过程

---

〔18〕 See Katharina Heyer, *Law and Disability*, in Austin Sarat & Patricia Ewick, eds., *The Handbook of Law and Society*, Oxford: Wiley Blackwell, 2015, p. 322 – 336.

〔19〕 See Arlene A. Kanter, "The Relationship between Disability Studies and Law", in Kanter, A. S. & Ferri, B. A., eds., *Righting Educational Wrong: Disability Studies in Law and Education*, Syracuse: Syracuse University Press, 2013, p. 1 – 37.

中臻于完善。

未臻完善的法学理论建构,可能轻易地被那些掌握了残障研究概念的法学学者解构。比如,当代最著名的学者之一、芝加哥大学法学院教授玛莎·努斯鲍姆(Martha Nussbaum)便利用残障视角解构过罗尔斯的作为公平的正义理论。[20] 她指出,罗尔斯的作为公平的正义理论,因为在使用无知之幕的思想实验时,疏于将包括严重精神障碍者在内的残障者纳入考虑,在语境上和正义的关系上自然造成了残障者的边缘化,从而是一个不完善的论证。由此可以发现,努斯鲍姆仅仅从"应当将残障者纳入论述中进行考虑"这一最基础的残障研究精神,就能在对罗尔斯理论的批评中提供一个重要视角。再如,如果我们更深入地采用残障研究作为解构法学理论的方法,我们甚至还能进一步解构罗尔斯的理论和努斯鲍姆的批判:他们对于"能力"或"利益"均具有一种狭隘的认识。[21] 人们可以用不同的方式参与社会发展和为世界贡献美好,参与社会的角色本身具有多元性的事实便具有价值。无论是罗尔斯还是努斯鲍姆,都认为所有的社会参与者要在某个确定的方面用某种固定的方式创造价值,并认为不以他们预设的方式创造价值的就是"无能力者"或"无利益者",这显然是错误的。仅这两个例子就清楚地告诉我们,残障研究对于法学研究者来说,具有能够解构既有法学理论的工具价值,掌握了它便掌握了一种有力的解构前人思想的武器。

以上论述表明,残障研究和法学研究是交叉互补的。残障研究对于法学研究者们来说,既是值得探索的土壤,也能成为重要的工具。它为法学研究者开启了一些最人本、最前沿、最富争议的话题,也为法学研究者提供建构或解构法学理论的工具。而法学中有关人权、公平与正义、法与文化、法与经济等各重大领域的研究成果又可以反过来为残障研究提供丰富的理论工具,进而具体地改善残障者的生活和社会状态。

(三)残障研究的实然法价值

由于社会中必定存有残障者,而法律管理的又是社会的方方面面,因此,管

[20] See Martha C. Nussbaum, *Frontiers of Justice: Disability, Nationality, Species Membership*, Cambridge, MA: Belknap of Harvard University Press, 2017, p. 108 – 140.

[21] See Michael Bérubé, "Equality, Freedom, and/or Justice for All: A Response to Martha Nussbaum", 4 *Metaphilosophy* 352 (2009).

理社会的规范也必须注意残障者的存在并给予合理的支持;否则,就会导致残障者被忽视、被边缘,或是其某些权益无法得到保障。但是实际上,残障者是法的界限,残障者时常不为立法者或执法者所注意,这就导致了法的各个部门经常性地面对残障者的需求而不知所措。笔者简要介绍几个部门法常见的对残障者的忽视情况,以及如何得益于残障视角从而更好地说明,为何残障视角在法学领域的全面深化有其必要性和有益性的例子。这一部分的内容主要侧重国际法、宪法与行政法和法的社会效应三个方面。关于民法、刑法和社会法等方面,伴随残障状态而生的议题亦比比皆是。比如,有关法律法规对涉及残障因素的婚姻及生育限制的法理基础的探究和对残障者的生命权、隐私权或家庭权之限制的重新审视等。民刑领域还有涉及残障者的诸如人格权、性自主权、独立生活与隐私权、企业社会责任、权利能力、意思能力、行为能力、责任能力等诸多民法、刑法议题需要法学界的讨论。在社会法领域,宪法中明确规定,社会法领域残障工作的重点之一为对弱势一方权利的平衡性保护(equity),残障者之"劳动、生活和教育"由国家安排。那么,涉及如何安排和这种安排是否体现了对残障者真正有利的倾斜保护等问题的探究。毫无疑问,所有的这些方面的发展都仰赖对残障研究方法的进一步掌握。即使如此,以上这些列举只是其中的冰山一角。鉴于文章篇幅的限制,就不对这部分法律的内容一一论述。

当代,残障研究对国家和社会来说的法学功能,至少包括以下几个方面:

1. 国际法层面

首先,残障研究的视角有助于落实《公约》缔约方所承担的国际法义务。《公约》提出了多种有关残障意识提升的要求,特别是其第8条"提高认识"的规定,要求缔约方承担一种在社会中广泛深入地提升残障意识的义务。在第13条"获得司法保护"中,更是特别强调对"司法领域工作人员……进行适当的培训"。法律人作为社会的一分子,应当具有残障意识,这样的残障意识可以从残障研究视角中获得。这也就意味着,法律人就如同所有社会成员一样,应当作为残障研究的接收"客体"。

其次,法律作为社会的管理规范,对于社会中残障意识的培养能起到不可忽视的作用,这也意味着在国家的法律层面上需要积极响应《公约》提出的要求。响应的方法便是通过符合残障视角的法律和政策,从而要求法律人本身具有足够成熟的残障研究相关知识,也为法律人施加了一种不同于其他社会成员的残障研究"主体"义务。要真正地让全社会认识残障群体,需要法律的力量,也需要法律人的参与。这样的力量和参与不仅是道德或利益上的追求,也是专业的要求,还是一种协助国家落实国际法义务的责任。

2. 宪法与行政法层面

残障研究的视角对于残障者于中国宪法下的各项人权保障有重要意义。《宪法》第 2 章对公民的基本权利和义务作出了规定,该章开篇即明确:"凡具有中华人民共和国国籍的人都是中华人民共和国公民。中华人民共和国公民在法律面前一律平等。国家尊重和保障人权。任何公民享有宪法和法律规定的权利,同时必须履行宪法和法律规定的义务。"[22] 残障者作为公民的组成部分,据此,也当然地在中国法治下享有人权,和他人在法律面前平等,享有《宪法》和其他法律法规规定的权利,必须履行宪法和法律规定的义务。根据《宪法》第 34～47 条的有关规定,残障者的政治权利、言论自由、信仰、人身自由、人格尊严、住宅安宁、通信自由和秘密、劳动权、休息权、受教权、科研文艺自由等均应依其公民身份受到平等保护。此外,《宪法》第 45 条规定了残障者的社会保障权并作出了倾斜式的规定,它明确了残障者应在物质、劳动、生活和教育等领域上获得更完好的社会保障。

但是,这些保障的具体落实在宪法与行政法领域可能受到以下几个因素影响:

第一,有关部门法的立法是否完善。由于中国法院在实践中通常不直接适用宪法裁决案件,残障者被宪法保障的前述各项权利(包括与其他公民平等的各项人权及自由和受到倾斜保护的社会保障权)尚需要通过部门法的具体规定来保护。于是,各部门法是否存有完善的相关规定,变成为残障者的宪法权利能否得到保护的关键。举例而言,即便《宪法》第 38 条有"中华人民共和国公民的人格尊严不受侵犯"的规定,但没有反歧视法的具体落实,残障者在遇到基于残障的歧视时,如果没有造成明显的有关其他权利的损害,就难以请求法院支持。[23] 虽然《残疾人保障法》有一些禁止基于残障的歧视的规定,但正如其第

[22] 参见《宪法》第 33 条。

[23] 相较而言,我国香港特别行政区则订有《残疾歧视条例》(第 487 章),保障残障者于各场合免受歧视的权利,并订有明确的罚则(包括损害赔偿、惩戒性赔偿、强制晋升或雇用、各级罚款等,在某些情况下,歧视残障者被判罪确定者甚至可处 2 年监禁)。

67条(法律责任条款)所蕴含的,[24]其在以诉讼方式具体落实时,通常要求针对残障人的歧视带来具体财产损害。实务上,即便针对残障者的财产损害,也有可能因法官解读不当而致判决败诉或案件得不到受理。[25] 此时便出现了残障者的宪法权利未能得到司法保护的现象。要解决这样的问题,最直接的方式就是完善有关领域的立法,但是,如果学界和政界的法学专业人士缺乏残障研究的视角和经验,要立出精准的法来补齐残障者权利难以得到保护漏洞的缺口就比较难。

第二,地方立法是否符合包含宪法在内的上位法。自2015年3月地方立法权下放开始,设区的市也开始享有立法权。在我国的违宪审查和司法审查制度不断完善的过程中,要避免这些新的地方立法与上位法(特别是宪法)相抵触但未被废止的情况发生,考量残障研究的视角在地方立法中尤为重要。

第三,具体行政行为人的法治素养。除抽象行政行为外,具体行政行为人如不具备相应的残障研究视野,即便各层级立法均科学合理,也可能在无意中运用歧视性的"个人模式"视角来处理涉及残障者的各项事务,而这亦可能对残障者的各基本权利产生深远影响。比如,如果一名肢障者申请出租汽车驾驶员从业资格被拒,拒绝的理由是一份未对外公开的内部规章,其要求不给残障者发证,这就涉及残障者平等就业权是否有效地获得保障的问题。[26] 如果法律

〔24〕《残疾人保障法》第67条规定:"违反本法规定,侵害残疾人的合法权益,其他法律、法规规定行政处罚的,从其规定;造成财产损失或者其他损害的,依法承担民事责任;构成犯罪的,依法追究刑事责任。"

〔25〕参见雪伶:《为什么对我说"不"——张蓉诉中国××银行××分行拒绝向残疾人发放房屋按揭贷款案》,载周伟、李成、李昊等编著:《法庭上的宪法——平等、自由与反歧视的公益诉讼》,山东人民出版社2011年版,第522~525页。

〔26〕根据交通运输部《出租汽车驾驶员从业资格管理规定》第10条的规定,取得相应准驾车型机动车驾驶证并具有3年以上驾驶经历者,无肇事、危险驾驶、吸毒、酒驾、近期扣分扣满、暴力犯罪或不满足地方政府规定的其他条件的,可以申请参加出租汽车驾驶员从业资格考试。而按公安部《机动车驾驶证申领和使用规定》,残障者准驾C5型自动挡载客汽车(残疾人专用小型、微型自动挡载客汽车),并无公开禁止残障者以其C5型自动挡载客汽车申请参与出租汽车驾驶员从业资格考试之规定。

条文本身存在残障问题被特殊化的问题,再搭以不具残障意识的司法者,残障者便难以与其他人在法律面前获得平等承认。如果在针对具体行政行为作出人的法治教育中包含有关残障意识的内容,那么,相应的问题则会有很大改善。

第四,残障者权利落实的特殊性是否进入学界、政府及公众的视野。除抽象行政行为和具体行政行为可以对残障者造成的影响外,还有一类常见的针对残障者的隐形侵害,这样的隐形侵害源于残障者的人权保障的特殊性,且常见于各项基本人权领域。残障者人权保障的特殊性需要经由残障研究加以确定。比如,残障者的各项人权极度仰赖无障碍(制度性地确保残障者能正常且便利地出入或使用各物质环境、信息和服务)与合理便利(在不造成过度负担的情况下,为残障者提供个人化的便利以确保其能融入社会生活的各方面),如果无障碍和合理便利的概念不被立法者和从业者充分了解,那么,残障者的各项权利就很难落实。学界、政府及公众均应注意残障者权利的特殊性,在此特殊性的研究和倡导上,法学领域不能缺席。

上述几个影响残障者宪法权利落实的因素体现出,各法学领域的从业者学习和运用残障视角是妥善保护残障者作为公民所享有的宪法权利的重要条件。

3. 法的社会效果

法学是规范社会关系之学,它能引领和塑造社会态度,它背后的价值观会深刻影响在其管制之下的个体行为。如若整个法律体系疏于接受残障研究的基本命题,仍将残障者认为是慈善或医疗的客体,那么,根据联合国《残疾人权利公约培训指南》的说法,"残疾人参与社会和享有权利[将]变得更加困难"。[27] 以上对残障者刻板印象甚至污名化问题最突出的体现莫过于在法律文本的用语上。在这种困境之下,法律界更应扮演更加积极的角色,去承认残障议题的普遍性,并将其去特殊化。

综上可以发现,残障研究对法学领域之价值不仅在于其可以对相关研究及教学进行纠正与指引,更在于法学实务各领域与其交叉时所产生的问题具有解决之必要性,以及其对法学实务各领域相关讨论深化的助益性。残障与法学之交叉绝不只在于某一部门法,同理,残障研究渗入法学各领域为有关从业者所知、所学亦具有必要性,此即本段的论述重点所在。

---

〔27〕《残疾人权利公约培训指南》,载联合国官网 2020 年 11 月 6 日,https://www.ohchr.org/Documents/Publications/CRPD_TrainingGuide_PTS19_CH.pdf。

## 四、结　论

一个社会是否文明,一个国家是否先进,弱势群体的生存发展状况是其中一个很重要的衡量标准。创建先进和文明的法治社会的必要条件,是使包含残障者在内的所有人得到平等对待。在世界范围内,尽管各式政策法规在通过时抱持一种"为残障者好"的出发点,但后果却时常是将残障者从一个深渊推向另一个深渊。要尽力避免这种情况,便要求法学界对残障议题有足够了解,对残障研究予以充分的重视和吸纳,对残障者的特点和诉求有足够的重视并对他们的生活经历和生命体验给予充分尊重。事实已证明,获得残障研究支撑的法学能够更好地符合法治社会的需求,也能更好地彰显法治的价值。

一个国家的法律包含残障研究的视角是法的内在要求。对法的本质纵然有不同看法,但无论是将之视为维系社会公平正义的工具,还是将之视为多元和包容社会中守护人与人之间关系的桥梁,都绕不开深究残障实践是否符合法的内在追求的义务。必须承认的是,残障者是社会平等的一分子、是人与人关系的参与者。残障者与非残障者之间的关系,需要真正意义上的公平和公正,也需要双方一并参与建构。因此,法律在管理社会时,具有增进残障意识的义务,从而保证法律制度符合诸如公正、包容等法律的内在要求,促进社会健康可持续发展。一套良好的保护包括残障者在内的所有多样性群体的社会秩序应当被尽快构建和完善,这不仅是为了满足道德或法律上的基本要求,也是为了使我们能更好地跨越挑战、掌控风险,并捕捉住那些伴随而来的机遇。

Disability Research and Law

Cui Fengming

**Abstract**: This article introduces the development and core concepts of disability studies and analyzes its implications and importance to the legal academy from a comparative perspective. The first part shows the evolvement of disability studies as a "division of study", the development of its curricula and academic discipline, and the driven forces behind the development; the second part addresses the disability concepts and their evolvement, different disability models, the basic model for disability studies, and the correlation between the development of disability studies and disability models; the last part explores the integration of disability studies in the legal academy and its significance.

**Key words**: disability studies　core concepts　disability models　disability legal studies

# 青 年 法 评

# 我国仲裁机构的独立性及其实现[*]
## ——基于互联网公开数据的实证分析

刘君之[**]

**内容摘要:**

作为法院之外的合同纠纷和其他财产权益纠纷的重要解决机构,仲裁机构的去行政化并回归独立性是其本质属性的要求,也是我国仲裁的未来发展趋势。基于自主构建的仲裁机构独立性指数模型,对我国 203 个仲裁机构进行测度,结果显示我国仲裁机构的整体独立性水平较低。欲实现仲裁机构的独立性,应明确仲裁机构的独立法人地位,仲裁机构应完全独立于行政机关及其职能部门,不应成为事业单位或其二级机构,赋予仲裁委员会在人事管理、财产管理、机构设置等方面的自主权,减少甚至去除仲裁委员会主任官方背景,淡化仲裁机构秘书处人员的行政化色彩。

**关键词:**

仲裁机构　独立性　大数据　阻碍　实现路径

## 一、引　　论

根据《仲裁法》第 8 条的规定,[1]仲裁委员会独立于行政机关,与行政机关没有隶属关系。在我国,虽然对仲裁的法律属性存在争议(有司法权论、契约

---

* 本文系长沙仲裁委员会体制改革研究课题基金项目(SKH2019014)阶段性研究成果。

** 湖南大学法学院 2016 级博士研究生。

〔1〕《仲裁法》第 8 条规定,仲裁依法独立进行,不受行政机关、社会团体和个人的干涉。

论、混合论、自治论4种学说),但对仲裁机构去行政化的目标是一致和明确的,[2]即仲裁机构应该独立于行政机关。之所以要实现仲裁机构的去行政化,确保仲裁机构的独立性,一方面,是由仲裁的法律属性决定的。克莱因[3]、亨里克斯[4]、普谢杜[5]、宋连斌、杨玲[6]、李庆明[7]都普遍认可仲裁的“私力救济”属性,仲裁机构的仲裁权源于争议双方当事人的意愿,即当事人的授权是仲裁权形成的前提,仲裁与诉讼、强制执行等公力救济具有本质区别。另一方面的原因在于,实现仲裁机构的独立性可以排除行政干预和地方保护,增加仲裁裁决的可信赖性和公信力,并且可以避免行政性仲裁在国际社会得不到承认或执行的局面出现。[8]

我国仲裁机构的发展有自己特定的历史轨迹。[9] 在国家决定建设社会主义市场经济体制之后,为发展社会主义市场经济和开展国际经济贸易往来,国

---

[2] 参见陈福勇:《模糊化还是明确化——也谈仲裁机构的性质问题》,载《北京仲裁》2007年第62辑。

[3] See Sabharwal D & Zaman R, “Vive la difference? Convergence and Conformity in the Rules Reforms of Arbitral Institutions: The Case of the LCIA Rules 2014”, *Journal of International Arbitration*, 2014, p. 69 – 70.

[4] See Henriques D. G., “The Role of Good Faith in Arbitration: Are Arbitrators and Arbitral Institutions Bound to Act in Good Faith”, *Asa Bulletin*, 2015, p. 31 – 33.

[5] See Warwas, B. Alicja, “The Liability of Arbitral Institutions: Legitimacy Challenges and Functional Responses”, *Asian International Arbitration Journal*, 2017, p. 111 – 112.

[6] 参见宋连斌、杨玲:《我国仲裁机构民间化的制度困境——以我国民间组织立法为背景的考察》,载《法学评论》2009年第3期。

[7] 参见李庆明:《境外仲裁机构在中国内地仲裁的法律问题研究》,载《环球法律评论》2016年第3期。

[8] 参见姜丽丽:《论我国仲裁机构的法律属性及其改革方向》,载《比较法研究》2019年第3期。

[9] 根据《经济合同法》(1982年)、《经济合同仲裁条例》(1983年)、《技术合同法》(1987年),我国的仲裁机构起源于行政仲裁,工商局下设工商局经济合同仲裁委员会,由经济合同仲裁委员会行使国家授予的经济合同纠纷的仲裁权,仅有少量对外的仲裁委员会作为国际仲裁窗口。技术合同纠纷由国家科委部门负责行政仲裁;房产纠纷由国家房产管理部门负责行政仲裁。

家颁布了《仲裁法》。为贯彻实施《仲裁法》,重新组建独立于行政机关的仲裁机构,国务院办公厅相继颁发了《关于做好重新组建仲裁机构和筹建中国仲裁协会筹备工作的通知》(国办发〔1994〕99号)、《关于进一步做好重新组建仲裁机构工作的通知》(国办发〔1995〕38号)等文件,要求"仲裁机构重新组建工作由省、自治区和有关城市人民政府的法制局(办)牵头",由地方人民政府负责组建。然而,20多年来,全国各地的地方人民政府不仅负责组建仲裁委员会,同时还会参与其主任任命、经费拨付及监管、人事管理等具体工作事项。仲裁机构的独立性不足,经费源于财政拨款,事业编制人员、公务员在其人员构成中占有较大比重,仲裁委员会的主任也通常为政府官员。种种现象表明,我国仲裁机构没有像《仲裁法》和中央文件要求的那样,"独立于行政机关,与行政机关没有隶属关系"。

迄今为止,我国学者多从仲裁的民间性、自治性来证成仲裁机构的独立性论题,[10]但对我国现实中仲裁机构的独立性状况实证研究,对于我国仲裁机构的独立性程度如何,在哪些方面需要改进,不同仲裁委员会间的独立性程度有何差异等问题却较少涉猎。尤其是在2018年12月31日中共中央办公厅、国务院办公厅颁发《关于完善仲裁制度提高仲裁公信力的若干意见》(以下简称《若干意见》)后,对于贯彻实施《若干意见》,实现仲裁委员会依法独立开展工作方面的研究极少。本文基于互联网公开的仲裁机构的数据,依据笔者构建的模型就我国仲裁机构的独立性进行测度,并在此基础上,依据《民法典》《仲裁法》《若干意见》,就仲裁机构独立性的实现提出意见,以期有益于仲裁公信力的提升,促进我国仲裁事业的健康快速发展。

## 二、仲裁机构独立性测度及问题揭示

### (一)独立性测度指标选取

根据《仲裁法》和《若干意见》,仲裁委员会应当依法独立开展工作,其独立性体现在以下几个方面:一是组织上的独立,即仲裁委员会在组织序列上独立于行政机关;二是机构上的独立,各仲裁机构之间不存在隶属关系,独立开展业

〔10〕 参见汪祖兴:《仲裁机构民间化的境遇及改革要略》,载《法学研究》2010年第1期。

务;三是业务上的独立,案件仲裁过程中不受行政机关、社会团体和个人的干涉,“各级党政机关和领导干部要支持仲裁委员会依法独立仲裁,支持仲裁委员会依照章程独立开展工作,不得干预仲裁裁决”。[11] 因此,笔者对涉及仲裁机构独立性的国内外文献和我国仲裁机构相关法律条款以及仲裁机构章程、规则进行查阅,并选取长沙、厦门等仲裁委员会进行实地访谈后发现,仲裁机构的独立性可以划分为仲裁机构性质定位、经费来源、管理机构、人员构成等方面的独立性。

第一,性质定位的独立性体现在仲裁机构拥有独立的法人资格。由于仲裁机构具有非营利性的特征,根据仲裁机构的业务范围和服务领域,应将公益性与服务性作为仲裁机构的根本属性,因此,仲裁机构的性质应当作为其独立性测度的维度之一。相对而言,从仲裁机构性质这一维度上来说,事业单位和参公事业单位的独立性要低于社会组织与社团法人、法律服务机构、企业等非政府机构。

第二,经费来源的独立性体现在独立的经费来源是法人作为独立主体存在的物质基础,没有独立的经费来源就无法独立地享有民事权利并承担民事义务,也就没有独立的“人格”。因此,仲裁机构的经费来源应当作为其独立性测度的维度之一。仲裁机构的经费来源不应依赖财政拨款和补贴,实行“收支两条线”,而应做到自收自支。所以,从仲裁机构经费来源这一维度上看,经费来源为财政拨款(全额拨款)的独立性应当低于财政补助(差额拨款),而财政补助(差额拨款)的独立性要低于自收自支、企业化管理。

第三,管理机构的独立性体现在不应以市政府及其办公厅(室)、法制办作为其管理机构,而应以仲裁委作为独立的登记主体,管理机构也应当是仲裁机构独立性测度的维度之一。因此,从仲裁机构管理机构这一维度上来看,管理机构为“市政府及其下属单位、市政府办公厅(室)、法制办、司法局”等政府机关的独立性应当低于自我独立登记管理为“仲裁委或仲裁委员会”的仲裁机构。

第四,人员构成的独立性体现在仲裁委员会主任的身份不应为政府官员,而应为相关法律或经济领域的专家学者,并增加行业专家学者在委员会人员构

---

[11] 叶永禄、李琴:《回归本原:中国仲裁发展路径探析》,载《北京仲裁》2010 年第 3 期。

成中的比重。按照《仲裁法》的要求，仲裁委员会的主任、副主任、委员由法律、经贸专家和有实际工作经验的人员担任。因此，人员构成也是仲裁机构独立性测度的指标之一。在仲裁机构主任的身份中，政府官员兼任主任的独立性低于从党政机关转任的专职主任，而专职主任的独立性低于专家学者。同时，考虑到同为政府官员，其官职越高，则管辖范围越大，相应地对于仲裁机构的关注越少，仲裁机构的独立性反而越强。与此同时，计算专家学者人数、事业单位成员人数、行政机关人数占委员会总人数比重的值也能在一定程度上体现仲裁机构的独立性状况。

（二）数据来源与样本选取

目前，关于我国仲裁机构的基本情况尚没有一个完整权威的统计报告，本文数据源于2017年年末至2019年年初所有地级市在互联网上可查询到的事业单位年度报告或者政府的公开报告。自2017年进行数据收集，历经3次审核校对，保证了数据的真实可靠。由于目前我国仲裁机构正处于改革阶段，作为多地仲裁机构牵头组建机关的法制办逐渐被合并纳入司法局，导致原法制办的公开资料遗失，增加了数据的获取难度，且此类数据在未来将越来越少。因此，本文使用的数据乃是目前我国最全面的反映仲裁机构行政化特性与独立性现状的数据。对可以查询到的264家仲裁机构（主要以设区地级市的仲裁机构为主）的数据进行整理，可知仲裁机构的性质、经费来源、管理机构、主任身份、人员构成如下所示：

1. 机构性质

在264家仲裁机构中，事业单位和参公事业单位占91.29%，社会组织与社团法人占2.65%，法律服务机构、公司占2.27%，不详占3.79%（见表1）。

**表1 仲裁机构性质**

| 仲裁机构性质 | 事业单位和参公事业单位 | 社会组织与社团法人 | 法律服务机构、公司、 | 不详 |
|---|---|---|---|---|
| 数量/个 | 241 | 7 | 6 | 10 |
| 比重/% | 91.29 | 2.65 | 2.27 | 3.79 |

2.经费来源

仲裁机构的经费来源中财政拨款和全额补助、财政差额补助、自收自支、企业化管理分别为78个、81个、81个、2个,分别占29.55%、30.68%、30.68%、0.76%。在经费来源方面,有60.23%的仲裁机构的经费来源是财政拨款和补助(见表2)。

表2 仲裁机构的经费来源

| 经费来源 | 财政拨款和全额补助 | 财政差额补助 | 自收自支 | 企业化管理 | 不详 |
|---|---|---|---|---|---|
| 数量/个 | 78 | 81 | 81 | 2 | 22 |
| 比重/% | 29.55 | 30.68 | 30.68 | 0.76 | 8.33 |

3.管理机构

仲裁机构的管理机构为法制办、司法局、仲裁委、政府办、市政府、不详的,分别为87个、37个、37个、32个、52个、19个,分别占32.95%、14.02%、14.02%、12.12%、19.70%、7.20%(见表3)。

表3 管理机构

| 管理机构 | 法制办 | 司法局 | 仲裁委 | 政府办 | 市政府 | 不详 |
|---|---|---|---|---|---|---|
| 数量/个 | 87 | 37 | 37 | 32 | 52 | 19 |
| 比重/% | 32.95 | 14.02 | 14.02 | 12.12 | 19.70 | 7.19 |

4.主任身份

综观仲裁机构主任的身份,市长、常务副市长、副市长、政府秘书长、人大主任和政协主席、法制办主任或司法局局长、原政府官员、其他政府官员、专职主任、专家学者分别为7个、102个、69个、7个、13个、13个、10个、8个、4个、4个,分别占2.65%、38.64%、26.14%、2.65%、4.92%、4.92%、3.79%、3.03%、1.52%、1.52%(见表4)。

表 4　仲裁委员会主任的身份性质

| 仲裁委员会主任的身份性质 | 市长 | 常务副市长 | 副市长 | 政府秘书长 | 人大主任和政协主席 | 法制办主任或法制司法局局长 | 原政府官员 | 其他政府官员 | 专职主任 | 专家学者 | 不详 |
|---|---|---|---|---|---|---|---|---|---|---|---|
| 数量/个 | 7 | 102 | 69 | 7 | 13 | 13 | 10 | 8 | 4 | 4 | 27 |
| 比重/% | 2.65 | 38.64 | 26.14 | 2.65 | 4.92 | 4.92 | 3.79 | 3.03 | 1.52 | 1.52 | 10.22 |

5. 人员构成

在仲裁机构人员结构中，政府机构成员数量、事业单位成员数量、专家学者数量人数分别为 2111 人、516 人、461 人，分别占 68.36%、16.71%、14.93%。所有委员中，从事法律相关工作者 1093 人，占 35.4%（见表 5）。

表 5　仲裁机构人员结构

| 人员结构 | 政府机构成员数量 | 事业单位成员数量 | 专家学者数量 |
|---|---|---|---|
| 人数/人 | 2111 | 516 | 461 |
| 比重/% | 68.36 | 16.71 | 14.93 |

（三）独立性测度方法选取与模型构建

1. 独立性测度方法选取

关于独立性测度在金融领域的研究成果较多，在法律领域方面趋于空白，但基于独立性测度理念与方法的共通性，可借鉴以银行独立性测度为典型的研究成果实现对仲裁机构独立性测度方法的选取。基于 LEGAL 指数、LL 指数、TOR 指数、POL 指数等对中央银行独立性开展的研究和应用中，研究者均是通过对“独立性”内涵进行界定，选取若干衡量指标并赋予每一项指标一定的数值和权数。〔12〕确定指标权重运用的方法包括变异系数法、层次分析法、熵权

〔12〕参见张旭、伍海华：《中央银行独立性测度的比较及对我国的启示》，载《财贸研究》2002 年第 3 期；张晓耀、李玉婷：《中央银行独立性测度及其与通胀的关系——基于文献研究视角》，载《中国集体经济》2018 年第 5 期。

法、主成分分析法等。笔者借鉴上述领域的研究思路,在对仲裁机构独立性测度的计算过程中,为了确保计算结果的准确性和科学性,选择熵权法用于对独立性进行测度,原因在于其是一种用于多对象、多指标的综合评价方法,客观性较强,不受主观干扰,通过指标的变异程度进行计算以确定目标值的权重。在通常情况下,某个指标的信息熵 $E_i$ 的变化大小与其变异程度成反比关系,与信息量成正比关系。对于仲裁机构的独立性测度,考虑到其数据较离散,变异程度也较大,利用熵权法可有效剔除指标体系中对评价结果贡献不大的指标,其研究成果精度较高,并能够较好解释所得到的测度结果。

熵权法应用的步骤有以下环节:

一是将数据进行标准化处理。对于给定的指标序列 $X_i = \{x_1, x_2, \cdots, x_n\}$,标准化后的序列为 $Y_i = \{y_1, y_2, \cdots, y_n\}$,则 $Y_{xj} = \frac{x_{ij} - \min(x_i)}{\max(x_i) - \min(x_j)}$。

二是计算各指标的信息熵。另 $P_{ij} = \frac{Y_{ij}}{\sum_{i=1}^{n} Y_{ij}}$,则信息熵值为 $E_j = -\ln(n)^{-1} \sum_{i=n}^{n} p_{ij} \ln p_{ij}$。若 $P_{ij} = 0$,则定义其熵值也为0。

三是确定各指标的权重。根据公式 $W_i = \frac{1 - E_i}{k - \sum E_i} (i = 1, 2, \cdots, k)$,计算出每个指标的信息熵 $E_1, E_2, \cdots\cdots E_K$。

2. 指标的选取依据

陈福勇(2007年)选取仲裁机构的举办机关、经费来源、人员构成来反映仲裁机构性质定位的模糊化问题。[13] 汪祖兴(2010年)通过仲裁机构的性质、人事任免、财权资助、人员构成等方面来揭示仲裁机构的应然属性及行政异化现状。[14] 罗楚湘(2012年)选取仲裁机构的组建和出资者、仲裁委员会主任身份、

---

〔13〕 参见陈福勇:《模糊化还是明确化——也谈仲裁机构的性质问题》,载《北京仲裁》2007年第62辑。

〔14〕 参见汪祖兴:《仲裁机构民间化的境遇及改革要略》,载《法学研究》2010年第1期。

人事和财务管理等来反映仲裁机构的行政化。[15] 姜丽丽(2019年)选取仲裁机构的性质、经费使用、人员结构来反映仲裁机构的独立性与非官方性。[16] 仲裁机构的独立性是仲裁机构实现和保障仲裁私法自治本质的基础和前提,具体体现为仲裁机构的非官方性和去行政化。为了使仲裁机构的仲裁活动脱离公权力,要求其在组织属性上应当独立于行政权力机关,在举办机关和主任身份方面具有独立性;在机构上的独立性要求仲裁机构应当具有独立的财权和人事权;在业务服务中的独立性,要求其能够保持立场中立和利益无涉,具有私法上的独立的法人性质和地位。因此,本文选取"仲裁机构的性质、经费来源、举办机关、主任身份、人员构成"作为反映仲裁机构独立性测度的指标。

3. 模型的构建

本文利用收集到的数据,构建仲裁机构独立性指数指标体系(见表6)。具体为:NATU为仲裁机构的性质,FUND为仲裁机构的经费来源,ORGA为仲裁机构的举办机关,STAF为仲裁机构的主任身份,STRU为仲裁机构的人员构成。采取赋值的方式,对5个自变量进行量化,以便于模型计算。

**表6 仲裁机构独立性指数指标体系**

| 目标层 | 指标名称 | 指标内容 | 赋值规则 |
|---|---|---|---|
| 仲裁机构的独立性指数INDE | NATU | 仲裁机构的性质 | 将事业单位和参公事业单位赋值为"1",社会组织与社团法人、法律服务机构、企业等赋值为"2" |
| | FUND | 仲裁机构的经费来源 | 将财政拨款(全额拨款)赋值为"1",将财政补助(差额拨款)赋值为"2",将自收自支、企业化管理赋值为"3" |
| | ORGA | 仲裁机构的举办机关 | 将"市政府及其下属单位、市政府办公厅(室)、法制办、司法局"赋值为"1",将"仲裁委"赋值为"2" |
| | STAF | 仲裁机构主任身份 | 将副厅(地市)级及以下级别政府官员赋值为"1",将正厅(地市)级及以上级别政府官员赋值为"2",将"专职主任"赋值为"3",将"专家学者"赋值为"4" |

〔15〕 参见罗楚湘:《仲裁行政化及其克服》,载《江西社会科学》2012年第3期。

〔16〕 参见姜丽丽:《论我国仲裁机构的法律属性及其改革方向》,载《比较法研究》2019年第3期。

续表

| 目标层 | 指标名称 | 指标内容 | 赋值规则 |
| --- | --- | --- | --- |
| | STRU | 仲裁机构人员结构 | 将仲裁机构人员结构引入熵权法模型,计算专家学者数量和事业单位成员数量、行政机关人员占委员会总人数比重的值。在此基础上进行加权,计算仲裁委员会人员结构的独立性 $STRU = \frac{organ}{total} \times 1 + \frac{insti}{total} \times 2 + \frac{exper}{total} \times 3$ 在上式中,STRU 代表仲裁机构人员结构变量的赋值,total 代表总人数,organ 代表行政机关成员数量,insti 代表事业单位成员数量,exper 代表专家学者数量 |

剔除存在数据不完整的仲裁机构,共选取各类数据完整的仲裁机构 203 家。运用熵值法来进行指标权重的计算,对各指标数值进行无量纲化处理,采用 Min-Max 归一法对各指标进行标准化处理。仲裁机构的性质、经费来源、举办机关、主任身份、人员构成等指标的熵值和权重如表 7 所示。

**表 7　仲裁机构独立性指数各指标的熵值和权重**

| 指标名称 | 熵值 | 差异系数 | 权重 |
| --- | --- | --- | --- |
| NATU | 0.414 | 0.586 | 0.365 |
| FUND | 0.919 | 0.081 | 0.050 |
| ORGA | 0.564 | 0.436 | 0.271 |
| STAF | 0.534 | 0.466 | 0.290 |
| STRU | 0.961 | 0.039 | 0.024 |

根据熵值法的基本原理,指标数值的波动范围越大,说明该指标反映的信息量越多,则计算的熵值越小,权重反之越大。从表 7 可以看出,在仲裁机构独立性指数各指标中,仲裁机构性质 NATU 权重第一,为 0.365;仲裁机构主任身份 STAF 权重第二,为 0.290;仲裁机构举办机关 ORGA 权重第三,为 0.271;仲裁机构的经费来源 FUND 权重第四,为 0.050;仲裁机构的人员构成 STRU 权重最小,为 0.024。

根据熵值法得出的仲裁机构独立性指数各指标权重,构建的我国仲裁机构独立性指数模型如下：

$$INDE = 0.365NATU + 0.05FUND + 0.27ORGA + 0.29STAF + 0.024STRU$$

(四)独立性测算结果及其分析

1. 数据的描述性统计

仲裁机构性质(NATU)、经费来源(FUND)、举办机关(ORGA)、主任身份(STAF)、人员构成(STRU)各变量的标准差、均值、极小值、极大值如表8所示。

**表8 指标描述性统计**

| 指标名称 | N | 极小值 | 极大值 | 均值 | 标准差 |
|---|---|---|---|---|---|
| NATU | 203 | 1.00 | 2.00 | 1.0443 | 0.20635 |
| FUND | 203 | 1.00 | 3.00 | 2.0345 | 0.81069 |
| ORGA | 203 | 1.00 | 2.00 | 1.0985 | 0.29876 |
| STAF | 203 | 1.00 | 4.00 | 1.1576 | 0.54933 |
| STRU | 203 | 1.00 | 3.00 | 1.4732 | 0.30627 |

2. 各仲裁机构独立性指数

通过我国仲裁机构独立性指数模型，对各项数据完整的203家仲裁机构的独立性指数进行测算，各地市仲裁机构的独立性指数如表9、表10、表11所示。

**表9 独立性指数排名1～60位的仲裁机构**

| 排位 | 城市 | 独立性指数 | 排位 | 城市 | 独立性指数 | 排位 | 城市 | 独立性指数 | 排位 | 城市 | 独立性指数 |
|---|---|---|---|---|---|---|---|---|---|---|---|
| 1 | 普洱 | 2.342 | 8 | 广州 | 1.600 | 15 | 厦门 | 1.474 | 22 | 焦作 | 1.381 |
| 2 | 北京 | 2.279 | 9 | 汕头 | 1.595 | 16 | 赣州 | 1.472 | 23 | 淮南 | 1.380 |
| 3 | 深圳 | 2.075 | 10 | 珠海 | 1.589 | 17 | 鄂尔多斯 | 1.414 | 24 | 运城 | 1.380 |
| 4 | 阳江 | 2.069 | 11 | 天水 | 1.566 | 18 | 兰州 | 1.405 | 25 | 丽水 | 1.376 |
| 5 | 上海 | 2.018 | 12 | 岳阳 | 1.491 | 19 | 攀枝花 | 1.396 | 26 | 白银 | 1.358 |
| 6 | 天津 | 1.998 | 13 | 九江 | 1.478 | 20 | 太原 | 1.395 | 27 | 湘潭 | 1.354 |
| 7 | 永州 | 1.773 | 14 | 黄石 | 1.475 | 21 | 台州 | 1.393 | 28 | 衢州 | 1.350 |

续表

| 排位 | 城市 | 独立性指数 | 排位 | 城市 | 独立性指数 | 排位 | 城市 | 独立性指数 | 排位 | 城市 | 独立性指数 |
|---|---|---|---|---|---|---|---|---|---|---|---|
| 29 | 蚌埠 | 1.345 | 37 | 鞍山 | 1.304 | 45 | 南阳 | 1.143 | 53 | 通辽 | 1.115 |
| 30 | 武汉 | 1.343 | 38 | 南昌 | 1.302 | 46 | 滁州 | 1.121 | 54 | 吉林 | 1.115 |
| 31 | 石嘴山 | 1.350 | 39 | 晋中 | 1.294 | 47 | 福州 | 1.121 | 55 | 萍乡 | 1.115 |
| 32 | 北海 | 1.350 | 40 | 常州 | 1.291 | 48 | 重庆 | 1.117 | 56 | 抚顺 | 1.114 |
| 33 | 邯郸 | 1.341 | 41 | 无锡 | 1.288 | 49 | 大连 | 1.116 | 57 | 德阳 | 1.114 |
| 34 | 盐城 | 1.339 | 42 | 镇江 | 1.284 | 50 | 石家庄 | 1.116 | 58 | 晋城 | 1.114 |
| 35 | 上饶 | 1.308 | 43 | 凉山 | 1.150 | 51 | 渭南 | 1.115 | 59 | 杭州 | 1.114 |
| 36 | 延安 | 1.307 | 44 | 三门峡 | 1.145 | 52 | 衡阳 | 1.115 | 60 | 海南 | 1.114 |

**表10 独立性指数排名61~120位的仲裁机构**

| 排位 | 城市 | 独立性指数 | 排位 | 城市 | 独立性指数 | 排位 | 城市 | 独立性指数 | 排位 | 城市 | 独立性指数 |
|---|---|---|---|---|---|---|---|---|---|---|---|
| 61 | 雅安 | 1.113 | 73 | 南通市 | 1.108 | 85 | 哈尔滨 | 1.103 | 97 | 黑河 | 1.068 |
| 62 | 鸡西 | 1.112 | 74 | 抚州 | 1.108 | 86 | 周口 | 1.103 | 98 | 襄阳 | 1.067 |
| 63 | 大庆 | 1.111 | 75 | 绍兴 | 1.107 | 87 | 丹东 | 1.102 | 99 | 吉安 | 1.067 |
| 64 | 温州 | 1.111 | 76 | 牡丹江 | 1.107 | 88 | 邢台 | 1.100 | 100 | 包头 | 1.066 |
| 65 | 德州 | 1.110 | 77 | 黄冈 | 1.107 | 89 | 广元 | 1.100 | 101 | 秦皇岛 | 1.065 |
| 66 | 湖州 | 1.110 | 78 | 漯河 | 1.106 | 90 | 连云港 | 1.100 | 102 | 南京市 | 1.065 |
| 67 | 洛阳 | 1.110 | 79 | 随州 | 1.106 | 91 | 恩施 | 1.100 | 103 | 驻马店 | 1.064 |
| 68 | 桂林 | 1.109 | 80 | 新乡 | 1.106 | 92 | 南宁 | 1.077 | 104 | 郑州 | 1.064 |
| 69 | 临沂 | 1.109 | 81 | 泉州 | 1.106 | 93 | 呼和浩特 | 1.076 | 105 | 阜阳 | 1.064 |
| 70 | 泸州 | 1.108 | 82 | 柳州 | 1.106 | 94 | 银川 | 1.071 | 106 | 嘉兴 | 1.064 |
| 71 | 汉中 | 1.108 | 83 | 池州 | 1.103 | 95 | 长沙 | 1.070 | 107 | 乌海 | 1.063 |
| 72 | 信阳 | 1.108 | 84 | 南平 | 1.103 | 96 | 贵港 | 1.070 | 108 | 金华 | 1.063 |

续表

| 排位 | 城市 | 独立性指数 | 排位 | 城市 | 独立性指数 | 排位 | 城市 | 独立性指数 | 排位 | 城市 | 独立性指数 |
|---|---|---|---|---|---|---|---|---|---|---|---|
| 109 | 安庆 | 1.063 | 112 | 十堰 | 1.062 | 115 | 梧州 | 1.061 | 118 | 清远 | 1.060 |
| 110 | 绵阳 | 1.062 | 113 | 荆门 | 1.062 | 116 | 钦州 | 1.060 | 119 | 嘉峪关 | 1.060 |
| 111 | 潍坊 | 1.062 | 114 | 韶关 | 1.061 | 117 | 来宾 | 1.060 | 120 | 惠州 | 1.060 |

**表 11　独立性指数排名 121 ~ 203 位的仲裁机构**

| 排位 | 城市 | 独立性指数 | 排位 | 城市 | 独立性指数 | 排位 | 城市 | 独立性指数 | 排位 | 城市 | 独立性指数 |
|---|---|---|---|---|---|---|---|---|---|---|---|
| 121 | 玉林 | 1.059 | 138 | 昆明 | 1.054 | 155 | 济南 | 1.024 | 172 | 威海 | 1.012 |
| 122 | 盘锦 | 1.059 | 139 | 葫芦岛 | 1.054 | 156 | 枣庄 | 1.022 | 173 | 宁波 | 1.012 |
| 123 | 扬州 | 1.059 | 140 | 玉溪 | 1.054 | 157 | 景德镇 | 1.021 | 174 | 本溪 | 1.011 |
| 124 | 江门 | 1.059 | 141 | 阳泉 | 1.053 | 158 | 六盘水 | 1.019 | 175 | 日照 | 1.011 |
| 125 | 安阳 | 1.059 | 142 | 新余 | 1.053 | 159 | 西安 | 1.019 | 176 | 沧州 | 1.011 |
| 126 | 汕尾 | 1.059 | 143 | 河池 | 1.053 | 160 | 南充 | 1.018 | 177 | 肇庆 | 1.011 |
| 127 | 苏州 | 1.058 | 144 | 大同 | 1.053 | 161 | 贵阳 | 1.017 | 178 | 滨州 | 1.011 |
| 128 | 铜川 | 1.057 | 145 | 濮阳 | 1.053 | 162 | 沈阳 | 1.016 | 179 | 东营 | 1.011 |
| 129 | 泰州 | 1.057 | 146 | 临沧 | 1.053 | 163 | 青岛 | 1.016 | 180 | 淄博 | 1.011 |
| 130 | 株洲 | 1.057 | 147 | 吐鲁番 | 1.052 | 164 | 菏泽 | 1.015 | 181 | 辽源 | 1.010 |
| 131 | 榆林 | 1.056 | 148 | 防城港 | 1.052 | 165 | 聊城 | 1.015 | 182 | 宝鸡 | 1.010 |
| 132 | 克拉玛依 | 1.056 | 149 | 保定 | 1.050 | 166 | 梅州 | 1.014 | 183 | 邵阳 | 1.010 |
| 133 | 贺州 | 1.056 | 150 | 宜宾 | 1.050 | 167 | 徐州 | 1.014 | 184 | 咸阳 | 1.010 |
| 134 | 宜昌 | 1.055 | 151 | 宣城 | 1.050 | 168 | 宜春 | 1.014 | 185 | 益阳 | 1.010 |
| 135 | 长春 | 1.055 | 152 | 张家界 | 1.050 | 169 | 烟台 | 1.014 | 186 | 郴州 | 1.009 |
| 136 | 唐山 | 1.054 | 153 | 双鸭山 | 1.031 | 170 | 遵义 | 1.013 | 187 | 辽阳 | 1.009 |
| 137 | 崇左 | 1.054 | 154 | 赤峰 | 1.024 | 171 | 泰安 | 1.012 | 188 | 马鞍山 | 1.009 |

续表

| 排位 | 城市 | 独立性指数 | 排位 | 城市 | 独立性指数 | 排位 | 城市 | 独立性指数 | 排位 | 城市 | 独立性指数 |
|---|---|---|---|---|---|---|---|---|---|---|---|
| 189 | 宿迁 | 1.009 | 193 | 延边 | 1.008 | 197 | 娄底 | 1.006 | 201 | 淮安 | 1.005 |
| 190 | 遂宁 | 1.008 | 194 | 芜湖 | 1.007 | 198 | 怀化 | 1.006 | 202 | 常德 | 1.003 |
| 191 | 资阳 | 1.008 | 195 | 佛山 | 1.007 | 199 | 齐齐哈尔 | 1.005 | 203 | 巴中 | 1.000 |
| 192 | 亳州 | 1.008 | 196 | 庆阳 | 1.006 | 200 | 济宁 | 1.005 | | | |

独立性指数排位在前 10 位的为普洱仲裁委员会、北京仲裁委员会、深圳国际仲裁院、阳江仲裁委员会、上海仲裁委员会、天津仲裁委员会、永州仲裁委员会、广州仲裁委员会、汕头仲裁委员会、珠海仲裁委员会。排位后 10 位的分别为芜湖仲裁委员会、佛山仲裁委员会、庆阳仲裁委员会、娄底仲裁委员会、怀化仲裁委员会、齐齐哈尔仲裁委员会、济宁仲裁委员会、淮安仲裁委员会、常德仲裁委员会、巴中仲裁委员会。

3. 不同经济发展水平和区域城市仲裁机构独立性指数的差异性

为验证仲裁委员会独立性与其所在城市经济发展水平是否存在一定的关联，以《2019 年城市商业魅力排行榜》中(新)一线城市〔17〕、二线城市、三线城市、四线城市、五线城市以及国家统计局《东西中部和东北地区划分方法》划分的东部地区、中部地区、西部地区、东北地区为标准，将各仲裁委员所处的城市进行排名并进行区域划分，通过方差分析检验各城市排名以及各区域划分城市之间的差异(见表 12)。

**表 12　一线城市与其他城市间仲裁机构独立性指数差异性分析**

| 城市等级 | N | 极小值 | 极大值 | 平均值 | 标准差 |
|---|---|---|---|---|---|
| (新)一线城市 | 17 | 1.012 | 2.279 | 1.348 | 0.453 |
| 二线城市 | 27 | 1.007 | 1.589 | 1.166 | 0.162 |
| 三线城市 | 56 | 1.005 | 1.595 | 1.132 | 0.148 |

〔17〕 一线城市数量过少，与新一线合并统计。

续表

| 城市等级 | N | 极小值 | 极大值 | 平均值 | 标准差 |
|---|---|---|---|---|---|
| 四线城市 | 54 | 1.003 | 2.069 | 1.131 | 0.202 |
| 五线城市 | 49 | 1.000 | 2.342 | 1.127 | 0.209 |
| F=3.876 P=0.005 | | | | | |

方差分析结果表明,不同排名城市之间独立性测算结果存在差异(F=3.876,P=0.005),然而,进一步通过多重组间比较结果表明,独立性测算结果在城市排名之间的差异只体现在(新)一线城市与其他排名城市之间,二线城市、三线城市、四线城市以及五线城市相互之间的独立性测算结果并不存在显著差异。主要由于一线城市仲裁机构的业务开展较好,不但可以实现自给自足,而且还有较大盈余,在经费方面可以完全实现自收自支。一线城市往往较其他城市的商事制度较完善,拥有更浓厚的仲裁文化氛围和社会认可度,使其机构性质更趋于民间化。我国法律、经济领域的专家学者、高等院校较多地分布于一线城市,使一线城市的仲裁委员会有了吸纳更多专家学者的可能性,甚至由专家学者担任仲裁委员会的主任。而其他城市与一线城市相比,往往缺少足够的仲裁业务收入,商事制度不健全,缺少专家学者,这些都导致仲裁机构的独立性指数受到影响(见表13)。

**表13 不同区域间仲裁机构独立性指数差异性分析**

| 地区 | N | 极小值 | 极大值 | 平均值 | 标准值 |
|---|---|---|---|---|---|
| 东部地区 | 67 | 1.005 | 2.279 | 1.195 | 0.297 |
| 中部地区 | 60 | 1.003 | 1.773 | 1.153 | 0.166 |
| 西部地区 | 56 | 1.000 | 2.342 | 1.131 | 0.207 |
| 东北地区 | 20 | 1.005 | 1.304 | 1.076 | 0.069 |
| F=1.771 P=0.154 | | | | | |

方差分析结果表明,不同城市区域之间独立性测算结果并不存在显著差异(F=1.772,P=0.154)。位于东部地区、中部地区、西部地区、东北地区的仲裁机构独立性指数在区域之间并不存在显著差异。不同区域间仲裁机构独立性指数的差异性不显著,即便在同一省份,不同城市的独立性指数也具有较大差

距。其根源反映出仲裁机构不以行政区域为单位,仲裁机构间不存在行政领导关系。同时也反映出,即使是在相同省份,不同城市的经济发展水平差距也较大,造成了有的仲裁委员会独立性指数较高,有的仲裁委员会独立性指数较低。

4. 独立性指数测算结果总体分析

利用仲裁机构独立性指数模型,通过对我国各城市仲裁机构独立性指数的测度,203个城市仲裁机构的独立性指数均值结果为1.152,最大值为2.342,最小值为1。该值与仲裁机构的独立性指数最小值1较接近,与仲裁机构的独立性指数最大值2.654相距较远。从总体数据分布来看,203个仲裁机构的独立性指数的标准差为0.2237,数据的离散性较强。其中,独立性指数大于"2"的仅有5家,占2.5%;独立性指数大于"1.5"小于"2"的也仅有6家,占2.61%;独立性指数大于等于"1"小于"1.5"的192家,占94.58%,仲裁机构的独立性指数测度结果偏低。且除去(新)一线城市在独立性测算上相对其他城市有一定差异,其他城市之间并不存在显著差异,且各区域之间仲裁机构的独立性指数也并不存在显著差异。综上所述,我国仲裁机构整体独立性水平较低。

## 三、仲裁机构独立性存在问题的原因分析

通过调查发现,仲裁机构独立性指数总体较低,其主要原因与仲裁机构的法律性质未明确、仲裁机构的组织体系行政化、仲裁机构的经费来源缺少独立性、仲裁机构的人员构成以行政和事业单位成员为主密切相关。

### (一)仲裁机构的法律性质未明确

调查数据显示,仲裁机构的性质为事业单位和参公事业单位的占91.29%,属于社会组织与社团法人的仲裁机构仅占2.65%。通过独立性指数的计算,机构性质为社会组织、社会团体、法律服务机构、企业的仲裁机构全部集中在排名的前16位,其他仲裁机构的法律性质均为事业单位和参公事业单位。特别是独立性指数排位第一的普洱仲裁委员会(中国东盟法律合作中心、澜湄国际仲裁中心)作为"实行法人治理机制,不定级别、不设编制、自收自支、依法纳税、规范运行"的社会组织,被云南省司法厅确定为云南省仲裁委员会内部治理结构综合改革试点单位,超越作为"事业单位"的北京仲裁委员会,其独立性指数名列第1位。综观我国其他仲裁机构的性质,主要以事业单位和参公事业单位为主,其可归咎于1995年国务院办公厅出台的《重新组建仲裁机构方案的通知》

中对于仲裁机构创办初期,“参照”事业单位的规定。[18] 我国缺少仲裁机构应有的法人分类,仲裁机构是提供公益服务的主体,但是根据中共中央、国务院《关于分类推进事业单位改革的指导意见》的规定,仲裁机构又不属于该意见中的一、二、三类公益法人。《仲裁法》缺少对仲裁机构法律性质定位的阐述,对仲裁机构效力、组织设置、职能范围、程序的独立性等要求较含糊。严格来看,虽然深圳国际仲裁院、普洱仲裁委员会、阳江仲裁委员会、永州仲裁委员会、岳阳仲裁委员会、黄石仲裁委员会、赣州仲裁委员会机构性质为社会组织和社会团体,但是目前关于民间组织的法律形态,只有“社会团体法人”和“民办非企业单位”两种类型,仲裁机构并非由其会员自愿组织成立且具有独立财权,不应定位为社团法人,也非民办非企业,而是由设区的市人民政府组织有关部门会同商会统一组建的。因此,仅有厦门仲裁委员会作为“法律服务机构”的性质定位较准确。

(二)仲裁机构的组织体系行政化

通过调查发现,仲裁机构的管理机构为市政府、市政府办公室(厅)的比重为31.82%,管理机构为法制办和司法局的比重为46.97%,管理机构为仲裁委的仅占14.02%。通过独立性指数的计算,创办机构为仲裁委的仲裁机构全部集中在排名的前42位。将仲裁委员会登记于市政府(司法局、政府法制办、政府)名下,将其作为直属事业单位或者二级事业单位进行管理是我国仲裁机构设置的常态。多数仲裁委员会办公地点就设立在市政府。仲裁委员会秘书处或者办公室作为市政府事业单位,有的直接登记其为法人,代替了仲裁委员会而成了仲裁机构的主要决策机构而非单纯的执行机构。通过调查发现,由市政府市长、常务副市长、副市长等担任主任的占67.42%,政府秘书长、人大主任和政协主席、法制办主任或司法局局长担任主任的占12.5%,由专职主任和专家学者担任的仅占3.04%。[19] 综观我国仲裁制度的发展历程,为推进市场经济

---

[18] 参见许志华:《商事仲裁已决事实效定位之批判与重构》,载《学术交流》2018年第3期。

[19] 参见王红松:《仲裁机构在事业单位分类改革中的困境及建议——以北京仲裁委员会为例》,载《北京行政学院学报》2012年第3期。

发展建立的仲裁制度,政府参与度极高。[20] 仲裁委员会的主任由专家学者和专职主任担任,使其能够发挥仲裁委员会主任的全面管理职能,加强仲裁委员会的自身建设,推进仲裁机构改革。

(三)仲裁机构的经费来源缺少独立性

根据调查发现,目前我国商事仲裁机构大多还是主要依靠财政全额或差额拨款,离"自收自支"的要求还相差较远。自收自支的仲裁机构仅占 30.68%。在仲裁机构独立性指数排位前 50 位的仲裁机构中,有 29 个仲裁机构实行自收自支、经费自理或企业化管理,占总数的 58%。经费上的独立,有助于仲裁机构摆脱政府的行政权力干预,使仲裁机构能够有效行使法人的权利与义务。通过调查发现,虽然在经济发达地区,通过仲裁业务的收费,实现了一部分仲裁机构的自收自支、经费自理。但是,仍然有一些发达地区的仲裁委员会没有摆脱财政补贴。例如,广州仲裁委员会(独立性指数排名第 8 位)2018 年受理案件18.9 万件,占全国仲裁机构受理案件总量的 35%,其中涉外案件达 2162 件。然而,广州仲裁委员会作为市政府直属的事业单位,在经费上仍然实行财政核拨,将"仲裁收费"定性为"代行政府职能、强制实施具有垄断性质"的"行政事业性收费",并作为"国有资产"纳入"收支两条线"的财务管理体系。仲裁机构目前发展迅速,但由于大多数仲裁机构的秘书处或者办公室的事业单位性质以及与政府机构或其下属部门的实际从属关系,仲裁员的报酬、专家咨询费用、培训费用等还受到事业单位财务标准的限制,无法根据经济社会发展状况作出相应的调整,限制了仲裁机构的自身发展。仲裁机构的经费收入与当地的经济发展和商事制度发展关系密切,在有些受案数量较多、收入较高的发达地区,仲裁委员会可实现自收自支,而在欠发达地区,仲裁委员会不得不接受财政补助。经费来源缺少独立性也反映出,我国仲裁市场竞争法制环境的不完善。仲裁专门法中的仲裁机构设立和定性规则及其实际运行规则使仲裁管理和仲裁服务市场几乎处于地区分割的不竞争状态。多年来,诸多仲裁委员会依附政府部门拉取案源或者获得运行经费,而根本不愿加入市场自由竞争。[21] 缺少竞争机制的引

---

〔20〕 参见刘京莲:《国际投资仲裁正当性危机之仲裁员独立性研究》,载《河北法学》2011 年第 9 期。

〔21〕 参见张圣翠:《我国仲裁市场竞争法律制度的困境与突破》,载《政治与法律》2015 年第 7 期。

人,也使仲裁机构业务拓展和自我发展的能动性不足,"自身造血"能力较差,形成了依靠财政全额或差额拨款的传统路径依赖。

（四）仲裁机构的人员构成以行政和事业单位成员为主

通过调查发现,政府机构成员数量、事业单位成员数量、专家学者数量人数分别占68.36%、16.71%、14.93%,在总人数中从事法律相关工作者占35.4%。在排名前50位的仲裁机构中,仲裁委员会成员共709人,其中,专家学者150人、法律工作者260人,分别占总人数的21.16%和36.67%,而排名后50位的仲裁机构中,专家学者仅占3.45%。例如,在独立性指数排名第二的北京仲裁委员会中,委员会总人数12人,其中专家学者的数量达9人,并且全部为法律工作者。独立性指数排名第三的深圳国际仲裁院总人数13人,其中7人为专家学者,12人为法律工作者。专家学者和法律工作者人数能够得到保障,使仲裁机构能够有效行使仲裁职能,提高案件的办理效率和质量。反之,在仲裁委员会独立性指数较低的机构之中,专家学者和法律工作者的占比则较低。通过调查发现,在人员构成中,各级政府违背了仲裁机构独立性的原则,将仲裁机构作为政府下辖部门或二级单位。[22] 在人事编制、行政级别待遇方面,套用事业单位管理办法,运用行政化的手段。[23] 仲裁机构的工作人员兼职情况较突出,在行政级别、职称待遇、工资发放等方面参照事业单位。

## 四、充分实现我国仲裁机构独立性的路径

当前,我国仲裁体制机制改革不断加快,《若干意见》明确表明仲裁机构依法独立开展工作,[24]"去行政化"已大势所趋。"中国仲裁论坛第七次会议"上强调,仲裁机构的独立性改革应从"法定政策、机构设置、人事关系、财务管理"等方面着手。

---

〔22〕 参见涂卫、王晓川:《我国仲裁机构的法律定位——以仲裁管理体制改革为背景的考察》,载《中国青年政治学院学报》2012年第2期。

〔23〕 参见汪祖兴:《仲裁机构民间化的境遇及改革要略》,载《法学研究》2010年第1期。

〔24〕 《若干意见》(2018年)第1条第2款规定,仲裁委员会独立于行政机关,与行政机关没有隶属关系,不得将仲裁委员会作为任何部门的内设机构或者下属单位。

(一)明确仲裁机构公益性社会服务机构法人的法律定位

将仲裁机构定位为“非营利法人”符合大陆法系对法人的传统分类,表现为不以营利为目标、不能够将收入分配给股权人、资产不能以任何形式变更为私人财产。仲裁机构是为“平等主体的公民、法人和其他组织”提供“纠纷解决”公益性服务的。仲裁委员会是政府依据仲裁法组织有关部门和商会组建,为解决合同纠纷和其他财产权益纠纷提供公益性服务的非营利法人。因此,结合《民法典》总则编对非营利法人的划分,为了撇清其与事业单位千丝万缕的联系,仲裁机构法人应为独立的、公益性的、非营利性的“社会服务机构法人”。应进一步明确仲裁机构的法律性质定位,在坚持民事领域当事人意思自治的前提下,完善《仲裁法》对仲裁机构法律性质定位的阐述,增强仲裁机构的地位、效力、组织设置、职能范围、程序的独立性。[25] 在《仲裁法》的实施中,可发挥全国人大常委会对法律实施情况检查监督的作用,确保《仲裁法》能够得到不折不扣的落实。将“独立的公益性社会服务机构法人”作为仲裁机构的法律性质定位。进一步纠正将仲裁机构等同于事业单位的错误做法,缓解仲裁机构的行政化趋势,消除行政权力对仲裁机构的干预,以及由于行政权力对仲裁机构的干预造成的问题。仲裁机构独立的公益性社会服务机构法人应包括以下内涵:其一,仲裁机构的目的在于服务社会,虽然可以收取经营性费用,但并不以营利为目的;其二,仲裁机构不追求利润最大化且利润不能分配;其三,增强仲裁服务的商品属性并突出市场化运作规律;其四,仲裁机构的独立性并不代表其脱离政府、人民法院和全社会的监督,寻求政府监管与市场化之间的平衡,加强仲裁机构的全面监督,确保仲裁结果的公正性,为提升仲裁公信力保驾护航。

(二)增强仲裁机构组织体系设立的独立性

仲裁机构组织发起人应探索逐步转变由政府承担的现状,待时机成熟后,逐步由政府向民间商会过渡。应进一步改进现阶段地方政府将仲裁委员会登记于市政府(司法局、政府法制办、政府)名下,将其作为直属事业单位或者二级事业单位进行管理的做法。仲裁委员会既要独立于组建仲裁委员会的地方政府,同时也应与登记管理机关和备案审查机关脱离隶属、直接管辖的关系,更不得将仲裁委员会作为组建仲裁委员会的行政机关(包括政府的法制办、司法局等职能部门)的内设机构或者下属单位。根据《仲裁法》的规定,“仲裁委员会

[25] 参见罗楚湘:《仲裁行政化及其克服》,载《江西社会科学》2012年第3期。

的主任、副主任和委员由法律和经贸专家和有实际工作经验的人员担任。仲裁委秘书处工作人员应由仲裁委决定聘用或任用”。应逐步改善仲裁委员会主任由地方政府领导担任的状况。对在仲裁机构兼职的领导要进行重新聘任，在仲裁机构人员的聘任中，防止党政机关干部在仲裁委员会各机构中兼职，禁止行政机关工作人员在办事机构担任工作人员。不但要防止行政干预，更要保障仲裁机构自身不搞行政化。仲裁委员会应拥有独立的办公地点，其秘书处或办公室更不应为事业单位。

（三）增强仲裁机构经费来源的独立性

仲裁机构的经费来源也要逐步摆脱对政府的依赖，改变当前仲裁机构“收支两条线”及预算管理的财务制度，实行“自收自支”，增强财务管理的自主性和独立性。笔者认为，当下，由于地区间经济水平和商事制度发展的不均衡，对无法独立获得生存和发展的仲裁机构不能搞自收自支的“一刀切”，仲裁机构的独立性并不必然意味着仲裁机构不能接受政府的资助，只是不应再纳入政府的年度预算，由地方政府财政拨款维持正常运转。例如，日本国际商事仲裁协会和美国仲裁协会作为公益性部门，均有政府通过财政补贴和税收的优惠，但这并不影响这些机构财务“自收自支”的独立性。我国应在兼顾仲裁机构的公益性的前提下，将仲裁机构的收费与“行政事业性收费”区别开来，仲裁机构的业务收入应由其自行支配，其案件受理费、案件处理费、仲裁员报酬、专家咨询费、培训费等各类费用应与市场接轨，根据市场需求确定，按照市场规律运行。进一步扩大仲裁机构自主权，增强参与市场竞争的总体实力。

（四）增强仲裁机构人事管理的独立性

《仲裁法》规定，仲裁委员会的组成人员中，法律、经济贸易专家不得少于2/3。但是通过调查的结果来看，达到《仲裁法》法律、经济贸易专家不得少于2/3标准的仲裁机构仅有北京和上海仲裁委员会。因此，应进一步优化人员结构，减少行政机关和事业单位身份的人员数量比重，增加专家学者、法律工作者、经济商贸人员的数量比重。[26] 积极吸引院校、商事协会等机构的人员加入仲裁机构，使仲裁委员会的成员范围更广，更具有代表性，建立完善的管理人员选聘和退出机制，提高仲裁委员会人员队伍的专业化水平。对仲裁机构人员的晋升、绩效评价、职称待遇、工资发放等方面的管理，不应参照行政事业单位，而

〔26〕 参见张卫平：《仲裁裁决撤销程序的法理分析》，载《比较法研究》2018年第6期。

应符合仲裁机构的现实需要和市场需求,建立健全仲裁机构人员能上能下、能进能出、收入可增可减的人事管理机制。明确仲裁员的选任标准,提高仲裁员个体素质,建设高质量的仲裁队伍。例如,普洱仲裁委员会的成员广泛吸纳高等院校、司法、市场监管、科技等政府部门的成员,并广泛选聘国内资深仲裁从业人员和境外仲裁专业人士组成仲裁员队伍,涵盖金融、商事、建筑、法律、环保等多个专业。北京仲裁委员会实行市场化的用人机制,积极引进国内外著名高校的民商法、诉讼法、国际贸易法、仲裁法等专业的硕士研究生,并对员工实行绩效考核与合同制管理。通过这些手段达到优化人事管理的目标,值得其他仲裁机构借鉴。

## 五、结　语

通过对我国203个仲裁机构的独立性进行测度,可以发现,我国仲裁机构独立性总体不足:仲裁机构的性质主要为事业单位和参公单位;仲裁委员会主任主要由政府官员兼职担任;仲裁机构的登记管理机关主要为市政府及其办公室、法制办与司法局;仲裁机构经济来源大多依靠财政全额或差额拨款;仲裁机构的人员构成以行政和事业单位成员为主。仲裁机构的法律性质未明确、组织体系行政化、经费来源缺少独立性、人员配置不合理是影响我国仲裁机构独立性指数的重要因素。

无论是从仲裁制度的目的性分析,还是从人类命运共同体着眼,在中国特色社会主义法治体系中,仲裁机构应当是"独立的公益性社会服务机构法人"。针对仲裁机构整体独立性较差的现实状况,破解之策是加紧修改我国《仲裁法》。应当围绕《仲裁法》的修订,明确仲裁机构法律定位,增强仲裁机构的地位、效力、组织设置、职能范围、程序的独立性。还要在《仲裁法》中将《若干意见》予以充分体现,明确规定仲裁委员会既要独立于组建仲裁委员会的地方政府,同时也应与登记管理机关和备案审查机关脱离隶属、直接管辖的关系,更不应将仲裁委员会作为组建仲裁委员会的行政机关的内设机构或者下属二级单位。为进一步推动仲裁机构独立性的实现,特别是具体实现仲裁机构经费来源和管理的"自收自支"、市场化发展,按照法律、经济贸易专家不得少于2/3的要求配置仲裁委员会组成人员,减少行政机关和事业单位身份的人员的数量比重,推动仲裁委员会主任"专职化"和"专家学者化":一是可以通过尽快组建全国性仲裁协会加以推进;二是建议全国人大常委会对《仲裁法》开展一次全国性的执法检查;三是第三方机构适时发布仲裁机构独立性指数排行榜。

The Independence and Realization of China's Arbitration Institutions
—Empirical Analysis Based on Internet Public Data

Liu Junzhi

**Abstract**: The arbitration institution is a settlement institution for contract disputes and other property rights disputes stipulated by the laws of our country. De-administration and return to independence are its future trends. By constructing the independence index model of arbitration institutions, we measured 203 arbitration institutions in my country, and the results showed that the overall independence of arbitration institutions in my country is relatively low. In order to realize the independence of arbitration institutions, the independent legal status of arbitration institutions should be clarified, and they should be completely independent of administrative agencies and their functional departments, and should not become public institutions or their secondary institutions. The establishment of their autonomy contains following aspects such as the reduction or even elimination of the official background of the director of the arbitration commission, which will dilute the administrative color of the secretariat staff of the arbitration institution.

**Key words**: arbitration institution independence big data hinder realization routine

# 正当防卫打击错误的教义学阐释

邓卓行*

**内容摘要：**

正当防卫打击错误，是指防卫行为没有击中防卫对象，却导致第三人伤亡的情况。既有的5种学说都存在疑问。"防卫权转移说"无法说明为何对侵害人的防卫权可以转至第三人；"正当防卫说"混淆了评价次数与行为个数；"紧急避险说"与"假想防卫说"则从构造上无法与所系争的问题相容；"期待可能性说"又失之于标准模糊。因此，唯有在打击错误上采用"具体符合说"，并引入过失犯的教义学体系，才能妥当解决上述疑问。基本思路是，在否定防卫人对第三人的故意后，先正面审查是否在第三人那里制造了法所不允许的风险，以决定是否成立过失犯，如果答案是肯定的，再进行负面检验，考察防卫人是否存在合法的替代行为，是否有个人能力方面的欠缺，以确定过失犯阻却事由的成立。

**关键词：**

正当防卫　打击错误　假想防卫　过失　合法替代行为

## 一、问题聚焦

无论在理论研究上，还是在司法实践中，"正当防卫必须针对不法侵害人进行，不法侵害人始终是正当防卫行为所直接指向的目标，而不可能是第三人"。[1] 换言之，作为正当防卫的成立条件之一，防卫对象只限于侵害人的人

---

* 清华大学法学院博士后研究人员，法学博士。

〔1〕 马克昌主编：《犯罪通论》，武汉大学出版社1991年版，第709页；"防卫对象，只能针对不法侵害人本人"。宁夏回族自治区银川市兴庆区人民法院（2017）宁0104刑初374号刑事判决书；宁夏回族自治区银川市兴庆区人民法院（2017）宁0104刑初198号刑事判决书。

身或财产法益。[2] 这是因为,"正当防卫只有在针对为防卫起因负责的侵害人时,才能获得正当化,并许可防卫人使用程度激烈的反击手段",[3]即"正当防卫是通过对不法侵害人造成一定损害的方法,使公共利益、本人或者他人的人身和其他权利免受正在进行的不法侵害的行为。正当防卫的性质决定了它只能通过对不法侵害人的人身或者财产造成一定损害的方法来实现防卫意图"。[4] 倘若防卫行为损及第三人法益,需要讨论的问题是,防卫行为偏离预定因果流程,导致第三人伤亡时该如何处理?比如,防卫人为了保护自己而向侵害人投掷石块,但石块没有击中侵害人,而是打伤了第三人。对侵害人来说,甲无疑成立正当防卫;然而对第三人来说,理论上却存在不同观点。[5] 在解决该问题的众多方案中,通常可分为两类:一为"阻却违法说";二为"阻却责任说"。本文不赞同这两类解决方案,并希望在检讨既有学说基础上,从教义学视角为正当防卫打击错误寻求妥善的解决之道。

有以下5种情况,虽然都与正当防卫中的第三人有关,但又都不属于本文所谓打击错误的范畴。

其一,防卫人明知自己的行为会危及第三人还一意孤行的,对侵害人成立正当防卫,对受害第三人成立故意犯罪。比如,在"蒋某洪故意伤害案"中,被告人蒋某洪与被害人童某发生口角,童某不服,便到蒋某洪的宿舍殴打蒋某洪。蒋某洪为了反击童某的殴打行为,遂拿起剪刀向童某捅去,其间又将上前劝架的石某捅成重伤。法院认为,蒋某洪在用剪刀反击童某时,明知其行为可能造成石某重伤,还放任结果发生,属于间接故意,应当以故意伤害罪论处。[6] 详言之,倘若防卫人在实施正当防卫时对第三人具有间接故意,那么就不会产生打击错误的问题,而是直接以相应的故意犯罪论处即可。这是因为,打击错误问题出现的前提,是行为人对偏差对象不具有任何形式的故意,包括间接故意。诚如罗克辛(Roxin)教授所言,打击错误不是独立的法律形象,而只是因果流程

[2] Vgl. Kühl, in: Lackner/Kühl, StGB Kommentar, 28. Aufl., 2014, § 32, Rdn. 18.

[3] Kühl, Strafrecht Allgemeiner Teil, 8. Aufl., 2016, § 7, Rdn. 84.

[4] 陈兴良:《正当防卫论》,中国人民大学出版社1987年版,第102页。

[5] 参见张明楷:《刑法学》(第5版),法律出版社2016年版,第210页。

[6] 参见广东省惠州市中级人民法院(2017)粤13刑初50号刑事判决书。

偏离的一种特殊情况。[7] 这里的因果流程偏离,是指行为人想象的因果流程与客观上实际发生的因果流程有所出入的情况。换言之,因果流程偏离的判断,是在客观发生的因果流程和主观想象出来的因果流程的对比中得出的,如果行为人在着手时已经想象到因果流程的走向会通往另一个行为对象,并且还希望或者放任其发生,那么就不会存在因果流程偏离的问题,因为客观发生的因果流程和主观想象出来的因果流程本身就是一致的。在打击错误情形中,行为人在着手时本想攻击目标对象,结果却击中着手时没有想象到的偏差对象,显然,行为人为攻击目标对象而在现实中开启的因果流程并不符合其着手时想象出来的因果流程,因此这是典型的因果流程偏离。反之,如果行为人在着手时已经想象到目标对象和"偏差对象"都会因他的行为而受到伤害,那么客观发生的通往"偏差对象"的因果流程就符合行为人着手时的想象,也就不存在打击错误,而是"打击正确"。所以,当防卫人对侵害人以外的第三人具有间接故意时,不会产生因果流程偏离的问题,又由于打击错误乃是因果流程偏离的下位情形,因此,一旦因果流程偏离问题不存在,那么打击错误问题自然也就不会产生。综上,当防卫人对第三人具有间接故意时,不存在打击错误的问题。

其二,倘若防卫人开启的通往第三人的因果流程不具有相当性,即超出了一般人的预见可能性,那么,这种情况就会直接根据客观归责理论阻却结果的归责,而根本不必通过定位在主观构成要件中的打击错误论来解决。换言之,这种情况乃是客观构成要件中的问题,而不是打击错误论的问题。比如,防卫人为了保护自己的生命而向侵害人开枪,结果子弹却掠过侵害人的肩头,打在了其背后的墙壁上,由于角度问题,子弹又从墙上反弹回来,最终杀死了客观上毫无预见可能性的路人。[8] 应当认为,这个案例不属于正当防卫打击错误的问题,原因在于,正当防卫打击错误是主观构成要件和违法性阶层的交叉问题,其解决路径要么定位在主观构成要件中,要么定位在违法性阶层上;相反,这一案例在客观构成要件中已经可以通过客观归责理论来解决,因此,主观构成要件或者违法性阶层在此根本没有出场的机会。阶层犯罪论体系的精义在于,前一阶层能妥当解决的问题,就不必用后面的阶层再解决一遍。所以,因果流程

---

〔7〕 Vgl. Roxin, Strafrecht Allgemeiner Teil I, 4. Aufl., 2006, § 12, Rdn. 166.

〔8〕 改编自罗克辛教授的案例。Vgl. Roxin, Strafrecht Allgemeiner Teil I, 4. Aufl., 2006, § 12, Rdn. 163.

不具有相当性的情况不属于正当防卫打击错误要解决的问题。

其三,防卫人在反击时出现打击错误,毁坏了第三人的财物,则应按无罪处理,因为无论采取"法定符合说"还是"具体符合说",行为人都仅有过失,而根据我国刑法,过失毁坏财物只能以无罪论处。若侵害人以第三人的财物为侵害工具,防卫人在防卫过程中造成其毁坏的,则应将毁坏结果归属于侵害人。

其四,防卫人以第三人的财物为防卫工具,造成第三人财物毁坏,应以紧急避险论。[9]

其五,侵害人与第三人不可分割地在一起,防卫人非伤害第三人不能保护法益的,则应对侵害人成立正当防卫,对第三人成立阻却责任的紧急避险。比如,恐怖分子身上捆绑了威力极强的炸弹,绑架一名儿童,意欲要挟政府解除正在进行的对恐怖组织总部的围剿,警方在谈判未果后,不得已将其击毙,此时对恐怖分子成立正当防卫,对被绑架儿童成立阻却责任的紧急避险。[10]

以上5种情况之所以不属于正当防卫的打击错误,是因为防卫人创设的法所不允许的风险要么当初就在其计划之中,要么根本就没有客观预见可能性。而打击错误的特点恰恰在于,行为人客观上创设的风险偏离其当初的设想,现实中又有预见的可能。而针对本文所论正当防卫打击错误,现有阻却违法与阻却责任两类学说,每一类学说之下又有若干种学说,以下分别加以检讨。

---

〔9〕 Vgl. Erb, in: Münchener Kommentar zum StGB, 3. Aufl., 2017, § 32, Rdn. 123.

〔10〕 "其四""其五"两种情况,在德国学者看来,属于"防卫对象原则上不得扩张至第三人法益"的两种例外:第一,侵害人利用他人财物进行攻击,法律承认防卫造成财物损害的正当性;第二,国家的法益或者其他公法上的法人利益,如涉及个人利益的,可进行正当防卫。Vgl. Perron, in: Schönke/Schröder, StGB Kommentar, 29. Aufl., 2014, § 32, Rdn. 32ff; Rengier, Strafrecht Allgemeiner Teil, 9. Aufl., 2017, § 18, Rdn. 32a;[德]汉斯·海因里希·耶赛克、托马斯·魏根特:《德国刑法教科书》(上),徐久生译,中国法制出版社2017年版,第454~455页。需要说明的是,根据我国刑法,正当防卫既可以出于自卫,也可以旨在保护他人或公共利益,而在世界许多法域,不承认为公共利益而进行的防卫,因而才有不同的涉第三人防卫理论。但是,在个人直接受到侵害的场合,虽也可能涉及利益,仍应允许对其进行防卫。

## 二、阻却违法各学说检讨

“阻却违法说”可分为“防卫权转移说”、“正当防卫说”以及“紧急避险说”,它们共同认为,防卫人伤害第三人的行为系属正当,并不违反法秩序。该类学说可以最大限度地保障防卫人的利益,因为任何人都无权反击合乎法秩序的正当行为。即包括受伤害第三人在内的其他人,均不得干涉防卫人的行动。相应而言,“阻却违法说”的最大缺点也恰恰在此,由于防卫人行为的合法性,受伤害第三人就只能选择默默忍受这一飞来横祸,这既不符合刑法教义学的构造,也不符合社会一般人的法感情。

### (一)“防卫权转移说”

“防卫权转移说”源自美国刑法学中的故意转移理论,该理论是指当行为人的攻击偏离预定轨道,击中行为人计划外的目标时,行为人对计划目标的故意将转移至实际击中对象,最终还按故意犯罪论,此即“意图与子弹同行”原则。这一理论用于解释投毒、射杀、殴打等案件中的目标错误非常有效,因而被平移到正当防卫的场合,用以解决防卫人伤及第三人的情况。〔11〕 简言之,具体处理结果是:一旦出现正当防卫打击错误,只要防卫人的反击并非在无视旁人安危的情况下为之,那么对不法侵害人的防卫权就可以转移至第三人,防卫人最终仍然成立正当防卫,不构成犯罪。〔12〕 “防卫权转移说”的优点是利用了既有的故意转移理论,将实施不法侵害时的错误依然作为犯罪处理,适用逻辑上的反对关系,从而得出正当防卫时的错误不构成犯罪的结论。这一方案的判断标准简明易懂,解决问题干脆利落,在英美陪审团制度下,可使未经法律训练的陪审员清晰地思考案件事实,从而得出有罪或无罪的结论。

然而,在美国《模范刑法典》的冲击下,“防卫权转移说”可以说是日薄西

---

〔11〕 See William L. Prosser, “Transferred Intent”, 45 *Texas Law Review* 650, 652 - 653 (1967). 反对意见参见[美]道格拉斯·胡萨克:《刑法哲学》,姜敏译,中国法制出版社2015年版,第120~161页。

〔12〕 参见[美]约书亚·德雷斯勒:《美国刑法精解》,王秀梅等译,北京大学出版社2009年版,第226页;刘士心:《美国刑法中的犯罪论原理》,人民出版社2010年版,第143页。

山。依该法典第3.09条规定的意旨,如果行为人向侵害人使用武力是正当的,但是行为人却轻率或者疏忽地伤害了无辜者或者对无辜者造成了伤害的危险,便不再有适用正当化事由的可能。据此,《模范刑法典》已经抛弃传统的"防卫权转移说",其结果是,因防卫而误伤第三人,针对第三人的部分不再能获得正当化评价。虽有学者认为,"如果使用危及第三人的致命武力是拯救生命的唯一方法,那么该武力就有被正当化的可能",[13]但其背后的学理基础却早已不再是"防卫权转移说",而是"生命高于一切"的合比例原则。况且,所谓"该武力就有被正当化的可能",其中的"正当化"也不一定要通过正当防卫来完成,而是完全有可能以紧急避险来达成。再者,倘若防卫人明知自己的行为会危及第三人,还希望或者放任结果发生,那么,这种情况也就不再属于正当防卫打击错误的范畴。

首先,之所以出现方案的转变,是因为"防卫权转移说"始终无法回答一个根本的追问,那就是为什么针对侵害人的防卫权可以转移到第三人身上?即使在英美刑法学中,目前正当防卫的核心也在于针对不正当侵害使用武力,因为侵犯者丧失了自己不受干预以及通过抵抗来防卫自己的普通权利。[14]换言之,防卫权具有对象专一性,只有对侵害人使用,致人死伤的行为才有可能获得许可,如果这种针对侵害人的反击行为在第三人身上同样可以正当化,那么就是将侵害人与无辜者等同视之,使二者的法秩序评价完全相同。例如,甲遭到乙的致命攻击,为了保护自己的生命,甲拿起手边的西瓜刀向乙扎去,结果却意外杀死了身旁的路人丙。按照"防卫权转移说",甲对丙成立正当防卫,但该结论显然不妥。首先,甲的捅刺行为之所以正当,是因为甲在反击过程中与乙形成了"正对不正"的关系,甲的法秩序地位要高于乙,有权对乙实施强度高达致死的反击行为,这完全符合正当防卫的要义。但对丙来说,甲的行为却是不折不扣的侵害行为,因为丙毫无过错,无法反证甲捅刺行为的正当性。换言之,二者在法秩序的评价上,并没有出现一方的地位高于另一方的情况,倘若认为甲杀丙是正当防卫,则无异于说,在法秩序的评价上,甲的地位高于丙,丙也具有

---

〔13〕 The American Law Institute, *Model Penal Code and Commentaries*, Part I, General Provisions § § 3.01 to 5.07, 155.

〔14〕 参见[英]威廉姆·威尔逊:《刑法理论的核心问题》,谢望原、罗灿、王波译,中国人民大学出版社2015年版,第323页。

和乙同样的不法地位,同样不受法秩序保护,这显然是说不通的。

其次,防卫行为应当受到相当性原则的限制,防卫权或许可以转移,但相当性却因人而异,不能一概而论。甲可以杀死乙,是因为乙的攻击具有致命性,而丙却没有任何能引起甲无限防卫的侵害行为。即使采纳"防卫权转移说",认为甲反击的强度在乙处可以认定为正当防卫,在丙处也最多只能认定为防卫过当。虽然,这或许说明了乙和丙在法秩序评价上的不同,也就是丙的法秩序地位高于乙,但却依然无法解释为什么甲的法秩序地位会高于丙,从而可以使甲攻击丙的行为具有正当防卫的性质。诚如黄荣坚教授所言,"这样的手段如果可以用来针对无辜的第三者行使,无辜第三者要为侵害者的利益做不成比例的牺牲,对于第三者的利益保护而言,显然不公平"。[15]

最后,"防卫权转移说"也与我国的刑法规定有所抵牾,很难以之诠释实定法。根据我国《刑法》第20条的规定,唯有对不法侵害人造成损害的行为,才属于正当防卫,不负刑事责任。换言之,那些对不法侵害人以外的人造成损害的行为,就不再属于正当防卫,不能借此出罪。综上,"防卫权转移说"具有诸多疑问,难堪解决正当防卫打击错误之重任。

(二)"正当防卫说"

"正当防卫说"主张,即使防卫人的反击行为附带导致第三人损害,反击行为的正当性也不会丧失,整体上仍成立正当防卫。[16] "正当防卫说"与"防卫权转移说"不尽相同,后者是防卫人对第三人直接成立正当防卫;前者是对第三人的损害仍具违法性,但却可以因为反击行为的正当化而将损害结果连带正当化。日本学者川端博教授支持"正当防卫说",认为"之所以如此,其系因仅将行为合法化,对第三人发生之结果则以犯罪来处罚,前后并不一贯。亦即,将行为予以正当化之外,仍应包含将结果予以正当化"。[17] 换言之,"正当防卫说"的核心在于,正当行为只能引起正当结果,一个行为不能既是合法的又是违法的,只要行为本身具有正当防卫的性质,则这一行为所造成的一切结果,便也都具有正当防卫的性质。

---

〔15〕 黄荣坚:《基础刑法学》(上),台北,元照出版有限公司2012年版,第241页。

〔16〕 参见周光权:《刑法总论》(第3版),中国人民大学出版社2016年版,第208页。

〔17〕 [日]川端博:《集中讲义刑法总论》,余振华译,台北,元照出版有限公司2008年版,第143页。

但是,“正当防卫说”也有同“防卫权转移说”一样的弊端,它们都很难妥当解释,为什么同一个防卫行为,在侵害人身上和在第三人身上的相当性限制不同,即“正当防卫并没有法益衡平或相当条款的限制,如果针对非侵害的第三人也得实施正当防卫,将会导致该第三人受到过度的侵犯”。〔18〕 此外,针对川端博教授的论证还可以追问:为何同一个行为在不同的认定过程中,不可能既是合法的又是违法的?只有在同一个案件结果中,同一行为才不可能既合法又违法。比如,甲杀乙的行为,要么因不具违法阻却事由而违法,要么因具备违法阻却事由而合法,其中绝不可能有部分行为合法,部分行为违法存在的空间,否则便是自相矛盾的表现。但是,在不同案件结果中,同一个行为却完全可以既是合法的又是违法的。比如,行为人在清理枪械的过程中擦枪走火,同一颗子弹分别击中两人,造成这两人死亡,行为人完全可能仅对其中一人负过失罪责,而对另一个人不负任何刑事责任。这种所谓“既合法又违法”的命题并不违背形式逻辑,因为矛盾律仅指在同一思维过程或评价中,具有矛盾以及反对思想的思维形式之间必有一个不成立,〔19〕如果在不同思维过程或评价中,则无所谓矛盾与不矛盾。在上述的“擦枪走火案”中,行为人的同一个行为之所以可能对这个人的死亡构成犯罪,对另一个人的死亡不构成犯罪,是因为这两个死亡结果分别属于不同的定罪过程,二者不处在同一思维过程或评价中,因此非此即彼的矛盾律在这里并不适用。正当防卫打击错误亦复如是,防卫人反击侵害人造成的是一个结果,伤及第三人造成的是另一个结果。在前一结果中,行为因符合正当防卫的成立条件而合法;在后一结果中,如无其他违法阻却事由,行为因不符合正当防卫的对象要求而违法。二者处于不同的认定过程,它们之间不存在非此即彼的关系,不能适用矛盾律,因此也就无法得出“正当的行为只能引出正当的结果”这一结论。川端博教授的主张之所以可商榷,是因为他所认为的同一个行为不能“既合法又违法”,其实是在不同结果的认定中进行的,它们之间并不存在矛盾。

同理,就犯罪论对行为的审查方式而言,“正当防卫说”还忽视了一个问题,即违法性的审查次数应当与构成要件的符合次数相等,而不是与行为个数相同。详言之,案件事实符合几个构成要件,就应当有几次违法性审查。完全可

〔18〕 林钰雄:《新刑法总则》(第5版),台北,元照出版有限公司2016年版,第250页。

〔19〕 参见樊明亚主编:《形式逻辑》(第2版),高等教育出版社2009年版,第164页。

能出现同一个行为在这一个构成要件的违法性审查中合法,却在另一个构成要件的违法性审查中违法的情况。至于行为的个数,则是竞合论要解决的问题。比如,有观点认为,“防卫行为本身导致第三者合法权益损害的,是防卫行为与避险行为的竞合。由于法律对正当防卫的条件放得宽而对紧急避险的条件要求得严,按照有利于行为人的原则,仍应以正当防卫论处”。[20] 这就犯了将违法评价次数与行为个数相混淆的错误,既然承认行为在两个事实中分别成立正当防卫与紧急避险,就应当认为两个符合构成要件的行为,各自因存在违法阻却事由而出罪,根本没有必要引入竞合论的解决模式。换言之,竞合论的适用范围,只限于构成要件层面,而在违法性层面,甚至有责性层面,则没有适用余地。

此外,国内有学者采纳“正当防卫说”的理由是,“不难发现,除正当防卫说外,其他学说都会导致对防卫权的不当限制……只有采取正当防卫说,才能更好地保护被侵害者的利益,不至于形成不当的限制”。[21] 应当认为,该理由只看到对防卫人的保护,而没有顾及第三人的安危。就防卫人与第三人的关系而言,防卫人的利益固然值得保护,但第三人的利益也不得随意侵害。换言之,单纯以有利于防卫人为方向的解释结论,是不妥当的。从结果无价值的角度看,第三人法益的需保护性并未像侵害人那样降低,不能认为防卫人的利益高于第三人,因此也就没有理由将保护的重心全盘向防卫人倾斜,这对无辜的第三人来说是不公平的。诚如张明楷教授所言,倘若采纳“正当防卫说”,则没有实施不法侵害者也必须忍受防卫人的防卫行为,实在缺乏合理性。[22]

从作为义务的来源观之,如果认为只有违法的危险前行为才能引起救助义务,那么就会得出结论——防卫人无救助第三人的义务。详言之,防卫人给侵害人造成伤害的,没有事后救助的义务,其背后的原理在于,侵害人制造法所不允许的风险在先,无论这一风险现实化后的危害结果发生在他人身上,还是发生在侵害人自己身上,都应当由作为风险制造者的侵害人负责,防卫人的反击只是这一风险现实化过程中的一个环节,他没有义务去消除侵害人所制造的风

〔20〕 陈兴良主编:《刑法总论精释》(上),人民法院出版社2016年版,第261~262页。

〔21〕 李齐广:《涉及第三者的防卫行为探析》,载《政治与法律》2011年第5期。

〔22〕 参见张明楷编著:《外国刑法纲要》(第2版),清华大学出版社2007年版,第165页。

险及其附随后果。反之,第三人则不然,他在受到防卫人的侵害之前,并没有制造法所不允许的风险,因此也就不必为发生在自己身上的伤害结果负责。既然第三人不必为此负责,就应当由引起这一伤害结果的防卫人负责,从而得出防卫人有救助第三人义务的结论。但是,正当防卫的要义之一恰恰在于,防卫人对他制造的风险及其结果,既没有事前的不作为义务,也没有事后救助的作为义务。倘若采纳"正当防卫说",势必得出结论,认为防卫人没有救助第三人的义务。如此一来,对第三人来说,便只能听天由命,根本无人为他横遭的侵害负责。

综上,"正当防卫说"存在固有缺陷,将本应作违法评价的事实强行合法化,因此不宜采纳。

(三)"紧急避险说"

"紧急避险说"认为,"防卫行为仅能针对侵害(攻击)人而发,对于非侵害之第三人不得主张正当防卫,仅有可能援引紧急避难"。[23] 林钰雄教授这一总结精炼恰当,可以作为该说分析的起点。支持该说的具体理由主要有3点:

其一,就行为的必要性而言,正当防卫的成立无须以"不得已"为条件,而紧急避险的成立则相反,必须以所谓"补充性"为前提。这是因为,在紧急避险的范畴下,只有"正对正"的关系,而没有"正对不正"的关系。受到避险人侵害的第三人之所以有忍受义务,是因为社会团结互助的伦理要求,避险人只有在迫不得已、走投无路时,才能寻求这种帮助,不然社会上没有一个人的利益会是稳定的。根据"紧急避险说",虽然防卫人与第三人无法形成正当防卫关系,但是由于情势紧迫,却可以认为这种情况其实是"满足了'补充性'等要件的例外场合,可能成立紧急避险"。[24]

其二,由于正当防卫与紧急避险都属于紧急状态的一种,因此二者的主观内容具有相似性。详言之,在避险意思的问题上,防卫人在保护身体安全的防卫意思中,同时含有避险意思。[25] 这在防御性紧急避险中可以较明显地表现

[23] 林钰雄:《新刑法总则》(第5版),台北,元照出版有限公司2016年版,第250页。

[24] [日]山口厚:《刑法总论》(第3版),付立庆译,中国人民大学出版社2018年版,第127页。

[25] 参见[日]大谷实:《刑法总论》(第2版),黎宏译,中国人民大学出版社2009年版,第258页。

出来,正当防卫的防卫对象是正在实施不法侵害的人,防御性紧急避险的避险对象是危险源本身,二者的结构具有相似性。倘若将正在实施不法侵害的人也理解为危险源,正当防卫和防御性紧急避险就会出现重合的情况。以此为前提,防卫意思的确有包含避险意思的可能,当防卫意思难以存在时,避险意思可以代替防卫意思登上前台。

其三,基于同样的理由,"紧急避险说"的支持者认为,从紧急状态这一上位概念出发,可以同时适用正当防卫与紧急避险:"关于第三者所发生的结果,成立过失犯的行为本身的违法性,在满足正当防卫的要件的限度内(基于防卫意思的反击行为),作为正当防卫而被阻却。但结果的违法性,在满足客观的紧急避险的要件(产生了紧急避险的结果,亦即平衡性的要件)的限度内,作为紧急避险而其违法性被阻却。"[26]应当说,该观点其实就是"紧急避险说",因为其最终要解决的依然是,为什么防卫行为对打击错误的结果来说可以成立紧急避险。换言之,在正当防卫打击错误中,防卫人对侵害人的反击行为具有防卫性质,这是无可否认的,关键在于,该如何认定因防卫行为而造成的第三人的损害结果。如前所述,这分别属于两个不同的认定过程,所谓正当防卫与紧急避险的同时适用,其实是在不同层面进行的。即正当防卫是在"防卫人—侵害人"层面进行考量,紧急避险则是在"防卫人—第三人"层面加以把握。由此可见,在"防卫人—第三人"的层面,事实上只有紧急避险的运用,并没有正当防卫和紧急避险的同时适用。

但是,"紧急避险说"同样不能妥善解决正当防卫打击错误的问题,因为这一学说不符合紧急避险的法理。

首先,即使防卫人造成了第三人伤亡,也无法产生阻止侵害人攻击的避险效果。比如,甘添贵教授在反驳"紧急避险说"时就认为,"紧急避难之成立,侵害第三人法益之避难行为,须能避免紧急危难,至少须有避免之可能性始可……因实施正当防卫,而同时侵害第三人之法益时……并无上述情形存在,其对于保全法益之保护,并未发生任何作用,显无避难效果可言"。[27] 或许支持"紧急避险说"的学者会认为,虽然防卫人对第三人的损害,无法百分百地起

---

〔26〕 [日]野村稔:《刑法总论》,全理其、何力译,法律出版社2001年版,第232~233页。

〔27〕 甘添贵:《防卫行为与第三人之关系》,载《月旦法学杂志》1995年第3期。

到阻止侵害人的预期效果，但起码有很大的概率可以制止侵害人的不法行为。比如，侵害人看到第三人的伤亡，便心生恐惧，从而放弃侵害。但是，这与避险效果并没有关系。换言之，保护法益的效果与避险人的行为之间必须存在紧密的联系，这一联系应当处在一般人的预见可能性之内，倘若避险人的行为无法类型性地产生保护法益的效果，那么就不能认可紧急避险的成立。“紧急避险说”的问题便在于，即使防卫人攻击第三人，也不能在符合一般人预见可能性的范围内，类型性地推出侵害人会放弃侵害的结论。如此一来，“紧急避险说”便不满足紧急避险理论中的避险效果这一要件。

其次，从防卫人与第三人的关系看，二者之间也没有成立紧急避险的可能。陈子平教授认为，“紧急避难之避难行为者是处于自己承受危难或者牺牲第三人之正当利益，此二者择一之情况，因正当防卫而侵害第三人之利益时，行为人与第三人之间，并无前述之关系”。[28] 言下之意，在攻击性紧急避险的构造中，同一个危险要么在避险人身上实现而归于消灭，要么靠牺牲第三人利益而被消除。比如，甲在街上追杀乙，乙走投无路，只好闯进丁的家中。乙此时面临一个两难抉择，他要么承受甲的攻击，使甲制造的危险在乙自己身上实现，要么闯入丁的家中，通过侵害丁的利益，避开甲制造的危险。但是，在正当防卫打击错误中，防卫人却没有面临这样一个两难的选择。详言之，防卫人面临的选择仅仅是，要么甘心忍受侵害人的攻击，要么实施防卫制止不法侵害，第三人的伤亡只是因防卫行为偏离因果流程而起，却与侵害人制造的风险没有任何关系，在防卫人的选项中，自始就没有牺牲第三人这一项。

最后，从避险意思的角度看，虽然在正当防卫和防御性紧急避险的关系中，防卫意思有可能包含避险意思，[29] 倘若正当防卫不成立，尚可以考虑是否成立防御性紧急避险，但是在正当防卫打击错误中却不能这样理解。理由是，只有在“防卫人/避险人—侵害人/危险制造者”这样一种双方关系中，才有防卫意思包含避险意思的可能。这是因为，此时防卫意思和避险意思指向的是同一个对象，当防卫意思遭到否定时，避险意思依然可以成为主观正当化事由。然而，正

---

〔28〕 陈子平：《刑法总论》（第3版），台北，元照出版有限公司2015年版，第263页。

〔29〕 本文不同意正当防卫和防御性紧急避险可以重合的观点，人不是物，不能作为危险源，因此防卫意思没有包含避险意思的可能。在此只想表明，即使认为正当防卫和防御性紧急避险存在重合，承认防卫意思可以包含避险意思，也不能妥当解决正当防卫打击错误。

当防卫打击错误却是一种“防卫人—侵害人—第三人”的三方关系,虽然可以承认防卫人对侵害人既有防卫意思,又有避险意思,但是由于防卫人对第三人从来就没有目的指向,因此对第三人来说,防卫人既没有防卫意思,也没有避险意思。所以结论是,在“防卫人—侵害人”层面直接肯定防卫意思即可,其间没有避险意思参与的空间,而在“防卫人—第三人”层面,防卫人却并不具备任何主观正当化事由。防卫意思可以推出避险意思这一理由,在正当防卫打击错误问题的解决上属于没有生存环境的无源之水、无根之木。

综上所述,虽然支持“紧急避险说”的人很多,但该说与正当防卫打击错误无法协调,理应另辟蹊径。

## 三、阻却责任各学说省思

“阻却责任说”可分为“期待可能性说”与“假想防卫说”,由于二者均认为应当在责任中解决正当防卫打击错误的疑难,故而都主张防卫人对第三人的行为仍具违法性,只是可以在责任阶层中获得宽宥。该说较之“阻却违法说”最大的优势是,第三人不必忍受防卫人的侵害,而是可以反击。这是因为,虽然防卫人能因责任阻却而减免刑事责任,但却不代表他的行为是合法的。同时,即使防卫人最终会以阻却责任为由出罪,也不能免除救助受伤第三人的义务。但是,“阻却责任说”除结构性问题外,尚有标准不明等缺点。

### (一)“期待可能性说”

“期待可能性说”认为,在正当防卫打击错误的场合,防卫人经常出现紧张、惊慌、恐惧等负面情绪,以致无法精准稳定地控制自己的行为,因此法律不能期待防卫人百分之百避免伤害第三人。详言之,防卫人“之行为不属于正当防卫,亦非紧急避难,而具有违法性,然并非因此具有有责性(责任)而得成立犯罪,尚须视情况是否具有故意或过失,或者是否具有为合法行为之期待可能性,以决定是否具有有责性而得成立犯罪”。[30] 比如,“深夜被袭击者用其拐杖进行自卫,但由于黑暗击中了阻拦犯罪的袭击者的妻子。行为人不受处罚,因为行为人对袭击者的未遂伤害行为实施了正当防卫,而发生伤害袭击者妻子的结果是

---

[30] 陈子平:《刑法总论》(第3版),台北,元照出版有限公司2015年版,第263页。

由于其当时可以被理解的激动造成的,这无可指责”。[31] “期待可能性说”最大的优点,在于它更加贴近生活,符合普罗大众朴素的法感情,“法不强人所难”已成为一般人牢不可破的信条,以期待可能性作为出罪理由,更能得到一般人的理解。

“期待可能性说”最大的问题是判断过于实质,没有明确可行的标准能够将正当防卫打击错误阻却责任的内涵揭示出来。仅以惊慌等情绪因素为由,不仅不足以达成此目的,而且还容易产生学说滥用的危险。这也是为什么“早期的德国学说提出符合规范行止的无期待可能性的概念,用以作为超法律的宽恕罪责事由,但并未为刑法学界与实务界所接受”[32]的原因。但是,期待可能性理论自创建以来,就从未在具体化的道路上有所止步。[33] 比如,避险过当、防卫过当等具体责任阻却事由,均被归为不具或降低期待可能性之列,“因为只有伴随着形式的塑造过程,各个差别才可以被确切地规定下来,并被安置到它们的稳定关系里面”。[34] 换言之,期待可能性为各个具体阻却事由提供减免责任的内在实质基础,诸具体阻却事由为期待可能性构建外化的形式载体,相辅相成的关系一目了然。

就目前而言,期待可能性亦可谓责任论的基石。即便如此,也还是有大量案件无法归入任何一种无期待可能性的具体事由中。为此,雅科布斯教授认为,若想通过未经具体化的期待可能性理论出罪,就必须满足一个至关重要的条件,即行为人必须处在非自己负责的强制状态中,并依其客观影响程度,可以认为当时如此行事乃适当之举。[35] 但不得不说,这样的限定还是过于模糊,尽管在司法实践中可能会获得同情式的理解,但却同样不能排除感情用事的疑虑。换言之,这会给法官施加极其困难的任务,“它对法官的人生经验和处世哲

---

〔31〕 [德]汉斯·海因里希·耶赛克、托马斯·魏根特:《德国刑法教科书》(上),徐久生译,中国法制出版社 2017 年版,第 421 页。

〔32〕 林山田:《刑法通论》(上册)(增订 10 版),北京大学出版社 2012 年版,第 262 页。

〔33〕 参见陈兴良:《教义刑法学》(第 2 版),中国人民大学出版社 2014 年版,第 579 ~ 593 页。

〔34〕 [德]黑格尔:《黑格尔著作集 3:精神现象学》,先刚译,人民出版社 2013 年版,第 8 页。

〔35〕 Vgl. Jakobs, Strafrecht Allgemeiner Teil, 1983, 20. Abschn, Rdn. 45.

学提出了很高的要求,增加了法官职业的难度。在寻求合法行为的合理性问题上,感情脆弱之缺陷是不屈不挠的坚毅法官职业之禁忌,它会对司法公正带来危险”。[36] 一言以蔽之,“假如认可了这样的如此模棱两可的,在前提条件和界限上都不确定的免除责任事由,将对法律的不安全性开启大门”,[37] 以精细化为宗旨的刑法教义学是不能承认这样模糊的判断标准的。

需要特别说明的是,笔者并不是说期待可能性理论不值得采纳,而是说不能将作为责任论基础的期待可能性理论直接拿来解决具体问题。这就好比,虽然构成要件阶层和违法性阶层的理论基础是规范违反和法益侵害,但是在解决具体问题时,却不能径直使用规范违反和法益侵害来给出答案和理由,而必须通过将其具体化的各个构成要件要素或者各个违法阻却事由及其要件去解决相关问题。不然,裁判者必定会陷入判断的恣意,罪刑法定原则将荡然无存,因为倘若没有那些具体标准,任何人对其他人的冒犯就都有可能被视为达到犯罪程度的法益侵害,一切为裁判者所不喜欢的行为举止,也都会被认定为是规范违反。同理,也只有将期待可能性理论具体化为各个可操作的标准,如防卫过当或者避险过当,才能将这一理论运用在解决具体问题之中,否则就会导致裁判者认定的恣意,以致期待可能性理论完全沦为给行为人提供“莫须有”理由的根据。详言之,裁判者凭借自己的喜好,觉得行为人具有期待可能性就认定其具有期待可能性,感觉行为人没有期待可能性就认定其不具有期待可能性,这显然违背了期待可能性理论的初衷。

回到正当防卫打击错误的问题中,“期待可能性说”并没有将作为责任基底的期待可能性理论拆解成具体的可操作标准,从而使其能够妥当分析正当防卫中的打击错误,而是仅给出了一些模棱两可、似是而非的一般性“标准”,如紧张、惊慌或者恐惧等。但是,这些却都只是人的事实心理状态,而不是规范上的认定标准。换言之,在所有的正当防卫情况中,防卫人或多或少存在这样的情绪,但是裁判者却绝不能认为,只要防卫人具有紧张、惊慌或者恐惧等事实心理状态,就一定会因为这些情绪而对第三人不成立犯罪。这是因为,作为事实的

---

〔36〕 [德]弗兰茨 · 冯 · 李斯特等:《德国刑法教科书》,徐久生译,法律出版社 2000 年版,第 314 页。

〔37〕 [德]约翰内斯 · 韦塞尔斯:《德国刑法总论》,李昌珂译,法律出版社 2008 年版,第 244 页。

情绪不能跨越规范与事实之间的鸿沟，而一跃成为认定犯罪的标准；相反，它们只是认定犯罪的事实根据，或者说是规范的判断对象而已，其本身并不具有判断功能。因此，如果采纳“期待可能性说”，那么就肯定存在一条额外标准，可以用来尽可能准确地判断，防卫人的这些情绪在达到何种程度时，才能认定其不具有期待可能性，或者在没有达到何种程度时，便只能认定其具有期待可能性，但是，“期待可能性说”恰恰没有提出这条标准，这便是该说最大的问题。也就是说，“期待可能性说”现在只筛选出了认定正当防卫打击错误的事实根据，却没有进一步给出如何认定这些事实的规范标准。正是因为该说没有给出这条标准，所以裁判者在面对其所筛选出来的事实根据时，会根据自己的喜好设定截然不同的标准，从而导致裁判的恣意。甲法官可能会认为，只要防卫人浑身发抖就不具有期待可能性，乙法官或许会宣称，只有在防卫人精神崩溃时才能认定其不具有期待可能性，这就是各个法官赋予了“期待可能性说”不同标准的表现，如果每个法官都有一套自己关于“期待可能性说”的标准，那么就必然会动摇法安定性，这并不符合当代刑事司法制度的理念。因此，应当认为“期待可能性说”不适合解决正当防卫打击错误。

（二）“假想防卫说”

“假想防卫说”认为，防卫人在进行反击时具有防卫意思，相信自己面对的是正在进行的不法侵害，可以否定责任的故意，因此，既然打击错误是一种错误，就可以类比假想防卫，从而得出过失的结论。〔38〕赞成该说者无不在错误论中采纳“法定符合说”，因为根据“法定符合说”，“故意已经缺乏指向性，仅具备法定构成要件框架下的抽象特征（如我要杀人），无论和哪一个构成要件该当事实（行为人造成的死亡结果）配对，都可以满足构成要件该当性的要求”。〔39〕因此，若以“法定符合说”为前提，防卫人对第三人在构成要件层面只能成立故意犯罪。然而，这一结论在正当防卫打击错误中却并不合理，甚至已经成为反对者驳斥“法定符合说”的重要论据。

在国外，德国学者伦吉尔、卡斯帕等教授就以此为例进行反驳说，O 遭到 T

〔38〕 参见［日］前田雅英：《刑法总论讲义》（第 6 版），曾文科译，北京大学出版社 2017 年版，第 234 页。

〔39〕 谢煜伟：《具体事实错误：论具体符合说与法定符合说》，载《月旦法学杂志》2014 年第 4 期。

的攻击,于是他在正当防卫的前提下怀着杀人故意向T开抢。然而子弹并未打中T,而是击中了X并致其死亡。此时,为了理论的一贯性,等价理论,也就是"法定符合说",必将得出故意杀人既遂的结论,因为刑法规定的正当防卫无法覆盖行为伤及无关第三人的情况。[40] 海因里希教授在反驳"法定符合说"时,也给出了类似的理由,即根据"法定符合说","在正当防卫时,防卫人向侵害人开枪,结果却击中第三人的,防卫人将按照故意杀人既遂处罚,因为他对于被害的第三人并没有防卫权"。[41] 张明楷教授曾言:"即使在具体符合说占通说地位的德国,也没有就防卫行为造成第三者伤亡的案件批判等价值说。"[42] 由上可见,这一描述并不符合现实,正当防卫打击错误确实是德国刑法学界反驳"法定符合说"的一个相当重要的理由。

在国内,柏浪涛教授批评道:"依法定符合说,在不法构成要件上,甲向乙开枪的行为与致丙死亡的行为应作相同评价,基于此,在违法性阶层,前者能够成立正当防卫,后者也应成立正当防卫。但果真如此,则无辜的丙便必须忍受甲的防卫行为。"[43] 应当认为,这一批评是值得商榷的。原因在于,在构成要件层面的"法定符合说"中,无法顺理成章地推出结论,防卫人对第三人也成立正当防卫,其间存在逻辑上的断裂。换言之,即使在构成要件层面采纳"法定符合说",也不意味着在违法性层面,防卫对象可以随意选择。相反,防卫对象的具体化恰恰是正当防卫不可放弃的要件,不然将无法说明,为什么防卫人有高于防卫对象的法秩序地位。"法定符合说"与正当防卫打击错误水火不容的关键在于,为什么在构成要件的认定中,可以放弃行为对象具体化,而在违法性的考量中,却又突然强调防卫对象的具体化?倘若采纳"法定符合说"中的一故意说,防卫人只对第三人成立故意犯罪,但防卫对象又只能是当初的侵害人,这便意味着,正当防卫将无从落脚。倘若采纳"法定符合说"中的数故意说,在构成要件层面,防卫人对侵害人和第三人都成立故意犯罪,又由于防卫对象只能是侵害人,因此对第三人来说,防卫人会构成完整的故意不法。但是,防卫人原本

---

[40] Vgl. Rengier, Strafrecht Allgemeiner Teil, 9. Aufl., 2017, §15, Rdn. 35; Vgl. Kaspar, Strafrecht Allgemeiner Teil, 2. Aufl., 2017, §7, Rdn. 29.

[41] Heinrich, Strafrecht Allgemeiner Teil, 5. Aufl., 2016, §30, Rdn. 1106.

[42] 张明楷:《再论具体的方法错误》,载《中外法学》2018年第4期。

[43] 柏浪涛:《打击错误与故意归责的实现》,载《中外法学》2015年第4期。

只想攻击/防卫一人，就算将行为对象抽象化，最后也只能构成一个故意犯罪。数故意说强行将一个故意扩张成多个，是存在疑问的。果真如此，防卫人无论如何也无法理解，为什么自己的正当防卫行为最后会在毫不相干的第三人身上变成一个十足的故意犯罪。

在我国的司法实践中，也曾出现法院运用“法定符合说”处理正当防卫打击错误的案例。在“吴某铭故意伤害案”中，被告人吴某铭与陈某发生打斗，其间，吴某铭捡起一水泥块扔向陈某，陈某躲开，该水泥块遂击中路过的被害人李某，并造成其轻伤。吴某铭辩称，陈某当时喝了酒，多次打他，他是为了保护自己而进行反击，属于正当防卫。辩护人认为，吴某铭并非故意伤害李某，而是在对陈某实施正当防卫时，过失造成了李某轻伤，由于过失造成他人轻伤不构成犯罪，因此吴某铭无罪。法院认为，故意伤害罪中的犯罪故意内容，并不要求行为人对具体侵害对象有明确指向，打击错误不影响行为侵害的法益及其产生的社会危害。吴某铭扔水泥块的行为，足以彰显他的伤害故意，因此完全符合故意伤害罪的构成要件，应当以故意伤害罪论处。〔44〕 从这一案件中可以得知，就打击错误而言，在我国的司法实践中，“法定符合说”是惯用的学说，即使在正当防卫打击错误的情况下，也会肯定防卫人对第三人构成故意伤害罪。如上所述，这样的处理是不妥当的，因为它无法说明，为什么一个正当防卫行为，最后会在第三人处构成故意伤害罪。

诚如日本学者西田典之教授所言，对正当防卫打击错误属故意犯这个不妥当的结论，就连持“法定符合说”者也无法接受。〔45〕 为此，无论是日本学者、德国学者还是中国学者，凡持“法定符合说”者，都希望通过引入假想防卫理论来

---

〔44〕 参见广东省东莞市第二人民法院(2018)粤1972刑初1484号刑事判决书。为了避免断章取义，在此作一特别说明。法院认为，吴某铭的行为不构成正当防卫，因为吴某铭在与陈某打斗的过程中始终具有侵害对方的故意。但是，应当认为，这一观点是站不住脚的，理由是在正当防卫中，防卫人对侵害人必然具有侵害故意。此外，无论法院是否同意吴某铭是正当防卫，都不影响其采纳“法定符合说”的观点，而只要采纳“法定符合说”，在处理正当防卫打击错误时，裁判者就必然得出防卫人在构成要件层面成立故意犯罪的结论。这便又回到了亨吉尔等教授的批评中。

〔45〕 参见[日]西田典之：《日本刑法总论》(第2版)，王昭武、刘明祥译，法律出版社2013年版，第143页。

否定防卫人的故意,实现以过失认定正当防卫打击错误的目的。日本学者松原芳博教授认为,按照"法定符合说"的观点,虽能肯定存在针对第三人的构成要件故意,但由于行为人是基于对正当防卫的事实认识这一前提而实施行为,因此可以作为广义的假想防卫阻却责任故意。〔46〕德国学者普珀教授认为,无论是打击错误还是客体错误,当防卫人伤及第三人而非侵害人时,都应当以允许的构成要件错误处理。〔47〕换言之,防卫人对侵害人的反击行为已经通过正当防卫的评价合法化,不能和在第三人身上发生的结果共同构建出完整的故意不法。职是之故,对发生在第三人身上的结果的评价,就只能依靠责任中的允许构成要件错误,也就是假想防卫,进行处理。张明楷教授认为,由于第三人没有实施不法侵害,但防卫人的防卫行为导致了第三人的伤害结果,所以应视为一种假想防卫,阻却故意责任。〔48〕

但是,由于阶层犯罪论体系审查顺序的不可逆性,当故意犯的主客观构成要件成立而违法性却遭到否定时,绝不能倒回构成要件重新考察过失犯。为了在满足阶层审查顺序不可逆要求的同时,还能得出过失的结论,持"法定符合说"者就只好引入允许的构成要件错误,在责任阶层通过假想防卫得出过失的结论。除打消故意、过失的疑虑外,"假想防卫说"的功用还在于解决两个重要问题:其一,由于假想防卫者只是阻却责任,其行为尚具违法性,因此第三人没有退避忍让的义务,可以奋力回击;其二,虽然"假想防卫说"亦在责任中寻求正当防卫打击错误的解决之道,但其适用标准却十分明确,不会像作为超法规责任阻却事由的期待可能性一样威胁刑法的安定性;其三,由于"假想防卫说"不否认防卫人对第三人行为的违法性,因此,防卫人事后负有救助第三人的作为义务,如果不履行,则有构成不作为犯罪的可能。

尽管有这些优点与功用,这一学说仍然有值得推敲之处。正当防卫打击错误果真符合假想防卫的构造吗?答案是否定的。假想防卫,是指"行为人主观上认知现在不法侵害存在,然于客观上此不法侵害却系不存在的,亦即正当防

---

〔46〕参见[日]松原芳博:《刑法总论重要问题》,王昭武译,中国政法大学出版社2014年版,第196页。

〔47〕Vgl. Puppe, in: Kindhäuser/Neumann/Paeffgen, StGB Kommentar, 5. Aufl., 2017, §16, Rdn. 101.

〔48〕参见张明楷:《刑法学》(第5版),法律出版社2016年版,第211页。

卫之客观要件并不具备而仅具备主观要件”。[49] 司法实践也认为，刑法中的假想防卫，是指“行为人将客观上并不存在的不法侵害想象或推测为发生了某种不法侵害，进而对‘侵害人’实行了‘防卫’行为”。[50] 由此可见，假想防卫成立的关键，就在于客观上不存在正在进行的不法侵害，而假想防卫人主观上却认为存在。倘若客观上存在正在进行的不法侵害，则防卫人要么因为认识到了不法侵害而构成正当防卫，要么因为没有认识到不法侵害而构成偶然防卫，此时此刻，并没有假想防卫存在的余地。

然而，所谓正当防卫打击错误，却恰恰发生在有不法侵害的场合。首先，假想防卫的成立必须以客观上缺少不法侵害为前提，不然假想也就无从谈起。可是，在正当防卫打击错误中，却显然存在不法侵害，防卫人也是在认识到不法侵害行为正在进行的前提下，才开始反击的。换言之，一方面，防卫人对不法侵害行为心知肚明；另一方面，防卫行为乃是因正在进行的不法侵害而产生，其间不存在客观上无侵害而主观上以为有侵害的情况。其次，即使以第三人在客观上无不法侵害为由，扩大假想防卫客观要件的成立范围，也无法得出防卫人主观上对第三人存在防卫意思的结论。这是因为，防卫人从未假想过第三人正在进行不法侵害，防卫意思也自始至终指向侵害人，而不是第三人。最后，假想防卫成立的前提，是假想防卫人的防卫结果在其假想的侵害人身上发生，唯有如此，才有讨论“假想”的余地；若结果发生在假想侵害人以外者身上，则“假想”根本无从谈及。在正当防卫打击错误中，第三人并不是防卫人假想的防卫对象，同时，由于侵害人的不法侵害正在进行，防卫人也没有产生假想的基础。

综上，与其认为“假想防卫说”是正当防卫打击错误的妥善解决方案，不如说那只是持“法定符合说”者的无奈之举。因为除引入假想防卫外，“持法定符合说”者根本无法得出过失的结论。倘若以故意犯论处防卫人，相信无人可以接受。

## 四、以过失犯为路标的展开

解决正当防卫打击错误问题，方案众多，观点纷呈，哪里才是问题的原点？

---

〔49〕 余振华：《刑法违法性理论》（第2版），台北，瑞兴图书股份有限公司2010年版，第258页。

〔50〕 河北省阜平县人民法院（2016）冀0624刑初1号刑事判决书。

各种方案观点的分歧从哪里开始？所谓问题的原点，就是依据三阶层犯罪论体系的位阶顺序，按部就班地审查防卫人与第三人的关系。除“防卫权转移说”来自英美法系，实难套用大陆法系犯罪论外，可以发现，“正当防卫说”与“紧急避险说”都没有回答的问题是，在构成要件层面，伤及第三人的防卫行为究竟构成故意犯还是过失犯？虽然“期待可能性说”可以跨越故意、过失的鸿沟，但因这一理论自身固有的缺陷，并不适于原点问题的解决。认真从构成要件层面开始考察的方案，唯有“假想防卫说”而已。但是，就“法定符合说”者无奈的选择而言，同样可以明确的是，在构成要件层面以故意犯为出发点进行展开，在逻辑上不够细密周延。解决正当防卫打击错误最后的希望，只能寄托在由“具体符合说”引出的过失犯的认定中。虽然“假想防卫说”也能得出过失的结论，但它却将问题定位在“法定符合说”审查之后的故意犯的构造中，只是最后转用过失犯的结论而已。但是，在“具体符合说”的前提下，直接以过失犯的体系进行审查的方案则大为不同，它是将问题直接定位于过失犯中，适用标准也就与“假想防卫说”大相径庭，不会出现“假想防卫说”遭遇的尴尬。因此，只有采纳“具体符合说”，并从过失犯的教义学体系入手，才能给出妥当的答案。

### （一）正面审查：防卫人对第三人成立过失犯

为避免论证失焦，本文无意详细展开“法定符合说”与“具体符合说”之争，但就本文讨论的问题而言，若采纳“法定符合说”，在构成要件层面认定防卫人对第三人成立故意犯，则会得出十分吊诡的结论。究其原因，乃在于“法定符合说”“违反了通行的归属原理：行为人并不因为他想促成某种结果，就要为这类结果中的任何一个承担责任。更确切地说，行为人必须认识到他所创设的风险，并且已经预见到通过事实上的因果流程会在结果中实现这一风险”，才有故意既遂归属的可能。[51] 换言之，通过刑法谴责行为人对客观构成要件的抽象认识，有违“法律不管思想”这一原则的旨趣。仅仅停留在抽象层面的不法事实认识，就如同日常生活中个人随时产生、消灭的恶念一般，属于没有外化的思想自由范畴，生发于现代法治理念下的刑法，不得予以谴责。就算客观上造成了损害结果，最多也只能以过失处罚，不能构成故意犯罪。相反，如果行为人对不法事实的认识已经具体化，并且，实现这一不法事实的计划已呼之欲出，在没有

---

〔51〕 参见[德]马尔斯·金德霍伊泽尔：《刑法总论教科书》(第6版)，蔡桂生译，北京大学出版社2015年版，第266页。

外在障碍的情况下，由此产生的主观危险必将现实化，那么此时此刻，刑法才有谴责行为人主观决意的理由，这是因为，外化的故意危险会切实侵害他人的利益。总之，绝不能将防卫人主观上设定的具体事实与客观上发生的同一种类的事实进行任意配对，再得出主客观构成要件相对应的结论。

同理，防卫人在实施防卫时，只认识到自己行为创设的风险会在侵害人处实现，而从未料到能在第三人身上发生，因此也就不得将第三人的伤亡结果归属于防卫人，进而以故意既遂论处。此外，由于防卫人在着手时，主观上并非以第三人为对象，因此也不能认定为故意未遂。详言之，在构成要件层面，防卫人对侵害人的认识已经具体化，并且杀伤侵害人的想法也已成为行为计划的具体环节，防卫人的故意危险明显超出了纯思想的边界，已经开始向现实化的方向发展。相反，防卫人对第三人的认识还处在"伤害人或者杀人"的抽象层面，这一认识无法成为行为计划的一部分，不能产生即将现实化的故意危险。由于客观结果只能归属于外化出来的故意危险，而不能随便归属于某个抽象的内心想法，因此发生在第三人身上的结果，也就无法归属于防卫人的故意危险，又因为防卫人的故意危险指向的是侵害人，所以防卫人对第三人也不构成故意犯的未遂。防卫人只能视情况对第三人构成过失。

值得一提的是，张明楷教授在最新的观点中，曾阐述新的理由，试图调和"具体符合说"与"法定符合说"在处理正当防卫打击错误时的争执，即"等价与否也不能仅从形式上判断，还必须进行实质的考察"，〔52〕由于侵害人处于被防卫的地位，第三人不处于被防卫的地位，因此二者作为行为对象实际上并不等价。〔53〕根据这一观点，张明楷教授似乎已经放弃了他之前在《刑法学》一书中所提倡的"假想防卫说"，而是力图从构成要件的等价性入手，来论证"法定符合说"解决正当防卫打击错误的妥当性，这其实已经与"具体符合说"的解决方案大同小异。但是，张明楷教授的这一理由若想成立，则必须以构成要件和违法性的合一为前提，唯有如此，处于违法性阶层中的"被防卫地位"才能融入构成要件阶层，从而改变行为对象的属性，并得出侵害人与第三人不等价的结论。这一观点在张明楷教授的"不法—责任"体系中，或许可以自圆其说，然而，在三

〔52〕 谢煜伟：《具体事实错误：论具体符合说与法定符合说》，载《月旦法学杂志》2014年第4期。

〔53〕 参见张明楷：《再论具体的方法错误》，载《中外法学》2018年第4期。

阶层体系中,却没有立足之地。这是因为,构成要件和违法性的解释应当是分离的、互不干涉的,不得以处在违法性阶层中的要素来改变构成要件要素的性质。因此,从三阶层体系看来,用"法定符合说"解决正当防卫打击错误,依然摆脱不了向假想防卫求助的命运。真正能一以贯之得出过失结论,而不必转用其他理论的,只有"具体符合说"。

采纳"具体符合说",否定防卫人对第三人成立故意犯之后,就要转而考察防卫人对第三人是否构成过失犯。依据重新架构过失不法体系的客观归责论,"只要在客观构成要件上可归责者,至少必定成立过失……真正的关键是,根据法律规定,到底什么是人们有义务去预见的,而这正是要透过归责标准决定者"。〔54〕 换言之,在过失犯的构造中,并不存在主观构成要件的审查,行为人事实上有没有预见到自己违反注意义务,不是重点,关键仅在于,行为人在应然的规范层面,本该如何行事。以行为人出门前忘记熄灭蜡烛,致使发生火灾为例,行为人是否知道自己出门前应该熄灭蜡烛,无关紧要,重点是他出门前就应当熄灭蜡烛,只要他没有做熄灭蜡烛这一行为,且火灾的发生的确是由蜡烛而起的,那么其就应当构成相应的过失犯罪。

同理,法秩序要求,行为主体应时刻注意不要陷他人于生命、身体危险之中。因此,防卫人的反击行为在构成要件层面无疑制造了法所不允许的风险,无论因果指向与防卫人当初的计划有何差异,都不能否认第三人的伤亡结果是防卫人创造风险的现实化。至于防卫人有没有认识到其的行为会给第三人造成伤害,于过失的成立没有意义。换言之,防卫人在反击侵害人时,自始就不该使风险波及第三人。是故,防卫人对第三人造成的伤害结果,完全符合客观归责的正面审查标准,应以过失犯论处。

### (二)负面检验:合法替代行为的存在与个人能力的欠缺

即使防卫人对第三人原则上成立过失犯,也不意味着最终一定以之论处。如防卫人在当时当地存在合法的替代行为或者个人能力的欠缺,就无须再承担过失的刑事责任。这是因为,法不强人所难,"法律不能命令人们实施不可能实施的行为,也不能禁止人们实施不可避免的行为"。〔55〕 若防卫人在客观上即使做了符合法秩序要求的行为,结果依然会发生,或者防卫人根本就没有履行法

〔54〕 林钰雄:《新刑法总则》(第5版),台北,元照出版有限公司2016年版,第177页。

〔55〕 张明楷:《刑法格言的展开》(第3版),北京大学出版社2013年版,第396页。

秩序要求的能力，刑法的发动便没有任何意义，根本起不到刑法规范对国民行为的指引作用。指引功能的缺失，会使刑法的预防目的落空，预防目的落空的刑法在当代社会是没有价值的。

所谓合法替代行为，是指如果"行为人即便谨慎地实施行为，也还是难以避免结果的发生"，[56]那么就应当否定义务违反关联，排除行为人的过失责任。根据回避可能性理论，"如果遵守注意义务还是一样会侵害法益，从法益保护的角度来看，这个注意义务没有任何效果，当然不应该用过失犯处罚违反注意义务的行为人。具体的审查方法，是先假设行为人遵守注意义务，虚拟出一个不真正存在的假设因果历程，然后判断在假设的因果历程中，同一结果是否仍会出现"。[57] 在正当防卫打击错误中，倘若防卫人在反击时就算极尽注意之能事，客观上确实将防卫行为对准侵害人，也还是无法避免伤及第三人，那么就不能再认定防卫人对第三人构成过失。换言之，即使防卫人遵守注意义务，第三人的伤亡也依旧无可避免，又怎能将这一命中注定的结果归责给防卫人？比如，第三人突然出现在侵害人身后，防卫人唯一可用作有效防卫工具的子弹穿过侵害人后一定会伤及第三人。在这种情况下，防卫人无论怎样遵守注意义务，都不能避免第三人的伤亡。既然如此，也就没有再苛责防卫人的必要，不然国民将失去对刑法的信任，从而动摇刑法存在的根基。

此外，"过失的行为人，可能因为个人能力的欠缺而被排除罪责。处罚过失的行为人，必须此人能够认识自己的危险举动……若行为人不知自己制造了逾越范围的风险，对结果的发生亦无能力避免，罪责应当排除"。[58] 详言之，过失者的责任非难基础是，行为人依其个人能力和可为之事的标准，能够认识到客观注意义务，并且主观上可以遵守该义务。[59] 此处又可分为两种情形：第一，行为人自始就没有遵守注意义务的能力。比如，行为人是一个精神障碍患者，根本无法理解蜡烛的不当使用会造成火灾，同时也不知道该如何熄灭蜡烛。倘

---

〔56〕 黎宏：《刑法总论问题思考》（第2版），中国人民大学出版社2016年版，第275页。

〔57〕 许恒达：《合法替代行为与过失犯的结果归责》，载《台大法学论丛》2011年第2期。

〔58〕 林东茂：《刑法综览》（修订版），台北，一品文化出版社2016年版，第1～213页。

〔59〕 Vgl. Wessels/Beulke/Satzger, Strafrecht Allgemeiner Teil, 46. Aufl., 2016, §18, Rdn. 975.

若这个行为人因打翻蜡烛而引起火灾,则在刑法看来,由于其个人不具有遵守注意义务的能力,因此也就不构成过失犯罪。行为人的监护人是否构成犯罪,则是另外一个问题。第二,行为人本有遵守客观注意义务的能力,但由于慌乱惊恐等原因,一时间丧失了该能力。比如,正在开车的行为人,因旁边山体塌陷而受到刺激,致使操控汽车的能力暂时丧失,从而引起交通事故。这时,不能以过失犯罪处罚行为人,因为在行为人丧失驾驶能力的瞬间,其也同时失去了遵守交通注意义务的能力。在正当防卫打击错误中,两种情形只要具备其一,即可阻却过失责任,不以过失论处。前者如防卫人患有严重的帕金森症,手一直不受控制地震颤,无法将防卫行为稳定地指向侵害人;后者如防卫人在侵害人的压迫下情绪紧张惊恐,以致手臂突然抽筋不听使唤,无力准确定位防卫对象。凡此种种,均应否定防卫人的过失责任,因为他们已无力按注意义务行事。

(三)案例确证:以过失犯解决正当防卫打击错误的实践考察

无论国内国外,都曾发生过关于正当防卫打击错误的案例。在我国的“刘某君故意伤害案”中,被告人刘某君与被害人刘某在吃完夜宵后,刘某君叫刘某回家,刘某不想回家,于是两人便拉扯起来。其间,张某等人从饭店二楼下来,与刘某君和刘某发生争执,继而发生互殴。为了保护自身和刘某的利益,刘某君持随身携带的匕首进行自卫,但是,刘某君在用匕首捅刺张某等人的过程中,却因为没有看清防卫对象,同时杀死了刘某。贵州省高级人民法院认为,刘某君为使刘某及本人的人身权利免受不法侵害,持刀捅刺张某等人,此行为系对不法侵害即时进行的反击行为,具有防卫性质。刘某君与刘某同为被害一方,刺伤刘某并致刘某死亡显然并非刘某君的主观故意,属误伤。刘某君持匕首乱刺导致不法侵害者以外的人死亡,虽防卫对象有误,但并非其主观故意,并未超出防卫意思。[60]

该案可谓是典型的正当防卫打击错误,法院认为,刘某君对刘某构成误伤的这一观点,是妥当的。然而,法院认为,刘某君误杀刘某的行为,未超出防卫意图这一主张,却是值得商榷的。详言之,刘某君在构成要件层面的行为对象是张某等人,其故意危险的指向始终没有包含同伴刘某。发生在刘某身上的死亡结果,不能归责于刘某君的故意危险,因此刘某君也就不必为此承担故意犯罪的责任。但是,即使刘某的死亡结果不能归责于刘某君的故意危险,也不能

[60] 参见贵州省高级人民法院(2017)黔刑终520号刑事判决书。

否认这一结果可以归责于刘某君在客观上制造的法所不允许的风险。即刘某君对于刘某的死亡,依然有可能负过失的责任。在违法性层面,由于防卫对象只能是张某等人,防卫意思也只能针对张某等人,刘某既不能成为防卫对象,也不可能在刘某君的防卫意思之中,因此对刘某的死来说,刘某君没有违法阻却事由可供出罪,法院认为,刘某的死没有超出刘某君的防卫意思,是有疑问的。在过失犯的认定中,刘某君完全有可能避开刘某,只攻击张某等人,因此其也不满足合法替代行为的条件,并且刘某君的精神状态正常,不存在个人能力的欠缺。职是之故,刘某君对刘某成立过失犯罪,是妥当的。

日本也曾发生过一起类似案件,甲、乙兄弟2人与丙等人发生争执,当乙即将遭到丙等人的攻击时,甲为了救乙而开车倒向丙等人,最后除撞倒丙外,还轧死了乙。大阪高等裁判所认为,这是所谓假想防卫的一种类型,且无论是否以过失论处,反正绝不能以故意追责。即使采取“法定符合说”,也不能承认乙、丙2人在法律上具有等价性,因而缺少认定故意符合的根据。[61] 换言之,只有丙才因侵害行为降低了自身的“需保护性”,而同样作为受侵害人的乙仍然应受法律的完全保护,所以说,乙与丙在法律上不具有等价性。

可以发现,倘若以“法定符合说”为前提,为了得出过失的结论,裁判者在论证时将会何等的纠结与无奈。他们要么突破“法定符合说”的限制,违背构成要件与违法性的位阶关系,将人的等价置换成法律性质的等价;要么希望依靠假想防卫理论强行推导出过失的结论。同样,如果以“正当防卫说”处理该案,或者“刘某君案”,结论也难有说服力。例如,日本甲乙兄弟的案例,甲为了救陷于危难中的乙而反击,结果却认定为对乙构成正当防卫,好像乙才是侵害人而不是受害人。同理,刘某君为了在保护自己的同时,也顺带保护同伴刘某,倘若最后认定刘某君对刘某构成正当防卫,那么这将是一个十分吊诡的结论。这就如同某人为了防止他人自杀,而开枪杀害自杀者一般不可理喻。如果直接以过失犯的构造审视“日本兄弟案”,问题将迎刃而解。从正面审查,甲仅对丙等人有故意,乙的死亡无法归责于甲的故意危险,甲的故意危险也从未指向过乙,因此对乙来说,甲既不构成故意既遂,也不构成故意未遂,至多只成立过失。甲倒车的行为无疑对乙、丙等人制造了法所不允许的风险,且该风险确实在乙的死亡

---

〔61〕 参见[日]西田典之:《日本刑法总论》(第2版),王昭武、刘明祥译,法律出版社2013年版,第143页。

中实现,即虽然乙的死亡结果不能归责于甲的故意危险,但却可以归责于甲在客观上制造的法所不允许的风险。从反面检验,如果甲存在合法的替代行为或者个人能力的欠缺,那就可以否定他的过失责任。但是,如果要认定甲构成过失犯罪,那就必须合法的替代行为与个人能力的欠缺都不具备。因此,就该案而言,甲不仅完全可以选择其他方式救助乙,而且他的个人能力也很健全,其间并不存在阻却过失责任的情形。因此,结论是,甲对丙等人成立正当防卫,对乙成立过失致人死亡。

## 五、以过失犯解决正当防卫打击错误的意义

与“正当防卫说”“假想防卫说”等方案相比,在构成要件层面采纳“具体符合说”,并以过失犯解决正当防卫打击错误更加妥当。第一,运用过失犯的教义学体系,可以对正当防卫打击错误进行全面审查,不会出现挂一漏万的情况。既有学说往往只求诸某一个要件,却没有考虑到犯罪的成立与否需要各个阶层的协同运作。以“正当防卫说”为例,该说在解决正当防卫打击错误时,根本没有顾及防卫人伤及第三人的行为在构成要件中的评价。倘若在构成要件中得出的是过失的结论,“正当防卫说”的论证是否还有说服力,就不无疑问。第二,与阻却违法各学说不同,过失犯乃典型的不法侵害,第三人对之没有忍让的义务,完全可以展开正当防卫。这同时亦可表明,侵害人与第三人在法秩序的评价上是不相同的。即侵害人法益的需保护性降低,防卫人的法秩序地位高于侵害人,而第三人与侵害人则处于同等的法秩序地位。第三,与阻却责任各学说不同,过失犯的各个要件标准明确、易于适用,不像“期待可能性说”那样模棱两可,难以拿捏。再者,正当防卫打击错误完全符合过失犯的教义学构造,认定为过失顺理成章,不似“假想防卫说”那样,在明显不合法理的情况下还近乎类推似地推导出过失的结论,“法定符合说”的弊端也由此暴露出来。第四,一旦防卫行为伤及第三人,防卫人便有义务对其予以救助,如若不然,将以故意的不作为犯罪惩处。这是因为,防卫人对第三人的过失属于可引起作为义务违法的危险前行为。倘若以“正当防卫说”处置,则无异于认同防卫人可以弃受伤害的第三人于不顾。第五,承认造成第三人的伤亡可能构成过失犯,就如同悬在防卫人头顶的“达摩克利斯之剑”,可使其在防卫时尽量注意周遭情况,避免滥用防卫权利。若采纳阻却违法的既有学说,则可能导致防卫人的松懈,这于第三人

极为不利。综上所述，应当认为，在正当防卫打击错误的诸多解决方案中，以从构成要件出发，认定防卫人对第三人构成过失犯的方案最合理。

Dogmatic Interpretation of the Mistake of Justifiable Defense

Deng Zhuoxing

**Abstract**: The mistake of justifiable defense strike refers to the situation in which the defensive act fails to hit the object of defense, but results in the casualties of a third person. Both five theories have doubts. The transfer of the right of defense cannot explain why the right of defense of the infringer can be transferred to a third person; the legitimate defense theory confuses the number of evaluations and acts; the emergency hedging theory and the hypothetical defense theory cannot be compatible with the contested problems in structure; and the expectation possibility theory fails to meet the ambiguous criteria. Therefore, only by introducing the dogmatic system of negligent offenders can the above problems be solved properly. The basic idea is that after denying the defender's intention to the third party, the defender should first examine positively whether there are risks that are not permitted by law in the third party to decide whether a negligent offence is established or not. If the answer is yes, then conduct a negative test to examine whether the defender has legitimate substitution behavior and whether he has personal capacity. It is necessary to determine whether there is a cause for negligence offense. Through positive and negative alternation test, we can properly identify the criminal liability of defenders to the third party.

**Key words**: justifiable defense　mistake of striking　imaginary defense　negligence　lawful substitution behavior

# 《人大法律评论》稿约

《人大法律评论》是在中国人民大学法学院支持下，由法学院学生自主创办、独立编辑并公开出版发行的学术出版物，现为中文社会科学引文索引(CSSCI)来源集刊。

《人大法律评论》初创于2000年，至2020年12月已出版31辑，现包含"专题研讨""论文""评论"等栏目，新设有"法哲学专栏""公法专栏""博士论文精华"等特色栏目。

欢迎海内外专家学者、优秀学子惠赐稿件，来稿原则上在1万字以上，并只接收电子邮箱投稿。来稿请以"作者姓名＋文章标题"为邮件名称。收稿邮箱：ruclawrev@ gmail. com。

来稿请附中、英文标题和摘要(300字之内)、关键词(5个以内)及作者个人简介(包括姓名、单位、职务或职称、地址、联系电话、电子邮箱)。关于注释规范，请具体参见尾页所附之注释体例。

《人大法律评论》实行匿名三审制，编辑部收到稿件起3个月内向作者通报审录结果，每稿必复。

《人大法律评论》崇尚学术自由，严守学术规范。一旦发现作者一稿多投、抄袭或者存在其他严重学术不端行为的，本评论将向其所在单位、主管机关、学术团体及新闻媒体通报情况，并保留追究其法律责任的权利。

为了扩大本评论及作者知识信息交流渠道，除非作者在来稿时声明保留，否则视为同意《人大法律评论》拥有以非专有方式向第三人授予已收录作品电子出版权、信息网络传播权和数字化汇编、复制权，以及向《中国社会科学文摘》《高等学校文科学术文摘》和中国人民大学书报资料中心《复印报刊资料》等文摘类刊物推荐转载已收录作品的权利。

《人大法律评论》编辑部

# 《人大法律评论》注释体例

一、文中注释一律采用脚注,全文连续编号。

二、非直接引用原文的,注释前加“参见”;引用非原始资料时,请注明“转引自”。

三、引用同一文献的,无论两个注释是否相邻,均应列出完整的文献信息。

四、注释及参考文献范例

(一)著作、教材类:

[1]《马克思恩格斯选集》(第4卷),人民出版社1972年版,第24页。

[2]龚祥瑞:《比较宪法与行政法》,法律出版社1985年版,第255页。

[3]佟柔主编:《中国民法》,法律出版社1990年版,第67~75页。

(二)论文类:

[1]苏永钦:《私法自治中的国家强制》,载《中外法学》2001年第1期。

[2]王利明:《合同无效制度》,载《人大法律评论》2012年第1辑,法律出版社2012年版,第67~91页。

(三)文集类:

[1]尹田:《法国合同责任的理论与实践》,载梁慧星主编:《民商法论丛》第3卷,法律出版社1995年版。

(四)译作类:

[1][古希腊]亚里士多德:《政治学》,吴寿彭译,商务印书馆1983年版,第54页。

(五)报纸:

[1]张志铭:《何谓法律真实?》,载《人民法院报》2002年3月15日,第3版。

(六)古籍类:

[1](西汉)司马迁:《史记·商君列传》,中华书局1959年版,第2229页。

(七)辞书类:

[1]《新英汉法律词典》,法律出版社 1998 年版,第 24 页。

(八)网络资料类:

[1]洪明思、钟法:《5 位律界"大咖"成为杭州中院首批"律师调解员"》,载杭州网,http://ori. hangzhou. com. cn/ornews/content/2017 -11/11/content_6712391. htm。

(九)英文类:

[1]L. Fuller, *The Morality of Law*, Yale University Press, 1969, p. 143.

[2]Mark Greenburg, *How Facts Make Law*, 10 Legal Theory 157 (2004).

[3]H. L. A. Hart, *Jhering' s Heaven of Concepts and Modern Analytical Jurisprudence*, in Eaasys in Jurisprudence and philosophy, Oxford University Press, 1983, p. 269 -270.

(十)英文以外的外文文种:依照该文种注释习惯。